Ouvrage réalisé sous la direction d'Hélène Potelet

Français 3e

Anne Champion
Certifiée de Lettres Modernes
Professeur au collège/lycée Charlemagne à Paris
Formatrice à l'EAFPEN (Paris)

Claude Coignet
Certifiée de Lettres Modernes
Professeur au collège Boris Vian à Paris
Formatrice à l'EAFPEN (Paris)

Dominique Fouquet
Certifiée de Lettres Modernes
Professeur au collège Anatole Bailly à Orléans
Formatrice à l'IUFM (Orléans)

Patrick Jeunon
Certifié de Lettres Modernes
Professeur au collège Georges Méliès à Paris (ZEP)
Formateur associé à l'IUFM (Paris)
Formateur à l'EAFPEN (Paris)

Hélène Potelet
Agrégée de Lettres Classiques
Professeur au collège Boris Vian à Paris
Formatrice associée à l'IUFM (Paris)

HATIER

Avant-propos

Le *Français 3ᵉ*, dans la continuité du *Français 4ᵉ*, est fidèle à l'esprit des **nouveaux programmes du collège** dont les objectifs fondamentaux sont les suivants : l'élève sera capable de maîtriser les principales formes de discours, d'exprimer un jugement personnel, de disposer de connaissances culturelles fondamentales, d'accéder à la compréhension des formes symboliques et de l'implicite.

Objectifs et composition du manuel

Le *Français 3ᵉ* est bâti selon le même principe que le *Français 4ᵉ*. Il se compose de trois parties : la première partie est consacrée à l'étude des formes de discours, la seconde à l'étude des genres, la troisième à l'étude des relations croisées entre le texte, l'image et les médias.

Analyser les différentes formes de discours

En 3ᵉ, on étudie plus particulièrement l'**argumentation**, tout en poursuivant l'étude des autres formes de discours et de leur entrecroisement.

Mettre en place des repères culturels

Le manuel comporte :
- de nombreux extraits d'**œuvres classiques** (notamment œuvres argumentatives, autobiographiques, extraits de romans et de théâtre) et quelques extraits de littérature de jeunesse et de presse ;
- deux **groupements de textes** favorisant l'approche de l'intertextualité et de l'histoire littéraire ;
- une réflexion sur différentes **écoles artistiques** (chapitre 7 *Textes, images et médias*).

Acquérir des outils d'analyse

Pour les textes comme pour l'image, la démarche pédagogique est la suivante.

• Partir des acquis de l'élève (**prérequis**) avec la rubrique *Je me souviens*.

• Mettre l'élève en position de **lecteur actif et autonome** par le biais des questionnaires construits selon les objectifs suivants :
– apprendre à **lire méthodiquement** les textes à partir d'outils d'analyse (*Lire et analyser*) ;
– faire des **liens** systématiques entre la **lecture** et l'**écriture** (*Lire - Écrire*) ;
– prendre en compte l'**interdisciplinarité**.

• Établir une constante mise en relation entre le **texte** et l'**image** et analyser les différentes fonctions qu'ils exercent l'un par rapport à l'autre : l'image est étudiée dans sa fonction illustrative (iconographie accompagnant les textes et faisant l'objet d'une exploitation pédagogique) et dans ses fonctions discursives (chapitre 7).

© HATIER, Paris, avril 1999 - ISBN 2-218-**72620**-3

- Proposer des **leçons** résumant les points essentiels à acquérir.
- Proposer des **exercices** visant à réinvestir les notions étudiées.
- Proposer un **exercice bilan** visant à vérifier les acquis.

Nouveautés du *Français 3*[e]

Se repérer dans l'histoire littéraire

Cette rubrique vise à replacer les œuvres dans leur **contexte historique** avec l'aide d'une fiche d'histoire littéraire (p. 306) et d'une frise chronologique à élaborer par les élèves (p. 318).

Lire au CDI

Cette rubrique propose des **recherches** ou des **lectures complémentaires** et favorise l'apprentissage de la lecture autonome.

Critères de réussite

Des critères de réussite accompagnent la plupart des **exercices d'écriture** (certains exercices ne sont pas accompagnés de critères et favorisent une écriture plus libre, notamment pour l'écriture poétique et autobiographique).

De nouvelles fiches

- Des fiches *Méthode* proposent des **outils d'analyse pour lire et écrire** (p. 308 à 310). Ces fiches visent à rendre l'élève autonome face à un texte, situation qu'il connaîtra dès la seconde.
- Une fiche de **propositions de lectures cursives**, constituée d'auteurs classiques et d'auteurs de littérature de jeunesse figure à la fin du manuel (p. 317-318).

Vers le travail en séquences

- La séquence est un ensemble d'activités (lecture, outils de la langue, oral, écriture) organisées autour d'un même **objectif** et tendant vers la **production d'un texte** qui met en œuvre une forme de discours dominante (narratif, descriptif, explicatif, argumentatif), ou plusieurs formes de discours.
- Le manuel est conçu pour permettre aux professeurs d'**élaborer facilement des séquences** :

– par l'analyse des textes : chaque texte aborde une notion nouvelle (phase d'acquisition) que l'on considérera comme un **objectif opérationnel** au sein d'une séquence :
– par la présence d'**exercices d'outils de la langue** (lexique, grammaire) qui permettent de faire le lien entre la réception (lecture) et la production (écriture, oral) :
– par la présence d'**exercices de production écrite ou orale** qui permettent de réinvestir toutes les notions et de valider la séquence.

On trouvera des indications plus précises pour l'élaboration des séquences dans le *Livre du professeur.*

Les auteurs

La structure d'un chapitre

L'entrée de chapitre

Un sommaire détaillé des notions et des auteurs traités dans le chapitre.

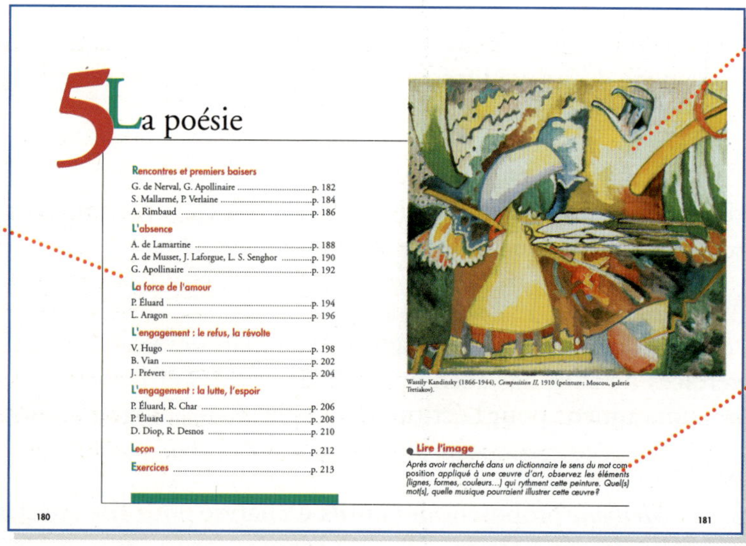
5 La poésie

Wassily Kandinsky (1866-1944), *Composition II*, 1910 (peinture ; Moscou, galerie Tretiakov).

Lire l'image

Après avoir recherché dans un dictionnaire le sens du mot composition appliqué à une œuvre d'art, observez les éléments (lignes, formes, couleurs...) qui rythment cette peinture. Quel(s) mot(s), quelle musique pourraient illustrer cette œuvre ?

180 181

Une image choisie pour sa pertinence par rapport aux notions étudiées dans le chapitre.

Des questions sensibilisant les élèves à l'étude de l'image.

Les textes et les questionnaires

Le renvoi à la leçon du chapitre.

Des questions de repérage et d'analyse permettant à l'élève de s'initier à la lecture détaillée.

La notion étudiée.

Un texte et un auteur clairement présentés.

ITINÉRAIRE D'UN HÉROS (4) Leçon p. 177
Le départ d'Étienne

Le soleil paraissait à l'horizon

TEXTE 4
Émile Zola, écrivain français, 1840-1902.
Germinal, 1885.

Claude Monet (1840-1926), *Les Déchargeurs de charbon*, 1875 (huile sur toile, 55 x 66 cm ; Paris, Musée d'Orsay).

Lire et analyser

Lire l'image

Lire - Écrire

Lire au CDI

Écouter - Dire

Se repérer dans l'histoire littéraire

Fiches 3 et 8 ▶ p. 300 et p. 306

156 Le roman · Itinéraire d'un héros 157

Des propositions de recherches et de lectures au CDI (**Lire au CDI**).

Un renvoi aux fiches placées à la fin du manuel pour aider l'élève à répondre aux questionnaires.

Des questions de repérage et d'analyse du rapport texte-image.

Des exercices d'écriture (**Lire - Écrire**) et/ou d'oral (**Écouter - Dire**), accompagnés de critères de réussite, permettant de réinvestir les notions étudiées.

■ La leçon et les exercices

Une synthèse des notions étudiées dans le chapitre que l'élève peut facilement mémoriser.

Des exercices sur le lexique et sur des notions de grammaire pour faciliter le travail en **séquences**.

Des objectifs clairement précisés.

Et enfin, un exercice bilan (**Vers le brevet** ou **Vers la seconde**) permettant à l'élève de vérifier l'acquisition des notions.

En plus

■ Je me souviens

Au début de chaque partie, des activités de révision.

■ Groupements de textes

A la fin de chaque partie, une initiation à l'étude comparative.

■ Fiches

A la fin du manuel, des fiches méthodologiques avec des définitions précises et des exemples.

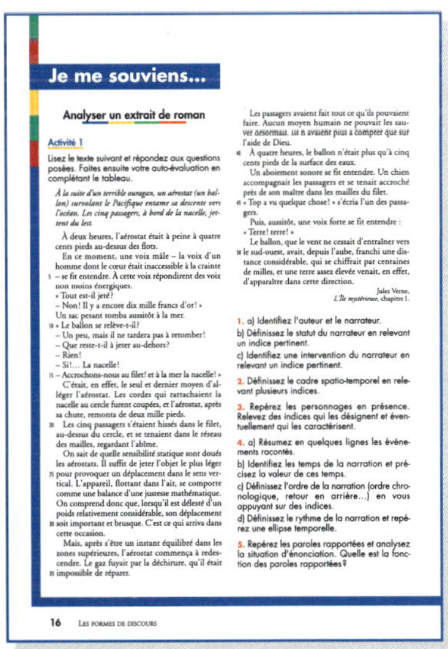

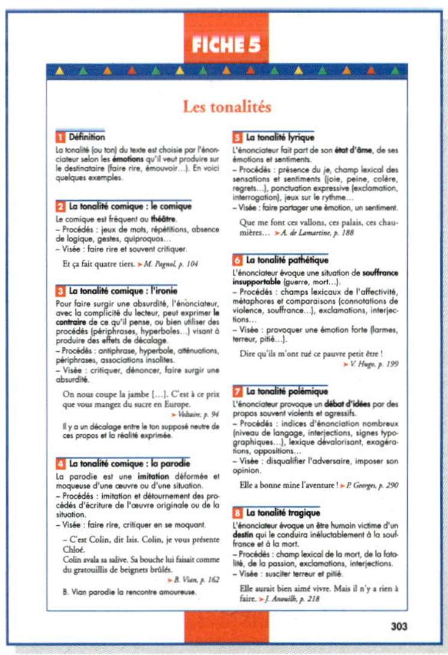

Et aussi, à la fin du manuel, un index des notions et des auteurs, des suggestions de lecture et un tableau chronologique.

1 Les formes de discours

Je me souviens révisions : analyser un extrait de roman ; identifier les formes de discours (p. 16)

1 Raconter, décrire

2 Argumenter, convaincre

2 Les genres

3 L'autobiographie

4 Le roman

5 La poésie

6 Le théâtre

3 L'image

7 Images, textes et médias

Fiches

Méthode

Index

Annexes

1re PARTIE

Les formes de discours

Je me souviens...

Analyser un extrait de roman

Activité 1

Lisez le texte suivant et répondez aux questions posées. Faites ensuite votre auto-évaluation en complétant le tableau.

À la suite d'un terrible ouragan, un aérostat (un ballon) survolant le Pacifique entame sa descente vers l'océan. Les cinq passagers, à bord de la nacelle, jettent du lest.

À deux heures, l'aérostat était à peine à quatre cents pieds au-dessus des flots.

En ce moment, une voix mâle – la voix d'un homme dont le cœur était inaccessible à la crainte – se fit entendre. À cette voix répondirent des voix non moins énergiques.

« Tout est-il jeté?

– Non! Il y a encore dix mille francs d'or! »

Un sac pesant tomba aussitôt à la mer.

« Le ballon se relève-t-il?

– Un peu, mais il ne tardera pas à retomber!

– Que reste-t-il à jeter au-dehors?

– Rien!

– Si!... La nacelle!

– Accrochons-nous au filet! et à la mer la nacelle! »

C'était, en effet, le seul et dernier moyen d'alléger l'aérostat. Les cordes qui rattachaient la nacelle au cercle furent coupées, et l'aérostat, après sa chute, remonta de deux mille pieds.

Les cinq passagers s'étaient hissés dans le filet, au-dessus du cercle, et se tenaient dans le réseau des mailles, regardant l'abîme.

On sait de quelle sensibilité statique sont doués les aérostats. Il suffit de jeter l'objet le plus léger pour provoquer un déplacement dans le sens vertical. L'appareil, flottant dans l'air, se comporte comme une balance d'une justesse mathématique. On comprend donc que, lorsqu'il est délesté d'un poids relativement considérable, son déplacement soit important et brusque. C'est ce qui arriva dans cette occasion.

Mais, après s'être un instant équilibré dans les zones supérieures, l'aérostat commença à redescendre. Le gaz fuyait par la déchirure, qu'il était impossible de réparer.

Les passagers avaient fait tout ce qu'ils pouvaient faire. Aucun moyen humain ne pouvait les sauver désormais. Ils n'avaient plus à compter que sur l'aide de Dieu.

À quatre heures, le ballon n'était plus qu'à cinq cents pieds de la surface des eaux.

Un aboiement sonore se fit entendre. Un chien accompagnait les passagers et se tenait accroché près de son maître dans les mailles du filet.

« Top a vu quelque chose! » s'écria l'un des passagers.

Puis, aussitôt, une voix forte se fit entendre :

« Terre! terre! »

Le ballon, que le vent ne cessait d'entraîner vers le sud-ouest, avait, depuis l'aube, franchi une distance considérable, qui se chiffrait par centaines de milles, et une terre assez élevée venait, en effet, d'apparaître dans cette direction.

Jules Verne,
L'Île mystérieuse, chapitre 1.

1. a) Identifiez l'auteur et le narrateur.

b) Définissez le statut du narrateur en relevant un indice pertinent.

c) Identifiez une intervention du narrateur en relevant un indice pertinent.

2. Définissez le cadre spatio-temporel en relevant plusieurs indices.

3. Repérez les personnages en présence. Relevez des indices qui les désignent et éventuellement qui les caractérisent.

4. a) Résumez en quelques lignes les événements racontés.

b) Identifiez les temps de la narration et précisez la valeur de ces temps.

c) Définissez l'ordre de la narration (ordre chronologique, retour en arrière...) en vous appuyant sur des indices.

d) Définissez le rythme de la narration et repérez une ellipse temporelle.

5. Repérez les paroles rapportées et analysez la situation d'énonciation. Quelle est la fonction des paroles rapportées?

6. Identifier un passage comportant une forme de discours explicatif.

7. Émettez des hypothèses de lecture à partir des indices textuels.

Identifier les formes de discours

Activité 2

Lisez les textes suivants et répondez aux questions posées. Faites ensuite votre auto-évaluation en complétant le tableau.

Les dangers du tabac

La nicotine

Ce composé excitant est **responsable de la dépendance** au tabac. Il passe dans le sang et gagne les divers organes du corps. La nicotine provoque une accélération des battements du cœur, une augmentation de la pression du sang, une contraction des artères. Elle est très toxique pour le système nerveux, pour le cœur et les vaisseaux. Elle est à l'origine des **maladies du cœur et des vaisseaux** (infarctus, angine de poitrine, artérite des membres inférieurs, attaques cérébrales).

L'actu, 12 septembre 1998, n° 15, p. 8

Faut-il suivre la mode à tout prix?

Benoît, 1re S

Pour moi, l'habit ne fait pas le moine. [...] Je m'habille comme je veux, classique [...].

La mode, c'est commun et c'est cher. Une chemise peut coûter 50 F dans une grande surface, et on peut trouver la même à 500 F dans un magasin, avec la marque en plus, mais avec les mêmes petits carreaux! [...]

Aurélie 2de

Moi, je suis la mode. J'ai aussi des affaires classiques. Mais s'il y a une nouvelle mode de pantalon qui sort, je l'achèterai sûrement. Pour moi, c'est important d'être comme les autres. [...]

Phosphore, mai 1998, n° 204, p. 57.

1. Repérez la forme de discours dominante dans chaque texte et justifiez votre réponse.

2. Sur le sujet « Faut-il suivre la mode? », exprimez votre point de vue en un paragraphe rédigé.

Auto-évaluation

	Je maîtrise	Je ne maîtrise pas
Activité 1		
1 a)		
b)		
c)		
2		
3		
4. a)		
b)		
c)		
d)		
5		
6		
7		
Activité 2		
1		
2		

Si vous ne maîtrisez pas toutes les notions, reportez-vous à l'index des notions (p. 311), aux fiches (p. 298 à 304), aux leçons des chapitres 1 (p. 54) et 2 (p. 89-90).

1 Raconter, décrire

Claude Monet (1840-1926), *Le Déjeuner sur l'herbe*, 1865-1866 (partie centrale d'une composition découpée par l'artiste; huile sur toile, 70 x 140,5 cm; Paris, Musée d'Orsay).

Lire l'image

1. a) Où se situe la scène? Décrivez précisément les personnages et l'échange des regards.

b) Observez la répartition des masses colorées, de l'ombre et de la lumière. En quoi consiste la technique des peintres impressionnistes?

2. Quelle impression se dégage de ce tableau?

Vieira Da Silva (1908-1992), *Composition*, 1951 (huile sur toile ; Bâle, Kuntmuseum, Offentliche Kunstsammlung).

RACONTER À LA PREMIÈRE PERSONNE

Leçon p. 54

J'écris cette histoire

TEXTE 1

Robert Merle,
écrivain français,
né en 1908.

Madrapour,
roman, 1976.

Il s'agit ici du début du roman.

13 novembre.

J'écris cette histoire en même temps que je la vis. De jour en jour. Ou plutôt – ne soyons donc pas si ambitieux – d'heure en heure. Nous serions bien avisés, d'ailleurs, de faire tenir un monde dans chaque minute qui passe. Nous n'en avons pas tant à notre disposition. La vie la plus longue peut se chiffrer en secondes. Faites le calcul : c'est un chiffre qui n'a rien d'astronomique – ni de particulièrement rassurant.

Tandis que j'écris ceci, je suis bien incapable de prévoir la fin de mon aventure. Je ne pénètre pas non plus sa signification. Ce n'est pourtant pas faute de hasarder des hypothèses.

Mon histoire aura sûrement un terme, ne serait-ce que le plus évident. Mais il n'est pas certain qu'elle ait un sens ou – ce qui revient au même – il n'est pas sûr que je sois capable de lui en trouver un : « Un moucheron qui naît à l'aube et meurt au coucher du soleil ne peut pas comprendre le mot nuit. »

Quand le taxi me dépose à l'aéroport de Roissy-en-France, une surprise m'attend. Tout est vide. Ni voyageurs, ni employés, ni hôtesses. Je suis seul, rigoureusement seul, dans ce monument de métal et de glace, où règne un silence de crypte. Comparaison absurde : Roissy ressemblerait plutôt, avec ses immenses vitres, à une serre démesurée.

Je pose mes valises sur un chariot et, dans ce désert lumineux, je pousse le chariot devant moi. En même temps, je sens tout le ridicule de convoyer ainsi mes biens terrestres, alors qu'aucun préposé ne peut les prendre en charge.

Non que j'espère encore m'embarquer pour Madrapour. Mais je cherche du moins quelqu'un pour me renseigner. Si je prends la peine de pousser mes bagages devant moi, c'est que je répugne à les abandonner à eux-mêmes dans un coin. Signe que la stupéfaction que j'éprouve m'a quelque peu déboussolé : les voleurs ne hantent pas les gares dépeuplées.

Je me rends bien compte que le vide et le silence de l'aéroport commencent à me donner une légère angoisse – si tant est qu'une angoisse soit jamais légère. Comment puis-je admettre qu'il n'y ait personne d'autre que moi dans ce Roissy, si visiblement fait pour accueillir les foules ? À supposer qu'un débrayage impromptu soit intervenu et que les vols au départ aient été annulés et les vols à l'arrivée à Paris détournés sur Orly, où sont les passagers qui, comme moi, auraient dû être pris à l'improviste par la grève surprise ? Où sont passés les grévistes sur le tas, les non-grévistes, les agents de police, les CRS, le personnel des services, des snacks, des boutiques, des comptoirs ? Et comment peut-on un seul instant concevoir que la machinerie de Roissy-en-France puisse s'immobiliser et entrer en sommeil ?

Éd. du Seuil.

Je me contente de raconter

TEXTE 2

Alexandre Dumas fils, écrivain français, 1824-1895.

La Dame aux camélias, roman, 1848.

Alexandre Dumas fils raconte dans La Dame aux camélias *la folle passion que Marie Duplessis, une courtisane, a vécue avec Armand Duval, un jeune homme de bonne famille. Marie Duplessis figure dans le roman sous le nom de Marguerite Gautier. Il s'agit du début du roman.*

Mon avis est qu'on ne peut créer des personnages que lorsque l'on a beaucoup étudié les hommes, comme on ne peut parler une langue qu'à la condition de l'avoir sérieusement apprise.

N'ayant pas encore l'âge où l'on invente, je me contente de raconter.

J'engage donc le lecteur à être convaincu de la réalité de cette histoire dont tous les personnages, à l'exception de l'héroïne, vivent encore.

D'ailleurs, il y a à Paris des témoins de la plupart des faits que je recueille ici, et qui pourraient les confirmer, si mon témoignage ne suffisait pas. Par une circonstance particulière, seul je pouvais les écrire, car seul j'ai été le confident des derniers détails sans lesquels il eût été impossible de faire un récit intéressant et complet.

Or, voici comment ces détails sont parvenus à ma connaissance. – Le 12 du mois de mars 1847, je lus, dans la rue Laffitte, une grande affiche jaune annonçant une vente de meubles et de riches objets de curiosité. Cette vente avait lieu après décès. L'affiche ne nommait pas la personne morte, mais la vente devait se faire rue d'Antin, n° 9, le 16, de midi à cinq heures.

L'affiche portait en outre que l'on pourrait, le 13 et le 14, visiter l'appartement et les meubles.

J'ai toujours été amateur de curiosités. Je me promis de ne pas manquer cette occasion, sinon d'en acheter, du moins d'en voir.

Le lendemain, je me rendis rue d'Antin, n° 9.

Il était de bonne heure, et cependant il y avait déjà dans l'appartement des visiteurs et même des visiteuses, qui, quoique vêtues de velours, couvertes de cachemires et attendues à la porte par leurs élégants coupés, regardaient avec étonnement, avec admiration même, le luxe qui s'étalait sous leurs yeux.

Plus tard je compris cette admiration et cet étonnement, car m'étant mis aussi à examiner, je reconnus aisément que j'étais dans l'appartement d'une femme entretenue.

Georges Clairin (1843-1919), *Sarah Bernhardt* (peinture ; Tourcoing, Musée des Beaux-Arts).

Écris ton nom !

TEXTE 3

Richard Wright,
romancier américain,
1908-1960.

Black Boy,
roman, 1945.

Richard Wright, originaire du Missisipi (États-Unis) où la ségrégation raciale sévit avec violence, raconte dans Black Boy *son apprentissage de la vie.*

J'étais resté à West-Helena[1] fort longtemps avant de retourner à l'école et de reprendre des études régulières. Par bonheur, ma mère trouva une place chez un médecin blanc, aux gages inouïs de cinq dollars par semaine, et elle annonça aussitôt que ses fils retourneraient à l'école. J'étais heureux. Mais j'étais toujours timide et à demi paralysé quand je me trouvais en public – et pendant mon premier jour à l'école je fus la risée de la classe. On m'envoya au tableau noir écrire mon nom et mon adresse ; je savais mon nom et mon adresse, je savais les épeler, mais le fait de me trouver au tableau noir et de sentir les regards de tant de garçons et de filles dans mon dos me paralysait, et je fus incapable d'écrire la moindre lettre.

« Écris ton nom ! » me cria l'institutrice.

Je levai la craie, je l'approchai du tableau noir, mais au moment d'écrire mon nom, un trou se fit dans mon esprit ; je ne me rappelais plus comment je m'appelais, j'étais incapable de me souvenir fût-ce d'une seule lettre de mon nom. J'entendis un rire étouffé, et cela me figea sur place.

« Ne fais pas attention à nous, écris ton nom et ton adresse », me dit l'institutrice d'un ton encourageant.

De brèves impulsions me traversaient, me poussant à écrire, mais ma main refusait de bouger. Les enfants commencèrent à gigoter derrière moi et je devins cramoisi.

« Tu ne sais pas ton nom ? » demanda l'institutrice.

Je la regardai et fus incapable de répondre.

La maîtresse se leva et vint auprès de moi ; elle me souriait pour me donner confiance. Elle posa tendrement sa main sur mon épaule.

« Comment t'appelles-tu ? demanda-t-elle.

– Richard, murmurai-je.

– Richard quoi ?

– Richard Wright.

– Épelle-le. »

J'obéis, lâchant les lettres à toute vitesse.

« Épelle-le doucement, que je t'entende », me conseilla-t-elle.

J'obéis.

« Et maintenant, sais-tu écrire ?

– Oui, m'dame.

– Alors écris-le. »

1. **West-Helena** : quartier pauvre de la ville de Natchez (Missisipi).

Je retournai au tableau noir et je levai la main pour écrire, et de nouveau le vide se fit en moi. J'essayai désespérément de rassembler mes idées, mais je ne me rappelais rien. J'étais obnubilé par la présence dans mon dos de tous ces garçons et filles, et il n'y avait place en moi pour aucun autre sentiment. Réalisant l'étendue de la catastrophe, je me sentis faiblir et j'appuyai mon front brûlant contre la fraîcheur du tableau noir. Toute la salle éclata de rire, d'un rire bruyant et prolongé, et mes muscles se contractèrent.

« Tu peux aller te rasseoir », dit la maîtresse.

Traduit de l'anglais par Marcel Duhamel,
en collaboration avec Andrée R. Picard, Éd. Gallimard.

Lire et comparer

La situation d'énonciation

1. Par quel pronom le narrateur est-il désigné dans chacun des trois textes ? Est-il un personnage de l'histoire ? Justifiez votre réponse par une citation pertinente.

2. Pour chaque texte :

a) Indiquez si les passages narratifs sont ancrés dans la situation d'énonciation ou coupés de la situation d'énonciation. Pour répondre, relevez les indications temporelles et les temps verbaux.
b) Précisez le rapport existant entre le moment de l'écriture et le moment de l'histoire. Relevez des passages qui confirment votre réponse.

Le narrateur

3. Dans quel texte le narrateur donne-t-il l'impression de ne pas connaître l'histoire qu'il va raconter ? Justifiez votre réponse.

4. Dans quel texte :

- le narrateur se confond-il avec l'auteur et le personnage ?
- le narrateur est-il un personnage témoin de l'histoire qu'il raconte ?
- le narrateur est-il un simple personnage ?

Justifiez vos réponses.

Le genre du texte

5. Quel texte se présente comme un roman autobiographique ? lequel comme un roman de science-fiction ? lequel comme un récit témoignage ? Relevez des indices pertinents et prenez appui sur vos réponses précédentes.

Lire l'image

6. Observez l'ensemble des lignes, des figures, les tonalités dominantes dans le tableau de la page 20. Quel lieu ce tableau peut-il évoquer ? Citez une phrase du texte qui pourrait servir de légende à cette peinture.

Lire - Écrire

7. *Imaginer une suite*

Choisissez un des trois textes et imaginez-lui une suite immédiate. Vous respecterez le genre du texte et le statut du narrateur.

Critères de réussite
- *Respect du statut du narrateur.*
- *Système temps conforme à celui du texte.*
- *Respect du caractère du personnage.*
- *Dynamique (événements) et clôture de l'épisode présentes.*

Fiche 1 ➤ p. 298

IMPLIQUER LE LECTEUR Leçon p. 54

Tullio Pericoli, *Résumé*, 1982 (dessin).

Détends-toi

TEXTE 1

Italo Calvino,
écrivain italien,
1923-1985.

Si par une nuit d'hiver un voyageur,
roman, 1979.

Il s'agit du début du roman.

Tu vas commencer le nouveau roman d'Italo Calvino, *Si par une nuit d'hiver un voyageur.* Détends-toi. Concentre-toi. Écarte de toi toute autre pensée. Laisse le monde qui t'entoure s'estomper dans le vague. La porte, il vaut mieux la fermer; de l'autre côté, la télévision est toujours allumée. Dis-le tout de suite aux autres : « Non, je ne veux pas regarder la télévision! » Parle plus fort s'ils ne t'entendent pas : « Je lis! Je ne veux pas être dérangé. » Avec tout ce chahut, ils ne t'ont peut-être pas entendu : dis-le plus fort, crie : « Je commence le nouveau roman d'Italo Calvino! » Ou, si tu préfères, ne dis rien; espérons qu'ils te laisseront en paix.

Prends la position la plus confortable : assis, étendu, pelotonné, couché. Couché sur le dos, sur un côté, sur le ventre. Dans un fauteuil, un sofa, un fauteuil à bascule, une chaise longue, un pouf. Ou dans un hamac, si tu en as un. Sur ton lit naturellement, ou dedans. Tu peux aussi te mettre la tête en bas, en position de yoga. En tenant le livre à l'envers, évidemment.

Traduit de l'italien par Danièle Sallenave et François Wahl,
Éd. du Seuil © 1987, The Estate of Italo Calvino.

Vous avez mis le pied gauche…

La scène se situe dans un train. Il s'agit des premières lignes du roman.

TEXTE 2

Michel Butor, écrivain français, né en 1926.

La Modification, roman, 1957.

Vous avez mis le pied gauche sur la rainure de cuivre, et de votre épaule droite vous essayez en vain de pousser un peu plus le panneau coulissant.

Vous vous introduisez par l'étroite ouverture en vous frottant contre ses bords, puis, votre valise couverte de granuleux cuir sombre couleur d'épaisse bouteille, votre valise assez petite d'homme habitué aux longs voyages, vous l'arrachez par sa poignée collante, avec vos doigts qui se sont échauffés, si peu lourde qu'elle soit, de l'avoir portée jusqu'ici, vous la soulevez et vous sentez vos muscles et vos tendons se dessiner non seulement dans vos phalanges, dans votre paume, votre poignet et votre bras, mais dans votre épaule aussi, dans toute la moitié du dos et dans vos vertèbres depuis votre cou jusqu'aux reins.

Non, ce n'est pas seulement l'heure, à peine matinale, qui est responsable de cette faiblesse inhabituelle, c'est déjà l'âge qui cherche à vous convaincre de sa domination sur votre corps, et pourtant, vous venez seulement d'atteindre les quarante-cinq ans.

Éd. de Minuit.

Lire et comparer

1. Le narrateur est-il un personnage de l'histoire? Dans quel texte le récit commence-t-il réellement?

2. Texte 1. Qui désignent les pronoms *tu* et *je*? Quel est l'effet produit sur le lecteur par l'emploi de ces pronoms?

3. Texte 2.

a) Le pronom *vous* est-il clairement identifiable?
b) Récrivez le texte en utilisant le pronom *je* (narrateur personnage), puis le pronom *il* (narrateur extérieur). Vous effectuerez les modifications nécessaires.
c) Comparez avec la version originale. Quel peut être l'effet produit sur le lecteur par le procédé d'écriture choisi?

Lire l'image

4. Décrivez le personnage (dessin p. 25), sa position, son physique, son geste, sa mimique. En quoi ce dessin est-il humoristique? Quelle signification lui donnez-vous ?

Lire - Écrire

5. ***Rédiger une argumentation***

Partagez-vous les affirmations d'Italo Calvino concernant les conditions de lecture? Quelles conditions de lecture sont les vôtres? Sont-elles les mêmes pour toutes vos lectures?
Rédigez vos réflexions en trois paragraphes argumentés. Vous vous appuierez sur des expériences de lecture personnelle.

Critères de réussite
- *Présence de trois paragraphes.*
- *Réponse aux trois questions du sujet présente.*
- *Présence de connecteurs logiques.*
- *Présence d'exemples.*

Fiches 1 et 2 ➤ p. 298 et p. 299

 Leçon p. 54

Photo du film *La Dame au petit chien*, réalisé par Kheifetz (URSS, 1960), avec Y. Souvina.

La Dame au petit chien

TEXTE 1

Anton Tchekhov,
écrivain russe,
1860-1904.

La Dame au petit chien,
nouvelle, 1899.

Il s'agit ici du début de la nouvelle.

On disait qu'un nouveau personnage était apparu sur le bord de mer : une dame avec un petit chien. Dmitri Dmitritch Gourov, qui était à Yalta depuis deux semaines et qui s'y était habitué, se mit lui aussi à s'intéresser aux nouveaux venus. Installé dans un pavillon chez Vernet, il vit passer sur le quai une jeune dame de petite taille, blonde, coiffée d'un béret ; un loulou blanc trottait derrière elle.

Puis il la rencontra plusieurs fois par jour au parc municipal ou au square. Elle se promenait toujours seule, vêtue du même béret et accompagnée de son loulou ; personne ne la connaissait et on l'appelait simplement « la dame au petit chien ».

« Si elle est ici sans son mari et sans amis, se disait Gourov, il ne serait pas mauvais de faire sa connaissance. »

Il n'avait pas encore la quarantaine, mais il avait déjà une fille de douze ans et deux fils qui allaient au lycée. On l'avait marié de bonne heure, quand il n'était encore qu'étudiant en deuxième année de l'université, et à présent, son épouse paraissait avoir une fois et demie son âge. C'était une grande femme, aux sourcils froncés, droite, grave, sérieuse et, comme elle se qualifiait elle-même, femme de tête. Elle lisait beaucoup, omettait le signe dur[1] dans ses lettres, appelait son mari Dimitri et non simplement Dmitri, tandis que celui-ci la jugeait secrètement bornée, obtuse, disgracieuse, et n'aimait pas rester chez lui. Il la trompait depuis longtemps et fréquemment, et c'est sans doute pourquoi il formulait presque toujours des jugements défavorables sur les femmes, disant d'elles, lorsqu'il en était question dans une conversation :

« Race inférieure ! »

Traduit du russe par Wladimir Berelowitch,
Éd. Mille et une nuits.

1. **signe dur** : lettre supprimée après la Révolution de 1917.

Vanina leva les yeux

TEXTE 2

Stendhal,
écrivain français,
1783-1842.

Vanina Vanini,
nouvelle, 1829.

Vanina, âgée de dix-neuf ans, est la fille d'un prince romain, don Asdrubale Vanini. Elle apprend au cours d'un bal qu'un jeune carbonaro (membre d'une société secrète italienne luttant en faveur des idées libérales) vient de s'échapper de prison à l'aide d'un déguisement et qu'il a été blessé par ses poursuivants. Le lendemain, Vanina remarque que son père ferme la porte d'un escalier conduisant à un appartement du palais qu'ils habitent.

Vanina alla faire quelques visites dans Rome ; au retour, la grande porte du palais étant embarrassée par les préparatifs d'une illumination, la voiture rentra par les cours de derrière. Vanina leva les yeux, et vit avec étonnement qu'une des fenêtres de l'appartement que son père avait fermée avec tant de soin était ouverte. Elle se débarrassa de sa dame de compagnie, monta dans les combles[1] du palais, et à force de chercher parvint à trouver une petite fenêtre grillée[2] qui donnait sur la terrasse garnie d'orangers. La fenêtre ouverte qu'elle avait remarquée était à deux pas d'elle.

1. **les combles** : dernier étage.
2. **grillée** : fermée par une grille.

Sans doute cette chambre était habitée ; mais par qui ? Le lendemain Vanina parvint à se procurer la clef d'une petite porte qui ouvrait sur la terrasse garnie d'orangers.

Elle s'approcha à pas de loup de la fenêtre qui était encore ouverte. Une persienne servit à la cacher. Au fond de la chambre il y avait un lit et quelqu'un dans ce lit. Son premier mouvement fut de se retirer ; mais elle aperçut une robe de femme jetée sur une chaise. En regardant mieux la personne qui était au lit, elle vit qu'elle était blonde, et apparemment fort jeune. Elle ne douta plus que ce fût une femme. La robe jetée sur une chaise était ensanglantée ; il y avait aussi du sang sur des souliers de femme placés sur une table. L'inconnue fit un mouvement ; Vanina s'aperçut qu'elle était blessée. Un grand linge taché de sang couvrait sa poitrine ; ce linge n'était fixé que par des rubans ; ce n'était pas la main d'un chirurgien qui l'avait placé ainsi.

Camille Corot (1796-1875), *Le Forum vu des jardins Farnèse* (huile ; Paris, Musée du Louvre).

Leonardo Cremonini, *Les Écrans des ombres*, 1978-1980 (diptyque, huile sur toile ; collection privée).

Déclic. Noir.

TEXTE 3

Alain Robbe-Grillet, écrivain français, né en 1922.

Dans le labyrinthe, roman, 1959.

Le narrateur rapporte l'errance d'un soldat à travers une ville enneigée. Il porte un paquet brun et suit un enfant qui surgit à tout moment d'on ne sait où pour disparaître presqu'aussitôt. Le soldat entre dans un immeuble. Une femme entrouvre la porte de son appartement car elle a entendu du bruit. Elle l'invite à entrer.

« Vous n'avez pas mangé », dit-elle. Et une fugitive nuance, comme de pitié, ou de crainte, ou d'étonnement, passe cette fois dans sa phrase.

Mais, sitôt la phrase achevée, et le silence revenu, il devient impossible de retrouver l'intonation qui paraissait à l'instant avoir un sens – crainte, ennui, doute, sollicitude, intérêt quelconque – et seule demeure la constatation : « Vous n'avez pas mangé », prononcée d'une voix neutre. L'homme répète son geste évasif.

« Entrez donc un instant », dit-elle, peut-être à regret – ou peut-être pas.

Déclic. Noir. Déclic. Lumière jaune, éclairant maintenant un petit vestibule où se dresse un portemanteau circulaire, surchargé de chapeaux et de vêtements. Déclic. Noir.

Une porte s'ouvre à présent sur une pièce carrée, meublée d'un lit-divan, d'une table rectangulaire et d'une commode à dessus de marbre. La table est couverte d'une toile cirée à petits carreaux rouges et blancs. Une cheminée au tablier levé, mais sur un âtre sans chenets, aux cendres refroidies, occupe le milieu d'un des murs. À droite de cette cheminée se trouve une autre porte, entrebâillée, qui donne sur une pièce très sombre, ou sur un débarras.

« Tenez », dit la jeune femme en désignant une chaise de paille, placée contre la table, « mettez-vous ici ». Le soldat écarte un peu la chaise, en la tenant par le haut du dossier, et s'assoit. Il pose sa main droite et son coude sur la toile cirée. La main gauche est restée dans la poche de la capote, le bras serrant toujours au creux de la taille la boîte enveloppée de papier brun.

Dans l'entrebâillement de la porte, mais en retrait d'un pas ou deux, fortement estompée par l'ombre, la silhouette d'un enfant se tient immobile, tournée vers l'homme en costume militaire que sa mère (est-ce sa mère ?) vient d'introduire dans l'appartement et qui est assis à la table, légèrement de biais, à demi appuyé sur la toile cirée rouge, les épaules voûtées, la tête penchée en avant.

La femme opère sa rentrée, par la porte donnant sur le vestibule. Elle tient dans une main, ramenée vers sa hanche, un morceau de pain et un verre ; l'autre bras pend le long du corps, la main tenant une bouteille par le goulot. Elle dépose le tout sur la table, devant le soldat.

Sans rien dire, elle emplit le verre jusqu'au bord. Puis elle quitte de nouveau la pièce.

Éd. de Minuit.

Lire et comparer

Le point de vue

1. Pour chacun des trois textes, identifiez le statut du narrateur.

2. Dans quel texte :

– le narrateur donne-t-il l'impression de tout connaître des lieux, du temps (présent, passé), des personnages (identité, physique, passé, relations entre eux, pensées), des événements?

– le narrateur donne-t-il l'impression d'ignorer l'identité des personnages, leurs sentiments, leurs pensées, leurs émotions?

– le narrateur raconte-il la scène vue à travers le regard d'un personnage (relevez les verbes de perception visuelle accompagnés de leur sujet)? Connaît-il les pensées de ce personnage?

Vous citerez des expressions précises à l'appui de vos réponses.

3. À partir de vos réponses, donnez une définition des points de vue omniscient, externe, interne.

4. Quel intérêt peut présenter pour le lecteur le choix de l'un ou l'autre de ces points de vue ?

Lire l'image

5. Décrivez le tableau de la page 30. Vous semble-t-il bien choisi pour illustrer le texte de Robbe-Grillet ? Pour répondre, observez notamment la répartition de l'ombre et de la lumière, les plans délimités par les moulures...

Lire - Écrire

6. ***Changer de point de vue***

Récrivez le texte d'A. Robbe-Grillet en adoptant un autre point de vue.

Critères de réussite

- *Respect du statut du narrateur.*
- *Changement de point de vue effectué (ajouts présents en fonction du choix de point de vue : cadre, pensées...).*

Fiche 1 ➤ p. 298

 Leçon p. 54

Près d'elle

TEXTE 1

Gustave Flaubert,
écrivain français,
1821-1880.

Madame Bovary,
roman, 1857.

Emma Rouault, fille d'un paysan normand, vient d'épouser Charles Bovary qui est médecin. Le couple vient de s'installer à Yonville. Ils sont souvent reçus chez l'apothicaire, M. Homais. Se joint à ces soirées le jeune Léon, clerc de notaire.

On faisait d'abord quelques parties de trente-et-un[1] ; ensuite M. Homais jouait à l'écarté[1] avec Emma ; Léon, derrière elle, lui donnait des avis. Debout et les mains sur le dossier de sa chaise, il regardait les dents de son peigne qui mordaient son chignon. À chaque mouvement qu'elle faisait pour jeter les cartes, sa robe du côté droit remontait. De ses cheveux retroussés, il descendait une couleur brune sur son dos, et qui, s'apâlissant graduellement, peu à peu se perdait dans l'ombre. Son vêtement, ensuite, retombait des deux côtés sur le siège, en bouffant, plein de plis, et s'étalait jusqu'à terre. Quand Léon, parfois, sentait la semelle de sa botte poser dessus, il s'écartait comme s'il eût marché sur quelqu'un.

Lorsque la partie de cartes était finie, l'apothicaire et le médecin jouaient aux dominos, et Emma, changeant de place, s'accoudait sur la table à feuilleter l'*Illustration*. Elle avait apporté son journal de modes. Léon se mettait près d'elle ; ils regardaient ensemble les gravures et s'attendaient au bas des pages. Souvent elle le priait de lui dire des vers ; Léon les déclamait d'une voix traînante et qu'il faisait expirer soigneusement aux passages d'amour. Mais le bruit des dominos la contrariait ; M. Homais y était fort, il battait Charles à plein double-six. Puis les trois centaines terminées, ils s'allongeaient tous les deux devant le foyer et ne tardaient pas à s'endormir. Le feu se mourait dans les cendres ; la théière était vide ; Léon lisait encore, Emma l'écoutait, en faisant tourner machinalement l'abat-jour de la lampe où étaient peints sur la gaze des pierrots dans des voitures et des danseuses de corde avec leurs balanciers. Léon s'arrêtait, désignant d'un geste son auditoire endormi ; alors ils se parlaient à voix basse, et la conversation qu'ils avaient leur semblait plus douce parce qu'elle n'était pas entendue.

Ainsi s'établit entre eux une sorte d'association, un commerce continuel de livres et de romances ; M. Bovary, peu jaloux, ne s'en étonnait pas.

Deuxième partie, chapitre 4.

1. **trente-et-un, écarté :** jeux de cartes.

Mary Cassatt (1845-1927), *Femme et enfant sur fond vert*, 1897 (pastel ; Paris, Musée d'Orsay).

Face à face

TEXTE 2

Émile Zola,
écrivain français, 1840-1902.

Une page d'amour,
roman, 1878.

Hélène vit seule avec sa petite fille Jeanne, souvent malade. Le docteur Deberle est venu lui apporter des soins en pleine nuit.

« Ah ! monsieur, que je vous remercie de toute la peine que vous avez prise ! »

Puis, ayant élevé la voix, elle vint se pencher au-dessus du lit, de peur d'avoir réveillé Jeanne. L'enfant dormait, toute rose, avec son vague sourire aux lèvres. Dans la chambre calmée, une langueur flottait. Une somnolence recueillie et comme soulagée avait repris les tentures, les meubles, les vêtements épars. Tout se noyait et se délassait dans le petit jour entrant par les deux fenêtres.

Hélène, de nouveau, demeurait debout dans la ruelle[1]. Le docteur se tenait à l'autre bord du lit. Et, entre eux, il y avait Jeanne, sommeillant avec son léger souffle :

« Son père était souvent malade, reprit doucement Hélène revenant à l'interrogatoire. Moi, je me suis toujours bien portée. »

Le docteur, qui ne l'avait point encore regardée, leva les yeux et ne put s'empêcher de sourire, tant il la trouvait saine et forte. Elle sourit aussi, de son bon sourire tranquille. Sa belle santé la rendait heureuse.

1. **ruelle** : espace entre le lit et le mur.

Cependant, il ne la quittait pas du regard. Jamais il n'avait vu une beauté plus correcte. Grande, magnifique, elle était une Junon[2] châtaine, d'un châtain doré à reflets blonds. Quand elle tournait lentement la tête, son profil prenait une pureté grave de statue. Ses yeux gris et ses dents blanches lui éclairaient toute la face. Elle avait un menton rond, un peu fort, qui lui donnait un air raisonnable et ferme. Mais ce qui étonnait le docteur, c'était la nudité superbe de cette mère. Le châle avait encore glissé, la gorge se découvrait, les bras restaient nus. Une grosse natte, couleur d'or bruni, coulait sur l'épaule et se perdait entre les seins. Et, dans son jupon mal attaché, échevelée et en désordre, elle gardait une majesté, une hauteur d'honnêteté et de pudeur qui la laissait chaste sous ce regard d'homme, où montait un grand trouble.

Elle-même, un instant, l'examina. Le docteur Deberle était un homme de trente-cinq ans, à la figure rasée, un peu longue, l'œil fin, les lèvres minces. Comme elle le regardait, elle s'aperçut à son tour qu'il avait le cou nu. Et ils restèrent ainsi face à face, avec la petite Jeanne endormie entre eux.

2. **Junon** : déesse de la nature féminine dans la religion romaine, épouse de Jupiter.

Lire et comparer

Le statut du narrateur et le point de vue

Pour chaque texte, répondez aux questions.

1. Quel est le statut du narrateur ?

2. a) Où la scène se déroule-t-elle ? À quel moment de la journée ? Qui sont les personnages en présence ? À quelles occupations se livrent-ils ?
b) Où les personnages sont-ils placés ?

3. a) Délimitez les passages où sont décrits les personnages.
b) Relevez les verbes de perception et leur sujet. Qui voit ? La description est-elle faite selon le point de vue du narrateur omniscient ou selon celui d'un personnage ?

4. a) Quels sont les points de vue qui s'entrecroisent dans chacun des textes ?
b) Quel est l'intérêt de cet entrecroisement pour le lecteur ?

Lire l'image

5. Quelle impression se dégage de ce dessin (p. 33) ? Justifiez votre réponse en observant l'attitude des personnages, leur regard, la distribution des couleurs.

Lire - Écrire

6. *Changer de point de vue*

Racontez une scène de rencontre selon le point de vue du narrateur omniscient. Vous insérerez deux descriptions de personnages, chacune faite selon le point de vue de l'autre. L'une sera introduite par *Il* [ou *elle*] *ne la quittait pas du regard*, l'autre par *Elle-même* [ou *Lui-même*], *un instant, l'examina.*

Critères de réussite
- *Variation des points de vue présente.*
- *Caractérisation du cadre et des personnages présente.*
- *Insertion des phrases imposées.*
- *Description organisée.*

Lire au CDI

7. *Lire Maupassant*

Lisez le roman de Maupassant, *Pierre et Jean*. Quel est le point de vue dominant adopté par le narrateur ?

Fiche 3 ➤ p. 300

RAPPORTER DES PAROLES (1)

Leçon p. 54

Tamara de Lempicka (1898-1980), *Jeune fille en vert,* 1929 (huile sur toile, 53 x 39 cm ; Paris, collection du Centre Georges Pompidou/Musée National d'Art Moderne).

Elle ne répond pas

Marguerite Duras, écrivain français, 1914-1996.

L'Amant, roman, 1984.

La narratrice, âgée de quinze ans et demi, est en pension à Saigon (Viêt Nam, colonie française alors). Elle prend le bac pour se rendre à Sadec, située sur le fleuve Mékong. Elle va rejoindre sa mère, directrice d'école. L'action se situe au début du siècle.

L'homme élégant est descendu de la limousine, il fume une cigarette anglaise. Il regarde la jeune fille au feutre d'homme et aux chaussures d'or. Il vient vers elle lentement. C'est visible, il est intimidé. Il ne sourit pas tout d'abord. Tout d'abord il lui offre une cigarette. Sa main tremble. Il y a cette différence de race, il n'est pas blanc, il doit la surmonter, c'est pourquoi il tremble. Elle lui dit qu'elle ne fume pas, non merci. Elle ne dit rien d'autre, elle ne lui dit pas laissez-moi tranquille. Alors il a moins peur. Alors il lui dit qu'il croit rêver. Elle ne répond pas. Ce n'est pas la peine qu'elle réponde, que répondrait-elle. Elle attend. Alors il le lui demande : mais d'où venez-vous ? Elle dit qu'elle est la fille de l'institutrice de l'école de filles de Sadec. Il réfléchit et puis il dit qu'il a entendu parler de cette dame, sa mère, de son manque de chance avec cette concession qu'elle aurait achetée au Cambodge, c'est bien ça n'est-ce pas ? Oui c'est ça.

Il répète que c'est tout à fait extraordinaire de la voir sur ce bac. Si tôt le matin, une jeune fille belle comme elle l'est, vous ne vous rendez pas compte, c'est très inattendu, une jeune fille blanche dans un car d'indigène.

Il lui dit que le chapeau lui va bien, très bien même, que c'est… original… un chapeau d'homme, pourquoi pas ? elle est si jolie, elle peut tout se permettre.

Elle le regarde. Elle lui demande qui il est. Il dit qu'il revient de Paris où il a fait ses études, qu'il habite Sadec lui aussi, justement sur le fleuve, la grande maison avec les grandes terrasses aux balustrades de céramique bleue. Elle lui demande ce qu'il est. Il dit qu'il est chinois, que sa famille vient de la Chine du Nord, de Fou-Chouen. Voulez-vous me permettre de vous ramener chez vous à Saigon ? Elle est d'accord. Il dit au chauffeur de prendre les bagages de la jeune fille dans le car et de les mettre dans l'auto noire.

Éd. de Minuit.

Lire et analyser

Le narrateur

1. Déterminez le statut du narrateur. Selon quel point de vue la narration est-elle faite ? Relevez des indices du texte à l'appui de votre réponse.

Le mode de narration

2. a) Quel est le verbe de parole le plus souvent utilisé ?

b) Y a-t-il des indications concernant le ton de la voix et les sentiments des personnages ?

3. a) Relevez les paroles rapportées des personnages. Classez-les selon qu'elles sont rapportées directement ou indirectement. Avez-vous éprouvé des difficultés à en classer certaines ? Pourquoi ?

b) Quels sont les temps utilisés dans les paroles rapportées ? et dans la narration ? Que constatez-vous ?

c) Le narrateur introduit-il des commentaires, une opinion, un sentiment ?

d) Quel est l'effet produit par ce mode de narration ? Appuyez-vous sur vos réponses précédentes.

Les fonctions des paroles rapportées

4. Quelles informations les paroles rapportées fournissent-elles ? Citez le texte avec précision. Que pouvez-vous en déduire sur la fonction des paroles rapportées dans cet extrait ?

Lire l'image

5. Ce portrait (p. 35) pourrait-il être celui de l'héroïne de *L'Amant* ? Justifiez votre réponse en observant le modelé du corps, la robe et le chapeau, le regard, la bouche.

6. En quoi cette peinture peut-elle s'apparenter à une photographie ?

Lire - Écrire

7. *Transposer au discours (ou style) direct*

Récrivez la totalité du texte en transposant au discours direct les passages au discours indirect.

Critères de réussite
- *Respect du texte (pas d'oubli ni d'ajout).*
- *Modifications effectuées conformes aux règles.*

8. *Imaginer une suite*

Imaginez une suite immédiate au texte (une dizaine de lignes) en adoptant les mêmes procédés d'écriture.

Critères de réussite
- *Respect du statut du narrateur et du point de vue.*
- *Présence de paroles rapportées.*
- *Dynamique (événements) et cohérence de la suite.*
- *Clôture de l'épisode présente.*

Fiche 1 ➤ p. 298

RAPPORTER DES PAROLES (2)

Leçon p. 54

Jean Hélion (1904-1987), *Émile*, 1939 (huile sur panneau, 35 x 28 cm ; collection particulière).

Qui aurait voulu tuer Lucienne ?

La femme de Chavane vient d'avoir un accident de voiture. Chavane se trouve au garage pour une expertise, en présence du contremaître.

Boileau-Narcejac, romanciers français, 1906-1989 (Boileau), né en 1908 (T. Narcejac).

Terminus, nouvelle, 1980.

Le contremaître le prit par le bras et l'amena derrière la voiture.

– Regardez le pare-chocs… Vous voyez ces marques ?… Comme si le métal avait été martelé… L'aile gauche légèrement tordue… Tout ça, ça parle ; ça accuse. À mon avis, quelqu'un s'est amusé à poursuivre cette malheureuse bagnole, à lui donner des coups de museau pour affoler votre femme jusqu'à ce qu'elle perde tout contrôle. Il y a pas mal d'inconscients qui se livrent à ce petit jeu, la nuit. Mais, en général, hors de Paris. C'est la première fois, à ma connaissance, qu'on joue aux autos tamponneuses en pleine ville.

– La police croit à un simple accident, objecta Chavane.

– Oh ! la police ! Quand une affaire les gêne, ils invoquent la fatalité.

– Je peux toujours porter plainte.

– Contre qui ?… Votre plainte finira au panier. Non, ce qu'il faut souhaiter, c'est que votre femme se rétablisse vite et après, vous tâcherez d'oublier.

Chavane ouvrit la portière la moins coincée et examina l'intérieur de la voiture.

– Il n'y a rien, dit le contremaître. J'ai vérifié.

– La boîte à gants ?

– Vide.

Chavane réfléchit.

– En somme, murmura-t-il. On a essayé de tuer ma femme.

Le contremaître sembla peser le pour et le contre.

– Je croirais plutôt qu'il s'agit d'une plaisanterie stupide. Elle n'avait pas d'ennemis ?...

– Oh ! Sûrement pas ! s'écria Chavane.

– Là... Vous voyez bien. C'est un simple fait divers. Naturellement, je vous ai parlé d'homme à homme, parce que je suis écœuré. Mais ne faites pas état de ce que je vous ai dit. Après tout, je peux me tromper.

Il reconduisit Chavane vers l'entrée du garage, s'arrêta au passage devant une Citroën dont il caressa le capot.

– Bonne occasion, remarqua-t-il. Si ça vous chante...

Chavane lui serra la main et se dirigea vers la rue Pierre-Demours. Qui aurait voulu tuer Lucienne ? Ça ne tenait pas debout. Il faudrait demander son avis à Ludovic. Un ancien commandant de gendarmerie, ça doit savoir conduire une enquête. Il imagina la scène, la voiture suiveuse s'acharnant, Lucienne accélérant folle de peur, et puis voyant surgir comme un projectile le lampadaire. Mais aussi, pourquoi s'était-elle risquée dehors, en pleine nuit ? Il luttait contre son émotion et en même temps il se reprochait de ne pas en éprouver une plus grande. Il aurait dû se sentir désespéré. Arrêté au bord du trottoir, troublé, par l'afflux de sentiments inconnus et contradictoires, il se demandait à quoi on reconnaît que l'on aime. Il se mit en marche. Il avait froid. Comme tout était simple, quand il roulait vers Nice[1] !

À la Teinturerie moderne, il donna son ticket à une employée qui lui rapporta bientôt un manteau qu'il connaissait bien, le manteau au col de lapin, que Lucienne avait acheté, un an plus tôt, dans un magasin du boulevard Diderot. Il donna à l'employé un billet de cent francs et pendant qu'elle cherchait la monnaie dans le tiroir-caisse, il fouilla les poches d'un geste machinal. Dans la poche droite, il y avait un mince carton collé contre la doublure.

– Je vais vous faire un paquet, dit l'employée.

Reculant de quelques pas, Chavane jeta un coup d'œil sur le bristol.

GALERIE BERGER

40, rue Bonaparte Paris VIe

Rétrospective des peintures et dessins de

VINCENT BORELLY

Vernissage le vendredi 8 décembre 1978

à 18 heures

« Mais, le 8 décembre, c'est aujourd'hui ! pensa Chavane. Qui a pu lui remettre cette invitation et pourquoi l'a-t-elle conservée ? »

L'employée lui tendit le paquet. Il ne sut jamais comment il était rentré chez lui, tant il était absorbé par ses réflexions. Lucienne ne

1. Chavane avait décidé de quitter sa femme alors qu'il était dans le train qui le menait à Nice. Depuis l'accident, la situation s'est compliquée.

s'intéressait pas du tout à la peinture. Mais peut-être connaissait-elle ce Vincent Borelly, dont il n'avait jamais entendu parler. Après tout, pourquoi pas ? Elle l'avait peut-être rencontré au hasard d'une promenade ? Mais elle n'aimait pas se promener seule et puis pourquoi lui aurait-elle caché cette rencontre ? Il y avait une explication beaucoup plus simple : d'abord, il ne s'agissait pas d'une véritable invitation mais d'un carton de publicité, tiré à des milliers d'exemplaires. Lucienne l'avait trouvé dans la boîte, en sortant, et l'avait glissé dans une poche… Chavane perdait le fil parce que les propos du contremaître venaient tout embrouiller. Qui aurait voulu tuer Lucienne ? Chavane décida de se rendre à la galerie Berger.

Éd. Denoël.

Lire et analyser

Le mode de narration

1. a) Qui sont les deux interlocuteurs ?

b) Résumez en quelques lignes les informations fournies par les paroles rapportées directement. Quelle est leur fonction ?

2. Relisez les passages des lignes 35 à 47 et des lignes 66 à 78.

a) Identifiez les passages narratifs et les paroles rapportées.

b) Récrivez les paroles rapportées au discours direct. Récrivez-les ensuite au discours indirect en commençant par « Il se dit que ». Quelles modifications avez-vous effectuées dans l'un et l'autre cas par rapport au texte ?

c) Dans ces deux passages, les paroles rapportées sont au discours indirect libre. Déduisez de vos réponses en 2 a) et b) ses caractéristiques.

3. Dans les passages au discours indirect libre :

a) Pour quelle raison les phrases interrogatives sont-elles si nombreuses ? Quel point de vue le narrateur adopte-t-il ?

b) Quel intérêt l'emploi du discours indirect libre peut-il présenter pour le lecteur ?

4. Récapitulez les procédés que l'on peut utiliser pour rapporter les paroles ou les pensées d'un personnage.

Lire l'image

5. Ce tableau (p. 37) vous semble-t-il bien choisi pour illustrer le texte de Boileau-Narcejac ? Justifiez votre réponse.

Lire - Écrire

6. ***Insérer des paroles rapportées***

a) En prenant comme point de départ la phrase *Il imagina la scène, la voiture suiveuse s'acharnant…* (l. 39), racontez la scène de poursuite vécue par la femme de Chavane. Vous insérerez des paroles rapportées au discours indirect libre.

Critères de réussite
- *Respect du statut narrateur et du point de vue.*
- *Présence du discours indirect libre.*
- *Scène dynamique (présence d'événements).*

b) Imaginez un récit dans lequel vous insérerez au moins un passage au discours indirect libre. Votre récit devra obligatoirement comporter au choix un des passages suivants du texte :

– *Il luttait contre son émotion et en même temps il se reprochait de ne pas en éprouver une plus grande. Il aurait dû se sentir désespéré.*

– *Il ne sut jamais comment il était rentré chez lui, tant il était absorbé par ses réflexions.*

Critères de réussite
- *Insertion cohérente de la phrase imposée.*
- *Présence du discours indirect libre.*

Fiche 1 ➤ p. 298

RAPPORTER DES PAROLES (3)

Leçon p. 54

Nous regardons le ciel

Alexis, le narrateur, âgé de huit ans, vit sur l'île Maurice (dans l'Océan Indien) avec sa sœur Laure, sa mère Mam et son père. Un jour, Alexis apprend que son père a des ennuis financiers. Ce soir-là, son père l'emmène avec sa sœur regarder les étoiles. Sa mère se joint à eux.

J.-M. G. Le Clézio, romancier français, né en 1940.

Le Chercheur d'or, roman, 1985.

Nous regardons le ciel avec une telle attention que la tête nous tourne, que nous titubons de vertige. J'entends Mam qui parle bas à mon père, mais je ne comprends pas le sens de leurs paroles. À l'est, allant jusqu'au nord, il y a le grand fleuve pâle de la Galaxie, qui forme des îles près de la Croix du Cygne[1], et coule vers Orion[1]. Un peu au-dessus, du côté de notre maison, j'aperçois la lueur confuse des Pléiades[2], pareilles à des lucioles. Je connais chaque endroit du ciel, chaque constellation. Mon père nous enseigne le ciel nocturne, et chaque soir, ou presque, il nous montre leur place sur une grande carte épinglée sur le mur de son bureau. « Celui qui connaît bien le ciel ne peut rien craindre de la mer », dit mon père. Lui qui est tellement secret, silencieux, quand il s'agit d'étoiles, il parle, il s'anime, ses yeux brillent. Il dit alors de belles choses sur le monde, sur la mer, sur Dieu. Il parle des voyages des grands marins, ceux qui ont découvert la route des Indes, l'Océanie, l'Amérique. Dans l'odeur du tabac qui flotte dans son bureau, je regarde les cartes. Il parle de Cook, de Drake, de Magellan qui découvrait les mers du Sud sur le *Victoria*, puis qui est mort dans les îles de la Sonde. Il parle de Tasman, de Biscoe, de Wilkes qui est allé jusqu'aux glaces éternelles du pôle Sud, et aussi des voyageurs extraordinaires, Marco Polo en Chine, de Soto en Amérique, Orellana qui a remonté le fleuve des Amazones, Gmelin qui est allé au bout de la Sibérie, Mungo Park, Stanley, Livingstone, Prjevalski. J'écoute ces histoires, les noms de pays, l'Afrique, le Tibet, les îles du Sud : ce sont des noms magiques, ils sont pour moi comme les noms des étoiles, comme les dessins des constellations.

Éd. Gallimard.

1. **la Croix du Cygne, Orion** : constellations de la zone équatoriale et australe.

2. **les Pléiades** : groupe d'étoiles.

Paul Klee (1879-1940), *Composition cosmique*, 1919 (huile sur carton ; Dusseldorf, Staatliche Kunstsammlung du land de Rhénanie).

Lire et analyser

Le narrateur et les personnages

1. Quel est le statut du narrateur ? Quels sont les personnages en présence et les relations qui existent entre eux (voir hors-texte) ?

Le mode de narration

2. Relevez les paroles au discours direct. Qui parle ?

3. a) Dans la phrase *Il dit alors de belles choses sur le monde, sur la mer, sur Dieu* (l. 13), les paroles du personnage sont-elles rapportées de façon précise et détaillée ?

b) Relevez d'autres phrases qui rapportent les paroles selon le même mode. Qui parle ? Aidez-vous des verbes de parole et de leur sujet pour répondre.

4. a) À quels domaines les différents noms propres renvoient-ils ? Relevez les énumérations et les expressions comportant un pluriel. Quel est l'effet produit sur l'enfant par ces évocations ? Citez le texte.

b) En combien de lignes les paroles du personnage sont-elles rapportées ? Y a-t-il égalité temporelle entre le temps de l'histoire (heures, minutes…) et le temps de la narration (nombre de lignes) ?

5. Ce procédé d'écriture s'appelle discours narrativisé. Quel est son intérêt ?

Lire - Écrire

6. *Transposer au discours (ou style) direct*

Rapportez au discours direct une partie des paroles du père. Vous choisirez un domaine qui vous intéresse et à propos duquel vous effectuerez quelques recherches documentaires.

Critères de réussite
- *Situation d'énonciation conforme à celle du texte.*
- *Présence et respect des marques du discours direct.*
- *Pertinence des propos.*

Fiches 1 et 3 ➤ p. 298 et p. 300

VARIER L'ORDRE ET LE RYTHME DE LA NARRATION

Leçon p. 54

Berthe Morisot (1841-1895), *Jeune femme en toilette de bal*, 1879 (huile sur toile ; Paris, Musée d'Orsay).

Les Bijoux

Guy de Maupassant, écrivain français, 1850-1893.

« Les Bijoux », dans *Clair de lune*, recueil de nouvelles, 1888.

Voici le début de la nouvelle.

M. Lantin ayant rencontré cette jeune fille, dans une soirée, chez son sous-chef de bureau, l'amour l'enveloppa comme un filet.

C'était la fille d'un percepteur de province, mort depuis plusieurs années. Elle était venue ensuite à Paris avec sa mère, qui fréquentait quelques familles bourgeoises de son quartier dans l'espoir de marier la jeune personne. Elles étaient pauvres et honorables, tranquilles et douces. La jeune fille semblait le type absolu de l'honnête femme à laquelle le jeune homme sage rêve de confier sa vie. Sa beauté modeste avait un charme de pudeur angélique, et l'imperceptible sourire qui ne quittait point ses lèvres semblait un reflet de son cœur.

Tout le monde chantait ses louanges ; tous ceux qui la connaissaient répétaient sans fin : « Heureux celui qui la prendra. On ne pourrait trouver mieux. »

M. Lantin, alors commis principal au ministère de l'intérieur, aux appointements annuels de trois mille cinq cents francs, la demanda en mariage et l'épousa.

Il fut avec elle invraisemblablement heureux. Elle gouverna sa maison avec une économie si adroite qu'ils semblaient vivre dans le luxe. Il n'était point d'attentions, de délicatesses, de chatteries qu'elle n'eût pour son mari ; et la séduction de sa personne était si grande que, six ans après leur rencontre, il l'aimait plus encore qu'aux premiers jours.

Il ne blâmait en elle que deux goûts, celui du théâtre et celui des bijouteries fausses.

Ses amies (elle connaissait quelques femmes de modestes fonctionnaires) lui procuraient à tous moments des loges pour les pièces en vogue, même pour les premières représentations ; et elle traînait bon gré, mal gré, son mari à ces divertissements qui le fatiguaient affreusement après sa journée de travail. Alors il la supplia de consentir à aller au spectacle avec quelque dame de sa connaissance qui la ramènerait ensuite. Elle fut longtemps à céder, trouvant peu convenable cette manière d'agir. Elle s'y décida enfin par complaisance, et il lui en sut un gré infini.

Or, ce goût pour le théâtre fit bientôt naître en elle le besoin de se parer. Ses toilettes demeuraient toutes simples, il est vrai, de bon goût toujours, mais modestes ; et sa grâce douce, sa grâce irrésistible, humble et souriante, semblait acquérir une saveur nouvelle de la simplicité de ses robes, mais elle prit l'habitude de pendre à ses oreilles deux gros cailloux du Rhin[1] qui simulaient des diamants, et elle portait des colliers de perles fausses, des bracelets en similor[2], des peignes agrémentés de verroteries variées jouant les pierres fines.

Son mari, que choquait un peu cet amour du clinquant, répétait souvent : « Ma chère, quand on n'a pas le moyen de se payer des bijoux véritables, on ne se montre parée que de sa beauté et de sa grâce, voilà encore les plus rares joyaux. »

Mais elle souriait doucement et répétait : « Que veux-tu ? J'aime ça. C'est mon vice. Je sais bien que tu as raison ; mais on ne se refait pas. J'aurais adoré les bijoux, moi ! »

Et elle faisait rouler dans ses doigts les colliers de perles, miroiter les facettes des cristaux taillés, en répétant : « Mais regarde donc comme c'est bien fait. On jurerait du vrai. »

Il souriait en déclarant : « Tu as des goûts de Bohémienne. »

Quelquefois, le soir, quand ils demeuraient en tête à tête au coin du feu, elle apportait sur la table où ils prenaient le thé la boîte de maroquin où elle enfermait la « pacotille », selon le mot de M. Lantin ; et elle se mettait à examiner ces bijoux imités avec une attention passionnée, comme si elle eût savouré quelque jouissance secrète et profonde ; et elle s'obstinait à passer un collier au cou de son mari pour rire ensuite de tout son cœur en s'écriant : « Comme tu es drôle ! » Puis elle se jetait dans ses bras et l'embrassait éperdument.

Comme elle avait été à l'Opéra, une nuit d'hiver, elle rentra toute frissonnante de froid. Le lendemain elle toussait. Huit jours plus tard elle mourait d'une fluxion de poitrine.

Lantin faillit la suivre dans la tombe. Son désespoir fut si terrible que ses cheveux devinrent blancs en un mois. Il pleurait du matin au soir, l'âme déchirée d'une souffrance intolérable, hanté par le souvenir, par le sourire, par la voix, par tout le charme de la morte.

1. **gros cailloux du Rhin** : cristal de roche coloré.

2. **similor** : alliage de cuivre jaune, ou de laiton, et de zinc.

Le temps n'apaisa point sa douleur. Souvent pendant les heures du bureau, alors que les collègues s'en venaient causer un peu des choses du jour, on voyait soudain ses joues se gonfler, son nez se plisser, ses yeux s'emplir d'eau ; il faisait une grimace affreuse et se mettait à sangloter.

Il avait gardé intacte la chambre de sa compagne où il s'enfermait tous les jours pour penser à elle ; et tous les meubles, ses vêtements mêmes demeuraient à leur place comme ils se trouvaient au dernier jour.

Mais la vie se faisait dure pour lui. Ses appointements, qui, entre les mains de sa femme, suffisaient à tous les besoins du ménage, devenaient, à présent, insuffisants pour lui tout seul. Et il se demandait avec stupeur comment elle avait su s'y prendre pour lui faire boire toujours des vins excellents et manger des nourritures délicates qu'il ne pouvait plus se procurer avec ses modestes ressources.

Il fit quelques dettes et courut après l'argent à la façon des gens réduits aux expédients. Un matin enfin, comme il se trouvait sans un sou, une semaine entière avant la fin du mois, il songea à vendre quelque chose ; et tout de suite la pensée lui vint de se défaire de la « pacotille » de sa femme, car il avait gardé au fond du cœur une sorte de rancune contre ces « trompe-l'œil » qui l'irritaient autrefois. Leur vue même, chaque jour, lui gâtait un peu le souvenir de sa bien-aimée.

Il chercha longtemps dans le tas de clinquants qu'elle avait laissés, car jusqu'aux derniers jours de sa vie elle en avait acheté obstinément, rapportant presque chaque soir un objet nouveau, et il se décida pour le grand collier qu'elle semblait préférer, et qui pouvait bien valoir, pensait-il, six ou huit francs, car il était vraiment d'un travail très soigné pour du faux.

Il le mit en sa poche et s'en alla vers son ministère en suivant les boulevards, cherchant une boutique de bijoutier qui lui inspirât confiance.

Il en vit une enfin et entra, un peu honteux d'étaler ainsi sa misère et de chercher à vendre une chose de si peu de prix.

« Monsieur, dit-il au marchand, je voudrais bien savoir ce que vous estimez ce morceau. »

L'homme reçut l'objet, l'examina, le retourna, le soupesa, prit une loupe, appela son commis, lui fit tout bas des remarques, reposa le collier sur son comptoir et le regarda de loin pour mieux juger de l'effet.

M. Lantin, gêné par toutes ces cérémonies, ouvrait la bouche pour déclarer : « Oh ! je sais bien que cela n'a aucune valeur », – quand le bijoutier prononça :

« Monsieur, cela vaut de douze à quinze mille francs ; mais je ne pourrais l'acheter que si vous m'en faisiez connaître exactement la provenance. »

Le veuf ouvrit des yeux énormes et demeura béant, ne comprenant pas. Il balbutia enfin : « Vous dites ?... Vous êtes sûr. »

L'autre se méprit sur son étonnement, et, d'un ton sec : « Vous pouvez chercher ailleurs si on vous en donne davantage. Pour moi cela vaut, au plus, quinze mille. Vous reviendrez me trouver si vous ne trouvez pas mieux. »

M. Lantin, tout à fait idiot, reprit son collier et s'en alla, obéissant à un confus besoin de se trouver seul et de réfléchir.

Lire et analyser

Le narrateur et le point de vue

1. Quel est le statut du narrateur ? Selon quel point de vue la narration est-elle faite ? Justifiez votre réponse.

Le cadre et les personnages

2. Dans quelle ville l'action se situe-t-elle ? Qui sont les personnages en présence ? Relevez les expressions qui les caractérisent. Sont-ils décrits physiquement ? Sur quels aspects des personnages le narrateur insiste-t-il ?

Le rythme de la narration

3. Résumez en quelques lignes les principaux événements qui constituent la partie de l'histoire présentée dans cet extrait. Retrouvez la situation initiale, l'événement modificateur, l'enchaînement des actions.

4. Relevez un retour en arrière et des ellipses temporelles. Quelle est leur fonction respective ?

5. a) Combien de temps s'écoule-t-il approximativement entre les lignes 1 à 88 (jusqu'à *réduits aux expédients*) et entre les lignes 88 à la fin. Relevez les indications temporelles qui permettent de justifier votre réponse.
b) Combien de lignes correspondent à chacune de ces deux parties ? Dans quelle partie le temps de la narration (nombre de lignes) s'approche-t-il le plus du temps de l'histoire (heures, jours, mois...) ? Dans quel passage y a-t-il égalité temporelle entre le temps de la narration et le temps de l'histoire ?

6. À partir de vos réponses, donnez une définition de la scène et du sommaire dans une narration (vous pouvez vous aider de la leçon et de l'index).

7. a) Donnez un titre à la scène que vous avez délimitée (question 5 b). En quoi cette scène est-elle importante pour la narration ? Rapprochez cette scène du titre de la nouvelle.

8. Relevez les différents indices qui ont contribué à préparer cette scène :
– le verbe du second paragraphe répété deux fois qui introduit le doute sur le personnage féminin ;
– les expressions qui désignent et caractérisent les faux bijoux ; pourquoi sont-elles si nombreuses ?
– les indices qui expriment la naïveté du personnage masculin (comportement, paroles, questions qu'il se pose...).

9. Dans un récit, scènes et sommaires alternent souvent. Quel est l'effet produit par cette alternance ?

Lire l'image

10. En quoi l'héroïne de la nouvelle peut-elle être rapprochée du personnage représenté (p. 42) ? Citez des phrases du texte pour répondre.

Lire - Écrire

11. *Imaginer une suite*

Imaginez la suite et la fin de la nouvelle en respectant la cohérence textuelle et en alternant scène et sommaire.

Critères de réussite
- *Narrateur, personnage et système temps respectés et conformes à ceux du texte.*
- *Respect de l'alternance scène/sommaire.*
- *Dynamique (événements) et clôture de l'épisode présentes.*

Lire au CDI

12. *Analyser le rythme de la narration*

Lisez une ou deux nouvelles françaises ou étrangères (T. Gautier, Mérimée, Maupassant, Buzzati...). Repérez les ellipses, les scènes et les sommaires et précisez l'effet produit.

Fiches 3 et 8 ➤ p. 300 et p. 306

INSÉRER UNE DESCRIPTION (1)

Leçon p. 54

Figurez-vous...

Honoré de Balzac,
écrivain français,
1799-1850.

Le Lys dans la vallée,
roman, 1836.

Felix de Vandenesse, le narrateur, fait le récit de son passé dans une longue lettre qu'il écrit à Nathalie de Manerville, sa future épouse : il lui raconte qu'un jour, au cours d'un bal à Tours, il a rencontré une jeune femme qui a fait battre son cœur. À la suite de cette rencontre, il est allé passer quelques mois de vacances dans la vallée de l'Indre. Il quitte à pied la ville de Tours et imagine que la belle inconnue habite dans cette vallée de Touraine.

Je descendis, l'âme émue, au fond de cette corbeille, et vis bientôt un village que la poésie qui surabondait en moi me fit trouver sans pareil. Figurez-vous trois moulins posés parmi des îles gracieusement découpées, couronnées de quelques bouquets d'arbres au milieu d'une prairie d'eau ; quel autre nom donner à ces végétations aquatiques, si vivaces, si bien colorées, qui tapissent la rivière, surgissent au-dessus, ondulent avec elle, se laissent aller à ses caprices et se plient aux tempêtes de la rivière fouettée par la roue des moulins ! Çà et là s'élèvent des masses de gravier sur lesquelles l'eau se brise en y formant des franges où reluit le soleil. Les amaryllis, le nénuphar, le lys d'eau, les joncs, les flox décorent les rives de leurs magnifiques tapisseries. Un pont tremblant composé de poutrelles pourries, dont les piles sont couvertes de fleurs, dont les garde-fous plantés d'herbes vivaces et de mousses veloutées se penchent sur la rivière et ne tombent point ; des barques usées, des filets de pêcheurs, le chant monotone d'un berger, les canards qui voguaient entre les îles ou s'épluchaient sur le jard, nom du gros sable que charrie la Loire ; des garçons meuniers, le bonnet sur l'oreille, occupés à charger leurs mulets ; chacun de ces détails rendait cette scène d'une naïveté surprenante. Imaginez au-delà du pont deux ou trois fermes, un colombier, des tourterelles, une trentaine de masures séparées par des jardins, par des haies de chèvrefeuilles, de jasmins et de clématites ; puis du fumier fleuri devant toutes les portes, des poules et des coqs par des chemins ? voilà le village du Pont-de-Ruan, joli village surmonté d'une vieille église pleine de caractère, une église du temps des croisades, et comme les peintres en cherchent pour leurs tableaux. Encadrez le tout de noyers antiques, de jeunes peupliers aux feuilles d'or pâle, mettez de gracieuses fabriques au milieu des longues prairies où l'œil se perd sous un ciel chaud et vaporeux, vous aurez une idée d'un des mille points de vue de ce beau pays. Je suivis le chemin de Saché sur la gauche de la rivière, en observant les détails des collines qui meublent la rive opposée. Puis enfin j'atteignis un parc orné d'arbres centenaires qui m'indiqua le château de Frapesle. J'arrivai précisément à l'heure où la cloche annonçait le déjeuner.

Claude Monet (1840-1926), *Étang aux nymphéas,* 1904 (huile sur toile, 90 x 92 cm ; Caen, Musée des Beaux Arts).

Lire et analyser

Le narrateur

1. Quel est le statut du narrateur ?

Le point de vue de la description

2. À quelle ligne la narration s'interrompt-elle pour faire place à la description ? À quelle ligne reprend-elle ? Quels indices vous permettent de répondre ?

3. a) Qui voit le paysage et d'où est-il vu ? Justifiez votre réponse.
b) La description vous paraît-elle objective ou subjective ? Pour répondre, relevez les termes qui se réfèrent aux sensations ainsi que les procédés de mise en valeur (présentatifs, impératifs...).

4. a) Quels sont les éléments constitutifs du paysage (éléments naturels, constructions, activités humaines, animaux) ? Ces éléments sont-ils précisément caractérisés (citez quelques exemples) et localisés (relevez les indications spatiales) ?
b) Relevez quelques accumulations. Quel est l'effet produit ?

La fonction de la description

5. a) Les noms propres se réfèrent-ils à une réalité géographique ou sont-ils inventés ?

b) Relevez les mots qui illustrent l'expression *comme les peintres en cherchent pour leurs tableaux* (l. 27). Un peintre pourrait-il réaliser un tableau à partir de cette description ?

c) En quoi peut-on dire que cette description crée l'illusion du réel ?

6. Quelle peut être la fonction de cette description dans cet extrait de roman ?

Lire l'image

7. Décrivez le tableau (p. 47) en un paragraphe rédigé. Vous commencerez par l'expression *Figurez-vous*, vous utiliserez le procédé de l'accumulation et les champs lexicaux des sensations (couleurs, lumière...).

Lire - Écrire

8. *Insérer une description*

– Voici deux extraits d'*Au Bonheur des dames* de Zola :

« Chaque samedi, de quatre à six, Mme Desforges offrait une tasse de thé et des gâteaux aux personnes de son intimité, qui voulaient bien la venir voir. L'appartement se trouvait au troisième, à l'encoignure des rues de Rivoli et d'Alger ; et les fenêtres des deux salons ouvraient sur le jardin des Tuileries.

....

Justement, ce samedi-là, comme un domestique allait l'introduire dans le grand salon, Mouret aperçut de l'antichambre, par une porte restée ouverte, Mme Desforges qui traversait le petit salon. »

– Insérez la description des salons entre les deux passages narratifs précédents. Votre description devra produire l'illusion du réel.

Critères de réussite
- *Respect du statut du narrateur.*
- *Insertion correcte de la description.*
- *Choix d'un point de vue (qui voit ? d'où ?).*
- *Caractérisation des lieux présente.*
- *Création d'une illusion de réel.*

Se repérer dans l'histoire littéraire

9. *Le réalisme*

Qu'est-ce que le réalisme en littérature ? Faites une recherche sur le sujet dans une histoire littéraire. Citez des écrivains réalistes et quelques-unes de leurs œuvres.

Fiches 3 et 4 ➤ p. 300 et p. 301

 Leçon p. 54

Le spectacle est complet

Honoré de Balzac,
écrivain français,
1799-1850.

Le Père Goriot,
roman, 1835.

Cet extrait se situe au début du roman. Une grande partie de l'action se déroulera à Paris, à la pension Vauquer, tenue par Madame Vauquer qui y loge quelques pensionnaires. Le narrateur décrit l'établissement, salle par salle ; il en vient à la salle à manger.

Cette salle, entièrement boisée, fut jadis peinte en une couleur indistincte aujourd'hui, qui forme un fond sur lequel la crasse a imprimé ses couches de manière à y dessiner des figures bizarres. Elle est plaquée de buffets gluants sur lesquels sont des carafes échancrées, ternies, des ronds de moiré métallique, des piles d'assiettes en porcelaine épaisse, à bords bleus, fabriquées à Tournai. Dans un angle est placée une boîte à cases numérotées qui sert à garder les serviettes, ou tachées ou vineuses, de chaque pensionnaire. Il s'y rencontre de ces meubles indestructibles, proscrits partout, mais placés là comme le sont les débris de la civilisation aux Incurables[1]. Vous y verriez un baromètre à capucin qui sort quand il pleut, des gravures exécrables qui ôtent l'appétit, toutes encadrées en bois noir verni à filets dorés ; un cartel[2] en écaille incrustée de cuivre ; un poêle vert, des quinquets d'Argand[3] où la poussière se combine avec l'huile, une longue table couverte d'une toile cirée assez grasse pour qu'un facétieux externe[4] y inscrive son nom en se servant de son doigt comme de style[5], des chaises estropiées, de petits paillassons piteux en sparterie[6] qui se déroule toujours sans se perdre jamais, puis des chaufferettes misérables à trous cassés, à charnières défaites, dont le bois se carbonise. Pour expliquer combien ce mobilier est vieux, crevassé, pourri, tremblant, rongé, manchot, borgne, invalide, expirant, il faudrait en faire une description qui retarderait trop l'intérêt de cette histoire, et que les gens pressés ne pardonneraient pas. Le carreau rouge est plein de vallées produites par le frottement ou par les mises en couleur. Enfin, là règne la misère sans poésie ; une misère économe, concentrée, râpée. Si elle n'a pas de fange encore, elle a

1. **Incurables** : nom de deux hospices parisiens qui accueillaient les malades incurables et les personnes démunies.

2. **cartel** : pendule.

3. **quinquets d'Argand** : lampes à l'huile.

4. **externe** : pensionnaire qui prend un repas à la pension sans y dormir.

5. **style** : poinçon pour écrire.

6. **sparterie** : tissu.

Illustration de Bertall, *Mme Vauquer* (Paris, Musée Balzac).

des taches ; si elle n'a ni trous ni haillons, elle va tomber en pourriture.

Cette pièce est dans tout son lustre au moment où vers sept heures du matin le chat de Mme Vauquer précède sa maîtresse, saute sur les buffets, y flaire le lait que contiennent plusieurs jattes couvertes d'assiettes, et fait entendre son *rourou* matinal. Bientôt la veuve se montre, attifée de son bonnet de tulle sous lequel pend un tour de faux cheveux mal mis, elle marche en traînassant ses pantoufles grimacées. Sa face vieillotte, grassouillette, du milieu de laquelle sort un nez à bec de perroquet ; ses petites mains potelées, sa personne dodue comme un rat d'église, son corsage trop plein et qui flotte, sont en harmonie avec cette salle où suinte le malheur, où s'est blottie la spéculation, et dont Mme Vauquer respire l'air chaudement fétide sans en être écœurée. Sa figure fraîche comme une première gelée d'automne, ses yeux ridés dont l'expression passe du sourire prescrit aux danseuses à l'amer renfrognement de l'escompteur enfin toute sa personne explique la pension comme la pension implique sa personne. Le bagne ne va pas sans l'argousin[7], vous n'imaginez pas l'un sans l'autre. L'embonpoint blafard de cette petite femme est le produit de cette vie, comme le typhus est la conséquence des exhalaisons d'un hôpital. Son jupon de laine tricotée, qui dépasse sa première jupe faite avec une vieille robe, et dont la ouate s'échappe par les fentes de l'étoffe lézardée, résume le salon, la salle à manger, le jardinet, annonce la cuisine et fait pressentir les pensionnaires. Quand elle est là, le spectacle est complet. Âgée d'environ cinquante ans, Mme Vauquer ressemble à toutes les *femmes qui ont eu des malheurs.*

7. argousin : officier des galères.

Lire et analyser

Le narrateur

1. Quel est le statut du narrateur?

2. À qui s'adresse le narrateur dans *Vous y verriez...* (l. 11)? Quel est l'effet produit?

La description : point de vue et caractérisation

3. Quel lieu et quel personnage sont successivement décrits (délimitez les passages)? Quel élément permet la transition entre l'un et l'autre?

4. Quel est le point de vue adopté?

5. Analysez la description du lieu et celle du personnage :
a) Relevez les éléments de la caractérisation : champs lexicaux et figures de style (comparaisons, métaphores, accumulations, hyperboles...).
b) Quel est l'effet produit par l'ensemble?

La fonction de la description

6. a) Quelles correspondances pouvez-vous établir entre le lieu et le personnage? Pour répondre, appuyez-vous sur vos réponses à la question 5 a) et sur une phrase précise du texte que vous citerez.
b) Quelle peut être la fonction de cette description? Citez quelques indices pertinents.

7. Quel est l'effet produit sur le lecteur par la phrase : *Pour expliquer* [...] *pardonneraient pas* (l. 20 à 24)?

Lire l'image

8. Dans le contexte, en quoi l'illustration (p. 50) est-elle conforme au personnage et au décor décrits par Balzac? Citez précisément le texte.

Lire - Écrire

9. ***Décrire un lieu en rapport avec un personnage***

a) Récrivez la description du lieu et du personnage en la rendant méliorative. Vous insérerez le passage : *Enfin toute sa personne* [...] *sa personne* (l.48 à 50).

Critères de réussite
- *Correspondance du lieu et du personnage.*
- *Caractérisation du lieu et du personnage.*
- *Présence d'un lexique valorisant.*

b) Décrivez la chambre qui pourrait correspondre le mieux à votre personnalité.

Critères de réussite
- *Caractérisation du lieu présente.*
- *Correspondance du lieu et du personnage perceptible par le lecteur.*

Écouter - Dire

10. ***Lire une description***

Choisissez dans vos lectures une description d'un lieu ou d'un personnage. Lisez-la à la classe. Vous choisirez le ton qui convient le mieux pour intéresser la classe.

Fiches 3 et 4 ➤ p. 300 et p. 301

Alfred Sisley (1839-1899), *Un coin de bois aux Sablons dit La route de l'orée du bois*, 1883 (détail, huile sur toile, 60 x 73 cm ; Paris, Musée d'Orsay).

Guy de Maupassant, écrivain français, 1850-1893.

Une Vie, roman, 1883.

INSÉRER UNE DESCRIPTION (3)

Leçon p. 54

Était-ce la même campagne ?

Jeanne vient d'épouser Julien. Après un voyage de noces en Corse où elle a connu le bonheur, son mari la délaisse. Jeanne, de retour en Normandie, se retrouve souvent seule.

Elle se leva et vint coller son front aux vitres froides. Puis, après avoir regardé quelque temps le ciel où roulaient des nuages sombres, elle se décida à sortir.

Était-ce la même campagne, la même herbe, les mêmes arbres qu'au mois de mai ? Qu'étaient donc devenues la gaieté ensoleillée des feuilles, et la poésie verte du gazon où flambaient les pissenlits, où saignaient les coquelicots, où rayonnaient les marguerites, où frétillaient, comme au bout de fils invisibles, les fantasques papillons jaunes ? Et cette griserie de l'air chargé de vie, d'arômes, d'atomes fécondants n'existait plus.

Les avenues détrempées par les continuelles averses d'automne s'allongeaient, couvertes d'un épais tapis de feuilles mortes, sous la maigreur grelottante des peupliers presque nus. Les branches grêles tremblaient au vent, agitaient encore quelque feuillage prêt à s'égrener dans l'espace. Et sans cesse, tout le long du jour, comme une pluie incessante et triste à faire pleurer, ces dernières feuilles, toutes jaunes maintenant, pareilles à de larges sous d'or, se détachaient, tournoyaient, voltigeaient et tombaient.

Elle alla jusqu'au bosquet. Il était lamentable comme la chambre d'un mourant. La muraille verte qui séparait et faisait secrètes les gentilles allées sinueuses, s'était éparpillée. Les arbustes emmêlés, comme une dentelle de bois fin, heurtaient les unes aux autres leurs maigres branches ; et le murmure des feuilles tombées et sèches que la brise poussait, remuait, amoncelait en tas par endroits, semblait un douloureux soupir d'agonie.

De tout petits oiseaux sautaient de place en place avec un léger cri frileux, cherchant un abri.

Garantis cependant par l'épais rideau des ormes jetés en avant-garde contre le vent de mer, le tilleul et le platane encore couverts de leur parure d'été semblaient vêtus l'un de velours rouge, l'autre de soie orange, teints ainsi par les premiers froids selon la nature de leurs sèves.

Jeanne allait et venait à pas lents dans l'avenue de petite mère[1], le long de la ferme des Couillard. Quelque chose l'appesantissait comme le pressentiment des longs ennuis de la vie monotone qui commençait.

Puis elle s'assit sur le talus où Julien, pour la première fois, lui avait parlé d'amour ; et elle resta là, rêvassant, presque sans songer, alanguie jusqu'au cœur, avec une envie de se coucher, de dormir pour échapper à la tristesse de ce jour.

1. **petite mère** : la mère de Jeanne.

Lire et analyser

Le narrateur

1. Quel est le statut du narrateur ?

La description : point de vue et caractérisation

2. a) Deux passages descriptifs sont insérés dans la narration : lignes 4 à 11 et lignes 12 à 36. Lequel est au discours indirect libre ? Quel est le point de vue adopté ? Justifiez votre réponse.
b) Quelles sont les deux saisons évoquées ? Relevez dans les deux passages les champs lexicaux dominants. Quelles en sont les connotations (quelles images ou sensations ces champs lexicaux éveillent-ils chez le lecteur) ?

La fonction de la description

3. a) En quoi ces deux passages descriptifs traduisent-ils deux états d'âme différents ? Appuyez-vous sur les oppositions lexicales et les connotations : le rythme et les figures de style.
b) Qu'a-t-il pu se passer entre les deux saisons ? Appuyez-vous sur la fin du texte pour formuler une hypothèse.

4. À partir de cette étude :

a) Dites pourquoi on peut parler de description symbolique.
b) Émettez des hypothèses pour la suite du roman.

Lire - Écrire

5. *Décrire un paysage état d'âme*

Il vous est arrivé d'être triste ou heureux. Décrivez un lieu, réel ou imaginaire, qui pourrait traduire votre état intérieur.

Critères de réussite
- *Présence des procédés de la caractérisation.*
- *Correspondance entre l'état d'âme et la vision donnée du lieu.*

Lire au CDI

6. *Vérifier des hypothèses de lecture*

Lisez le roman *Une Vie*. Vos hypothèses (question 4 b) se sont-elles révélées justes ?

Se repérer dans l'histoire littéraire

7. Complétez le tableau chronologique (p. 318) : situez dans leur siècle les auteurs découverts dans ce chapitre (p. 20 à 53).

Fiches 3 et 8 ➤ p. 300 et p. 306

LEÇON

Raconter, décrire

1 Le statut du narrateur (qui raconte ?)

▮ Le **narrateur** est celui qui prend en charge la narration (l'**auteur** étant l'être de chair qui a produit le texte).

▮ Le narrateur peut choisir de mener le récit :
– à la **troisième personne** : il est absent de l'histoire mais il peut intervenir de façon explicite (par des commentaires), ou implicite (il manifeste sa présence au travers d'indices : pronom indéfini *on*, présence d'un lexique valorisant ou dévalorisant...) ;
– à la **première personne** : il est personnage de l'histoire. Dans une autobiographie, le *je* représente à la fois le narrateur, le personnage (adulte ou enfant) et l'auteur.

2 Le point de vue narratif et descriptif (qui sait ? qui voit ?)

▮ Déterminer le **point de vue**, c'est déterminer l'angle selon lequel le narrateur raconte ou donne à voir.

▮ Le narrateur peut adopter un point de vue :
– **Omniscient** : le narrateur connaît tout des personnages et de la situation, du passé et de l'avenir. Il donne de nombreuses informations au lecteur qui en sait plus que les personnages.
– **Interne** : le narrateur limite l'information et la vision au point de vue d'un seul personnage. Le lecteur ne connaît que ce que le personnage sait, voit ou comprend.
– **Externe** : le narrateur limite l'information à ce que pourrait voir un témoin extérieur, il feint d'ignorer ce que pensent les personnages. Le lecteur en sait moins que les personnages.

▮ La narration est souvent faite selon un point de vue dominant, mais le narrateur peut **varier les points de vue** dans une même page, ce qui concourt à produire des effets de complicité ou de distanciation entre le lecteur et le personnage.

3 Les paroles rapportées

▮ Le narrateur peut rapporter les paroles et les pensées des personnages selon différents modes.

▮ Le **discours (ou style) direct** rapporte les paroles telles qu'elles ont été prononcées (typographie spécifique). Il présente plusieurs fonctions : caractériser les personnages, faire avancer l'action...

▮ Le **discours (ou style) indirect** intègre les paroles des personnages à la narration par le biais d'un verbe introducteur de parole et d'une proposition subordonnée ; ces paroles sont prises en charge par le narrateur.

▮ Le **discours (ou style) indirect libre** intègre les paroles à la narration sans verbe introducteur de parole. Il permet de rapporter les pensées d'un personnage, il est lié au point de vue interne.

▮ Le **discours narrativisé** : le narrateur se borne à signaler que des propos ont été tenus sur un sujet.

4 Les fonctions de la description

▮ Une même description peut avoir une ou plusieurs fonctions :
– **fonction mimésique** (elle cherche à « mimer », à reproduire la réalité pour créer l'illusion du réel) ;
– **fonction narrative** (créer une atmosphère...) ;
– **fonction explicative** (expliquer le comportement d'un personnage...) ;
– **fonction symbolique** (la description d'un paysage peut refléter l'état intérieur d'un personnage...).

5 L'ordre et le rythme de la narration

▮ L'**ordre de la narration** désigne l'ordre dans lequel les événements sont racontés. Le narrateur peut bouleverser l'ordre chronologique (retours en arrière, anticipations).

▮ Étudier le **rythme de la narration**, c'est établir le rapport entre le temps de l'histoire ou de la fiction (années, mois...) et le temps de la narration (en pages, lignes).

▮ On parle de **scène** lorsque le temps de la narration est à peu près égal au temps de la fiction (par exemple les dialogues).

▮ On parle de **sommaire** quand des événements qui se sont déroulés sur une période assez longue sont résumés en quelques phrases (temps de la narration inférieur au temps de la fiction).

▮ On parle d'**ellipse** quand certains événements sont passés sous silence.

▮ La **description** marque une **pause** dans la narration (temps de la narration supérieur au temps de la fiction).

EXERCICES

LEXIQUE

1. Utiliser un lexique valorisant ou dévalorisant

Lisez les extraits suivants de textes reproduits dans le chapitre, puis répondez aux questions.

Texte 1

Bientôt la veuve se montre, attifée de son bonnet de tulle sous lequel pend un tour de faux cheveux mal mis, elle marche en traînassant ses pantoufles grimacées. Sa face vieillotte, grassouillette, du milieu de laquelle sort un nez en bec de perroquet…

H. de Balzac, *Le Père Goriot* (p. 50).

Texte 2

Jamais il n'avait vu une beauté plus correcte. Grande, magnifique, elle était une Junon châtaine, d'un châtain doré à reflets blonds. […] Ses yeux gris et ses dents blanches lui éclairaient toute la face. […] Une grosse natte, couleur d'or bruni, coulait sur l'épaule et se perdait entre les seins.

É. Zola, *Une page d'amour* (p. 34).

Texte 3

Une porte s'ouvre à présent sur une pièce carrée, meublée d'un lit-divan, d'une table rectangulaire et d'une commode à dessus de marbre. La table est couverte d'une toile cirée à petits carreaux rouges et blancs. Une cheminée au tablier levé, mais sur un âtre sans chenets, aux cendres refroidies, occupe le milieu d'un des murs.

A. Robbe-Grillet, *Dans le labyrinthe*, Éd. de Minuit (p. 30).

1. Texte 1. a) Repérez les termes à connotation péjorative. Classez-les selon leur nature grammaticale.
b) Récrivez ce texte en rendant la description méliorative. Vous en conserverez la syntaxe.

2. Texte 2. a) Formez le plus de mots possibles comportant un suffixe péjoratif (en *-aille, -ard, -asse, âtre*…). Réinvestissez-en quelques-uns dans un paragraphe descriptif.

b) Récrivez le texte 2 en rendant la description péjorative. Réinvestissez quelques mots trouvés en 2 a).

3. Texte 3. Récrivez ce texte en lui donnant une tonalité franchement méliorative ou péjorative. Vous pourrez rajouter des détails.

GRAMMAIRE

2. Repérer quelques liens implicites du discours narratif

Lisez les phrases suivantes tirées de textes reproduits dans le chapitre, puis répondez aux questions.

a) N'ayant pas encore l'âge où l'on invente, je me contente de raconter. (A. Dumas, p. 20)

b) M. Bovary, peu jaloux, ne s'en étonnait pas. (Flaubert, p. 32)

c) Elle annonça aussitôt que ses fils retourneraient à l'école. J'étais heureux. (R. Wright, p. 23)

d) Grande, magnifique, elle était une Junon châtaine. (Zola, p. 34)

1. Remplacez les groupes soulignés par une proposition subordonnée conjonctive qui mette en évidence la valeur circonstancielle exprimée (lien explicite). Vous préciserez cette valeur.

2. Comparez vos réponses aux phrases originales : quel peut être l'effet produit par l'utilisation de liens implicites dans ces phrases ?

3. Identifier et analyser les substituts

Lisez le texte suivant, puis répondez aux questions.

Après avoir été volées, Madame Lefèvre et sa servante Rose, deux paysannes normandes, décident d'acquérir un chien de garde.

Donc il fut décidé qu'on aurait un chien, un tout petit chien.

On se mit à sa recherche, mais on n'en trouvait que des grands, des avaleurs de soupe à faire frémir. L'épicier de Rolleville en avait bien un, tout petit ; mais il exigeait qu'on le lui payât deux francs, pour couvrir ses frais d'élevage. Mme Lefèvre déclara qu'elle voulait bien nourrir un « quin », mais qu'elle n'en achèterait pas.

Or, le boulanger, qui savait les événements, apporta un matin, dans sa voiture, un étrange petit

EXERCICES

animal tout jaune, presque sans pattes, avec un corps de crocodile, une tête de renard et une queue en trompette, un vrai panache, grand comme tout le reste de sa personne. Un client cherchait à s'en défaire. Mme Lefèvre trouva fort beau ce roquet immonde, qui ne coûtait rien. Rose l'embrassa, puis demanda comment on le nommait. Le boulanger répondit : « Pierrot ».

G. de Maupassant, « Pierrot », dans *Contes de la bécasse.*

1. Relevez les substituts du mot *chien* (vous préciserez leur nature grammaticale). Quel est l'effet produit (le chien est-il présenté sous un aspect qui le valorise ? le dévalorise ?) ?

2. En quoi l'image donnée du chien par ses différentes désignations est-elle renforcée par la caractérisation ?

4. Identifier les différentes formes des paroles rapportées

Lisez ce texte, puis répondez aux questions.

Jeanne et le vicomte Julien de Lamare font connaissance.

Jeanne dit enfin : « Comme j'aimerais voyager ! »

Le vicomte reprit : « Oui, mais c'est triste de voyager seul, il faut être au moins deux pour se communiquer ses impressions. »

Elle réfléchit : « C'est vrai..., j'aime à me promener seule cependant... comme on est bien quand on rêve, toute seule... »

Il la regarda longuement : « On peut aussi rêver à deux. »

Elle baissa les yeux. Était-ce une allusion ? Peut-être. Elle considéra l'horizon comme pour découvrir encore plus loin ; puis, d'une voix lente : « Je voudrais aller en Italie... ; et en Grèce... ah oui, en Grèce... et en Corse ! ce doit être si sauvage et si beau ! »

Il préférait la Suisse à cause des chalets et des lacs.

Elle disait : « Non, j'aimerais les pays tout neufs comme la Corse, ou les pays très vieux et pleins de souvenirs, comme la Grèce. Ce doit être si doux de retrouver les traces de ces peuples dont nous savons l'histoire depuis notre enfance, de voir les lieux où se sont accomplies les grandes choses. »

Le vicomte, moins exalté, déclara : « Moi, l'Angleterre m'attire beaucoup ; c'est une région fort instructive. »

Alors ils parcoururent l'univers, discutant les agréments de chaque pays, depuis les pôles jusqu'à l'équateur, s'extasiant sur des paysages imaginaires et les mœurs invraisemblables de certains peuples comme les Chinois ou les Lapons ; mais ils en arrivèrent à conclure que le plus beau pays du monde, c'était la France avec son climat tempéré, frais l'été et doux l'hiver, ses riches campagnes, ses vertes forêts, ses grands fleuves calmes et ce culte des beaux-arts qui n'avait existé nulle part ailleurs, depuis les grands siècles d'Athènes.

Puis ils se turent.

G. de Maupassant, *Une vie*, chapitre III.

1. Repérez et identifiez les quatre formes de discours rapporté. Transposez le discours (ou style) direct et indirect libre en discours indirect. Quels passages sont difficiles à transposer ? Pourquoi ?

2. Quel est l'effet produit par l'emploi des différentes formes de discours rapporté mises en œuvre dans ce texte ?

Exercice bilan : vers le brevet

Lisez le texte, puis répondez aux questions.

Quentin se tenait debout derrière le fauteuil de sa mère, silencieux. Chaque matin, de la même manière, il attendait le courrier.

Il regardait la main de sa mère saisir le coupe-papier. Il cachait mal son impatience. Elle, le souffle du garçon sur son épaule, sentait l'impatience comme s'il s'était agi d'un parfum haletant. Mais elle n'en laissait rien voir. Elle dépouillait calmement le courrier, avec des gestes de bureaucrate.

Ce jour-là, elle décacheta une enveloppe ordinaire : voici enfin ta lettre, Quentin. Il se pencha encore. Elle commença de lire à mi-voix. Chère Madame, comme convenu je vous envoie des renseignements concernant l'enfant que vous

EXERCICES

avez accepté d'accueillir pendant les vacances d'été. Nous ignorons quel âge il a exactement. Peut-être douze ans. Peut-être plus. Il ne parle pas encore le français et…

De l'enveloppe s'échappa une photographie, qui glissa sous les pieds de Quentin. Il la ramassa et quitta la pièce doucement, à l'insu de sa mère qui continuait de lire. Nous ne savons pas encore s'il a été scolarisé. Probablement cela n'a-t-il pas beaucoup d'importance pour vous. Il est un peu farouche, car il arrive d'une assez longue captivité. Mais il s'adapte bien et…

Quentin franchit la porte et monta l'escalier, serrant la photographie contre sa poitrine. Il s'enferma dans sa chambre, s'installa devant sa table de travail et posa la photographie en face de lui, droite contre une pile de livres. Il s'assit pour la contempler. C'était une épreuve en noir et blanc, de mauvaise qualité. Le garçon étranger se tenait debout dans une attitude contrainte, et semblait poser pour un monde mort. Il croisait les bras sur une chemise achetée au bazar. Il portait une ceinture à boucle, un pantalon triste. Il n'avait pas de regard. Ses yeux bridés sentaient le sommeil. Ses épaules tassées révélaient le fatalisme et l'indifférence nue. Il aurait découragé des armées. Il affichait la résignation, la soumission, et aussi le mépris, enfermé dans ses lèvres minces. Et, peut-être, en cherchant bien, une fierté de vivant derrière les yeux en meurtrières.

Quentin retourna la photographie. Il vit ce qui devait être un numéro, rendu illisible par un tampon officiel. Le garçon avait été estampillé comme matricule anonyme, rejeté sur les bords de la guerre. Le portrait ressemblait au matricule. Quentin chercha une lueur d'humanité dans ce dénigrement de tout. Il n'en décela pas. Pourtant, son espérance s'en trouva rajeunie. Il dissimula la photographie dans un livre de grammaire, qu'il emportait à l'école.

Chantal Delsol, *L'Enfant nocturne*,
Éd. Mercure de France, 1994.

La mise en place du récit

1. Définissez le statut du narrateur.

2. a) Qui sont les personnages en présence (désignation et caractérisation) ?

b) Définissez le cadre spatio-temporel. Justifiez votre réponse.

3. Quelle expression amorce l'action ? Résumez la scène qui suit en quelques phrases. En quoi peut-on dire que c'est une scène ? Les événements sont-ils racontés dans l'ordre chronologique ?

4. Selon quel point de vue la narration est-elle faite ?

Un personnage en construction

5. a) Relevez les passages qui présentent les extraits d'une lettre. Définissez-en la situation d'énonciation. Quelles remarques faites-vous sur la disposition typographique et le temps des verbes ?

b) Délimitez les passages descriptifs dans la deuxième partie du texte. Quels en sont les verbes introducteurs ? Qui voit ? Selon quel point de vue les descriptions sont-elles faites ? Qui est décrit ?

c) Établissez le portrait du personnage décrit : quels sont les traits dominants du portrait qui sont mis en évidence (origine, physique, caractère affiché) ? Appuyez-vous aussi sur les indices fournis par la lettre.

d) Quelle est la fonction de la lettre et des passages descriptifs ?

6. Émettez quelques hypothèses de lecture sur la suite.

Sujet d'écriture

7. Le lendemain, à l'école, Quentin annonce à ses camarades qu'il va accueillir chez lui un jeune garçon. Une discussion s'engage à propos des problèmes posés par l'accueil de cet enfant, étranger à la famille et qui a traversé des épreuves douloureuses. Vous rapporterez la scène et insérerez un dialogue à dominante argumentative.

2 Argumenter, convaincre

Frédéric Bazille (1841-1870), *L'Atelier de Bazille, 9 rue de la Condamine*, 1870 (peinture, 98 x 128,5 cm ; Paris, Musée d'Orsay).

Lire l'image

1. Décrivez la scène : les groupes de personnages, la direction de leurs regards, leurs attitudes ; le décor.

2. Sur quoi, selon vous, portent les discussions ? Imaginez le dialogue des trois personnages de droite sur le travail du peintre (le personnage tout à droite est Bazille).

RACONTER, DÉCRIRE, EXPLIQUER POUR CONVAINCRE (1)

Leçon p. 89-90

Le Meunier, son Fils et l'Âne

Jean de La Fontaine,
poète français,
1621-1695.

Fables,
1668-1696.

Cette fable est dédiée à Monsieur de Maucroix, ami d'enfance de La Fontaine, au moment où il hésitait à rentrer en religion. La Fontaine présente cette fable comme étant une réponse de l'écrivain Malherbe (1555-1628) au jeune écrivain Racan (1589-1670) qui lui demandait conseil sur l'orientation à donner à sa vie : devait-il vivre en province, aborder la carrière militaire ou accepter une charge à la cour?

[...] Racan commence ainsi : « Dites-moi, je vous prie,
Vous qui devez savoir les choses de la vie,
Qui par tous ses degrés avez déjà passé,
Et que rien ne doit fuir en cet âge avancé,
À quoi me résoudrai-je? Il est temps que j'y pense.
Vous connaissez mon bien, mon talent, ma naissance :
Dois-je dans la province établir mon séjour,
Prendre emploi dans l'armée, ou bien charge à la cour?
Tout au monde est mêlé d'amertume et de charmes :
La guerre a ses douceurs, l'hymen a ses alarmes.
Si je suivais mon goût, je saurais où buter[1];
Mais j'ai les miens, la cour, le peuple à contenter. »
Malherbe là-dessus : « Contenter tout le monde!
Écoutez ce récit avant que je réponde.

« J'ai lu dans quelque endroit qu'un Meunier et son fils,
L'un vieillard, l'autre enfant, non pas des plus petits,
Mais garçon de quinze ans, si j'ai bonne mémoire,
Allaient vendre leur âne, un certain jour de foire.
Afin qu'il fût plus frais et de meilleur débit[2],
On lui lia les pieds, on vous le suspendit;
Puis cet homme et son fils le portent comme un lustre.
Pauvres gens, idiots, couple ignorant et rustre!
Le premier qui les vit de rire s'éclata :
Quelle farce, dit-il, vont jouer ces gens-là?
Le plus âne des trois n'est pas celui qu'on pense. »

1. **buter** : tendre à un but.

2. **de meilleur débit** : il se vendra mieux.

Le Meunier, son Fils et l'Âne, illustration de Percier, 1802 (Paris, Bibliothèque Nationale de France).

Le Meunier, à ces mots, connaît son ignorance;
Il met sur pieds sa bête, et la fait détaler.
L'âne, qui goûtait fort l'autre façon d'aller,
Se plaint en son patois. Le Meunier n'en a cure[3];
Il fait monter son fils, il suit, et d'aventure
Passent trois bons marchands. Cet objet[4] leur déplut.
Le plus vieux au garçon s'écria tant qu'il put :
« Oh là! oh! descendez, que l'on ne vous le dise,
Jeune homme, qui menez laquais[5] à barbe grise!
C'était à vous de suivre, au vieillard de monter.
– Messieurs, dit le Meunier, il vous faut contenter. »
L'enfant met pied à terre, et puis le vieillard monte,
Quand trois filles passant, l'une dit : « C'est grand honte
Qu'il faille voir ainsi clocher[6] ce jeune fils,
Tandis que ce nigaud, comme un évêque assis,
Fait le veau[7] sur son âne, et pense être bien sage.
– Il n'est, dit le Meunier, plus de veaux à mon âge;
Passez votre chemin, la fille, et m'en croyez. »
Après maints quolibets coup sur coup renvoyés,
L'homme crut avoir tort, et mit son fils en croupe.
Au bout de trente pas, une troisième troupe
Trouve encore à gloser[8]. L'un dit : « Ces gens sont fous :
Le baudet n'en peut plus; il mourra sous leurs coups.
Hé quoi? charger ainsi cette pauvre bourrique?
N'ont-ils point de pitié de leur vieux domestique?
Sans doute qu'à la foire ils vont vendre sa peau
– Parbieu! dit le Meunier, est bien fou du cerveau
Qui prétend contenter tout le monde et son père[9].
Essayons toutefois si par quelque manière
Nous en viendrons à bout. » Ils descendent tous deux.
L'âne se prélassant marche seul devant eux.
Un quidam[10] les rencontre, et dit : « Est-ce la mode
Que baudet aille à l'aise, et Meunier s'incommode?
Qui de l'âne ou du maître est fait pour se lasser?
Je conseille à ces gens de le faire enchâsser[11].

3. **n'en a cure** : ne s'en soucie pas.

4. **Cet objet** : ce spectacle.

5. **laquais** : le vieillard suit comme un laquais.

6. **clocher** : marcher avec peine, en boitant.

7. **le veau** : sot, fainéant.

8. **gloser** : commenter.

9. **contenter tout le monde et son père** : expression proverbiale qui signifie tout le monde sans exception.

10. **un quidam** : un individu quelconque.

11. **enchâsser** : le faire mettre dans une châsse, c'est-à-dire dans un coffret à garder les reliques.

Ils usent leurs souliers, et conservent leur âne.
Nicolas, au rebours[12], car, quand il va voir Jeanne,
Il monte sur sa bête; et la chanson le dit.
Beau trio de baudets! » Le Meunier repartit :
« Je suis âne, il est vrai, j'en conviens, je l'avoue;
Mais que dorénavant on me blâme, on me loue,
Qu'on dise quelque chose ou qu'on ne dise rien,
J'en veux faire à ma tête. » Il le fit, et fit bien.

Quant à vous, suivez Mars, ou l'Amour, ou le Prince
Allez, venez, courez; demeurez en province;
Prenez femme, abbaye, emploi, gouvernement :
Les gens en parleront, n'en doutez nullement. »

12. **au rebours** : c'est le contraire de ce que fait Nicolas dans la chanson (il va voir sa Jeanne monté sur un âne).

Lire et analyser

La situation d'énonciation

1. a) Qui parle dans les vers 1 à 12 ? Qui est censé raconter l'histoire à partir du vers 15 ? Justifiez votre réponse.

b) Qui a transformé l'histoire en fable ?

Le discours narratif

2. Quelle est la situation initiale ? Qui sont les héros de la fable ? Relevez les termes les caractérisant.

3. Le récit comporte cinq épisodes. Lesquels ? Vous délimiterez les vers et résumerez chaque situation. En quoi ces épisodes sont-ils semblables (intervention de différents personnages, réactions du meunier) ?

4. Caractérisez les personnages rencontrés (âge, condition sociale). En quoi leurs propos sont-ils en accord avec ce qu'ils sont ?

Les visées

5. Quelle décision le meunier prend-il finalement ? Pour quelles raisons ? Pour répondre, dites à qui se réfère le pronom *on* (v. 66-67) et précisez la valeur du mode verbal dans ces vers.

6. a) Relevez quelques expressions humoristiques. En quoi le sont-elles ?

b) Repérez les vers qui contiennent la morale. Quel est le mode verbal dominant ? Quelle est sa valeur ? Qui désigne le pronom *vous* ?

c) Quelles sont les visées de la fable ? Appuyez-vous sur les deux réponses précédentes.

Lire l'image

7. En quoi l'illustration de la page 61 est-elle fidèle à la fable ? Citez des passages du texte à l'appui de votre réponse.

Lire - Écrire

8. *Écrire un récit à visée argumentative*

À votre tour, racontez une histoire qui se déroulera à notre époque et que vous conclurez par la morale de la fable étudiée.

Critères de réussite
- *Cohérence du récit (présence du schéma narratif).*
- *Personnages caractérisés.*
- *Présence de dialogues.*
- *Respect de la morale et de la visée de la fable.*

Écouter - Dire

9. *Mettre en scène une fable*

Organisez-vous à plusieurs pour jouer la fable. Vous n'oublierez pas de distribuer le rôle du narrateur.

Se repérer dans l'histoire littéraire

10. Lisez six autres fables de La Fontaine et recopiez-en les morales. Dites en quoi elles peuvent être encore actuelles.

Fiches 3 et 5 ➤ p. 300 et p. 303

RACONTER, DÉCRIRE, EXPLIQUER POUR CONVAINCRE (2)

Leçon p. 89-90

Martin Drölling (1752-1817), *Les Petits soldats* (détail, huile sur toile, 24 x 32 cm ; Paris, Musée du Louvre).

Le joujou du pauvre

Charles Baudelaire, poète français, 1821-1867.

Le Spleen de Paris, recueil de poèmes en prose, 1869.

Je veux donner l'idée d'un divertissement innocent. Il y a si peu d'amusements qui ne soient pas coupables! Quand vous sortirez le matin avec l'intention décidée de flâner sur les grandes routes, remplissez vos poches de petites inventions à un sol[1], – telles que le polichinelle plat mû par un seul fil, les forgerons qui battent l'enclume, le cavalier et son cheval dont la queue est un sifflet, – et le long des cabarets, au pied des arbres, faites-en hommage aux enfants inconnus et pauvres que vous rencontrerez. Vous verrez leurs yeux s'agrandir démesurément. D'abord ils n'oseront pas prendre; ils douteront de leur bonheur. Puis leurs mains agripperont vivement le cadeau, et ils s'enfuiront comme font les chats qui vont manger loin de vous le morceau que vous leur avez donné, ayant appris à se défier de l'homme.

Sur une route, derrière la grille d'un vaste jardin, au bout duquel apparaissait la blancheur d'un joli château frappé par le soleil, se tenait un enfant beau et frais, habillé de ces vêtements de campagne si pleins de coquetterie.

Le luxe, l'insouciance et le spectacle habituel de la richesse rendent ces enfants-là si jolis, qu'on les croirait faits d'une autre pâte que les enfants de la médiocrité ou de la pauvreté.

1. **sol** : sou (cinq centimes à l'époque, c'est-à-dire très peu).

À côté de lui, gisait sur l'herbe un joujou splendide, aussi frais que son maître, verni, doré, vêtu d'une robe pourpre, et couvert de plumets et de verroteries. Mais l'enfant ne s'occupait pas de son joujou préféré, et voici ce qu'il regardait :

De l'autre côté de la grille, sur la route, entre les chardons et les orties, il y avait un autre enfant, sale, chétif, fuligineux, un de ces marmots-parias dont un œil impartial découvrirait la beauté, si, comme l'œil du connaisseur devine une peinture idéale sous un vernis de carrossier, il le nettoyait de la répugnante patine de la misère.

À travers ces barreaux symboliques séparant deux mondes, la grande route et le château, l'enfant pauvre montrait à l'enfant riche son propre joujou, que celui-ci examinait avidement comme un objet rare et inconnu. Or, ce joujou, que le petit souillon agaçait, agitait et secouait dans une boîte grillée, c'était un rat vivant! Les parents, par économie sans doute, avait tiré le joujou de la vie elle-même.

Et les deux enfants se riaient l'un à l'autre fraternellement, avec des dents d'une *égale* blancheur.

XIX.

Lire et analyser

La situation d'énonciation

1. Définissez la situation d'énonciation (appuyez-vous sur les pronoms personnels).

2. Dans le premier paragraphe, relevez les verbes à l'impératif et à l'indicatif futur. Quelle est la valeur respective du mode et du temps?

Le discours descriptif

3. À quelle ligne le discours descriptif débute-t-il? Pour répondre, relevez un indice grammatical et appuyez-vous sur le lexique.

4. Sur quelle opposition le discours descriptif est-il construit? Pour répondre, relevez les mots et expressions qui caractérisent le cadre, les deux enfants, les « joujoux ». Classez-les selon qu'ils sont mélioratifs ou péjoratifs. En quoi les deux enfants s'opposent-ils? Lequel paraît avantagé?

5. a) Que connote le mot *gisait* (l. 21) ? Relevez dans la suite du texte un adjectif qui s'oppose à ce mot.

b) *Mais l'enfant ne s'occupait pas de son joujou préféré* (l. 23-24) : pour quelle raison ?

La visée

6. En quoi les deux enfants sont-ils différents et semblables ? Pour répondre :

a) Analysez les métaphores suivantes : *on les croirait faits d'une autre pâte* (l. 19-20) et *patine de la misère* (l. 29-30).

b) Appuyez-vous sur la dernière phrase (lexique, forme verbale, rythme, typographie).

c) Que connote le dernier mot du poème (*blancheur*) ?

7. Dans l'expression *barreaux symboliques* (l. 31), en quoi les barreaux sont-ils symboliques ? Quelle est la visée de ce poème en prose ? Quelle est la prise de position du poète à propos des enfants, à propos de la société ?

Lire - Écrire

8. ***Décrire pour convaincre***

Décrivez un lieu de façon à convaincre un de vos amis de le visiter ou, au contraire, de façon à l'en dissuader.

Critères de réussite

- *Situation d'énonciation conforme au sujet.*
- *Présence d'une caractérisation méliorative ou péjorative du lieu.*
- *Présence d'un jugement personnel.*

Fiches 3 et 4 ➤ p. 300 et p. 301

RACONTER, DÉCRIRE, EXPLIQUER POUR CONVAINCRE (3)

Leçon p. 89-90

Comment l'assassin s'y est-il pris pour fuir ?

Pierre Véry,
romancier français, 1900-1960.

Les Disparus de Saint-Agil,
roman, 1935.

Un certain nombre d'événements mystérieux se sont déroulés à la pension Saint-Agil. D'abord, deux pensionnaires ont disparu, Mathieu Sorgues et Philippe Macroy, ensuite, c'est le surveillant Lemmel qui tombe dans l'escalier qui va du second au troisième étage à la suite d'une coupure de courant brutale. Le lendemain du drame, M. Raymon, moniteur d'éducation physique, qui a découvert le corps, et M. Sorgues (père d'un des pensionnaires disparus) s'entretiennent avec le préfet de police. L'hypothèse d'un meurtre est émise, mais on se demande comment l'assassin aurait pu fuir.

M. Raymon s'interrompit.

– Ici, il me semble qu'un plan du troisième étage s'impose.

Il traça rapidement un dessin sur une feuille de papier.

– Voici un plan rudimentaire, mais suffisamment clair. Vous pourrez suivre plus aisément.

À l'exception des élèves couchés dans les dortoirs, des deux élèves de philo commis à leur surveillance, et de Benassis[1] – tous innocents ainsi que nous venons de le démontrer – on n'a découvert, après le crime, absolument PERSONNE :

1. dans les galeries du troisième ;
2. dans la chambre de Benassis ;
3. dans les vestiaires des dortoirs ;
4. dans les dortoirs.

QUESTION :
Comment l'assassin s'y est-il pris pour fuir ?

– Un instant, dit le préfet. Je vois, dans le dortoir des petits, un escalier menant aux combles.

– Outre que le meurtrier n'aurait pas pu emprunter cet escalier sans être remarqué, répliqua M. Raymon, j'oubliais de vous dire que les combles ont été visités également.

– Et… personne ?

1. **Benassis** : surveillant.

– Personne.

– Peut-être que, par l'une des deux fenêtres donnant sur les galeries du troisième…

– Je les ai trouvées fermées de l'intérieur. En tout état de cause, une descente eût été impossible par celle qui ouvre sur le parc. Nulle aspérité à quoi s'accrocher. En revanche, la descente aurait été possible par la fenêtre qui ouvre sur les cours de récréation. Il y a là une gouttière. *DESSIN.* Mais, je le répète, les deux fenêtres ont été trouvées fermées, et nous savons que nul n'est sorti des dortoirs pour refermer ces fenêtres après la fuite de l'assassin.

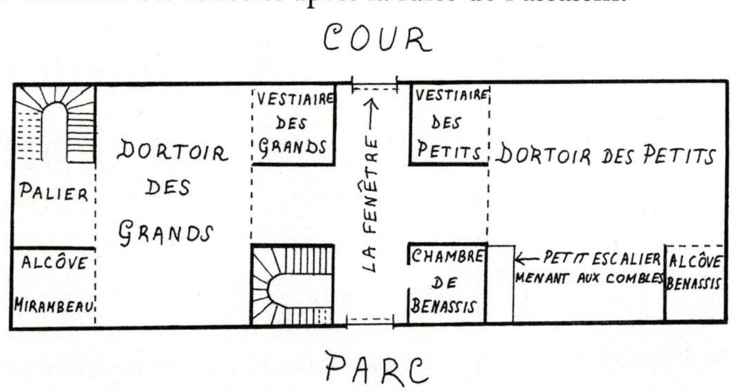

– Ah! ah! grommela le préfet.

– Excusez-moi, dit M. Sorgues, mais cela me paraît assez simple! L'homme s'est sauvé par l'escalier!

– Lequel? fit vivement M. Raymon. L'escalier principal ou celui du fond?

– L'escalier principal, évidemment! L'homme n'a pas pu utiliser celui du fond. Il lui aurait fallu pour cela traverser le dortoir des grands. Il aurait été vu.

– D'accord, opina M. Raymon. J'irai plus loin : même si l'homme avait pu gagner cet escalier, il aurait infailliblement été remarqué, en parvenant au palier du deuxième étage, par MM. Grabbe, Touttin, Mazaud[2] et deux anciens élèves qui se trouvaient déjà, à ce moment-là, tous briquets allumés, près du compteur d'électricité, c'est-à-dire à un pas de cet escalier. Ils ont déclaré n'avoir vu descendre personne. À moins de les suspecter tous de mensonge…

– Passons, dit le préfet. Reste, en somme, l'escalier principal…

M. Raymon secoua le front :

– L'assassin n'a pas pu utiliser l'escalier principal! Avant qu'il ait eu le temps matériel de descendre l'étage, j'étais déjà arrivé, moi, sur le palier du second, où sont venus presque aussitôt me rejoindre MM. Mirambeau[3], Smet[4] et deux anciens élèves. La distance séparant ma chambre de ce palier est bien moindre que celle séparant le palier du troisième du palier du second. J'ajoute que ma lampe électrique m'a permis de constater qu'il n'y avait personne :

a) dans la portion d'escalier du deuxième au troisième;

b) ni dans les couloirs du deuxième;

2. MM. Grabbe, Touttin, Mazaud : professeurs.

3. Mirambeau : le surveillant.

4. M. Smet : professeur de sciences naturelles.

c) non plus que dans les portions d'escalier du deuxième au premier et du premier au rez-de-chaussée.

COROLLAIRE :
L'assassin n'a pas pu descendre du troisième.

Or, aucune des personnes se trouvant au troisième après la chute de Lemmel n'a pu commettre le crime!

CONCLUSION :
Il semble prouvé qu'il n'y a pas eu crime, mais accident ou suicide. Accident, plus probablement.

– Vous adoptez la théorie du commissaire, au bout du compte...

– C'est-à-dire, monsieur le préfet... Une coïncidence me choque... Le court-circuit.

– Eh bien? Le court-circuit a été la cause de l'accident!

– Sans doute... Sans doute... Pourtant, je ne puis m'empêcher de me demander... Si, en dépit de toute vraisemblance, il y avait eu crime, cependant? Et si le court-circuit avait été le moyen du crime?

Librairie des Champs-Élysées
(dessin réalisé d'après l'original).

Lire et analyser

Le discours narratif

1. Qui sont les personnages en présence? Lesquels prennent la parole (aidez-vous du hors-texte)?

2. À quel genre ce texte appartient-il? Justifiez votre réponse en relevant des indices pertinents.

Le discours explicatif

3. a) Quel est l'effet produit par la mise en page et les différents corps typographiques?

b) Pourquoi y a-t-il un dessin? Précisez sa fonction pour les personnages et pour le lecteur.

c) Qu'est-ce qu'un *corollaire* (l. 61)? Dans quelle discipline ce mot est-il habituellement utilisé?

4. a) Qui pose le problème? Qui mène l'explication?

b) Quelles différentes hypothèses sont émises à partir de la ligne 16? Par qui? Quelles différentes objections sont présentées? Par qui?

c) Quelle conclusion est finalement avancée? Par qui? Cette conclusion est-elle acceptée par tout le monde? Le discours explicatif a-t-il fonctionné ici? Pour quelle raison?

La visée

5. Y a-t-il un personnage qui cherche à convaincre les autres? Justifiez votre réponse. Pour quelles raisons selon vous? Émettez des hypothèses sur la suite.

Lire - Écrire

6. ***Rédiger une scène de roman policier***

À partir d'un plan que vous imaginerez et joindrez à votre travail, rédigez une scène d'enquête policière mettant en scène plusieurs personnages et procédant par élaboration et réfutation d'hypothèses.

Critères de réussite
- *Fonction des personnages précisée.*
- *Confrontation d'hypothèses présente.*
- *Réfutation des hypothèses présente.*

Lire au CDI

7. ***Lire des romans policiers***

Lisez *Les Disparus de Saint-Agil* (1935) ou d'autres romans de Pierre Véry (*Les Anciens de Saint-Loup, L'Assassin du Père Noël, Goupi-Mains-Rouges, Le Thé des vieilles dames*...). Sachez aussi qu'il existe un film en noir et blanc adapté du roman, intitulé *Les Disparus de Saint-Agil*, réalisé en 1938 par Christian Jacques, avec Michel Simon, Eric von Stroheim...

Fiches 1 et 3 ➤ p. 298 et p. 300

DÉFINIR LA SITUATION D'ARGUMENTATION ET LES ENJEUX

Leçon p. 89-90

TEXTE 1

Pierre de Ronsard,
poète français,
1524-1585.

Continuation des Amours,
recueil de poèmes, 1556.

Je vous envoie un bouquet que ma main
Vient de trier de ces fleurs épanies[1] ;
Qui ne les eût à ce vêpre cueillies[2],
Chutes[3] à terre elles fussent demain.

Cela vous soit[4] un exemple certain
Que vos beautés, bien qu'elles soient fleuries,
En peu de temps cherront[5] toutes flétries,
Et comme fleurs, périront tout soudain.

Le temps s'en va, le temps s'en va, ma Dame ;
Las ! le temps non, mais nous nous en allons,
Et tôt serons étendus sous la lame[6] ;

Et des amours desquelles nous parlons,
Quand serons morts, n'en sera plus nouvelle ;
Pour ce[7] aimez-moi cependant[8] qu'êtes belle.

1. **épanies** : épanouies.
2. **Qui ne les eût... cueillies** : si on ne les avait pas cueillies...
3. **Chutes** : participe passé du verbe *choir* (tomber).
4. **Cela vous soit** : que cela vous soit.
5. **cherront** : futur du verbe *choir*.
6. **la lame** : la tombe.
7. **Pour ce** : pour cela, c'est pourquoi.
8. **cependant** : pendant.

Le Triomphe du Temps, miniature extraite des *Triomphes* de Pétrarque (Manuscrit français 594 ; Paris, Bibliothèque Nationale de France).

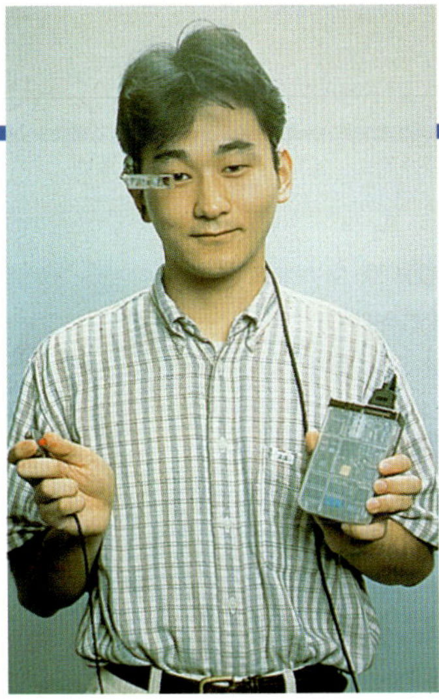

TEXTE 2

Olivier Voizeux,
journaliste.

Science et Vie Junior,
janvier 1999.

Un PC enfin portable !

Incroyable prototype, mitonné par IBM dans le secret d'un labo japonais, que ce « wearable PC » : au sens propre, un PC portable, c'est-à-dire qui se porte sur soi ! L'œil droit de ce garçon *(ci-contre)* est rivé sur un écran miniature fixé à une oreillette ; un écran noir et blanc (la version couleur est promise) relié à Internet, grâce auquel sites Web et courriers électroniques peuvent être consultés en marchant ou dans le métro. La liaison Internet ? Pas un problème, c'est déjà possible avec un téléphone mobile. Pour naviguer dans l'écran, rien de tel que la mini-souris tapie dans la paume de la main ; à moins de préférer la commande vocale. L'information sera traitée dans l'ordinateur : oui, ce bloc de 300 g, de la taille d'un baladeur, abrite un disque dur de 340 Mo, 64 Mo de mémoire vive, un Pentium, une batterie, Windows 98… Un rêve façon Lilliput qui, pour le moment, n'a ni prix ni existence commerciale. Très prudent, IBM ne prévoit rien avant dix-huit mois, au mieux.

Un peu de patience…

Science et Vie Junior, n° 112, janvier 1999,
rubrique « À vous de choisir », p. 90,

TEXTE 3

Molière,
auteur dramatique français, 1622-1673.

L'École des femmes,
comédie, 1662.

L'honnêteté suffit

Arnolphe, un bourgeois vaniteux, se méfie de toutes les femmes et passe son temps à se moquer des maris trompés. Au début de la pièce, il apprend à son ami Chrysalde qu'il a décidé d'épouser une jeune fille élevée dans un couvent et ignorante des choses de la vie. Une telle jeune fille, pense-t-il, n'aura point l'idée de le tromper.

ARNOLPHE

[…] Moi, j'irais me charger d'une spirituelle[1]
Qui ne parlerait rien que cercle[2] et que ruelle[3],
Qui de prose et de vers ferait de doux écrits,
Et que visiteraient marquis et beaux esprits,
Tandis que, sous le nom du mari de Madame,
Je serais comme un saint que pas un ne réclame[4] ?

1. **spirituelle** : une femme d'esprit.
2. **cercle** : réunion mondaine.
3. **ruelle** : alcôve où les femmes du monde recevaient.
4. **ne réclame** : n'invoque, ne prie.

Non, non, je ne veux point d'un esprit qui soit haut,
Et femme qui compose en sait plus qu'il ne faut.
Je prétends que la mienne, en clartés peu sublime[5],
Même ne sache pas ce que c'est qu'une rime,
Et s'il faut qu'avec elle on joue au corbillon[6],
Et qu'on vienne à lui dire à son tour : « Qu'y met-on ? »
Je veux qu'elle réponde : « Une tarte à la crème »;
En un mot qu'elle soit d'une ignorance extrême;
Et c'est assez pour elle, à vous en bien parler,
De savoir prier Dieu, m'aimer, coudre et filer.

CHRYSALDE

Une femme stupide est donc votre marotte[7] ?

ARNOLPHE

Tant, que j'aimerais mieux une laide bien sotte
Qu'une femme fort belle avec beaucoup d'esprit.

CHRYSALDE

L'esprit et la beauté...

ARNOLPHE

L'honnêteté suffit.

CHRYSALDE

Mais comment voulez-vous, après tout, qu'une bête
Puisse jamais savoir ce que c'est qu'être honnête?
Outre qu'il est assez ennuyeux, que je croi,
D'avoir toute sa vie une bête avec soi,
Pensez-vous le bien prendre, et que sur votre idée
La sûreté d'un front[8] puisse être bien fondée?
Une femme d'esprit peut trahir son devoir;
Mais il faut, pour le moins, qu'elle ose le vouloir;
Et la stupide au sien peut manquer d'ordinaire
Sans en avoir l'envie, et sans penser le faire.

ARNOLPHE

À ce bel argument, à ce discours profond,
Ce que Pantagruel à Panurge[9] répond :
Pressez-moi de me joindre à femme autre que sotte;
Prêchez, patrocinez[10] jusqu'à la Pentecôte,
Vous serez ébahi, quand vous serez au bout,
Que vous ne m'aurez rien persuadé du tout.

Acte I, scène I.

5. en clartés peu sublime : qui a peu de connaissances.

6. corbillon : jeu dans lequel, à la question « Corbillon, qu'y met-on ? » on devait répondre par un mot se terminant en *-on*.

7. marotte : idée fixe.

8. sûreté d'un front : un front qui ne porte pas de cornes (allusion à l'expression « porter des cornes » qui signifie être cocu).

9. Pantagruel, Panurge : héros du roman de Rabelais, *Pantagruel*.

10. patrocinez : plaidez.

Pieter Janssens Elinga (1623-vers 1682), *La Balayeuse* (peinture, 60 x 58,5 cm ; Paris, Musée du Petit Palais).

Lire et comparer

Lisez les trois textes et répondez aux questions.

La situation d'argumentation

1. a) Définissez le genre du texte.
b) Quel en est le thème (sur quel sujet porte-t-il) ?

2. a) Qui veut convaincre ? Qui doit être convaincu ? Quelles relations entretiennent l'argumentateur (celui qui argumente) et le destinataire (relation d'autorité, d'égalité, d'amitié....) ? Aidez-vous aussi du hors-texte.
b) Dans quel texte y a-t-il échange immédiat ? Dans quel texte y a-t-il échange différé ?
c) Dans quel texte l'argumentateur parle-t-il en son nom propre ? Dans quel texte parle-t-il au nom d'un groupe ?

Les enjeux

3. De quoi l'argumentateur veut-il convaincre son destinataire ?

4. Pour quelles raisons y a-t-il volonté de convaincre ? S'agit-il :
- de modifier un jugement,
- de modifier un comportement,
- de prouver l'utilité de quelque chose,
- d'obtenir quelque chose,
- de défendre une position philosophique ou idéologique ?

5. Dans quel texte l'argumentateur fait-il appel à l'affectivité du destinataire, à un aspect pratique et utilitaire, à une valeur morale ?

Lire l'image

6. Décrivez la scène (p. 68). Quels vers du texte 2 pourraient illustrer cette peinture ?

7. Quelle pourrait être la visée de cette peinture ?

Lire - Écrire

8. ***Rédiger une lettre***

Rédigez une lettre au principal du collège dans laquelle vous ferez, en tant que délégué des élèves, une demande concernant l'amélioration du cadre de vie.

Critères de réussite
- *Respect des codes du genre épistolaire.*
- *Situation d'argumentation et enjeux identifiables.*
- *Présence d'au moins deux arguments.*

9. ***Analyser une publicité***

Recherchez une publicité dans un magazine. Définissez la situation d'argumentation, les arguments utilisés, l'enjeu. Présentez à la classe le résultat de vos recherches.

Fiche 1 ➤ p. 298

CHOISIR UNE STRATÉGIE ARGUMENTATIVE

Leçon p. 89-90

Les zoos spécialisés

TEXTE 1

Desmond Morris,
professeur
de sociologie à
l'Université d'Oxford.

Des animaux et des hommes,
essai, 1990.

Dans cet essai, Desmond Morris, convaincu que le destin de l'humanité est lié à celui des animaux, invite l'homme à respecter le contrat qui le lie aux autres espèces de la planète. Dans ce passage, il envisage le problème des zoos, et notamment des zoos spécialisés qui ne reçoivent qu'un certain type d'animaux.

Les zoos spécialisés offrent probablement un des meilleurs espoirs pour l'avenir, parce qu'ils peuvent concentrer leurs efforts et devenir experts dans une petite partie de la faune sauvage au lieu de se disperser. La remarquable colonie des chimpanzés qui y habite constitue ainsi une autre initiative courageuse du zoo d'Arnhem[1]. Elle illustre une attitude nouvelle vis-à-vis des animaux de zoo et incarne trois principes importants.

Premièrement, elle applique les découvertes scientifiques récentes concernant le comportement des chimpanzés en liberté pour donner à ces animaux le cadre social et l'environnement le mieux adapté. Une vaste enceinte a été conçue, de manière à satisfaire ces singes très intelligents. La composition de la population initiale a été calculée afin de composer le groupe idéal pour la reproduction. Cette situation permet aux animaux de mener une vie sociale complexe, sans monotonie, de sorte qu'ils en sont déjà à la troisième génération en captivité. Plus de cent petits sont nés et, étant donné les menaces qui pèsent sur l'habitat naturel de cette espèce, la colonie est devenue une oasis de chimpanzés dont la sécurité est assurée pour l'avenir.

Deuxièmement, ce groupe constitue un centre de recherche sur le comportement animal pour les étudiants, où ils approfondissent leurs connaissances sur ces animaux qui sont nos plus proches cousins. Notre compréhension de la vie sociale et de l'intelligence du chimpanzé a déjà grandement progressé grâce aux études faites à Arnhem. Surmontant l'île des singes, se trouve un poste d'observation équipé de caméras vidéo et autres appareils d'enregistrement. Ceux-ci suivent le comportement des animaux

1. **Arnhem** : ville des Pays-Bas.

dans ses moindres détails, détails qui n'auraient pu être détectés facilement en pleine nature, où une grande partie reste dissimulée à l'œil humain. Les étudiants y travaillent toute l'année, récoltant des informations qui nous ont déjà amenés à repenser certaines de nos idées concernant ces animaux fascinants.

Enfin, cela donne au public une vision directe des chimpanzés, sans barbelés ni barres de fer, remplacés ici par un simple fossé rempli d'eau. Comme les grands singes ne peuvent nager, ce fossé suffit à les retenir sur leur île et offre aux visiteurs l'impression d'une plus grande intimité avec les animaux qu'ils observent. Bref, chacun peut profiter de ce type de présentation.

Traduit de l'anglais par Édith Ochs avec la collaboration de Monique Lebailly,
Éd. Calmann-Lévy.

Depuis un mois, on m'accuse

TEXTE 2

Émile Zola,
écrivain français,
1840-1902.

Lettre au quotidien
Le Figaro,
4 avril 1885.

Zola adresse en 1885 une lettre au directeur du Figaro *au sujet d'un article écrit par le journaliste Henry Duhamel à propos de* Germinal.

Paris, 4 avril 1885

Cher monsieur Magnard,

[...] Je lis ce matin l'article de M. Henry Duhamel. Il me reproche d'avoir imaginé une femme travaillant au fond de la mine, lorsque lui-même établit que jusqu'en 1874 le fait a eu lieu en France, comme il a lieu aujourd'hui encore en Belgique. Or, mon roman se passe de 1866 à 1869. Dès lors, n'étais-je pas libre d'utiliser le fait existant, pour les besoins de mon drame? Il prétend, il est vrai, que mon roman n'a pas sa vraie date, que ma grève est la grève qui a éclaté l'année dernière à Anzin. C'est là une erreur profonde, car il suffit de lire : j'ai pris en résumé toutes les grèves qui ont ensanglanté la fin de l'Empire, vers 1869, particulièrement celles d'Aubin et de la Ricamarie. On n'a qu'à se reporter aux journaux de l'époque. Au demeurant, puisque M. Duhamel accorde que deux cents femmes descendaient encore en 1868, il me semble que j'avais bien le droit d'en faire descendre au moins une en 1866.

Même réponse au sujet des salaires. Nous sommes vers la fin de l'Empire, et en temps de crise industrielle. J'affirme que les salaires à ce moment étaient bien ceux que j'ai indiqués. J'ai entre les mains les preuves, qu'il serait trop long de donner ici.

Enfin, j'arrive à la fameuse accusation d'avoir traité les mineurs comme un ramassis d'ivrognes et de débauchés. M. Duhamel défend la propreté et la moralité des corons. Je ne puis que le renvoyer à mon livre. J'ai dit que les corons étaient tenus par les ménagères avec une propreté flamande, sauf les exceptions : voilà pour le reproche de saleté exagérée.

Henry Geoffroy (1853-1924), *Les Résignés* (détail, huile sur toile, 107 x 148 cm ; Paris, Musée d'Orsay).

Dakar : laisser l'éthique à sa place

TEXTE 3

Le Monde, Télévision, radio, multimédia,
17-18 janvier 1999, courrier des lecteurs.

J'ai sursauté en lisant les déclarations de Patrick Chêne qui considère la couverture du Dakar par France Télévision comme une « *mission éthique* ».

D'accord, le Dakar est une épreuve d'endurance mécanique spectaculaire par sa dimension géographique et par la fascination qu'exerce le désert sur les Européens urbanisés. D'accord aussi pour que France Télévision mobilise des moyens logistiques en proportion pour « *couvrir* » cet événement, et nous faire rêver en suivant en hélicoptère comme des grands fauves les coureurs qui sillonnent ces grands espaces. À l'occasion, pourquoi ne pas faire monter le chef du village sur le plateau de France Télévision ? D'accord encore.

Mais de grâce, pas d'éthique là-dedans ! Le Dakar est une course. Elle passe donc à toute vitesse. Les concurrents, et tous ceux qui la suivent n'ont dans le meilleur des cas que quelques minutes par jour à consacrer aux à-côtés. La rencontre n'est pas possible, ni la « *solidarité* ». C'est la logique même de la course qui veut cela [...].

Denis Fontaine, Annecy (Haute-Savoie)

Le Monde, Télévision, radio, multimédia, 17-18 janvier 1999.

Lire et comparer

Lisez les trois textes et répondez aux questions.

La situation d'argumentation et les enjeux

1. Quel est le genre de chaque texte ?

2. Définissez pour chaque texte la situation d'argumentation :

a) Qui est l'argumentateur ? Quel est son statut ? S'exprime-t-il en son nom ?

b) Qui doit être convaincu ? De quoi ?

c) Quels sont les enjeux ?

La stratégie argumentative

3. Les indices d'énonciation. Relevez dans chaque texte les indices d'énonciation. Pour répondre :

a) Dites à quelle personne s'exprime l'argumentateur. Dans quel texte est-il le plus présent ?

b) Relevez les termes (adverbes, verbes, modes verbaux, expression entre guillemets) qui traduisent la présence et le jugement de l'énonciateur (on appelle ces termes des modalisateurs). Vous en trouverez dans les lignes 1 à 4 (texte 1), dans les lignes 7-8 (texte 2), dans les lignes 1 à 3 (texte 3).

c) Relevez quelques exemples de lexique valorisant ou dévalorisant. À qui ou à quoi ce lexique est-il associé ?

4. Le schéma argumentatif.

a) Texte 1. Quelle est la thèse soutenue par l'argumentateur (prise de position sur le sujet) ? Relevez une phrase ou expression qui l'exprime le mieux. L'argumentateur fait-il une allusion quelconque à la thèse adverse ?

b) Texte 2. Quelle thèse l'argumentateur réfute-t-il (rejette-t-il) ? Relevez quelques expressions qui vous permettent de répondre. Quelle est la thèse qu'il défend ? Est-elle exprimée ?

c) Texte 3. Quelle est la thèse adverse ? Cette thèse est-elle exprimée ? Quelles concessions l'argumentateur fait-il à cette thèse (que considère-t-il comme recevable) ? Quelle thèse défend-il ? Quel intérêt y a-t-il à passer par la concession ?

d) **L'agencement des arguments**.

– Texte 1 : quels sont les arguments à l'appui de la thèse ?

– Texte 2 : par quels arguments la thèse adverse est-elle réfutée ?

– Texte 3 : quels arguments de la thèse adverse sont pris en compte par l'argumentateur ?

– Faites une remarque sur la mise en paragraphes, relevez les connecteurs et précisez leur valeur logique. Quel texte se termine par la reprise de la thèse ? Appuyez-vous sur un connecteur.

e) **Les exemples**. Les arguments présentés sont-ils illustrés d'exemples précis ? Citez-en quelques-uns.

5. Le lexique. Le lexique utilisé pour la thèse, les arguments et les exemples vous semble-t-il plutôt concret ou plutôt abstrait ? Citez quelques exemples.

Lire l'image

6. Décrivez les personnages du tableau de la page 74 (expressions des visages, attitudes), les couleurs, la lumière du décor (il s'agit d'une église). Rapprochez vos observations du titre du tableau.

Lire - Écrire

7. *Réfuter une thèse*

Un adversaire résolu des zoos réfute la thèse de Desmond Morris dans un courrier des lecteurs.

Critères de réussite
- *Situation d'énonciation conforme au genre.*
- *Réfutation de la thèse de D. Morris présente.*
- *Présence d'arguments illustrés d'exemples.*
- *Présence de connecteurs logiques et d'une mise en paragraphes.*

Fiches 2 et 3 ➤ p. 299 et p. 300

DES PROCÉDÉS POUR CONVAINCRE (1)

Leçon p. 89-90

Science et nature,
n° 88, octobre-novembre 1998.

Lire et analyser

Première lecture

1. Décrivez avec précision cette photo (cadrage, couleurs...). Quel est l'effet produit?

2. Dans quelles circonstances cette photo a-t-elle pu être prise? Émettez plusieurs hypothèses.

Deuxième lecture

3. Observez le hors-texte. Parmi les hypothèses que vous avez émises, quelles sont celles que vous validez? que vous invalidez?

Lecture finale

4. Sachant que la photo est l'illustration d'un article ayant pour titre « A-t-on le droit de tuer par plaisir? », en quoi revêt-elle une visée argumentative? Quelle est la thèse défendue? En quoi le journaliste a-t-il fait appel à l'affectivité?

Lire - Écrire

5. ***Écrire un article de presse***

Écrivez l'article dont cette photographie est l'illustration (voir question 4).

Critères de réussite
- *Article en relation avec le titre et l'illustration.*
- *Présence d'arguments et d'exemples.*
- *Appel à l'affectivité présent.*

Écouter - Dire

6. ***Argumenter par l'image***

Choisissez une photo. Détournez-la de sa visée d'origine en lui trouvant un titre qui lui confère une visée argumentative. Vous confronterez en classe vos différentes recherches.

Fiche 7 ➤ p. 305

 Leçon p. 89-90

Contre ce monstre de tour Eiffel

Le Temps,
14 février 1887.

Un mouvement de protestation s'est élevé contre le projet de construction d'une tour métallique, œuvre de l'ingénieur Eiffel, lors de l'Exposition universelle de 1887-1889. Voici le texte de la pétition qui a été signée par de nombreux écrivains et artistes de l'époque.

« À Monsieur Alphand[1]»

« Monsieur et cher compatriote,

Nous venons, écrivains, peintres, sculpteurs, architectes, amateurs passionnés de la beauté jusqu'ici intacte de Paris, protester de toutes nos forces, de toute notre indignation, au nom du goût français méconnu, au nom de l'art et de l'histoire français menacés, contre l'érection, en plein cœur de notre capitale, de l'inutile et monstrueuse tour Eiffel, que la malignité publique, souvent empreinte de bon sens et d'esprit de justice, a déjà baptisée du nom de « tour de Babel ».

Sans tomber dans l'exaltation du chauvinisme, nous avons le droit de proclamer bien haut que Paris est la ville sans rivale dans le monde. Au-dessus de ses rues, de ses boulevards élargis, le long de ses quais admirables, du milieu de ses magnifiques promenades, surgissent les plus nobles monuments que le génie humain ait enfantés. L'âme de la France, créatrice de chefs-d'œuvre, resplendit parmi cette floraison auguste de pierres. L'Italie, l'Allemagne, les Flandres, si fières à juste titre de leur héritage artistique, ne possèdent rien qui soit comparable au nôtre, et de tous les coins de l'univers Paris attire les curiosités et les admirations. Allons-nous donc laisser profaner tout cela? La ville de Paris va-t-elle donc s'associer plus longtemps aux baroques, aux mercantiles imaginations d'un constructeur de machines, pour s'enlaidir irréparablement et se déshonorer? Car la tour Eiffel, dont la commerciale Amérique elle-même ne voudrait pas, c'est, n'en doutez pas, le déshonneur de Paris. Chacun le sent, chacun le dit, chacun s'en afflige profondément, et nous ne sommes qu'un faible

1. **Jean-Charles Alphand**, polytechnicien, l'un des trois directeurs généraux de l'Exposition universelle de 1889, chargé des travaux.

écho de l'opinion universelle, si légitimement alarmée. Enfin lorsque les étrangers viendront visiter notre Exposition, ils s'écrieront, étonnés : « Quoi ? C'est cette horreur que les Français ont trouvée pour nous donner une idée de leur goût si fort vanté ? Ils auront raison de se moquer de nous, parce que le Paris des gothiques sublimes, le Paris de Jean Goujon, de Germain Pilon, de Puget, de Rude, de Barye, etc., sera devenu le Paris de M. Eiffel.

Il suffit d'ailleurs, pour se rendre compte de ce que nous avançons, de se figurer un instant une tour vertigineusement ridicule, dominant Paris, ainsi qu'une noire et gigantesque cheminée d'usine, écrasant de sa masse barbare Notre-Dame, la Sainte-Chapelle, la tour Saint-Jacques, le Louvre, le dôme des Invalides, l'Arc de triomphe, tous nos monuments humiliés, toutes nos architectures rapetissées, qui disparaîtront dans ce rêve stupéfiant. Et pendant vingt ans, nous verrons s'allonger sur la ville entière, frémissante encore du génie de tant de siècles, nous verrons s'allonger comme une tache d'encre l'ombre odieuse de l'odieuse colonne de tôle boulonnée.

C'est à vous qui aimez tant Paris, qui l'avez tant embelli, qui l'avez tant de fois protégé contre les dévastations administratives et le vandalisme des entreprises industrielles, qu'appartient l'honneur de le défendre une fois de plus. Nous nous en remettons à vous du soin de plaider la cause de Paris, sachant que vous y dépenserez toute l'énergie, toute l'éloquence que doit inspirer à un artiste tel que vous l'amour de ce qui est beau, de ce qui est grand, de ce qui est juste. Et si notre cri d'alarme n'est pas entendu, si nos raisons ne sont pas écoutées, si Paris s'obstine dans l'idée de déshonorer Paris, nous aurons du moins, vous et nous, fait entendre une protestation qui honore. »

Pétition citée dans *Libération*, 12 janvier 1998.

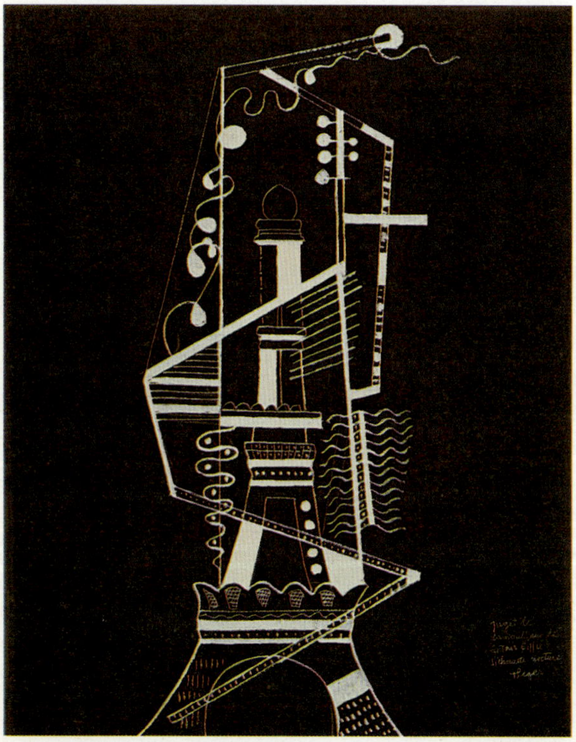

Fernand Léger (1881-1955), *Projet de camouflage de la Tour Eiffel* (crayon sur papier ; collection particulière).

Lire et analyser

La situation d'argumentation et les enjeux

1. Définissez la situation d'argumentation.

a) Quel est le statut social des argumentateurs ? Qui veulent-ils convaincre ? Y a-t-il échange immédiat ? Aidez-vous du genre du texte et du hors-texte.
b) En quoi la date de publication est-elle importante pour la compréhension du texte ?
c) Quel est le thème du texte ? Quel en est l'enjeu ? Justifiez votre réponse.

La stratégie argumentative

2. Les indices d'énonciation.

Relevez les indices d'énonciation. Pour répondre :
– dites à quelle personne s'expriment les émetteurs,
– relevez des mots ou expressions qui impliquent le destinataire,
– relevez les modalisateurs (adverbes, verbes, modes verbaux traduisant la présence et le jugement de l'énonciateur),
– relevez quelques exemples de lexique valorisant ou dévalorisant. À qui ou à quoi ce lexique est-il associé ?

3. Le schéma argumentatif.

a) Quelle est la thèse défendue ? Relevez des indices dans le texte qui vous permettent de la reformuler. Quelle est la thèse rejetée ?
b) Quel argument est avancé pour appuyer la thèse ?
c) Y a-t-il une progression du raisonnement ? Les connecteurs permettent-ils de comprendre l'organisation du texte ? Justifiez votre réponse.

4. Le lexique, les figures de style.

a) Relevez les mots et expressions qui désignent et caractérisent Paris puis ceux qui désignent et caractérisent la Tour Eiffel. Mettez-les en relation. Quel est l'effet produit ?
b) Relevez le champ lexical de l'art. À quels autres champs lexicaux s'oppose-t-il ? Aidez-vous de l'analyse de la comparaison (l. 37) et de la métaphore (l. 44-45).
c) À quel champ lexical appartiennent les mots *profaner* (l. 21), *déshonneur* (l. 26), *humiliés* (l. 40) ? En quoi ces mots s'opposent-ils aux mots *intacte* (l. 4), *auguste* (l. 17), *sublimes* (l. 33) ? (Vous vérifierez le sens de ces mots).
d) Relevez dans l'ensemble du texte les hyperboles et les anaphores, analysez le rythme des phrases dans les lignes 26 à 28 et 46 à 49.
e) En quoi l'ensemble de ces procédés contribuent-ils à l'argumentation ?

5. La référence aux valeurs.

a) À quelles valeurs les argumentateurs font-ils appel ? Aidez-vous des champs lexicaux relevés précédemment.
b. En quoi la phrase *Quoi ? C'est cette horreur que les Français* [...] *vanté* (l. 30-31) prend-elle aujourd'hui une autre signification ?

Lire l'image

6. À quoi ressemble, selon vous, la tour Eiffel camouflée de F. Léger (p. 78) ? Quel est l'effet produit ?

Lire - Écrire

7. *Simuler une situation d'argumentation*

Vous écrivez une lettre à l'un des descendants (de votre âge) des détracteurs de la tour Eiffel. Vous dénoncerez l'attitude rétrograde des signataires de la pétition.

Critères de réussite
- *Respect des codes du genre épistolaire.*
- *Respect de la situation d'argumentation.*
- *Arguments pertinents et dénonciation présente.*
- *Présence d'un lexique valorisant ou dévalorisant.*

Écouter - Dire

8. *Débattre*

a) Peut-on définir des critères universels de beauté (œuvres artistiques, humains, animaux...) ? Vous argumenterez à l'aide d'exemples précis.
b) Faut-il toujours faire preuve de méfiance ou bien de confiance aveugle à l'égard de ce qui est nouveau ? Échangez vos points de vue, à l'aide d'arguments et d'exemples précis.

Fiches 3 et 4 ➤ p. 300 et p. 301

 Leçon p. 89-90

L'école doit-elle fabriquer des internautes?

TEXTE 1

Robert Redeker, professeur de philosophie.

Article publié dans *Le Monde*, 12 septembre 1997.

[...] Internet a-t-il un intérêt à l'école? Nul n'est capable de répondre sérieusement à cette question, parce qu'Internet en milieu scolaire ne revêt aucun intérêt tant qu'on s'en tient fermement à la conception républicaine et humaniste de l'école. À l'école, il vaut mieux étudier Shakespeare et Descartes que d'apprendre à se servir – ce dont on aura toujours le temps – des outils informatiques, que de s'exercer à naviguer sur le Web. Pauvreté d'Internet, lorsqu'il est comparé à la haute culture livresque : sur le Web, on ne communique pas, on échange, essentiellement des informations et des banalités, on ne se place pas à des carrefours, on circule, on suit des autoroutes et on emprunte des échangeurs.

L'illusion d'Internet : très performant dans des domaines professionnels hyperspécialisés, cet outil devient aussi indigent que la télévision dès que, touchant le grand public, il se transforme en objet de consommation. Si la télévision est le chewing-gum de l'œil, Internet est celui de l'esprit. Tout se passe comme si, à l'image des supermarchés, des halls d'aéroport, des fast-foods, des voies rapides, rocades et autres périphériques, Internet était un de ces non-lieux mis naguère en évidence par Marc Augé[1], un de ces endroits de transit maximum et de lien social minimum.

À l'école, l'élève doit réserver son temps (école vient de *scholè*, qui signifie loisir) pour entrer en contact avec ce monde de l'esprit, dont il ne sera généralement plus jamais question dans sa vie d'adulte, pas plus au bureau qu'à l'usine, sur le lieu de travail qu'autour du stade ou devant l'écran de télévision : la pensée, la poésie, le roman, le théâtre, bref la gratuité de l'exercice de l'intelligence.

Que l'on accorde à l'enfant et à l'adolescent le droit d'ignorer l'usage de ce qui asservira sa vie! Son existence entière sera envahie par Internet. Qu'on l'en préserve au moins le temps d'étudier les humanités!

Par définition, le temps scolaire s'identifie au temps du loisir : il ne convient pas de le saturer avec ce qui accompagnera tout le reste des jours de la personne. Il est préférable de l'occuper avec ce qui ne sert à rien, qui est cependant la nourriture la plus propre à façonner un homme. [...]

« L'école doit-elle fabriquer des internautes ou instituer des citoyens? » par R. Redeker, dans *Le Monde*, 12 septembre 1997.

1. **Marc Augé** : anthropologue et réalisateur de documentaires.

Jean Baptiste Perronneau (1715-1783), *L'Enfant au livre*, vers 1740 (pastel ; Saint Petersbourg, Musée de l'Ermitage).

Quelle horrible leçon pour l'enfance!

TEXTE 2

Jean-Jacques Rousseau,
écrivain suisse de langue française, 1712-1778.

Émile ou De l'éducation,
traité, 1762.

Émile ou De l'éducation *est un traité sur l'éducation. Le Livre I traite du nourrisson, le Livre II s'attache à l'enfant de 2 à 12 ans. Rousseau aborde ici l'éducation intellectuelle.*

Suivez les enfants apprenant leurs fables, et vous verrez que, quand ils sont en état d'en faire l'application, ils en font presque toujours une contraire à l'intention de l'auteur, et qu'au lieu de s'observer sur le défaut dont on les veut guérir ou préserver, ils penchent à aimer le vice avec lequel on tire parti des défauts des autres. Dans la fable précédente, les enfants se moquent du corbeau, mais ils s'affectionnent tous au renard; dans la fable qui suit, vous croyez leur donner la cigale pour exemple; et point du tout, c'est la fourmi qu'ils choisiront. On n'aime point à s'humilier : ils prendront toujours le beau rôle; c'est le choix de l'amour-propre, c'est un choix très naturel. Or, quelle horrible leçon pour l'enfance! Le plus odieux de tous les monstres serait un enfant avare et dur, qui saurait ce qu'on lui demande et ce qu'il refuse. La fourmi fait plus encore, elle lui apprend à railler dans ses refus. [...]

Ainsi donc la morale de la première fable citée est pour l'enfant une leçon de la plus basse flatterie; celle de la seconde, une leçon d'inhumanité.

Livre second.

SOS poissons à la mer

TEXTE 3

Science et nature,
n° 88, octobre-novembre 1998.

Près de 25 % en poids des poissons capturés sont rejetés à la mer. C'est le résultat donné par l'Ifremer après plusieurs études scientifiques menées à bord des bateaux de pêche. Or, une grande partie des poissons remis à l'eau ne survivent pas. Ce problème concerne particulièrement la pêche au filet de type chalut. Ce sont surtout les poissons qui ne trouvent pas preneurs sur le marché, mais aussi ceux de trop petite taille, souvent très jeunes, et ceux abîmés par les filets, qui sont systématiquement rejetés.

L'Ifremer tente de sensibiliser les pêcheurs à ce problème crucial; il faut améliorer les outils et choisir des engins de pêche et des maillages mieux adaptés aux espèces recherchées. La campagne de l'Ifremer commence à porter ses fruits en Bretagne, où les pêcheurs collaborent volontiers avec les chercheurs. La mobilisation doit donc continuer dans toutes les régions côtières.

C'est très beau, la logique

TEXTE 4

Eugène Ionesco,
auteur dramatique, 1912-1994.

Rhinocéros,
pièce en deux tableaux, 1959.

Ionesco inaugure une nouvelle forme de théâtre, le théâtre de l'absurde. Au-delà de la bouffonnerie apparente, il met en scène un univers tragique où les mots sont vides de sens, où les hommes ne communiquent plus.
L'action se déroule un dimanche matin, sur la place d'une petite ville. Deux hommes s'installent à la terrasse d'un café ; Bérenger, employé de bureau, et son ami Jean. Viennent s'asseoir derrière eux un Vieux Monsieur et un Logicien.

Le Vieux Monsieur et le Logicien vont s'asseoir à l'une des tables de la terrasse, un peu à droite et derrière Jean et Bérenger. [...]

LE LOGICIEN, *au Vieux Monsieur.* – Voici donc un syllogisme exemplaire. Le chat a quatre pattes. Isidore et Fricot ont chacun quatre pattes. Donc Isidore et Fricot sont chats.

LE VIEUX MONSIEUR, *au Logicien.* – Mon chien aussi a quatre pattes.

LE LOGICIEN, *au Vieux Monsieur.* – Alors, c'est un chat.

BÉRENGER, *à Jean.* – Moi, j'ai à peine la force de vivre. Je n'en ai plus envie peut-être.

Chat luthier

Siné, *Les Chats.*

Chat oyant

Le Vieux Monsieur, *au Logicien après avoir longuement réfléchi.* – Donc, logiquement, mon chien serait un chat.

Le Logicien, *au Vieux Monsieur.* – Logiquement, oui. Mais le contraire est aussi vrai.

Bérenger, *à Jean.* – La solitude me pèse. La société aussi.

Jean, *à Bérenger.* – Vous vous contredisez. Est-ce la solitude qui pèse, ou est-ce la multitude ? Vous vous prenez pour un penseur et vous n'avez aucune logique.

Le Vieux Monsieur, *au Logicien.* – C'est très beau, la logique.

Le Logicien, *au Vieux Monsieur.* – À condition de ne pas en abuser.

Bérenger, *à Jean.* – C'est une chose anormale de vivre.

Jean. – Au contraire. Rien de plus naturel. La preuve : tout le monde vit.

Bérenger. – Les morts sont plus nombreux que les vivants. Leur nombre augmente. Les vivants sont rares.

Jean. – Les morts, ça n'existe pas, c'est le cas de le dire !... Ah ! ah !... (*Gros rire.*) Ceux-là aussi vous pèsent ? Comment peuvent peser des choses qui n'existent pas ?

Bérenger. – Je me demande moi-même si j'existe !

Jean, *à Bérenger.* – Vous n'existez pas, mon cher, parce que vous ne pensez pas ! Pensez, et vous serez.

Le Logicien, *au Vieux Monsieur.* – Autre syllogisme : tous les chats sont mortels. Socrate est mortel. Donc Socrate est un chat.

Le Vieux Monsieur. – Et il a quatre pattes. C'est vrai, j'ai un chat qui s'appelle Socrate.

Le Logicien. – Vous voyez...

Jean, *à Bérenger.* – Vous êtes un farceur, dans le fond. Un menteur. Vous dites que la vie ne vous intéresse pas. Quelqu'un, cependant, vous intéresse !

Bérenger. – Qui ?

Jean. – Votre petite camarade de bureau, qui vient de passer. Vous en êtes amoureux !

Le Vieux Monsieur, *au Logicien.* – Socrate était donc un chat !

Le Logicien, *au Vieux Monsieur.* – La logique vient de nous le révéler.

Acte I, Éd. Gallimard.

Lire et comparer

Lisez les quatre textes et répondez aux questions.

La situation d'argumentation et les enjeux

1. À quel genre chacun des textes appartient-il ? Justifiez votre réponse. Précisez leur date de publication.

2. a) Qui est ou qui sont les argumentateurs ? Précisez leur statut social ou professionnel quand cela est possible.

b) Parlent-ils en leur nom ? Quelle relation entretiennent-ils avec leur destinataire ?

c) Quels sont les enjeux de chacun des textes ?

La stratégie argumentative (textes 1 à 3)

3. Les indices d'énonciation.

a) L'argumentateur s'exprime-t-il à la première personne ? Les textes comportent-ils des adresses au destinataire ?

b) Qui désigne le pronom *on* dans les textes 1 et 2 ? Ce pronom inclut-il ou non l'argumentateur ?

c) Relevez les modalisateurs (adverbes, verbes, modes verbaux traduisant la présence et le jugement de l'énonciateur).

d) Relevez quelques exemples de lexique valorisant ou dévalorisant. À qui ou à quoi ce lexique est-il associé ?

4. Le schéma argumentatif.

a) Quelle est la thèse soutenue dans chaque texte ? L'argumentateur passe-t-il sous silence la thèse adverse ? La réfute-t-il ? La prend-il en compte pour faire des concessions ?

b) **Les arguments.**
– Le texte 1 s'appuie sur l'étymologie d'un mot. Citez la phrase qui l'indique.
– Le texte 2 part d'un fait particulier pour aboutir à une conclusion de portée générale. Montrez-le en reformulant le raisonnement sur lequel s'appuie l'argumentateur.
– Le texte 3 part d'une constatation d'ordre général (précisez laquelle) pour en déduire une proposition particulière que vous énoncerez.

c) Relevez dans les textes 2 et 3 les connecteurs logiques qui marquent les étapes du raisonnement. L'organisation en paragraphes aide-t-elle à comprendre la progression du raisonnement ?

d) Les arguments sont-ils illustrés d'exemples ? À quels domaines appartiennent-ils ? Le lexique utilisé est-il concret ou abstrait ? Citez quelques exemples.

5. Les références aux valeurs. À quelles différentes valeurs les argumentateurs font-ils appel ? Aidez-vous du lexique.

Un cas particulier : le raisonnement spécieux (texte 4)

6. a) Relisez les répliques du Logicien et du Vieux Monsieur, à l'exclusion des autres. Qu'est-ce qu'un syllogisme (voir index) ? De quel type de raisonnement pouvez-vous le rapprocher (voir question 4 et leçon) ?

b) Relevez les deux syllogismes exprimés par le Logicien. En quoi sont-ils spécieux et en quoi sont-ils parodiques ? Quel est l'effet produit ?

c) Quelle peut être la visée de l'extrait (appuyez-vous sur les réponses du Logicien, lignes 7 et 42) ?

Lire l'image

7. Quel est le point commun entre les deux mots ou expressions qui définissent les chats de Siné (p. 83) ?

8. Inventez d'autres mots ou expressions sur le même modèle et dessinez-les chats correspondants.

Lire - Écrire

9. *Choisir une stratégie argumentative*

Répondez au choix au texte de Robert Redeker (texte 1) ou à celui de Rousseau (texte 2). Vous choisirez une stratégie argumentative (réfutation ou concession) et rédigerez deux ou trois paragraphes argumentés et illustrés d'exemples.

Critères de réussite
- *Stratégie argumentative identifiable.*
- *Présence d'arguments et de quelques connecteurs logiques.*
- *Présence d'exemples précis.*

Écouter - Dire

10. *Inventer des syllogismes*

Construisez deux syllogismes, l'un cohérent, l'autre spécieux. Présentez-les à la classe.

Fiches 2 et 3 ➤ p. 299 et p. 300

Attribué à Christophe Huet, *La Leçon de lecture des singes* (détail ; Chantilly, Musée Condé).

DES PROCÉDÉS POUR CONVAINCRE (4)

Leçon p. 89-90

Voilà de sots animaux

Jean de La Bruyère, écrivain français, 1645-1696.

Les Caractères *ou les Mœurs de ce siècle*, 1688.

Les Caractères *se présentent comme une suite de réflexions et de portraits dans lesquels La Bruyère consigne ses observations et ses réflexions sur les comportements humains.*

Mais si vous voyez deux chiens qui s'aboient[1], qui s'affrontent, qui se mordent et se déchirent, vous dites : « Voilà de sots animaux » ; et vous prenez un bâton pour les séparer. Que si l'on vous disait que tous les chats d'un grand pays se sont assemblés par milliers dans une plaine, et qu'après avoir miaulé tout leur soûl, ils se sont jetés avec fureur les uns sur les autres, et ont joué ensemble de la dent et de la griffe ; que de cette mêlée il est demeuré de part et d'autre neuf à dix mille chats sur la place, qui ont infecté l'air à dix lieues de là par leur puanteur, ne diriez-vous pas : « Voilà le plus abominable *sabbat* dont on ait jamais ouï parler ? » Et si les loups en faisaient de même : « Quels hurlements ! quelle boucherie ! » Et si les uns ou les autres vous disaient qu'ils aiment la gloire, concluriez-vous de ce discours qu'ils la mettent à se trouver à ce beau rendez-vous, à détruire ainsi et à anéantir leur propre espèce ? ou après l'avoir conclu, ne ririez-vous pas de tout votre cœur de l'ingénuité de ces pauvres bêtes ? Vous avez déjà, en animaux raisonnables, et pour vous distinguer de ceux qui ne se servent que de leurs dents et de leurs ongles, imaginé les lances, les piques, les dards, les sabres et les cimeterres, et à mon gré fort judicieusement ; car avec vos seules mains que pouviez-vous vous faire les uns aux autres, que vous arracher les cheveux, vous égratigner au visage, ou tout au plus vous arracher les yeux de la tête ? au lieu que vous voilà munis d'instruments commodes, qui vous servent à vous faire réciproquement de larges plaies d'où peut couler votre sang jusqu'à la dernière goutte, sans que vous puissiez craindre d'en échapper. Mais comme vous devenez d'année à autre plus raisonnables, vous avez bien enchéri sur cette vieille manière de vous exterminer : vous avez de petits globes qui vous tuent tout d'un coup, s'ils peuvent

1. **qui s'aboient** : qui aboient l'un contre l'autre.

seulement vous atteindre à la tête ou à la poitrine; vous en avez d'autres, plus pesants et plus massifs, qui vous coupent en deux parts ou qui vous éventrent, sans compter ceux qui tombant sur vos toits, enfoncent les planchers, vont du grenier à la cave, en enlèvent les voûtes, et font sauter en l'air, avec vos maisons, vos femmes qui sont en couche, l'enfant et la nourrice : et c'est là encore où *gît* la gloire.

« Des jugements. »

Lire et analyser

La situation d'argumentation et les enjeux.

1. Définissez la situation d'argumentation

a) Qui est l'argumentateur? Parle-t-il en son nom propre ou au nom d'un groupe ou d'une institution?

b) Qui veut-il convaincre? Y a-t-il échange direct ou différé?

c) Quel est le thème du texte? Quel en est l'enjeu?

La stratégie argumentative

2. Les indices d'énonciation.

a) L'argumentateur s'exprime-t-il à la première personne? Le destinataire est-il impliqué? Justifiez votre réponse.

b) Relevez les modalisateurs et quelques exemples de lexique valorisant ou dévalorisant. À qui ou à quoi ce lexique est-il associé ? Quelle est la fonction des paroles entre guillemets (l. 2-3, 9 à 11) ?

3. Le schéma argumentatif.

a) Déterminez les deux parties qui structurent l'extrait. Pour vous aider à délimiter la première partie, précisez la valeur des connecteurs logiques *si* et des formes verbales *diriez* (l. 9), *concluriez* (l. 12), *ririez* (l. 15), relevez le champ lexical de l'animalité.

b) En quoi les deux parties s'opposent-elles?

c) Quelle analogie l'argumentateur établit-il entre les animaux et les hommes? Justifiez votre réponse en mettant en évidence leurs points communs. Appuyez-vous sur les champs lexicaux.

4. Le lexique, les figures de style.

a) Relevez les éléments de la personnification animale.

b) Quel double sens l'adjectif *raisonnable* prend-il dans l'expression *animaux raisonnables* (l. 16)?

c) À quel champ lexical les mots *lances, piques, dards* (l. 18) appartiennent-ils? Quel rapport pouvez-vous établir entre ce champ lexical et l'emploi des expressions *animaux raisonnables* (l. 16) et *fort judicieusement* (l. 19)?

d) Que désignent les périphrases des lignes 27 à 34? En quoi, dans ces lignes, y a-t-il décalage entre le ton adopté par l'argumentateur et la gravité de la situation?

e) Quel est l'effet produit par l'emploi du mot *gloire* (l. 35) dans le contexte?

f) En quoi ces procédés sont-ils ironiques et contribuent-ils à l'argumentation?

5. La référence aux valeurs. À quelles valeurs l'argumentateur se réfère-t-il? Que dénonce-t-il?

Lire - Écrire

6. *Dénoncer*

Dénoncez une réalité qui vous révolte. Vous choisirez la situation d'argumentation et réinvestirez quelques-uns des procédés utilisés par La Bruyère.

Critères de réussite

- *Situation d'argumentation identifiable.*
- *Objet de la dénonciation identifiable.*
- *Présence de procédés de l'argumentation (argumentation par analogie, ironie...).*

Lire au CDI

7. *Lire La Bruyère*

Lisez quelques portraits extraits des *Caractères* de La Bruyère : Ménalque (le distrait), Diphile (le collectionneur), Arrias (l'homme qui sait tout).

Se repérer dans l'histoire littéraire

8. Complétez le tableau chronologique (p. 318) : situez dans leur siècle les écrivains découverts dans le chapitre.

Fiches 3 et 4 ➤ p. 300 et p. 301

 Leçon p. 89-90

Cent mille fous

Voltaire,
écrivain français, 1694-1778.

Micromégas,
conte philosophique, 1752.

Voltaire utilise souvent le conte pour faire connaître ses idées politiques ou philosophiques. Dans Micromégas, *le narrateur rapporte les aventures du géant Micromégas, habitant de la planète Sirius, et de son compagnon de voyage, un habitant de Saturne. Les deux amis arrivent sur terre en 1737. Ils aperçoivent, à l'aide d'une loupe, un vaisseau sur lequel se trouvent des êtres minuscules (il s'agit en fait d'un groupe de philosophes). Ils entrent en contact avec eux. Le Sirien, intrigué par la petitesse de ces êtres, pose des questions. Le philosophe répond.*

« Savez-vous bien, par exemple, qu'à l'heure que je vous parle, il y a cent mille fous de notre espèce, couverts de chapeaux, qui tuent cent mille autres animaux couverts d'un turban, ou qui sont massacrés par eux, et que, presque par toute la terre, c'est ainsi qu'on en use de temps immémorial ? » Le Sirien[1] frémit et demanda quel pouvait être le sujet de ces horribles querelles entre de si chétifs animaux. « Il s'agit, dit le philosophe, de quelque tas de boue grand comme votre talon. Ce n'est pas qu'aucun de ces millions d'hommes qui se font égorger prétende un fétu sur ce tas de boue. Il ne s'agit que de savoir s'il appartiendra à un certain homme qu'on nomme *Sultan* ou à un autre qu'on nomme, je ne sais pourquoi, *César*. Ni l'un ni l'autre n'a jamais vu ni ne verra jamais le petit coin de terre dont il s'agit, et presque aucun de ces animaux qui s'égorgent mutuellement n'a jamais vu l'animal pour lequel ils s'égorgent.

– Ah, malheureux ! s'écria le Sirien avec indignation, peut-on concevoir cet excès de rage forcenée ? Il me prend envie de faire trois pas, et d'écraser de trois coups de pied toute cette fourmilière d'assassins ridicules. – Ne vous en donnez pas la peine, lui répondit-on ; ils travaillent assez à leur ruine. Sachez qu'au bout de dix ans il ne reste jamais la centième partie de ces misérables ; sachez que, quand même ils n'auraient pas tiré l'épée, la faim, la fatigue ou l'intempérance les emportent presque tous. D'ailleurs, ce n'est pas eux qu'il faut punir : ce sont des barbares sédentaires qui, du fond de leur cabinet, ordonnent, dans le temps de leur digestion, le massacre d'un million d'hommes, et qui ensuite en font remercier Dieu solennellement. » Le voyageur se sentait ému de pitié pour la petite race humaine, dans laquelle il découvrait de si étonnants contrastes.

1. **le Sirien** : Micromégas.

Charles Parrocel (1688-1752), *Combat de cavaliers* (détail, dessus de porte, 110 x 175 cm ; châteaux de Versailles et de Trianon).

Lire et analyser

La situation d'argumentation et les enjeux

1. En quoi cet extrait relève-t-il du genre du conte ? Aidez-vous du hors-texte et d'indices textuels.

2. Définissez la situation d'argumentation :
a) Qui est l'auteur ? Qui est le destinataire ?
b) Par l'intermédiaire de quels personnages de fiction l'auteur s'adresse-t-il au destinataire ?
c) Quel est le thème de l'extrait présenté ? Quel en est l'enjeu, sachant qu'il s'agit d'un conte philosophique ? Aidez-vous aussi du hors-texte.

Les procédés de l'argumentation

Analysez les procédés mis en œuvre par Voltaire à travers les paroles des personnages en répondant aux questions suivantes.

3. a) Relevez les termes utilisés pour désigner et caractériser les hommes.
b) Quelle vision est donnée d'eux (valorisante, dévalorisante) ?

4. Relevez le champ lexical de la violence. Quel est l'enjeu de cette violence ? Relevez l'expression qui l'exprime. Quel est l'effet produit ?

5. a) Relevez les termes qui désignent et caractérisent les responsables de cette violence. De qui s'agit-il précisément ?
b) En quoi l'expression *dans le temps de leur digestion* (l. 25) est-elle en décalage avec la situation évoquée ?
c) Pour quelle raison Dieu est-il évoqué dans l'expression *qui ensuite en font remercier Dieu solennellement* (l. 26-27) ?

6. En quoi l'ensemble de ces procédés contribue-t-il à donner une tonalité ironique à l'extrait ?

7. Les paroles du philosophe ont-elles porté ? Pour répondre, analysez les réactions successives de Micromégas.

La visée philosophique

8. Quelle est la visée de cet extrait ? Que dénonce Voltaire ?

9. a) En quoi les paroles du philosophe ont-elles pu avoir une portée sur le lecteur de l'époque ?
b) En quoi cet extrait a-t-il une portée universelle (visée philosophique) ? Citez des expressions précises du texte qui vous semblent toujours d'actualité.

Lire - Écrire

10. ***Rédiger un dialogue***

Imaginez que Micromégas arrive quelque part sur terre de nos jours. Il rencontre un philosophe et lui pose des questions sur un sujet qui l'étonne (progrès technique et scientifique, violence, inégalité entre hommes et femmes, racisme, faim dans le monde, chasse…). Le philosophe lui répond en dénonçant un état de fait. Vous utiliserez quelques procédés mis en œuvre par Voltaire.

Critères de réussite
- *Respect de la situation d'énonciation.*
- *Présence d'un dialogue.*
- *Présence de la dénonciation.*
- *Présence de procédés de dévalorisation et d'ironie.*

Lire au CDI

11. ***Lire un conte de Voltaire***

Lisez en entier *Micromégas* ou *Jeannot et Colin*. Analysez quelques procédés ironiques.

Fiches 3 et 5 ➤ p. 300 et p. 303

L E Ç O N

Argumenter, convaincre

1 Définition

▮ Le **discours argumentatif** vise à persuader ou à convaincre un destinataire par le biais d'une argumentation.

▮ Pour **analyser** un discours argumentatif, il convient d'identifier la situation d'argumentation et ses enjeux, et d'analyser la stratégie argumentative utilisée.

2 La situation d'argumentation et les enjeux

▮ Définir la **situation d'argumentation**, c'est d'abord définir le genre du texte (presse, essai...) et le sujet (le thème) abordé.

▮ C'est ensuite répondre aux questions suivantes :

– Qui est l'**argumentateur** (qui cherche à convaincre ?) ? Quel est son **statut** (profession, autorité reconnue...) ?

– Qui est le **destinataire** (qui doit être convaincu ?) ?

– Quelles **relations** l'argumentateur et le destinataire entretiennent-ils (hiérarchie, égalité...) ?

– L'**échange** est-il direct ou différé, oral ou écrit ?

L'argumentateur, pour mieux convaincre son destinataire, prend en compte ses goûts, ses désirs, ses attentes et les valeurs auxquelles il est sensible.

▮ Définir les **enjeux de l'argumentation**, c'est identifier les objectifs que se fixe l'argumentateur (**visée**). Les enjeux peuvent être : modifier le jugement ou le comportement du destinataire, le faire adhérer à une opinion, lui faire partager une émotion, lui faire faire quelque chose.

3 La stratégie argumentative : a) les indices d'énonciation

▮ Analyser la stratégie argumentative, c'est étudier l'ensemble des **moyens utilisés** pour persuader ou convaincre un destinataire.

▮ On appelle **indices d'énonciation** tous les termes qui révèlent de façon explicite ou implicite la **présence** et le **jugement de l'énonciateur** (pronoms, modalisateurs de doute ou de certitude, lexique valorisant ou dévalorisant, voir fiches 1, 2 et 3, p. 298 à 300).

4 La stratégie argumentative : b) le schéma argumentatif

▮ Argumenter consiste à **soutenir une thèse** (prise de position ou thèse proposée) et à en **rejeter** une autre (thèse rejetée). La thèse, quand elle est explicite, est formulée brièvement, souvent à partir d'un lexique abstrait.

▮ Analyser le schéma argumentatif, c'est identifier la thèse proposée et la thèse refusée (quand elle est formulée) et comprendre l'enchaînement logique des arguments.

▮ L'argumentateur peut :

– formuler **explicitement** sa thèse, la défendre à l'aide d'arguments et d'exemples et passer sous silence la thèse adverse ;

– choisir de réfuter d'abord la thèse adverse en disqualifiant les arguments points par points (**réfutation**) ;

– accepter ou feindre d'accepter (concéder) certains points de la thèse adverse, puis développer la sienne (**concession**).

▮ On appelle **arguments** les preuves données à l'appui de la thèse, et **contre-arguments** les preuves visant à disqualifier la thèse adverse.

Il existe de nombreux types d'arguments.

– Les arguments qui s'appuient sur un **raisonnement logique** : raisonnement déductif (du général au particulier), inductif (du particulier au général), analogique (mise en parallèle de deux situations).

– Ceux qui reposent sur les **propos d'une personne qualifiée**, sur des chiffres (argument d'autorité) ou sur une **définition** qui sert de référence.

– Ceux qui jouent sur l'**affectivité** du destinataire (appel à l'émotion, à l'indignation...).

LEÇON

Pour illustrer les arguments, l'argumentateur a souvent recours à des **exemples** précis empruntés à différents domaines (expérience personnelle, actualité...). Les exemples font le plus souvent appel à des références concrètes (lexique concret).

Les arguments sont agencés de façon à faire **progresser** l'argumentation. Ils sont le plus souvent reliés par des **liens logiques** (connecteurs) mais ces liens logiques peuvent être **implicites** (juxtaposition).

La **mise en paragraphes** peut être signifiante quant à la structure de l'argumentation.

5 La stratégie argumentative : c) le lexique et les figures de style

La prise de position de l'énonciateur se manifeste par la présence de **champs lexicaux** et de certaines **figures de style**. Les thèses opposées en présence apparaissent à travers les champs lexicaux opposés.

6 La stratégie argumentative : d) les valeurs

L'argumentateur se réfère à des **valeurs** (c'est-à-dire des conceptions de la vie, du monde), qui peuvent être universelles. Ces valeurs peuvent appartenir au domaine de la **morale** (le juste/l'injuste, le bien/le mal, la guerre/la paix...), de la **vérité** ou de la **pensée** (le vrai/le faux, le réel/l'imaginaire, l'opinion/la science...), du **bonheur** (le bonheur/le malheur) de l'**esthétique** (le beau/le laid...), du **pratique** (le rentable/le non rentable, l'utile/l'inutile...)...

7 Le discours argumentatif et les autres formes de discours

Le discours argumentatif comporte certes des spécificités (voir cette leçon). Mais il faut toujours avoir à l'esprit que les autres **formes de discours** peuvent avoir une **visée argumentative** tout en conservant leur spécificité. C'est le cas, par exemple, de la fable, qui présente un entrecroisement de discours narratif et descriptif, parfois explicatif et dont la visée est argumentative.

8 Méthode : écrire un paragraphe argumentatif

Vous devez d'abord **formuler la thèse** que vous avez choisi de défendre. Elle sera courte, formulée à l'aide d'un lexique plutôt abstrait.

Votre développement sera nourri d'**arguments** qui démontreront la validité de votre thèse et d'**exemples** qui illustreront votre thèse. Ils seront formulés à l'aide d'un lexique plutôt concret.

Les arguments seront reliés par quelques **connecteurs** (voir fiche 2, p. 299).

Vous pourrez terminer par une **reprise de la thèse**.

Voici donc le schéma de votre paragraphe argumentatif :

- Thèse.
- Connecteur.
    - Argument 1/Exemple.
- Connecteur.
    - Argument 2/Exemple.
- Connecteur.
    - Conclusion/Reprise de la thèse.

LEXIQUE

1. Repérer le lexique valorisant, dévalorisant

1. Relevez les termes valorisants et dévalorisants dans les deux textes suivants.
2. Quel est l'effet produit ?

Texte 1

Une catastrophe - je pèse le mot - s'est abattue sur mon poste (techniquement excellent) qui m'accable d'un brouet grisâtre, d'un monotone prêt-à-regarder : à savoir ces téléfilms dont les braves critiques de *Télérama* rendent compte sans clamer leur indigestion, leur écœurement, et qui nous narrent à longueur de soirée les exploits de l'Instituteur, de la postière, de Madame le proviseur, du bon docteur, du brillant psychologue, du kiné, de la concierge et du pompier de service. [...]
Michel Rey, Asques

Télérama, n° 2548, 28 octobre 1998.

Texte 2

Léger comme une caresse, tenace comme une promesse, la nouvelle surprise de Lancôme devrait ravir toutes les femmes. Résultat d'une véritable prouesse technologique, Rouge Magnétic réalise l'accord parfait entre longue tenue, confort et légèreté. [...] Abrité dans un nouvel écrin précieux laqué de noir, il hydrate magnifiquement les lèvres, leur assure douceur et souplesse et leur donne un inimitable aspect satiné. Un véritable passeport de séduction à utiliser sans modération. Et l'inouïe sensation d'avoir les lèvres nues !

Télé 7 Jours, n°2024, 13 au 19 mars 1999.

2. Manier l'antiphrase

À partir des expressions suivantes, rédigez deux courts paragraphes : dans l'un, l'expression aura son sens propre, dans l'autre, elle revêtira une tonalité ironique (jouant de l'antiphrase).

a) Bravo ! Je vous félicite.

b) Tout est pour le mieux dans le meilleur des mondes.

c) Il a été très généreux !

3. Effectuer une substitution nominale

Donnez les noms d'action abstraits correspondants aux verbes suivants : *asservir, comparaître, concevoir, contredire, convaincre, croire, réfuter, émouvoir, enfreindre, justifier, nier, opprimer, persuader, refuser, résister.*

4. Trouver un terme générique

Classez les mots suivants en deux champs lexicaux auxquels vous donnerez un terme générique : *aversion, droiture, équité, fanatique, honnête, impartial, impitoyable, implacable, inimitié, intégrité, intolérant, légalité, loyal, probité.*

5. Construire un champ lexical

Établissez un champ lexical se rapportant au domaine des valeurs morales (voir leçon, p. 90). Vous réinvestirez ces termes dans les différents travaux d'écriture.

GRAMMAIRE

6. Rétablir les connecteurs logiques

Dans le texte suivant, rétablissez les connecteurs logiques. Vous les choisirez dans la liste suivante : *ainsi, d'ailleurs, d'autre part, d'une part, donc, mais aussi, mais.*

Les arguments les plus souvent avancés en faveur de la chasse sont, ... , qu'il s'agit d'une tradition, ... , que la chasse est un exercice naturel pour l'homme, auquel il se livre ... depuis la nuit des temps. La chasse est ... inscrite dans un contexte si ancestral et universel que ses fondements paraissent indiscutables. La relation de contrainte et de violence devient normale à force d'être ordinaire. ... c'est amalgamer fait et droit que de justifier une chose pour la bonne raison qu'elle a toujours existé. Ces discours en appellent ... à des données culturelles, ... à la nature prédatrice de l'homme, qui lui serait en quelque sorte biologiquement imposée.

D'après un article de Florence Burgat, docteur en philosophie, dans *Science et nature* n° 88, octobre-novembre 1998.

EXERCICES

7. Utiliser des modalisateurs

Voici un jugement : *Les films de violence engendrent la violence.*

1. a) Récrivez d'autres versions de ce même jugement en utilisant les modalisateurs suivants : *il est vrai que, il est peu probable que, il ne serait pas impossible que, il n'est pas impossible que, il n'est pas vrai que.*

b) Cherchez des adverbes d'atténuation ou de certitude équivalant à ces expressions verbales.

c) Classez les phrases obtenues selon leur degré de probabilité (du plus certain au moins certain).

2. Récrivez la phrase suivante en insérant des modalisateurs (au moins six) : *L'énergie solaire est une solution pour beaucoup de pays.*

VERS L'ÉCRITURE

8. Identifier le thème, les enjeux et la thèse

Relisez les deux textes proposés dans l'exercice 1 (p. 91). Identifiez pour chacun le thème et les enjeux. Quelle est la thèse soutenue ?

9. Associer thèse et arguments

Dans le roman de Zola, *La Terre*, un personnage argumente en faveur de la grande propriété agricole. Pour ce faire, il met en parallèle les avantages et les inconvénients de la petite propriété. Voici ses arguments et contre-arguments donnés dans le désordre :

a) L'ouvrier est attaché à sa terre.

b) La petite propriété rend impossible l'emploi de grandes machines.

c) La petite propriété produit proportionnellement davantage et de meilleure qualité.

d) La petite propriété impose un travail excessif.

e) La petite propriété fait des hommes plus dignes, plus fiers et plus instruits.

f) La petite propriété augmente les frais de production.

1. À laquelle des deux thèses chacun de ces arguments se rattachent-ils ?

2. Rédigez deux paragraphes qui développeront les deux thèses opposées. Vous utiliserez des connecteurs d'addition et d'opposition et illustrerez chaque argument d'exemples précis.

10. Trouver des arguments ou des contre-arguments

Soit la thèse : *À quinze ans, on est responsable de soi-même.*

Vous listerez les arguments en faveur ou en défaveur de cette thèse (arguments moraux, juridiques, personnels...), vous chercherez des exemples et vous rédigerez votre argumentation. Ne vous limitez pas à votre cas personnel.

11. S'entraîner à argumenter

Rédigez un devoir argumenté sur un des sujets suivants.

– L'école est-elle le seul endroit où l'on peut apprendre ?

– Faut-il répondre à la violence par la violence ?

– Pensez-vous qu'il soit nécessaire de connaître l'histoire de son pays natal ?

– Faut-il prendre des risques ?

– Avez-vous hâte d'être adulte ?

Exercice bilan : vers le brevet

Lisez le texte suivant, puis répondez aux questions.

Économiquement correct

On entend souvent dire que les défenseurs du milieu sont des rêveurs ou des utopistes. On leur reproche de torpiller l'activité et, partant, les précieux emplois en s'opposant à la construction d'usines polluantes ou en gelant des paysages. Bref, la défense de la nature ne serait pas « économiquement correcte ». En réalité, c'est exactement le contraire. Les réserves naturelles, les parcs animaliers, les sanctuaires de la faune sauvage, les activités touristiques liées à un environnement préservé drainent des centaines de milliers de visiteurs. Elles contribuent efficacement au soutien de l'activité. Au bord de l'eau, par exemple, la capture sportive d'un saumon sauvage rapporte 6 fois plus d'argent à l'économie locale (hôtels, restaurants, commerces, transports) que la vente d'un poisson d'élevage. Poisson, rappelons-le, « nourri » aux granulés, arrosés de carotène, pour obtenir cette chair rose qui ravit les consommateurs. Malheureusement, on a assassiné les rivières et cette incroyable richesse naturelle s'est noyée dans la sottise des hommes. Certains indices montrent toutefois que le goût du mieux-vivre s'affirme. Un nombre croissant d'agriculteurs prend conscience des nouvelles réalités. Ils gagnent davantage en proposant des produits biologiques qu'en bradant du concentré de chimie à vil prix. Réconfortant. Alors, au lieu de considérer les écologistes sérieux comme des fadas, les aménageurs gagneraient à les prendre pour ce qu'ils sont : les ferments d'une nouvelle économie rurale.

Éditorial d'Éric Joly,
dans *Le Journal de la Nature*, n°2,
novembre 1998.

La situation d'argumentation et les enjeux

1. a) Définissez le genre du texte et la situation d'argumentation (argumentateur, destinataire, relations qu'ils entretiennent, type d'échange, thème ou sujet abordé).

b) Quels sont les enjeux du texte ?

La stratégie argumentative

2. Analysez les indices d'énonciation qui marquent la présence et le jugement de l'énonciateur (pronoms, modalisateurs, marques typographiques, lexique valorisant, dévalorisant...).

3. Quelle est la thèse soutenue ? Est-elle explicite ? Quel est le statut de la thèse adverse (est-elle exprimée ou non ? réfutée ? en partie prise en compte ?) ?

4. a) Quels sont les arguments avancés pour valider la thèse ou disqualifier la thèse adverse ? Reformulez-les.

b) Relevez les connecteurs. Quelles relations logiques expriment-ils ?

c) Y a-t-il des exemples ? Quel est leur rôle ?

5. Quels sont les champs lexicaux utilisés pour mettre en valeur la thèse ?

Les valeurs

6. Quelles sont les valeurs auxquelles se réfère l'argumentateur ?

Sujet d'écriture

7. Éric Joly affirme : *Cette incroyable richesse naturelle s'est noyée dans la sottise des hommes* (l. 21 à 23).

Dans un premier paragraphe, vous soutiendrez cette thèse (que vous illustrerez d'exemples différents de ceux du texte). Dans un second paragraphe, vous direz quel rapport l'homme doit entretenir avec la nature pour vivre en harmonie avec elle.

Groupement de textes

La violation des Droits de l'Homme : Esclavage, Exploitation

TEXTE 1
Voltaire, *Candide ou l'Optimisme* (1759)

J'attends mon maître

Candide, son maître Pangloss et leur serviteur Cacambo arrivent à Surinam, ville de l'ancienne Guyane hollandaise, dans le nord du Brésil.

En approchant de la ville, ils rencontrèrent un nègre étendu par terre, n'ayant plus que la moitié de son habit, c'est-à-dire d'un caleçon de toile bleue; il manquait à ce pauvre homme la jambe gauche et la main droite. « Eh! mon Dieu! lui dit Candide en hollandais, que fais-tu là, mon ami, dans l'état horrible où je te vois? – J'attends mon maître, M. Vanderdendur[1], le fameux négociant, répondit le nègre. – Est-ce M. Vanderdendur, dit Candide, qui t'a traité ainsi? – Oui, monsieur, dit le nègre, c'est l'usage. On nous donne un caleçon de toile pour tout vêtement deux fois l'année. Quand nous travaillons aux sucreries, et que la meule nous attrape le doigt, on nous coupe la main; quand nous voulons nous enfuir, on nous coupe la jambe[2] : je me suis trouvé dans les deux cas. C'est à ce prix que vous mangez du sucre en Europe. Cependant, lorsque ma mère me vendit dix écus patagons sur la côte de Guinée, elle me disait : « Mon cher enfant, bénis nos fétiches[3], adore-les toujours, ils te feront vivre heureux; tu as l'honneur d'être esclave de nos seigneurs les blancs, et tu fais par là la fortune de ton père et de ta mère. » Hélas! je ne sais pas si j'ai fait leur fortune, mais ils n'ont pas fait la mienne. Les chiens, les singes

1. **Vanderdendur** : Vander est la transcription hollandaise du mot vendeur.

2. Allusion à l'article 38 du Code Noir de 1685 qui prévoyait des sanctions exemplaires (mutilations, peine de mort) en cas de délit de fuite.

3. **fétiches** : idoles païennes.

Mauvais traitements des esclaves au Brésil, lithographie pour l'ouvrage de J. Debré sur le Brésil, vers 1830 (Paris, Bibliothèque Nationale de France).

et les perroquets sont mille fois moins malheureux que nous ; les fétiches hollandais[4] qui m'ont converti me disent tous les dimanches que nous sommes tous enfants d'Adam, blancs et noirs. Je ne suis pas généalogiste ; mais si ces prêcheurs[4] disent vrai, nous sommes tous cousins issus de germain. Or vous m'avouerez qu'on ne peut pas en user avec ses parents d'une manière plus horrible.

– O Pangloss ! s'écria Candide, tu n'avais pas deviné cette abomination ; c'en est fait, il faudra qu'à la fin je renonce à ton optimisme[5]. – Qu'est-ce qu'optimisme ? disait Cacambo. – Hélas ! dit Candide, c'est la rage de soutenir que tout est bien quand on est mal » ; et il versait des larmes en regardant son nègre ; et en pleurant, il entra dans Surinam.

4. fétiches hollandais, prêcheurs : les prêtres de la religion chrétienne.

5. ton optimisme : Pangloss a enseigné à Candide que notre monde est le meilleur des mondes possibles.

Eugène Delacroix (1798-1863), *Nègre vu en buste, la tête couverte d'un turban*, vers 1828 (pastel, Paris, Musée du Louvre, Cabinet des dessins).

TEXTE 2

Victor Hugo, *Bug-Jargal* (1826)

La rage du maître

L'action se déroule en 1791 dans l'île de Saint-Domingue (ancien nom de la république d'Haïti), colonie française. Le narrateur, un jeune français, vient d'y arriver pour retrouver sa fiancée Marie, la fille de son oncle, maître d'une plantation.

Jusqu'à ce jour, la disposition naturelle de mon esprit m'avait tenu éloigné des plantations où les Noirs travaillaient. Il m'était trop pénible de voir souffrir des êtres que je ne pouvais soulager. Mais, dès le lendemain, mon oncle m'ayant proposé de l'accompagner dans sa ronde de surveillance, j'acceptai avec empressement, espérant rencontrer parmi les travailleurs le sauveur de ma bien-aimée Marie[1].

J'eus lieu de voir dans cette promenade combien le regard d'un maître est puissant sur des esclaves, mais en même temps combien cette puissance s'achète cher. Les nègres, tremblants en présence de mon oncle, redoublaient, sur son passage, d'efforts et d'activité : mais qu'il y avait de haine dans cette terreur!

Irascible par habitude, mon oncle était prêt à se fâcher de n'en avoir pas sujet, quand son bouffon[2] Habibrah, qui le suivait toujours, lui fit remarquer tout à coup un Noir qui, accablé de lassitude, s'était endormi sous un bosquet de dattiers. Mon oncle court à ce malheureux, le réveille durement, et lui ordonne de se remettre à l'ouvrage. Le nègre, effrayé, se lève, et découvre en se levant un jeune rosier du Bengale sur lequel il s'était couché par

1. Marie a été sauvée par un Noir, alors qu'elle était menacée par un crocodile.

2. **bouffon** : personnage au service d'un puissant qu'il est chargé de divertir.

mégarde, et que mon oncle se plaisait à élever. L'arbuste était perdu. Le maître, déjà irrité de ce qu'il appelait la paresse de l'esclave, devient furieux à cette vue. Hors de lui, il détache de sa ceinture le fouet armé de lanières ferrées qu'il portait dans ses promenades, et lève le bras pour en frapper le nègre tombé à genoux. Le fouet ne retomba pas. Je n'oublierai jamais ce moment. Une main puissante arrêta subitement la main du colon. Un Noir (c'était celui-là même que je cherchais!) lui cria en français :

– Punis-moi, car je viens de t'offenser : mais ne fais rien à mon frère, qui n'a touché qu'à ton rosier!

Cette intervention inattendue de l'homme à qui je devais le salut de Marie, son geste, son regard, l'accent impérieux de sa voix, me frappèrent de stupeur. Mais sa généreuse imprudence, loin de faire rougir mon oncle, n'avait fait que redoubler la rage du maître et la détourner du patient à son défenseur. Mon oncle, exaspéré, se dégagea des bras du grand nègre en l'accablant de menaces, et leva de nouveau son fouet pour l'en frapper à son tour.

TEXTE 3

Victor Schœlcher, article « Esclave, Esclavage » (1842)

« Esclave, Esclavage »

V. Schœlcher, homme politique, fit décréter en 1848 l'abolition de l'esclavage dans les colonies françaises. Les extraits suivants de l'article « Esclave, Esclavage », dont il est l'auteur, sont tirés du **Dictionnaire politique, encyclopédique, du langage et de la science politique**, *rédigé en 1842 par une réunion de députés, de publicistes et de journalistes.*

L'esclavage est une de ces grandes hontes de l'humanité qui font que l'on courbe la tête presque avec désespoir lorsqu'on en suit les traces en lisant les récits des âges passés. Si haut que l'on remonte dans l'histoire, on trouve l'Esclavage établi et formant pour ainsi dire la base de l'organisation sociale. Une masse énorme d'hommes a, depuis quarante siècles, rempli dans l'humanité le rôle des fondations d'une maison : enfouis au fond des ténèbres de l'abrutissement moral, ils portaient passivement le vaste édifice, pendant qu'un petit nombre d'êtres privilégiés jouissait à la surface de la vie et de la lumière.

L'Esclavage est un fait qui s'explique malheureusement de lui-même : il est tout simple que celui qui ne se respecte point dans son semblable oblige à le servir l'homme qu'il peut dompter. Pour celui-là un homme est un animal comme les autres, et il l'utilise à son profit ainsi qu'il ferait d'une mule ou d'un chien. [...]

Mais l'Esclavage n'est point uniquement une offense à l'humanité; ce qu'il a enfanté de vices, de barbaries, de désordres, est incalculable; il fut le plus grand obstacle au progrès vers lequel on marche de nos jours avec une admirable rapidité, comparativement avec ce qui s'est opéré durant la longue et funeste période où il a régné sur les centres de civilisation. [...]

[*Schœlcher évoque la pratique de l'esclavage dans l'Antiquité.*]

Sans doute, l'homme d'aujourd'hui, en tant qu'individu, ne vaut pas mieux que l'homme d'autrefois, mais la masse de la société moderne est plus avancée en morale et en justice que la masse de la société antique; c'est un résultat très simple de l'amélioration des idées générales élaborées par les siècles, une conséquence de la loi de perfectibilité, nous pourrions dire un produit purement organique des conditions de la vie. L'expérience nous donne leçon tous les jours.

Aujourd'hui, le principe de la fraternité de tous les hommes est reconnu; malgré les serfs qui gémissent encore attachés à la glèbe, l'Europe y a donné son consentement unanime; elle est en marche vers sa complète réalisation, et celui qui interroge l'avenir peut entrevoir sans être trop téméraire le jour où il ne restera pas un Esclave sur la surface du globe. Jour heureux et sublime, où la grande famille humaine communiera dans un même esprit!

François Biard (vers 1799- 1882), *L'Abolition de l'esclavage dans les colonies françaises en 1848* (Château de Versailles et Trianon).

TEXTE 4

Horizons
Enquête

Les enfants de la balle du Pakistan

70 % des ballons cousus main dans le monde proviennent de la région de Sialkot, au nord-est du Pakistan. Sept mille enfants y assemblent les pièces de cuir du matin au soir. La pauvreté des familles et l'intérêt des firmes multinationales rendent illusoire la lutte contre l'exploitation infantile

Ijaz Shah ne voit nulle magie dans le football. À dix ans, l'enfant n'y a jamais joué. Il ne connaît aucune des vedettes de la prochaine Coupe du monde. Au Pakistan, le cricket[1] charrie les rêves des garçons de son âge. Un ballon, pour Ijaz, c'est simplement trente-deux panneaux de deux tailles différentes qu'il s'agit d'assembler au moyen de dix-huit mètres de fil synthétique et de sept cents points de couture. Accroupi sur un tabouret bas, serrant entre ses genoux une pince en bois qui maintient deux pièces à assujettir, il perce un trou à l'aide d'une grosse aiguille puis fait se croiser dans cet orifice les deux extrémités du fil au bout de deux pointes plus fines. Une fois les demi-sphères achevées, il les réunit et, à l'instant du dernier panneau, retourne la balle à l'endroit pour la sceller de l'extérieur.

À raison de sept à huit heures par jour sur une toile de jute posée au pied de son lit en corde tressée, Ijaz réalise deux ballons quotidiens, payés 24 roupies, soit environ 3 francs l'unité. Il coud. Comme son père, deux de ses sœurs et un de ses frères. Un autre s'initie à la technique. Il a huit ans. Une année d'apprentissage est nécessaire pour acquérir les bons gestes. Force et dextérité augmentent avec le temps. Quand il sera aguerri, Ijaz peut espérer monter à quatre ballons par jour et s'occuper de belles pièces à 60 roupies. [...]

Au début des années 90, les pays occidentaux se sont finalement alarmés. Des campagnes ont été lancées auprès des consommateurs. À la fin de 1996, la Fédération internationale de football-association (FIFA) a édicté un code de bonne conduite, interdisant le travail des mineurs en bas âge et plus généralement une utilisation outrancière de la main d'œuvre. [...]

En février 1997, la Fédération mondiale des industries du sport a donc signé avec le Bureau international du travail, l'Unicef, le gouvernement du Pakistan et la chambre de commerce de Sialkot l'accord d'Atlanta, qui vise à abolir le travail d'enfants de moins de quatorze ans. [...]

De toute façon, comment éradiquer définitivement l'exploitation infantile dans ce seul secteur quand, du cireur de chaussures d'Islamabad au gardien de troupeau des campagnes, près de 3,3 millions d'enfants, statistique officielle encore, travaillent au Pakistan ? « *À l'Ouest, l'emploi d'enfants est vu comme une attitude cruelle et contraire aux droits de l'homme,* explique Mushadi Hussain, ministre de l'information et porte-parole du gouvernement. *Dans la société pakistanaise, il est perçu comme un acte volontaire pour aider les parents à subvenir aux besoins. Les enfants sont un substitut à la sécurité sociale. Exiger de mettre un terme du jour au lendemain à leur utilisation revient à nous demander de sauter du dixième étage d'un immeuble* », estime Hassan Bhutto, premier secrétaire du ministère du travail.

Les syndicats indépendants estiment aussi qu'il y a disproportion. « *Pourquoi les pays occidentaux se focalisent-ils sur la fabrication des ballons ?* », s'interroge un responsable de la Fédération du travail du Pakistan (APFOL). Cet homme a conduit une enquête sur la vie quotidienne dans les innombrables briqueteries disséminées dans le pays. S'appuyant sur la froide précision des chiffres, il décrit l'horreur de l'esclavage.

Les familles sont parquées dans l'enceinte de l'entreprise et surveillées par des gardes. Elles ne possèdent même pas le lit sur lequel elles dorment. Elles travaillent 14 à 15 heures par jour pour des salaires variant entre 90 et 400 francs par mois. Même si la loi l'interdit formellement depuis 1992, le père perçoit souvent une forte avance de l'employeur qu'il est incapable de rembourser. En retour, le patron exige que femmes et enfants se mettent gratuitement à son service. Qu'un autre propriétaire rachète l'avance, appelée ici « *peshgi* », et la famille se verra contrainte de le suivre.

Les rares syndicalistes qui tentent de s'opposer à cette forme d'esclavage vivent armés. Ehsan Ullah Khan, qui dénonça le travail forcé dès la fin des années 80, a dû se réfugier en Suède pour sa sécurité. La communauté internationale tarde à s'émouvoir de cette autre atteinte à la dignité humaine. Les enfants des pays riches ne jouent pas avec des briques.

Benoît Hopquin, *Le Monde*, 24/02/1998.

Dessin de Marcelino Truong.

TEXTE 5

Débat dans *Le Monde* (1998)

À Fort-de-France, les élèves d'une classe d'hypokhâgne ont accepté d'évoquer l'esclavage et ses séquelles, cent cinquante ans après son abolition.

Aline : un petit groupe exige la reconnaissance de l'esclavage comme crime contre l'humanité. C'est trop fort. On réduit l'esclavage au Blanc utilisant son fouet sur le Noir. Certains maîtres se sont comportés en barbares. Mais il ne faut pas perdre de vue qu'il s'agissait avant tout d'un commerce, d'un système à finalité économique. Ce qui me choque, c'est qu'il n'y a jamais eu de condamnation, de jugement, de sanction. Pour la Shoah, on a recherché les criminels. Pour l'esclavage, on n'a rien fait.

Sarah : Ce n'est pas la même la même chose ! La Shoah, c'était l'extermination des juifs. L'esclavage, c'était un négoce. La nuance est de taille ! [...]

Fabienne : L'esclavage était un crime contre l'humanité. Faire du commerce avec des êtres humains, c'est criminel ! Attenter à la liberté d'un homme, c'est criminel ! Il faut condamner. Officiellement. Solennellement. Il faudrait mettre des mots sur ce qui s'est passé. Le problème, c'est qu'il est trop tard pour juger les coupables. [...]

Nicole : Si l'esclavage entre dans la catégorie des crimes contre l'humanité, alors c'est le monde entier qui se trouvera en accusation. Devant le tribunal international défileront tous les pays qui ont eu recours un jour ou l'autre à l'esclavage...

Débat rapporté par Annick Cojean, *Le Monde*, 24/04/1998.

Analyse comparée

Première approche

1. Textes 1 à 5. Sous forme d'un tableau, relevez les indices suivants : auteur, genre du texte, lieu, époque (avant/après l'abolition de l'esclavage), énonciateur, destinataire, forme de discours dominante. Vous mettrez en évidence les différences et les constantes des textes.

Le discours narratif (textes 1 et 2)

2. a) Classez les personnages selon qu'ils sont présents et qu'ils prennent la parole, absents mais évoqués, absents mais dont les paroles sont rapportées (aidez-vous des pronoms).
b) Relevez les termes qui désignent et caractérisent les personnages, analysez leur situation. Qu'en déduisez-vous sur les conditions de vie des esclaves ?
c) Quels sont les arguments utilisés pour justifier l'esclavage ? Les esclaves remettent-ils en cause leur condition ? Justifiez votre réponse.
d) Les deux textes se réfèrent à la religion. Pourquoi selon vous ? Lequel le fait de manière explicite, lequel de manière implicite ?
e) Quel texte vous paraît le plus ironique ? Justifiez votre réponse.
f) Quelle est la prise de position du narrateur ? Quelle est la visée des deux textes ?

Le discours argumentatif (textes 3, 4 et 5)

3. a) Définissez la situation d'argumentation et les enjeux.
b) Relevez les indices d'énonciation (pronoms, modalisateurs, lexique valorisant, dévalorisant...)
c) Identifiez les thèses défendues. Dans quel texte y a-t-il présence d'une thèse adverse ?
d) Reformulez les principaux arguments. Quels textes se réfèrent à des exemples ? Quels textes abordent le thème sous un angle général ?
e) Précisez les liens qui existent entre le système économique et l'esclavage.
f) Analysez les procédés d'écriture (types de phrases, figures de style).

Les valeurs

4. Textes 1 à 5. Quelles sont les valeurs communes auxquelles se réfèrent les textes ?

5. En quoi les textes 1 à 5 préparent-ils, prolongent-ils ou démentent-ils les principes et les valeurs exprimés dans les citations suivantes?

a) « Puissent tous les hommes se souvenir qu'ils sont frères! qu'ils aient en horreur la tyrannie exercée sur les âmes, comme ils ont en exécration le brigandage qui ravit par la force le fruit du travail et de l'industrie paisible! » (Voltaire, Traité sur la Tolérance, 1763.)

b) « Article premier. -Tous les êtres humains naissent libres et égaux en dignité et en droits. Ils sont doués de raison et de conscience et doivent agir les uns envers les autres dans un esprit de fraternité.
Art. 4. - Nul ne sera tenu en esclavage ni en servitude; l'esclavage et la traite des esclaves sont interdits sous toutes leurs formes. » (Déclaration des Droits de l'Homme, 1948.)

c) « Art. 32. - Les États parties reconnaissent le droit de l'enfant d'être protégé contre l'exploitation économique et de n'être astreint à aucun travail comportant des risques ou susceptible de compromettre son éducation ou de nuire à sa santé ou à son développement, spirituel, moral ou social. » (Convention relative aux Droits de l'Enfant, 1990.)

Lire - Écrire

6. Rédiger une argumentation. « De l'éthique sur l'étiquette » est le nom d'un collectif qui lutte contre l'exploitation des enfants dans le monde et qui encourage les consommateurs à se conduire en citoyens. Rédigez deux ou trois paragraphes argumentés pour soutenir et défendre cette cause.

Critères de réussite
- *Respect de la situation d'énonciation.*
- *Présence d'arguments.*
- *Présence de connecteurs logiques.*

Lire au CDI

7. Lire un roman sur l'esclavage. Lisez au choix *Bug-Jargal* de Victor Hugo, *Black Boy* de Richard Wright ou *Les Révoltés de Saint-Domingue* de Bertrand Solet (qui raconte le combat d'un adolescent pour la liberté en Haïti au moment de la révolte contre l'esclavage). Présentez le roman à la classe.

Écouter - Dire

8. Faire un exposé. Réalisez un exposé sur les formes de l'esclavage moderne. Vous vous appuierez sur des enquêtes ou des reportages récents publiés dans la presse.

Fiches 1et 2 ➤ p. 298 et p. 299

2e PARTIE

Les genres

Je me souviens...

Identifier les différents genres

Activité

1. Lisez attentivement les textes suivants.

2. À quel genre chacun de ces textes appartient-il ? Quels indices vous ont permis de répondre ? Citez-en au moins trois.

Texte 1

CÉSAR

[...] Eh bien, pour la dixième fois, je vais te l'expliquer, le picon-citron-curaçao. *(Il s'installe devant le comptoir.)* Approche-toi ! *(Marius s'avance, et va suivre de près l'opération. César prend un grand verre, une carafe et trois bouteilles. Tout en parlant, il compose le breuvage.)* Tu mets d'abord un tiers de curaçao. Fais attention : un tout petit tiers. Bon. Maintenant, un tiers de citron. Un peu plus gros. Bon. Ensuite, un BON tiers de Picon. Regarde la couleur. Regarde comme c'est joli. Et à la fin, un GRAND tiers d'eau. Voilà.

MARIUS

Et ça fait quatre tiers.

CÉSAR

Exactement. J'espère que cette fois, tu as compris. *(Il boit une gorgée du mélange.)*

MARIUS

Dans un verre, il n'y a que trois tiers.

CÉSAR

Mais, imbécile, ça dépend de la grosseur des tiers !

MARIUS

Eh non, ça ne dépend pas. Même dans un arrosoir, on ne peut mettre que trois tiers.

CÉSAR *(triomphal)*

Alors, explique-moi comment j'en ai mis quatre dans ce verre.

MARIUS

Ça, c'est de l'Arithmétique.

CÉSAR

Oui, quand on ne sait plus quoi dire, on cherche toujours à détourner la conversation...

Marcel Pagnol, *Marius* (acte I) © Marcel Pagnol.

Texte 2

Est-ce passe-temps ?

Est-ce passe-temps d'écrire
est-ce passe-temps de rêver
Cette page
était toute blanche
il y a quelques secondes
Une minute
ne s'est pas encore écoulée
Maintenant voilà qui est fait.

Jacques Prévert, *Fatras*, Éd. Gallimard.

Texte 3

Julien Sorel, récemment entré au service de M. et Mme de Rênal comme précepteur de leurs deux enfants, cherche à séduire à Mme de Rênal. Il décide de lui prendre la main.

Neuf heures trois quarts venaient de sonner à l'horloge du château, sans qu'il eût encore rien osé. Julien, indigné de sa lâcheté, se dit : « Au moment précis où dix heures sonneront, j'exécuterai ce que, pendant toute la journée, je me suis promis de faire ce soir, ou je monterai chez moi me brûler la cervelle. »

Après un dernier moment d'attente et d'anxiété, pendant lequel l'excès de l'émotion mettait Julien comme hors de lui, dix heures sonnèrent à l'horloge qui était au-dessus de sa tête. Chaque coup de cette cloche fatale retentissait dans sa poitrine, et y causait comme un mouvement physique.

Enfin, comme le dernier coup de dix heures retentissait encore, il étendit la main et prit celle de Mme de Rênal, qui la retira aussitôt. Julien, sans trop savoir ce qu'il faisait, la saisit de nouveau. Quoique bien ému lui-même, il fut frappé de la froideur glaciale de la main qu'il prenait ; il la serrait avec une force convulsive ; on fit un dernier effort pour la lui ôter, mais enfin cette main lui resta.

Son âme fut inondée de bonheur, non qu'il aimât madame de Rênal, mais un affreux supplice venait de cesser. Pour que madame Derville[1] ne s'aperçût de rien, il se crut obligé de parler ; sa voix alors était éclatante et forte. Celle de madame de Rênal, au contraire, trahissait tant d'émotion, que son amie la crut malade et lui proposa de rentrer. Julien sentit le danger : Si madame de Rênal rentre au salon, je vais retomber dans la position affreuse où j'ai passé la journée. J'ai tenu cette main trop peu de temps pour que cela compte comme un avantage qui m'est acquis.

Au moment où madame Derville renouvelait la proposition de rentrer au salon, Julien serra fortement la main qu'on lui abandonnait.

Stendhal, *Le Rouge et le Noir*,
Livre premier, chapitre IX.

1. **madame Derville** : une amie de madame de Rênal.

Texte 4

19 novembre 1903

Monsieur le Secrétaire Perpétuel,

Nous sommes très reconnaissants à l'Académie des Sciences de Stockholm du grand honneur qu'elle nous[1] fait en nous décernant la moitié du prix Nobel de Physique. Nous vous prions de vouloir bien lui transmettre l'expression de notre gratitude et nos remerciements les plus sincères.

Il nous est très difficile de nous rendre en Suède pour la séance solennelle du 10 décembre.

Nous ne pouvons nous absenter à cette époque de l'année sans amener un trouble très grand dans l'enseignement qui est confié à chacun de nous. Dans le cas où nous irions à cette séance, nous ne pourrions rester que fort peu de temps, et c'est à peine s'il nous serait possible de faire connaissance avec les savants suédois.

Enfin Mme Curie a été malade cet été et n'est pas encore parfaitement rétablie.

Je viens vous demander de reporter à une date ultérieure l'époque de notre voyage et de la conférence. Nous pourrions par exemple aller à Stockholm à Pâques, ou, ce qui conviendrait mieux encore, vers le milieu de juin.

Veuillez agréer, Monsieur le Secrétaire Perpétuel, l'assurance de notre respect.

Pierre Curie

Cité dans *Madame Curie* d'Ève Curie,
Éd. Gallimard.

1. **nous** : Pierre et Marie Curie.

Texte 5

Paris récompense ses bûcherons. Un concours est lancé par la Mairie de Paris pour récompenser les meilleures équipes au sein des 223 bûcherons élagueurs de la capitale qui entretiennent les 500 000 arbres parisiens.

Ce concours débutera le 9 mars et les bûcherons répartis en 14 équipes seront notés, par un jury, sur l'aspect technique de leur travail. Les prix seront remis le 6 septembre.

Le Parisien, 2 mars 1999.

Texte 6

La poule aux œufs d'or

L'avarice perd tout en voulant tout gagner.
Je ne veux, pour le témoigner,
Que celui dont la Poule, à ce que dit la fable,
Pondait tous les jours un œuf d'or.
Il crut que dans son corps elle avait un trésor.
Il la tua, l'ouvrit, et la trouva semblable
À celles dont les œufs ne lui rapportaient rien,
S'étant lui-même ôté le plus beau de son bien.

Belle leçon pour les gens chiches !
Pendant ces derniers temps, combien en a-t-on vus
Qui du soir au matin sont pauvres devenus,
Pour vouloir trop tôt être riches !

J. de La Fontaine.

3 L'autobiographie

Marc Chagall (1887-1985), *La Naissance*, 1911 (huile sur toile, 112, 9 x 194, 3 cm ; collection particulière).

Lire l'image

1. Décrivez la scène après avoir observé la couleur, les contrastes, les attitudes des personnages, la direction des regards.

2. Le peintre vous paraît-il avoir cherché à exprimer la joie, la souffrance ou une idée (laquelle ?) ?

DÉBUTS D'AUTOBIOGRAPHIES (1) Leçon p. 135

Édouard Vuillard (1868-1940), *Enfants*, 1909 (gouache sur toile, 84, 3 x 77, 2 cm; Saint Petersbourg, Musée de l'Ermitage).

Mémoires d'une jeune fille rangée

TEXTE 1

Simone de Beauvoir, écrivain français, 1908-1986.

Mémoires d'une jeune fille rangée, 1958.

Je suis née à quatre heures du matin, le 9 janvier 1908, dans une chambre aux meubles laqués de blanc, qui donnait sur le boulevard Raspail[1]. Sur les photos de famille prises l'été suivant, on voit de jeunes dames en robes longues, aux chapeaux empanachés de plumes d'autruche, des messieurs coiffés de canotiers et de panamas qui sourient à un bébé : ce sont mes parents, mon grand-père, des oncles, des tantes, et c'est moi. Mon père avait trente ans, ma mère vingt et un, et j'étais leur premier enfant. Je tourne une page de l'album ; maman tient dans ses bras un bébé qui n'est pas moi ; je porte une jupe plissée, un béret, j'ai deux ans et demi, et ma sœur vient de naître. J'en fus, paraît-il, jalouse, mais pendant peu de temps. Aussi loin que je me souvienne, j'étais fière d'être l'aînée : la première. Déguisée en chaperon rouge, portant dans mon panier galette et pot de beurre, je me sentais plus intéressante qu'un nourrisson cloué dans son berceau. J'avais une petite sœur : ce poupon ne m'avait pas.

1. **boulevard Raspail** : à Paris.

Éd. Gallimard.

Souvenirs pieux

TEXTE 2

Marguerite Yourcenar,
écrivain français,
1903-1987.

Souvenirs pieux,
1974.

L'être que j'appelle moi vint au monde un certain lundi 8 juin 1903, vers les 8 heures du matin, à Bruxelles, et naissait d'un Français appartenant à une vieille famille du Nord, et d'une Belge dont les ascendants avaient été durant quelques siècles établis à Liège, puis s'étaient fixés dans le Hainaut. La maison où se passait cet événement, puisque toute naissance en est un pour le père et la mère et quelques personnes qui leur tiennent de près, se trouvait située au numéro 193 de l'avenue Louise, et a disparu il y a une quinzaine d'années, dévorée par un building.

Ayant ainsi consigné ces quelques faits qui ne signifient rien par eux-mêmes, et qui, cependant, et pour chacun de nous, mènent plus loin que notre propre histoire et même que l'histoire tout court, je m'arrête, prise de vertige devant l'inextricable enchevêtrement d'incidents et de circonstances qui plus ou moins nous déterminent tous.

Éd. Gallimard.

Une fois sept

TEXTE 3

Claude Michelet,
écrivain français,
né en 1938.

Une fois sept,
1983.

J'ai failli m'appeler Félix, car je suis né le jour de la Saint-Félix. J'arrivais en septième position ; les prénoms se faisaient rares chez nous. Chez nous, c'est tout un programme. Commençons par la base. Un père, bien sûr, une mère, c'est logique ; puis un frère, trois sœurs, c'est parfois dur à subir ; et encore deux frères, avec eux je m'arrange toujours.

J'étais donc le septième et malgré cela, Maman me mit au monde en se demandant un peu ce qui se passait. Elle n'a jamais été forte au sujet des mystères de la vie. Certes, elle sait à peu près d'où et comment viennent les enfants, mais ça ne va guère plus loin. Aujourd'hui, malgré ses quarante-quatre petits-enfants et sa trentaine d'arrière-petits-enfants, le mystère demeure…

J'atterris un soir de mai vers les minuit moins le quart. Le problème de mon prénom fut débattu dans le chœur familial.

Certains me voyaient en Dominique, d'autres m'affublaient d'Antoine. En fin de compte, on s'accorda sur Claude, avec cependant droit de regard sur les autres prénoms. Ce qui donne à l'état civil : Claude, Marie, Dominique, Antoine, Félix.

Cela dit, entrons plus en avant dans la découverte de cette tribu qui est la mienne.

Éd. Robert Laffont.

Lire et comparer

Lisez les textes 1, 2 et 3 puis répondez aux questions suivantes. Vous pouvez écrire vos réponses dans un tableau comparatif ayant pour entrées les différentes rubriques abordées dans les questions : situation d'énonciation (pronoms, niveau de langage, temps qui renvoie au souvenir, temps qui renvoie au moment de l'écriture...).

La situation d'énonciation

1. a) Quel est le pronom personnel dominant ? Pourquoi peut-on dire que ce pronom désigne à la fois le personnage, le narrateur et l'auteur ? Justifiez votre réponse.

b) Qu'est-ce qu'un autobiographe ? Appuyez-vous sur l'étymologie pour répondre.

2. a) Relevez les mots et expressions par lesquelles l'énonciateur s'adresse à ses destinataires. Les nomme-t-il ?

b) Quel est le niveau de langage ?

3. a) Quels sont les temps utilisés pour évoquer le passé ?

b) Quels sont ceux qui renvoient au moment de l'écriture du narrateur, c'est-à-dire au moment où il est en train d'écrire ? À quels problèmes d'écriture est-il confronté ? Citez les textes.

c) Retrouvez dans quels textes ont été écrites les phrases suivantes puis comparez les trois valeurs du présent.
- *on voit de jeunes dames ;*
- *je m'arrête, prise de vertige ;*
- *toute naissance en est un ;*
- *avec eux je m'arrange toujours.*

Pourquoi retrouve-t-on en général ces trois valeurs du présent dans les textes autobiographiques ?

Les événements et les informations

4. a) Par le récit de quel événement le narrateur débute-t-il son autobiographie ?

b) Quelles sont les autres informations apportées au lecteur ?

c) Où et quand se passent les événements rapportés ? Citez précisément chaque texte.

d) Quels sont les personnages en présence ? Par quels termes sont-ils désignés et caractérisés ?

Les enjeux

5. Pourquoi ces trois écrivains ont-ils selon vous, choisi d'écrire leur autobiographie ? Émettez des hypothèses.

Lire l'image

6. Les enfants sont-ils placés au premier plan, au second plan ou à l'arrière-plan (p. 108) ? Observez leur attitude, leur occupation, la place respective accordée aux enfants et au décor.

Lire - Écrire

7. ***Écrire le début de son autobiographie***

Interrogez votre famille sur le début de votre propre vie. Commencez ensuite le début de votre autobiographie. Vous pouvez décider de vous inventer une autre vie et donc un début d'autobiographie imaginaire.

Critères de réussite
- *Respect des codes du genre autobiographique (pronoms, temps...).*

Fiche 1 ➤ p. 298

DÉBUTS D'AUTOBIOGRAPHIES (2)

Leçon p. 135

Pierre Paul Prud'hon (1758-1823), buste de jeune homme (pierre noire, rehauts de blanc, papier bleu ; Bayonne, Musée Bonnat).

Les Confessions

TEXTE 4

Jean-Jacques Rousseau, écrivain suisse de langue française, 1712-1778.

Les Confessions, 1782.

Se croyant victime de persécutions, Rousseau écrit Les Confessions *pour se justifier. Le récit autobiographique proprement dit est précédé de ce préambule.*

Je forme une entreprise qui n'eut jamais d'exemple et dont l'exécution n'aura point d'imitateur. Je veux montrer à mes semblables un homme dans toute la vérité de la nature ; et cet homme ce sera moi.

Moi, seul. Je sens mon cœur et je connais les hommes. Je ne suis fait comme aucun de ceux que j'ai vus ; j'ose croire n'être fait comme aucun de ceux qui existent. Si je ne vaux pas mieux, au moins je suis autre. Si la nature a bien ou mal fait de briser le moule dans lequel elle m'a jeté, c'est ce dont on ne peut juger qu'après m'avoir lu.

Que la trompette du Jugement dernier[1] sonne quand elle voudra, je viendrai, ce livre à la main, me présenter devant le souverain juge. Je dirai hautement : « Voilà ce que j'ai fait, ce que j'ai pensé, ce que je fus. J'ai dit le bien et le mal avec la même franchise. Je n'ai rien tu de mauvais, rien ajouté de bon, et s'il m'est arrivé d'employer quelque ornement indifférent, ce n'a jamais été que pour remplir un vide occasionné par mon défaut de mémoire ; j'ai pu supposer vrai ce que je savais avoir pu l'être, jamais ce que je savais être faux.

1. **Jugement dernier** : dans la religion chrétienne, jugement que Dieu prononcera à la fin du monde.

Je me suis montré tel que je fus ; méprisable et vil quand je l'ai été, bon, généreux, sublime, quand je l'ai été : j'ai dévoilé mon intérieur tel que tu l'as vu toi-même. Être éternel[2], rassemble autour de moi l'innombrable foule de mes semblables ; qu'ils écoutent mes confessions, qu'ils gémissent de mes indignités, qu'ils rougissent de mes misères. Que chacun d'eux découvre à son tour son cœur aux pieds de ton trône avec la même sincérité ; et puis qu'un seul te dise, s'il l'ose : *Je fus meilleur que cet homme-là.* »

2. **Être éternel** : Dieu.

Lire et analyser

La situation d'énonciation

1. Quel est le pronom personnel dominant ? Pourquoi apparaît-il si souvent ?

2. Quels sont les destinataires des *Confessions* ? Quels mots les désignent (noms et pronoms) ?

3. Quels sont les temps et les modes dominants dans chacune des trois parties du texte :
– lignes 1 à 10 ;
– lignes 11 à 21 ;
– ligne 21 à la fin ?

Justifiez leur emploi.

4. Quel est le niveau de langage (appuyez-vous sur le lexique, le rythme des phrases, les figures de style) ? Quel est l'effet produit sur le lecteur ?

Le pacte autobiographique

5. Quel est le projet du narrateur ? Quel regard porte-t-il sur lui-même (dans les lignes 5 à 10) ? Citez les expressions par lesquelles il se caractérise (précisez les formes de phrases dominantes). En quoi son *entreprise* est-elle en accord avec l'homme qu'il dit être ?

6. Quels sont les problèmes auxquels est confronté le narrateur autobiographe ? À quelles difficultés se heurte-t-il ? Quel rapport entretient-il avec la vérité (l. 13 à 21) ?

7. À quoi s'engage Rousseau vis-à-vis de ses lecteurs (quel pacte leur propose-t-il) ?

Les enjeux

8. Pour quelle raison le narrateur écrit-il son autobiographie ? Quelles hypothèses pouvez-vous faire sur le titre de l'œuvre ?

Lire l'image

9. Observez les traits de crayon, les jeux de blanc et de noir (p. 111). Quelle partie du dessin se trouve mise en relief ? Quelle partie reste dans l'ombre ?

10. Observez le port de tête, le regard, l'expression. Quel sentiment semble éprouver le personnage ?

Écouter - Dire

11. *Débattre*

Croyez-vous à la valeur de l'exemple en tant que modèle ? Avez-vous déjà été influencé par des personnages ou des personnalités fortes ?

Critères de réussite
- *Écoute de l'autre.*
- *Prises de paroles ordonnées.*
- *Pertinence des arguments.*
- *Précision des exemples.*

Lire au CDI

12. *Lire une biographie*

Lisez la biographie de Jean-Jacques Rousseau dans une histoire littéraire ou dans une encyclopédie. Quelles différences y a-t-il entre la biographie et l'autobiographie (concernant la situation d'énonciation, les enjeux...) ? Aidez-vous de la leçon et des exercices.

Fiches 1 et 4 ➤ p. 298 et p. 301

 Leçon p. 135

Léonid Ossipovitch Pasternak (1862-1945), *Léon Tolstoï et sa famille à Iasnaia Poliana*, 1901 (pastel ; Saint Petersbourg, Musée Russe).

Maman[1]

Léon Tolstoï,
écrivain russe,
1828-1910.

Enfance, 1852.

Ma mère était assise dans le salon et versait le thé ; d'une main elle tenait la théière, de l'autre le robinet du samovar d'où l'eau coulait, débordant de la théière sur le plateau. Mais, quoiqu'elle regardât avec attention, elle ne s'en apercevait pas ; elle n'avait pas remarqué non plus notre arrivée.

Tant de souvenirs du passé surgissent lorsqu'on essaie de ressusciter en imagination les traits d'un être aimé qu'on voit ceux-ci confusément à travers ces souvenirs comme à travers des larmes. Ce sont… les larmes de l'imagination. Lorsque je m'efforce de me rappeler ma mère telle qu'elle était à cette époque, je vois seulement ses yeux marron, qui exprimaient toujours la même bonté et le même amour, un grain de beauté qu'elle avait sur le cou, un peu plus bas que l'endroit où bouclaient de petits cheveux, son étroit col blanc orné de broderies, sa main sèche et tendre qui me caressait si souvent, que si souvent je baisais ; mais l'expression d'ensemble m'échappe.

Traduit du russe par Sylvie Luneau,
Bibliothèque de la Pléiade, Éd. Gallimard.

1. Titre du chapitre donné par Tolstoï.

Lire et analyser

Première lecture

1. Quelles sont vos premières réactions à la lecture de cette évocation ? Retrouvez une ou deux figures féminines de votre enfance. Notez leurs noms, quelques traits physiques, le cadre dans lequel elles évoluaient. Vous pouvez aussi noter ce qu'elles représentaient pour vous.

La situation d'énonciation

2. a) Relevez les passages qui rapportent les moments du passé. À quels temps sont-ils ?

b) Relevez ceux qui renvoient au temps de l'écriture. Quels termes révèlent les obstacles auxquels est confronté le narrateur adulte ? À quels temps sont-ils ?

3. Expliquez l'expression *Ce sont... les larmes de l'imagination* (l. 9). Nommez et analysez la figure de style employée. Quel est l'effet produit par les points de suspension ?

Le personnage de la mère

4. Comment la mère est-elle désignée dans le titre et dans le texte ? Quel est l'effet produit par ces deux appellations ?

5. Quel est son rang social ? Relevez les indices pertinents.

6. Quels sont les traits du portrait retenus ? Quels sentiments le narrateur éprouve-t-il à l'égard de sa mère ? Répondez en vous appuyant sur un champ lexical.

Les enjeux

7. À partir de vos réponses, pouvez-vous dire quelle est la visée de ce texte ? Quels sentiments le narrateur a-t-il pu éprouver en ressuscitant ce souvenir ?

Lire l'image

8. Observez le mobilier, l'espace (p. 113) ; comment se répartit la lumière, comment s'équilibrent les ombres ? Quelle atmosphère semble régner dans cet intérieur ?

9. Imaginez les pensées de Tolstoï alors que les deux femmes conversent sous la lampe. Rédigez le dialogue interrompu par les commentaires du narrateur.

Lire - Écrire

10. ***Écrire librement***

À partir de vos premières notations (question 1), évoquez un souvenir d'enfance qui mette en scène un personnage féminin. Vous commencerez à la manière de Tolstoï : *Ma mère...* (ou *Ma sœur*, ou *Ma tante...*).

Écouter - Dire

11. ***Chercher des figures de femmes***

Cherchez d'autres figures de femmes dans des autobiographies (Loti, *Le Roman d'un enfant* ; S. de Beauvoir, *Mémoires d'une jeune fille rangée* ; J.-P. Sartre, *Les Mots...*). Vous pouvez aussi rechercher dans des romans autobiographiques (œuvres de fiction qui s'inspirent largement de la vie de l'auteur : Alain-Fournier, *Le Grand Meaulnes* ; J. Vallès, *L'Enfant* ; R. Wright, *Black Boy* ; H. Bazin, *Vipère au poing...*). Lisez à la classe les extraits retenus.

Fiches 1 et 4 ➤ p. 298 et p. 301

Balthus (né en 1908), *Colette de profil*, 1954 (huile sur toile, 92, 5 x 73, 5 cm ; collection particulière).

REGARDS SUR LES ADULTES (2)

Leçon p. 135

Faut jamais mentir à papa[1]

Jeanne Bénameur, écrivain français, née en 1952.

Ça t'apprendra à vivre, 1998.

1. Titre donné par J. Bénameur.

Née en Algérie, Jeanne Bénameur arrive à l'âge de cinq ans et demi en France où elle va vivre dans un logement de fonction situé dans une prison que son père dirige. Ça t'apprendra à vivre *est une autobiographie qui rapporte de petites scènes de son enfance, liées notamment au déracinement et à l'emprisonnement.*

Jamais. Bien sûr.

Tu me tiens par la main. Tu aimes bien m'emmener avec toi marcher après six heures. Une habitude qu'on a gardée de là-bas.

C'est bien un père qui aime marcher avec sa fille. Pas bavards, ni toi ni moi.

Moi je tremble que tu me poses des questions sur les trajets de ma grande sœur, les courses de ma mère. Il y a tant de choses à ne pas dire.

Faut jamais mentir à papa.

Ni à personne. Jamais. Je suis d'accord. C'est mal, c'est très mal de mentir. Et puis il paraît qu'on découvre toujours la vérité, alors, hein, bien avancé !

Je me tais. Je suis passée reine dans l'art de me taire ou de diriger notre peu de conversation sur l'école parce que là au moins, pas de panique, je suis sûre de ce que je raconte.

C'est la vérité. Ma vérité à moi.

Je travaille bien. Je suis sérieuse. Et c'est vrai et c'est bien. Je suis tranquille. Parlons de l'école.

On va toujours jusqu'au monument aux morts et puis on revient.

Faut jamais mentir à papa.

Oui, tu es fier de moi.

On rencontre des gens que tu connais. Je suis parfaite en bonne petite fille. Oui tu es fier.

Et puis vous parlez vacances, vous parlez même retraite. Oh ! ce n'est pas tout de suite, mais on prépare, hein, vaut mieux être prudent !

Et je t'entends bâtir une maison dans le sud de la France, à Saint-Raphaël… oui, une maison de famille… elle vient de sortir de terre, de ta bouche. Je t'écoute. Je te regarde. Tu as l'air modeste de celui qui possède un palace et ne veut pas en faire étalage. Tu continues à parler de « la maison », sans en ouvrir toutes les portes, mais on devine.

Je n'osais plus te regarder. Tu mens, papa. Nous n'avons rien. Ni ici ni ailleurs. Rien que nos mots. Pas de pierres pour faire de vrai murs. Pas d'herbe pour un vrai jardin. Rien. Nous n'avons jamais eu de maison à nous.

Tu continues à mentir et à me tenir la main. Comment peux-tu ?

Je finis par y croire, à la maison de Saint-Raphaël. Peut-être qu'elle nous attend, peut-être. Elle est si belle.

Le temps de ton mensonge, je t'accompagne de toutes mes forces dans ma tête. Si, c'est vrai qu'on a une maison ! Mon père ne ment pas ! C'est pas un menteur !

Le silence après, quand nous marchons.

La maison rentre sous terre, avec son jardin, ses terrasses.

Chez nous, il fait toujours un peu sombre, il paraît que c'est normal.

Éd. du Seuil.

Lire analyser

Première lecture

1. Notez les particularités de ce texte (mise en page, rythme...). A-t-il fait surgir des souvenirs personnels (sur le thème du mensonge ou tout autre sujet) ? Vous souvenez-vous de phrases qu'on vous a répétées dans votre enfance ? Notez-les, puis rédigez librement un texte.

La situation d'énonciation

2. Qui désignent les pronoms *je* et *tu* ?

3. a) Relevez :
- une phrase adressée par la narratrice au destinataire,
- une phrase qu'elle s'adresse à elle-même,
- une phrase dans laquelle elle rapporte des paroles prononcées par le père ou d'autres adultes.

b) Qu'en déduisez-vous sur la situation d'énonciation ? La narratrice s'adresse-t-elle de vive voix à son père ?

4. Quel est le temps dominant dans ce texte ? Quelles sont ses valeurs ?

Les relations entre les personnages

5. Où et à quel moment se déroulent les promenades ?

6. Quelles difficultés rencontre la narratrice quand elle se retrouve seule avec son père ? Expliquez la phrase *Il y a tant de choses à ne pas dire* (l. 7) et rattachez-la au titre.

7. a) Résumez la scène évoquée dans les lignes 23 à 38. Quels sont les personnages en présence ?

b) Les paroles *Oh ce n'est pas* (l. 25) jusqu'à *prudent* (l. 27) sont rapportées au discours indirect libre. Qui les a prononcées ? En quoi annoncent-elles le mensonge ? Quel est ce mensonge ?

8. Quelles sont les réactions successives de la petite fille quand elle surprend son père à mentir ? Relevez les indices pertinents du texte.

9. Quelles relations le père entretient-il avec sa fille, avec le reste de sa famille et avec les autres ?

10. Les sentiments que la narratrice éprouve pour son père ont-ils été modifiés par la découverte du mensonge ?

Les enjeux

11. Quel est l'effet produit par la répétition de la phrase *Faut jamais mentir à papa* ? Pourquoi, à votre avis, la narratrice adulte a-t-elle rédigé ce souvenir ? Quels peuvent être les enjeux de l'autobiographie ici ? Émettez des hypothèses.

Lire l'image

12. Quelles sont les couleurs dominantes (p. 115) ? Par quel procédé le peintre a-t-il créé l'illusion de matière du pull-over ? Le visage est-il traité avec le même réalisme ? Quel est l'effet produit ?

13. Observez l'attitude du personnage, en particulier son regard, ses mains. Ce tableau vous semble-t-il en rapport avec le texte ? Justifiez votre réponse.

Lire - Écrire

14. *Écrire librement*

a) À partir de vos premières notations (question 1), écrivez une scène de votre enfance en y insérant une des phrases que vous avez notées (vous pouvez aussi en inventer une).

b) Évoquez un souvenir d'enfance qui mette en scène un personnage masculin.

Écouter - Dire

15. *Débattre*

Comprenez-vous le père et la réaction de sa fille ? Argumentez pour défendre votre point de vue. Vous pouvez ensuite élargir le débat sur les raisons pour lesquelles on peut être amené à mentir.

Lire au CDI

16. *Chercher des figures du père*

Vous rechercherez des figures du père dans les œuvres citées page 114, à la question 11.

Fiche 1 ➤ p. 298

REGARDS SUR LES ADULTES (3)

Leçon p. 135

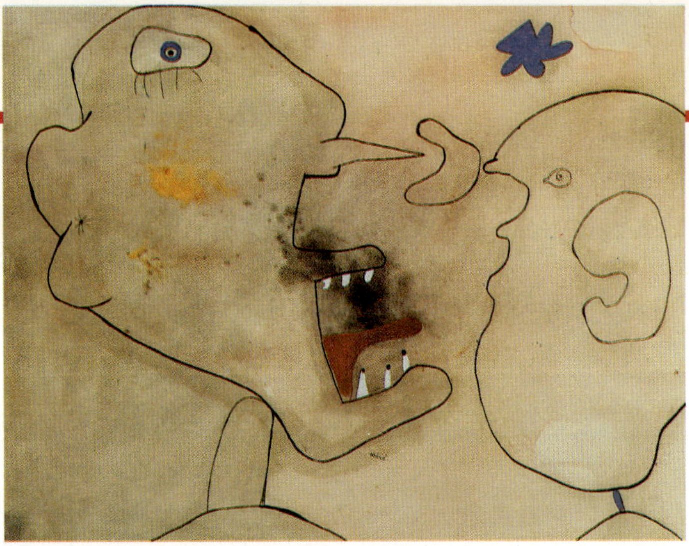

Joan Miró (1893-1983), *Sans titre*, 1938 (gouache et aquarelle sur papier, 49 x 63 cm ; collection particulière).

Gorge coupée[1]

Michel Leiris, écrivain français, 1901-1990.

L'Âge d'homme, 1939.

1. Titre donné par M. Leiris.

Âgé de cinq ou six ans, je fus victime d'une agression. Je veux dire que je subis dans la gorge une opération qui consista à m'enlever les végétations ; l'intervention eut lieu d'une manière très brutale, sans que je fusse anesthésié. Mes parents avaient d'abord commis la faute de m'emmener chez le chirurgien sans me dire où ils me conduisaient. Si mes souvenirs sont justes, je m'imaginais que nous allions au cirque ; j'étais donc très loin de prévoir le tour sinistre que me réservaient le vieux médecin de la famille, qui assistait le chirurgien, et ce dernier lui-même. Cela se déroula, point pour point, ainsi qu'un coup monté et j'eus le sentiment qu'on m'avait attiré dans un abominable guet-apens. Voici comment les choses se passèrent : laissant mes parents dans le salon d'attente, le vieux médecin m'amena jusqu'au chirurgien, qui se tenait dans une autre pièce en grande barbe noire et blouse blanche (telle est, du moins, l'image d'ogre que j'en ai gardée) ; j'aperçus des instruments tranchants et, sans doute, eus-je l'air effrayé car, me prenant sur ses genoux, le vieux médecin dit pour me rassurer : « Viens, mon petit coco ! On va jouer à faire la cuisine. » À partir de ce moment je ne me souviens de rien, sinon de l'attaque soudaine du chirurgien qui plongea un outil dans ma gorge, de la douleur que je ressentis et du cri de bête qu'on éventre que je poussai. Ma mère, qui m'entendit d'à côté, fut effarée.

Dans le fiacre qui nous ramena je ne dis pas un mot ; le choc avait été si violent que pendant vingt-quatre heures il fut impossible de m'arracher une parole ; ma mère, complètement désorientée, se demandait si je n'étais pas devenu muet. Tout ce que je me rappelle de la période qui suivit immédiatement l'opération, c'est le retour en fiacre, les vaines tentatives de mes parents pour me faire parler puis, à la maison : ma mère me tenant dans ses bras devant la cheminée du salon, les sorbets qu'on me faisait avaler, le sang qu'à diverses reprises je dégurgitai et qui se confondait pour moi avec la couleur fraise des sorbets.

Ce souvenir est, je crois, le plus pénible de mes souvenirs d'enfance. Non seulement je ne comprenais pas que l'on m'eût fait si mal, mais j'avais la notion d'une duperie, d'un piège, d'une perfidie atroce de la part des adultes, qui ne m'avaient amadoué que pour se livrer sur ma personne à la plus sauvage agression. Toute ma représentation de la vie en est restée marquée : le monde, plein de chausse-trapes, n'est qu'une vaste prison ou salle de chirurgie ; je ne suis sur terre que pour devenir chair à médecins, chair à canons, chair à cercueil ; comme la promesse fallacieuse de m'emmener au cirque ou de jouer à faire la cuisine, tout ce qui peut m'arriver d'agréable en attendant n'est qu'un leurre, une façon de me dorer la pilule pour me conduire plus sûrement à l'abattoir où, tôt ou tard, je dois être mené.

Éd. Gallimard.

Lire et analyser

Première lecture

1. Rédigez librement quelques lignes après la lecture de ce texte. Le récit a-t-il fait surgir des souvenirs personnels ?

La situation d'énonciation

2. a) À quels temps sont les verbes rapportant les événements et les sentiments éprouvés par l'enfant ?

b) À quel temps sont les verbes qui renvoient au moment de l'écriture du texte ?

c) Quels sont les mots, expressions et phrases qui traduisent les difficultés que rencontre l'autobiographe, confronté à la recherche du souvenir ?

La scène et les personnages

3. Quelles sont les lignes qui résument brièvement l'événement ? Relevez la phrase qui en annonce explicitement le récit détaillé.

4. Résumez la scène (donnez le schéma narratif) en mettant en valeur les relations entre les personnages.

5. Relevez le champ lexical annoncé par le titre et la phrase *je fus victime d'une agression* (l. 1). Quel est l'effet produit ?

6. Relevez les termes qui jugent les médecins et les parents. Regroupez-les en deux champs lexicaux. Quels sont les deux reproches principaux que le narrateur adresse aux adultes ? Vous répondrez dans un paragraphe rédigé.

Les enjeux

7. Expliquez la phrase : *Toute ma représentation de la vie en est restée marquée* (l. 37-38). Pour répondre, appuyez-vous sur l'ensemble du texte et plus particulièrement sur les lignes 38 à 45 : quelles ont été les conséquences de cet épisode dans la vie du narrateur ? Quelle est la fonction pour lui de l'écriture autobiographique ?

Lire - Écrire

8. ***Évoquer un souvenir***

Vous avez certainement eu l'occasion de reprocher quelque chose à des adultes de votre entourage (famille, école...). Racontez la scène (réelle ou imaginaire) en faisant part de vos commentaires et jugements personnels.

Critères de réussite
- *Respect des codes du genre autobiographique.*
- *Présence d'une anecdote pertinente et de reproches.*

Écouter - Dire

9. ***Débattre***

Faut-il toujours dire la vérité aux enfants ? Étayez votre argumentation d'exemples précis.

Fiches 1 et 3 ➤ p. 298 et p. 300

 Leçon p. 135

Zéro de conduite

André Gide,
écrivain français,
1869-1951.

Si le grain ne meurt,
1920.

Quelques semaines ou quelques jours avant ce que je vais raconter, mon père m'avait accompagné pour me présenter au directeur. Comme les classes avaient déjà repris et que j'étais retardataire, les élèves, dans la cour, rangés pour nous laisser passer, chuchotaient : « Oh ! un nouveau ! un nouveau ! » et, très ému, je me pressais contre mon père. Puis j'avais pris place auprès des autres, de ces autres que je devais bientôt perdre de vue pour les raisons que j'aurai à dire ensuite. – Or, ce jour-là, M. Vedel enseignait aux élèves qu'il y a parfois dans les langues plusieurs mots qui, indifféremment, peuvent désigner un même objet, et qu'on les nomme alors des synonymes. C'est ainsi, donnait-il un exemple, que le mot « coudrier » et le mot « noisetier » désignent à la fois le même arbuste. Et faisant alterner suivant l'usage, et pour animer la leçon, l'interrogation et l'enseignement, M. Vedel pria l'élève Gide de répéter ce qu'il venait de dire...

Je ne répondis pas. Je ne savais pas répondre. Mais M. Vedel était bon : il répéta sa définition avec la patience des vrais maîtres, proposa de nouveau le même exemple : mais quand il me demanda de nouveau de redire après lui le mot synonyme de « coudrier », de nouveau je demeurai coi. Alors il se fâcha quelque peu, pour la forme, et me pria d'aller dans la cour répéter vingt fois de suite que « coudrier » est synonyme de « noisetier », puis de revenir le lui dire.

Ma stupidité avait mis en joie toute la classe. Si j'avais voulu me tailler un succès, il m'eût été facile, au retour de ma pénitence, lorsque M. Vedel, m'ayant rappelé, me demanda pour la troisième fois le synonyme de « coudrier », de répondre « chou-fleur » ou « citrouille ». Mais non, je ne cherchais pas le succès et il me déplaisait de prêter à rire : simplement j'étais stupide. Peut-être bien aussi que je m'étais mis dans la tête de ne pas céder ? – Non, pas même cela : en vérité, je crois que je ne comprenais pas ce que l'on me voulait, ce que l'on attendait de moi.

Les pensums[1] n'étant pas de règle à l'École, M. Vedel dut se contenter de m'infliger un « zéro de conduite ». La sanction, pour rester morale, n'en était pas moins rigoureuse. Mais cela ne m'affectait guère. Toutes les semaines j'obtenais mon zéro de « tenue, conduite », ou d' « ordre, propreté »; parfois les deux. C'était couru. Inutile d'ajouter que j'étais un des derniers de la classe. Je le répète : je dormais encore; j'étais pareil à ce qui n'est pas encore né.

Éd. Gallimard.

1. **pensum** : mot latin signifiant punition.

Lire et analyser

Première lecture

1. Ce texte a-t-il suscité en vous des souvenirs scolaires ? Avez-vous rencontré ce type d'obstacles ? Vous a-t-il rappelé une scène dont vous avez été témoin ? Si vous le souhaitez, rédigez quelques notes pour vous-même.

La situation d'énonciation

2. Quels sont les personnages en présence ? Où se passe la scène ?

3. a) Quels sont les temps dominants ? Quelle est leur valeur ?

b) Relevez les verbes qui renvoient au moment de l'écriture.

La scène et les personnages

4. Résumez l'anecdote en quelques phrases. Appuyez-vous sur les connecteurs chronologiques et logiques.

5. Relevez les termes qui désignent et qui caractérisent le maître (en vous appuyant essentiellement sur les adjectifs et les verbes).

Les enjeux

6. a) Quel jugement le narrateur porte-t-il sur le maître ?

b) Quel jugement porte-t-il sur lui-même ? Quel sens donnez-vous à la phrase : *je dormais encore ; j'étais pareil à ce qui n'est pas né* (l. 38-39).

Lire - Écrire

7. *Transposer au discours (ou style) direct*

Récrivez le texte de Gide en utilisant, à chaque fois que vous le pouvez, le discours direct. Puis jouez la scène en classe.

Critères de réussite
- *Transposition au discours direct effectuée.*
- *Personnages conformes au texte.*
- *Respect du contenu.*
- *Voix, ton et jeu expressifs.*

Écouter - Dire

8. *Débattre*

Qu'est-ce qu'un *vrai maître* (l. 17) pour vous ? Échangez vos points de vue.

Fiches 1 et 2 ➤ p. 298 et p. 299

REGARDS SUR LES ADULTES (5)

Leçon p. 135

Nathalie Sarraute enfant en costume ukrainien (photographie).

Je te mets dix

Nathalie Sarraute, écrivain français, née en 1900.

Enfance, 1983.

Enfance *est une œuvre originale, notamment parce qu'elle se présente sous la forme d'un dialogue fictif : la narratrice s'adresse à elle-même.*

C'est la leçon de récitation… Je regarde la main de la maîtresse, son porte-plume qui descend le long de la liste de noms… hésite… si elle pouvait aller plus bas jusqu'à la lettre T ?… elle y arrive, sa main s'arrête, elle lève la tête, ses yeux me cherchent, elle m'appelle…

J'aime sentir cette peur légère, cette excitation… Je sais très bien le texte par cœur, je ne risque pas de me tromper, d'oublier un seul mot, mais il faut surtout que je parte sur le ton juste… Voilà, c'est parti… ne pas faire trop monter, trop descendre ma voix, ne pas la forcer, ne pas la faire vibrer, ça me ferait honte… dans le silence ma voix résonne, les mots se détachent très nets, exactement comme ils doivent être, ils me portent, je me fonds avec eux, mon sentiment de satisfaction…

– Aucune actrice n'a pu en éprouver de plus intense…

– Aucune. Bien qu'il n'y ait pas d'applaudissements, mais quels applaudissements, quelles ovations peuvent donner plus de joie que ne m'en donne la certitude d'avoir atteint la perfection… ce que confirme, comme il se doit, comme il est juste, la maîtresse quand elle prononce ces mots où il n'y a pas de place pour la moindre réserve : « C'est très bien. Je te mets dix. »

Éd. Gallimard.

Lire et analyser

Première lecture

1. Notez vos premières réactions, notamment sur la mise en page, les types de phrases, la ponctuation.

La situation d'énonciation

2. À qui s'adresse la narratrice ? Quel est le rôle de son interlocuteur ? Pour répondre, aidez-vous du hors-texte (le chapeau).

3. Quel est le temps dominant ? Quelles sont ses différentes valeurs ? Comparez par exemple : *C'est la leçon de récitation… je regarde la main de la maîtresse* (l. 1) et *quelles ovations peuvent donner plus de joie que ne m'en donne la certitude d'avoir atteint la perfection…* (l. 16-17).

4. Quels sont les signes de ponctuation répétés ? Justifiez leur emploi. Quel est l'effet produit ?

La scène et les personnages

5. Relevez les verbes qui décrivent ce que fait la maîtresse, puis ce que fait l'élève (avec les conseils qu'elle se donne : *ne pas…*).

6. Relevez les verbes qui commentent ce que fait la maîtresse et ce qu'éprouve l'élève. Quel est le rôle des commentaires ? Quel est l'effet produit ?

7. Quels portraits pouvez-vous faire de la maîtresse et de son élève ? Trouvez quelques adjectifs appropriés pour les qualifier. Comparez-les avec les personnages d'André Gide (p. 120).

Les enjeux

8. Quels sentiments la narratrice adulte peut-elle éprouver en ressuscitant un tel souvenir ? Quel est l'effet produit sur le lecteur ?

Lire et comparer

9. À partir des textes d'André Gide (p. 120) et de Nathalie Sarraute, dites quelles oppositions caractérisent les deux élèves.

Lire l'image

10. Où et quand a été prise cette photo ? Recherchez dans une biographie de N. Sarraute où elle a passé les premières années de son enfance.

11. Choisissez une photo de famille. Quel souvenir vous évoque-t-elle ? Rédigez librement un ou deux paragraphes.

Lire - Écrire

12. *Évoquer un souvenir*

Évoquez un bon souvenir (scolaire ou sportif) et rédigez-le au présent, à la manière de N. Sarraute.

Critères de réussite
- *Restitution du souvenir au présent.*
- *Précision du souvenir.*
- *Présence de commentaires personnels.*

Fiche 1 ➤ p. 298

REGARDS SUR LA VOCATION LITTÉRAIRE (1)

Leçon p. 135

Dangereuse méthode

TEXTE 1

Jean-Jacques Rousseau,
écrivain suisse de langue française, 1712-1778.

Les Confessions,
1782.

Je sentis avant de penser : c'est le sort commun de l'humanité. Je l'éprouvai plus qu'un autre. J'ignore ce que je fis jusqu'à cinq ou six ans ; je ne sais comment j'appris à lire ; je ne me souviens que de mes premières lectures et de leur effet sur moi : c'est le temps d'où je date sans interruption la conscience de moi-même. Ma mère avait laissé des romans. Nous nous mîmes à les lire après souper, mon père et moi. Il n'était question d'abord que de m'exercer à la lecture par des livres amusants ; mais bientôt l'intérêt devint si vif, que nous lisions tour à tour sans relâche, et passions les nuits à cette occupation. Nous ne pouvions jamais quitter qu'à la fin du volume. Quelquefois mon père, entendant le matin les hirondelles, disait tout honteux : « Allons nous coucher ; je suis plus enfant que toi. »

En peu de temps j'acquis, par cette dangereuse méthode, non seulement une extrême facilité à lire et à m'entendre, mais une intelligence unique à mon âge sur les passions. Je n'avais aucune idée des choses, que tous les sentiments m'étaient déjà connus. Je n'avais rien conçu, j'avais tout senti. Ces émotions confuses, que j'éprouvais coup sur coup, n'altéraient point la raison que je n'avais pas encore ; mais elles m'en formèrent une d'une autre trempe, et me donnèrent de la vie humaine des notions bizarres et romanesques, dont l'expérience et la réflexion n'ont jamais bien pu me guérir.

Les romans finirent avec l'été de 1719. L'hiver suivant, ce fut autre chose. La bibliothèque de ma mère épuisée, on eut recours à la portion de celle de son père qui nous était échue. Heureusement, il s'y trouva de bons livres ; et cela ne pouvait guère être autrement, cette bibliothèque ayant été formée par un ministre, à la vérité, et savant même, car c'était la mode alors, mais homme de goût et d'esprit.

Livre premier.

Étienne Moreau-Nélaton (1859-1927), *La Lecture* ou *L'Enfant au livre* (peinture ; Paris, Musée d'Orsay).

Qu'as-tu lu ?

TEXTE 2

Jean-Paul Sartre, écrivain français, 1905-1980.

Les Mots, 1964.

Sartre a perdu très jeune son père. Sa mère retourne vivre chez ses parents avec l'enfant qui passe donc ses premières années en compagnie de son grand-père, Charles Schweitzer, qu'il appelle Karl, de sa grand-mère Mami et de sa mère, Anne-Marie. Son grand-père est professeur d'allemand et possède une importante bibliothèque.

À peine avais-je poussé la porte de la bibliothèque, je me retrouvais dans le ventre d'un vieillard inerte : le grand bureau, le sous-main, les taches d'encre rouges et noires, sur le buvard rose, la règle, le pot de colle, l'odeur croupie du tabac, et, en hiver, le rougeoiement de la Salamandre, les claquements du mica, c'était Karl en personne, réifié : il n'en fallait pas plus pour me mettre en état de grâce, je courais aux livres. Sincèrement ? Qu'est-ce que cela veut dire ? Comment pourrais-je fixer – après tant d'années surtout – l'insaisissable et mouvante frontière qui sépare la possession du cabotinage ? Je me couchais sur le ventre, face aux fenêtres, un livre ouvert devant moi, un verre d'eau rougie à ma droite, à ma gauche, sur une assiette, une tartine de confiture. Jusque dans la solitude j'étais en représentation : Anne-Marie, Karlémami avaient tourné ces pages bien avant que je fusse né, c'était leur savoir qui s'étalait à mes yeux ; le soir, on m'interrogeait : « Qu'as-tu lu ? », je le savais, j'étais en gésine[1], j'accoucherais d'un mot d'enfant ; fuir les grandes personnes dans la lecture, c'était le meilleur moyen de communier avec elles ; absentes, leur regard futur entrait en moi par l'occiput, ressortait par les prunelles, fléchait à ras du sol ces phrases cent fois lues que je lisais pour la première fois. Vu, je me voyais : je me voyais lire comme on s'écoute parler.

Éd. Gallimard.

1. **en gésine** : au sens propre, en train d'accoucher.

Robert Doisneau,
Devant l'Élysée, 1947
(photographie).

Je lisais la nuit

TEXTE 3

Cavanna,
écrivain français,
né en 1923.

Les Ritals,
1978.

Tous les jeudis matin, jour sans classe, j'allais avec un cabas à la bibliothèque municipale. Les livres étaient vénérables pour la plupart, tous uniformément vêtus d'une grosse reliure de toile noire faite pour résister pendant des siècles aux poignes calleuses des ouvriers avides de culture, suivant l'idyllique vision julesferrique[1] de l'instruction publique. On avait droit à deux livres à emporter par personne inscrite, alors j'avais inscrit papa et maman, ça me faisait, comptez avec moi, six bouquins à dévorer par semaine. Avec les illustrés que me passaient les copains et les journaux que maman rapportait de chez ses patronnes pour allumer le feu et garnir la poubelle, ça me faisait de quoi tenir, d'un jeudi à l'autre, mais bien juste.

On choisissait sur catalogue, mais les titres qui vous faisaient envie étaient toujours en main, il fallait faire une liste par ordre de préférence, la barbe, j'aimais mieux fouiner dans les rayons et me laisser séduire par la bizarrerie d'un titre ou les effilochures d'une très vieille reliure. J'aimais les livres énormes.

Je remontais la rue Sainte-Anne, le cabas bourré de gros bouquins me tirait de côté vers le bas. Les mères ritales me regardaient passer, les yeux écarquillés par l'admiration et un vague effroi. « Ma touté quoquesté lives, tou vas les lire, Françva ? O pétêt' tou régardes solement i gimazes ? » « Y a pas d'images », je disais. « Tou vas pas me dire qué tou vas lire touté quouesté mots d'écrit touté sol, no ? Ton père, ze le sais que t'aider, i po pas, pourquoi lire, i sa pas. Ma sara tou mare, pourquoi elle, a sa lire, ma l'est tante fatiguée, paur' femme, surtout la svar ! »

1. **julesferrique :** allusion à Jules Ferry (1832-1893) qui a instauré l'école républicaine.

Où je trouvais le temps ? J'avais des journées bien remplies : l'école, les devoirs, les potes, la rue, les commissions... Je lisais la nuit, dans mon lit, dès que j'ai eu un lit à moi, d'abord à la lueur de l'ampoule du plafond, qui devait faire dans les vingt-cinq watts - l'électricité, on voit bien que c'est pas toi qu'as la peine de la gagner - et donnait un chiche halo jaune dont le peu qui arrivait à se traîner, à bout de souffle, jusqu'à mon livre se cognait par-derrière à la couverture et ne servait guère qu'à me faire de l'ombre sur la page. Je devais me lever et traverser la chambre pour éteindre, l'hiver c'était glacial, rien n'était prévu pour chauffer ce réduit, je courais me replonger sous l'édredon, je me fracassais au passage l'orteil contre le pied du lit-cage, une saloperie de ferraille anguleuse... Un jour, j'ai trouvé une vieille douille dans le fourbi de papa, je l'ai emmanchée dans le goulot d'une bouteille de chianti, ça m'a fait une lampe de chevet, une fois ou l'autre j'y mettrai un abat-jour. [...]

Bien calé sur l'oreiller, la couverture au ras des narines, le bouquin pesant de tout son poids ami sur mon estomac, je lisais jusqu'à ce que les yeux me brûlent, et encore, je luttais, je me cramponnais, une ligne de plus, une autre, plof, je basculais dans le grand trou, sans même éteindre bien souvent.

Éd. Albin Michel.

Lire et comparer

Lisez les textes 1, 2 et 3 qui précèdent et répondez aux questions suivantes.

La situation d'énonciation

1. a) Comparez les niveaux de langage utilisés.

b) Les trois textes comportent-ils des passages qui renvoient au moment de l'écriture ?

La vocation littéraire

2. a) Où les différents narrateurs trouvent-ils leurs livres ? Qu'en déduisez-vous sur leur milieu social ?

b) Comparez les circonstances et leurs rituels de lectures (où et quand lisent-ils? sont-ils seuls?).

c) Relevez les termes qui traduisent leur passion pour la lecture.

Les enjeux

3. Quel texte vous semble le plus amusant ? Justifiez votre réponse.

4. Pourquoi, selon vous, ces écrivains adultes éprouvent-ils le besoin d'évoquer leurs souvenirs de lecture ?

Lire l'image

5. Observez les couleurs dominantes, le mobilier, l'éclairage (p. 125). Cet intérieur pourrait-il être celui de J.-P. Sartre enfant ou celui de Cavanna au même âge? Justifiez votre réponse en vous appuyant sur des indices du texte 2 ou 3.

Lire - Écrire

6. *Rédiger une argumentation*

a) Pourquoi certaines personnes sont-elles passionnées par la lecture ? Est-ce votre cas ? Rédigez deux paragraphes argumentés en vous appuyant sur des exemples précis.

b) Vous avez vous aussi une passion. Laquelle ? Dites pour quelles raisons vous êtes passionné et ce que vous apporte cette passion.

Critères de réussite (a et b)
- *Présence de paragraphes.*
- *Présence d'arguments et d'exemples précis.*
- *Présence d'un enchaînement logique (connecteur).*

Fiches 1 et 3 ➤ p. 298 et p. 300

REGARDS SUR LA VOCATION LITTÉRAIRE (2)

Leçon p. 135

Premier souffle de la muse[1]

François-René de Chateaubriand,
écrivain français,
1768-1848.

Mémoires d'outre-tombe,
1848.

La vie que nous menions à Combourg[2], ma sœur et moi, augmentait l'exaltation de notre âge et de notre caractère. Notre principal désennui consistait à nous promener côte à côte dans le grand Mail[3], au printemps sur un tapis de primevères, en automne sur un lit de feuilles séchées, en hiver sur une nappe de neige que bordait la trace des oiseaux, des écureuils et des hermines. Jeunes comme les primevères, tristes comme la feuille séchée, purs comme la neige nouvelle, il y avait une harmonie entre nos récréations et nous.

Ce fut dans une de ces promenades, que Lucile, m'entendant parler avec ravissement de la solitude, me dit : « Tu devrais peindre tout cela. » Ce mot me révéla la muse ; un souffle divin passa sur moi. Je me mis à bégayer des vers, comme si c'eût été ma langue naturelle ; jour et nuit je chantais mes plaisirs, c'est-à-dire mes bois et mes vallons ; je composais une foule de petites idylles ou tableaux de la nature. J'ai écrit longtemps en vers avant d'écrire en prose : M. de Fontanes prétendait que j'avais reçu les deux instruments.

Livre III, chapitre 7.

1. Titre donné par Chateaubriand.

2. **Combourg** : château familial.

3. **Mail** : nom donné à une grande allée bordée d'arbres.

Odilon Redon (1840-1916), Sous-bois au printemps (huile sur papier posé sur carton ; Paris, Musée d'Orsay).

Lire et analyser

La situation d'énonciation

1. Ce texte comporte des verbes au passé composé, au passé simple et à l'imparfait. Quelle est la valeur respective de ces trois temps ? Lequel renvoie au moment de l'écriture ?

2. Dans quel cadre se trouvent les personnages ?

3. Quelle relation le narrateur et sa sœur entretiennent-ils ? Appuyez-vous pour répondre sur le jeu des pronoms et sur le lexique.

La vocation littéraire

4. a) Analysez la caractérisation du paysage. Appuyez-vous sur le lexique, les figures de style et le rythme des phrases, notamment dans les lignes 4 à 6.

b) Qui est qualifié de *jeunes*, *tristes* et *purs* ? Quelle remarque faites-vous sur le rythme de la phrase *Jeunes* jusqu'à *et nous* (l. 6 à 9) ? En quoi y a-t-il *harmonie* entre les personnages et la nature ?

5. Quel rôle a joué la sœur de Chateaubriand dans la naissance de sa vocation littéraire ?

6. Quel sens donnez-vous au titre du texte et à la phrase *Ce mot me révéla la muse* (l. 12) ? Quel est l'effet produit sur Chateaubriand par cette révélation (citez un champ lexical à l'appui de votre réponse) ? Quelles en ont été les conséquences quant à sa vocation ?

Lire l'image

7. Observez l'espace réservé au ciel, la répartition des couleurs, les nuances de chacune d'elles, les verticales et les ombres. D'où vient la lumière ? Quels adjectifs pourraient qualifier l'atmosphère qui règne dans ce sous-bois ?

Lire - Écrire

8. *Évoquer une personne*

Vous vous souvenez d'une personne qui, dans votre enfance, vous a particulièrement marqué. Évoquez-la telle qu'elle est dans votre souvenir. Exerce-t-elle encore une influence sur vous aujourd'hui ?

Critères de réussite

- *Caractérisation de la personne présente et précise.*
- *Présence de commentaires et de jugement personnels.*
- *Respect des codes du genre autobiographique.*

Fiches 1 et 3 ➤ p. 298 et p. 300

Leçon p. 135

Être un auteur célèbre

Simone de Beauvoir, écrivain français, 1908-1986.

Mémoires d'une jeune fille rangée, 1958.

Pourquoi ai-je choisi d'écrire ? Enfant, je n'avais guère pris au sérieux mes gribouillages ; mon véritable souci avait été de connaître ; je me plaisais à rédiger mes compositions françaises, mais ces demoiselles[1] me reprochaient mon style guindé ; je ne me sentais pas « douée ». Cependant, quand à quinze ans j'inscrivis sur l'album d'une amie les prédilections, les projets qui étaient censés définir ma personnalité, à la question : « Que voulez-vous faire plus tard ? » je répondis d'un trait : « Être un auteur célèbre. » Touchant mon musicien favori, ma fleur préférée, je m'étais inventé des goûts plus ou moins factices. Mais sur ce point je n'hésitai pas ; je convoitais cet avenir, à l'exclusion de tout autre.

La première raison, c'est l'admiration que m'inspiraient les écrivains ; mon père les mettait bien au-dessus des savants, des érudits, des professeurs. J'étais convaincue moi aussi de leur suprématie ; même si son nom était largement connu, l'œuvre d'un spécialiste ne s'ouvrait qu'à un petit nombre ; les livres, tout le monde les lisait : ils touchaient l'imagination, le cœur ; ils valaient à leur auteur la gloire la plus universelle et la plus intime. En tant que femme, ces sommets me semblaient en outre plus accessibles que les pénéplaines[2] ; les plus célèbres de mes sœurs s'étaient illustrées dans la littérature.

Et puis j'avais toujours eu le goût de la communication. Sur l'album de mon amie, je citai comme divertissements favoris : la lecture et la conversation. J'étais loquace. Tout ce qui me frappait au cours d'une journée, je le racontais, ou du moins j'essayais. Je redoutais la nuit, l'oubli ; ce que j'avais vu, senti, aimé, c'était un déchirement de l'abandonner au silence. Émue par un clair de lune, je souhaitais une plume, du papier et savoir m'en servir. J'aimais, à quinze ans, les correspondances, les journaux intimes – par exemple le journal d'Eugénie de Guérin[3]– qui s'efforcent de retenir le temps. J'avais compris aussi que les romans, les nouvelles, les contes ne sont pas des objets étrangers à la vie mais qu'ils l'expriment à leur manière.

Éd. Gallimard.

1. **ces demoiselles** : professeurs du cours Désir où Simone de Beauvoir a fait ses études.

2. **pénéplaine** : région faiblement onduleuse.

3. **Eugénie de Guérin** : écrivain français (1805-1848), auteur entre autres d'un journal intime.

Simone de Beauvoir, photographiée au café de Flore à Paris en 1945 par Brassaï.

Lire et analyser

La situation d'énonciation

1. a) Quels sont les trois temps dominants ? À quels moments renvoient-ils ?

b) À quel moment renvoie la première phrase ? Justifiez votre réponse.

La vocation littéraire

2. Quelle est l'anecdote rapportée dans les premières lignes ? Quel est son rôle ?

3. Quelles sont les raisons données par la narratrice pour justifier sa vocation littéraire ? Ces raisons sont-elles toutes introduites par un connecteur logique ?

Les enjeux

4. Pour quelles raisons la narratrice éprouve-t-elle le besoin d'écrire ? Justifiez votre réponse en relevant des indices précis du dernier paragraphe.

5. Quel est le sens, dans le titre de l'œuvre, de l'expression *jeune fille rangée* ? Quelles hypothèses émettez-vous en ce qui concerne la narratrice ?

Lire l'image

6. Observez l'angle de prise de vue, le regard et les mains de l'écrivain, les objets sur la table. Que fait-elle ? Quelle est l'expression de son regard ?

Lire - Écrire

7. *Rédiger une argumentation*

Quelles peuvent être les différentes motivations qui poussent un écrivain à écrire ? À partir de vos diverses lectures et études, vous présenterez une argumentation organisée.

Critères de réussite
- *Présence d'au moins deux arguments pertinents.*
- *Présence de connecteurs logiques.*
- *Présence d'exemples précis de lecture commentés.*

Écouter - Dire

8. *Débattre*

Qu'est-ce qu'une vocation ? Dans quels domaines peut-on parler de vocation ? Peut-on parler indifféremment de vocation et de projet professionnel ? Y a-t-il des cas où l'on peut confondre les deux ?

Critères de réussite
- *Argumentation pertinente illustrée d'exemples précis.*
- *Prise en compte de la parole de l'autre.*

Fiches 1 et 2 ➤ p. 298 et p. 299

REGARDS SUR LA VOCATION LITTÉRAIRE (4)

Leçon p. 135

Je n'ai plus écrit une ligne

Nathalie Sarraute,
écrivain français,
née en 1900.

Enfance,
1983.

Enfance *est une œuvre originale, notamment parce qu'elle se présente sous la forme d'un dialogue fictif : la narratrice s'adresse à elle-même.*

Maman me presse, me gronde doucement… « Ne te fais pas prier comme ça, ce n'est pas gentil, ce n'est pas bien, va le chercher, viens le montrer… » Et aussi la présence du Monsieur assis à contre-jour, le dos à la fenêtre, son silence attentif, son attente pèsent sur moi, me poussent… mais je sais que je ne dois pas le faire, il ne le faut pas, je ne dois pas céder, je m'efforce comme je peux de résister… « Mais ce n'est rien du tout, c'est juste pour m'amuser… ce n'est vraiment rien… – Ne sois pas si timide… Vous savez que ce qu'elle écrit, c'est tout un long roman… » Le Monsieur…

– Qui était-ce ? je me le demande.

– Impossible de me le rappeler. Ce pouvait être Korolenko, à en juger par l'estime, par l'affection pour lui que je sentais chez maman… elle publiait dans sa revue, elle le voyait beaucoup, Kolia[1] et elle en parlaient souvent… Mais peu importe son nom. Cette estime, cette affection ont rendu plus forte encore, irrésistible la pression des paroles qu'il a prononcées, tout à fait sur le même ton que s'il parlait à une grande personne : « Mais ça m'intéresse beaucoup. Tu dois me le montrer… » Alors… à qui n'est-ce jamais arrivé ? qui peut prétendre ignorer cette sensation qu'on a parfois, quand sachant ce qui va se passer, ce qui vous attend, le redoutant… on avance vers cela quand même…

– On dirait même qu'on le désire, que c'est cela qu'on cherche…

– Oui, ça vous tire… une drôle d'attraction…

1. **Kolia** : mari de la mère de la narratrice.

Je suis retournée dans ma chambre, j'ai sorti du tiroir de ma table un épais cahier recouvert d'une toile cirée noire, je l'ai rapporté et je l'ai tendu au Monsieur…

– À « l'oncle », devrais-tu dire, puisque c'est ainsi qu'en Russie les enfants appellent les hommes adultes…

– Bon, « l'oncle » ouvre le cahier à la première page… les lettres à l'encre rouge sont très gauchement tracées, les lignes montent et descendent… Il les parcourt rapidement, feuillette plus loin, s'arrête de temps en temps… il a l'air étonné… il a l'air mécontent… Il referme le cahier, il me le rend et il dit : « Avant de se mettre à écrire un *roman*, il faut apprendre l'orthographe… »

J'ai remporté le cahier dans ma chambre, je ne sais plus ce que j'en ai fait, en tout cas il a disparu, et je n'ai plus écrit une ligne…

Éd. Gallimard.

Henri Le Fauconnier (1881-1946), *La Petite écolière*, 1907 (huile sur toile, 73 x 92 cm ; Saint Pétersbourg, Musée de l'Ermitage).

Lire analyser

Première lecture

1. Avez-vous une première réaction à la lecture de la phrase prononcée par l'adulte : *Avant de se mettre à écrire un roman, il faut apprendre l'orthographe* (l. 33-34)?

La situation d'énonciation

2. Quels sont les différents interlocuteurs ? Justifiez votre réponse (aidez-vous du hors-texte).

3. Quelles sont les valeurs du présent dans les phrases suivantes : *Maman me presse, me gronde doucement* (l. 1); *Je ne sais plus ce que j'en ai fait* (l. 35-36).

4. Quelles sont les particularités de ce dialogue et quel est l'effet produit ?

La vocation littéraire et les enjeux

5. Résumez en quelques phrases la scène vécue par la narratrice. Quelles ont été ses réactions ? Quelles ont été les conséquences immédiates de cette scène pour la narratrice ?

6. Quels peuvent être les enjeux de cette page ?

Lire l'image

7. Quelles sont les couleurs dominantes dans cette œuvre (p. 133)? Observez leur répartition. Que remarquez-vous? Qualifiez par deux adjectifs cette petite fille au travail.

Lire - Écrire

8. *Évoquer un souvenir*

Racontez une scène d'enfance (réelle ou imaginaire) dans laquelle un adulte a pu vous décourager ou vous encourager. À la manière de N. Sarraute, vous dialoguerez avec vous-même; vous utiliserez largement le présent.

Critères de réussite
- *Circonstances et scène cohérentes (rôle de l'adulte clairement identifié).*
- *Présence d'un dialogue.*

Écouter - Dire

9. *Transposer une scène en dialogue théâtral*

Récrivez cette scène sous forme de dialogue théâtral (vous pouvez inclure un court monologue ; vous n'oublierez pas les didascalies). Jouez à plusieurs la scène devant la classe.

Critères de réussite
- *Respect de la spécificité du genre théâtral (répliques, didascalies...).*
- *Respect du contenu.*
- *Voix, ton et jeu adaptés.*

10. *Débattre*

a) Êtes-vous d'accord avec la position de « l'oncle »?

b) Faut-il réformer l'orthographe? Défendez votre point de vue.

Se repérer dans l'histoire littéraire

11. Complétez le tableau chronologique (p. 318) : situez dans leur siècle les auteurs découverts dans ce chapitre.

Fiche 1 ➤ p. 298

LEÇON

L'autobiographie

1 Le « pacte » autobiographique

▮ Une autobiographie est un récit en prose qu'une personne fait de sa **propre vie**. L'écrivain ou autobiographe noue un « **pacte** » avec son lecteur, c'est- à-dire qu'il se pose à la fois comme auteur, narrateur, personnage principal du récit, respectant la règle implicite de la **vérité**.

2 La situation d'énonciation

▮ Le narrateur devenu adulte rapporte ses souvenirs à la **première personne**. Il convient de bien identifier le pronom *je* : il peut renvoyer au personnage évoqué dans le souvenir (enfant ou adulte), ou au narrateur devenu adulte.

▮ Les **temps** qui renvoient au **moment du souvenir** sont au passé simple ou à l'imparfait (temps coupés de la situation d'énonciation). Ils sont parfois au présent de narration (équivalent du passé).

▮ Parallèlement, le narrateur commente et livre ses réflexions d'adulte (**moment de l'écriture**) au présent d'énonciation et au passé composé (temps ancrés dans la situation d'énonciation).

▮ Le va-et-vient entre les deux systèmes temps (ancrés dans la situation d'énonciation et coupés de la situation d'énonciation) est une des caractéristiques de l'écriture autobiographique.

▮ Le narrateur peut évoquer des problèmes de **mémoire** lors du moment de l'écriture. Par ailleurs, il prend souvent le lecteur à témoin par des **adresses au destinataire** plus ou moins explicites.

3 Les thèmes abordés

▮ Les thèmes abordés (ou **motifs**) sont les mêmes d'une autobiographie à l'autre : la naissance, la généalogie, le portrait des parents, le souvenir scolaire, le souvenir de lectures, les premières amours, les échecs et les réussites, la naissance de la vocation littéraire...

4 Les enjeux

▮ Quelles sont les **motivations** qui poussent une personne à écrire son autobiographie ? Répondre à cette question, c'est définir les enjeux de l'autobiographie. Les enjeux peuvent être multiples et mêlés, tantôt explicites, tantôt implicites.

▮ L'autobiographe peut chercher à se justifier, à mieux se comprendre et se connaître, à ressusciter des moments heureux ou nostalgiques, à mettre à distance des moments douloureux pour s'en débarrasser. Écrire son autobiographie, c'est une manière de défier le temps qui passe.

5 Aux frontières du genre

▮ La **biographie** se distingue de l'autobiographie par l'énonciation (passage du *je* au *il* : un narrateur biographe raconte la vie d'une autre personne), par le mode de narration et par les enjeux (la biographie porte la marque du regard du narrateur biographe).

▮ Le **roman autobiographique** : il s'apparente très largement à l'autobiographie par l'énonciation (narrateur à la première personne) et les thèmes. Toutefois, l'identité entre le personnage, le narrateur et l'auteur n'est pas garantie : le narrateur ne respecte pas le « pacte », il peut déformer la vérité.

EXERCICES

GRAMMAIRE

1. Identifier les valeurs du présent

Lisez ces deux extraits d'autobiographies. Relevez les verbes au présent et identifiez leur valeur.

Texte 1

Mon frère était à Saint-Malo, lorsque M. de La Morandais m'y déposa. Il me dit un soir : « Je te mène au spectacle : prends ton chapeau. » Je perds la tête ; je descends droit à la cave pour chercher mon chapeau qui était au grenier. Une troupe de comédiens ambulants venait de débarquer. [...] J'arrive, le cœur palpitant, à une salle bâtie en bois, dans une rue déserte de la ville. J'entre par les corridors noirs, non sans un certain mouvement de frayeur. On ouvre une petite porte, et me voilà avec mon frère dans une loge à moitié pleine.

F.-R. de Chateaubriand,
Mémoires d'outre-tombe (1848), Livre II, chapitre 3.

Texte 2

Un jeudi après-midi du printemps ou de l'été 1944, nous allâmes en promenade dans la forêt, emportant nos goûters, ou plutôt, sans doute, ce que l'on nous avait dit être nos goûters, dans des musettes. Nous arrivâmes dans une clairière, où nous attendait un groupe de maquisards. Nous leur donnâmes nos musettes. Je me souviens que je fus très fier de comprendre que cette rencontre n'était pas du tout le fait du hasard et que la promenade habituelle du jeudi n'avait été cette fois que le prétexte choisi pour aller ravitailler les Résistants. Je crois qu'ils étaient une douzaine : nous, les enfants, devions bien être trente. Pour moi, évidemment, c'étaient des adultes, mais je pense maintenant qu'ils ne devaient pas avoir beaucoup plus de vingt ans. [...] L'un d'eux en particulier portait des grenades [...]. Je sais aujourd'hui que c'étaient des grenades défensives, que l'on jette pour se protéger en se repliant.

G. Perec, *W ou le souvenir d'enfance* (1975),
Éd. Denoël.

LEXIQUE

2. À propos du mot *autobiographie*

1. Décomposez les mots *autobiographie* et *biographie* et donnez le sens de chacun de leurs éléments.

2. Trouvez dix mots comportant le même suffixe qu'*autobiographie*. Précisez leur sens.

3. À propos du mot *mémoire*

1. Chateaubriand a écrit les *Mémoires d'outre-tombe*. Quel est le sens du mot *mémoire*, au singulier et au pluriel ? En quoi le genre des Mémoires s'apparente-t-il à l'autobiographie ?

2. Cherchez dans le dictionnaire cinq expressions comportant le mot *mémoire*.

4. À propos du mot *pacte*

1. a) Quel sens le mot *pacte* a-t-il dans le langage courant ?

b) Trouvez-en un synonyme que vous emploierez dans une phrase.

2. Justifiez l'expression « pacte autobiographique », couramment utilisée aujourd'hui et empruntée à Philippe Lejeune, un spécialiste de l'autobiographie.

5. À propos du mot *enjeu*

Quel est le sens du mot *enjeu* ? Dans quel registre est-il employé généralement ? Quel sens prend-il dans l'expression « enjeux de l'autobiographie » ?

AUX FRONTIÈRES DU GENRE

6. Identifier le genre

Lisez les textes suivants et répondez aux questions.

Texte 1

René de Chateaubriand et Apolline de Bedée eurent ensemble dix enfants. Quatre d'entre eux moururent en bas âge ; six survécurent, un fils,

Jean-Baptiste, héritier du titre et du château ; quatre filles : Marie-Anne, Bénigne, Julie et Lucile ; et enfin le cadet, François-René, venu au monde à demi-mort le 5 septembre 1768, jour où les mugissements d'une tempête emplissaient les vieilles maisons des remparts.

Il eût été imprudent d'élever cet enfant chétif à Saint-Malo ; sa mère le mit en nourrice à la campagne, dans le pays des Bedée, à Plancoët. Une première nourrice se trouva stérile ; la seconde, le voyant dépérir, le plaça sous la protection d'une Vierge grossièrement sculptée dans le granit, que les gens du pays appelaient Notre-Dame-de-Nazareth. Cette femme promit que, pour honorer la Vierge, l'enfant ne porterait jusqu'à l'âge de sept ans que des vêtements bleus et blancs.

A. Maurois, *René ou la vie de Chateaubriand* (1985), Éd. Grasset.

Texte 2

La Vallée-aux-Loups, le 31 décembre 1811.

Ma mère accoucha à Saint-Malo d'un premier garçon qui mourut au berceau, et qui fut nommé Geoffroy, comme presque tous les aînés de ma famille. Ce fils fut suivi d'un autre et de deux filles qui ne vécurent que quelques mois.

Ces quatre enfants périrent d'un épanchement de sang au cerveau. Enfin, ma mère mit au monde un troisième garçon qu'on appela Jean-Baptiste : c'est lui qui, dans la suite, devint le petit-gendre de M. de Malesherbes. Après Jean-Baptiste, naquirent quatre filles : Marie-Anne, Bénigne, Julie et Lucile, toutes quatre d'une rare beauté et dont les deux aînées ont seules survécu aux orages de la Révolution. La beauté, frivolité sérieuse, reste quand toutes les autres sont passées. Je fus le dernier de ces dix enfants. [...] J'étais presque mort quand je vins au jour. Le mugissement des vagues, soulevées par une bourrasque annonçant l'équinoxe d'automne, empêchait d'entendre mes cris : on m'a souvent conté ces détails ; leur tristesse ne s'est jamais effacée de ma mémoire. Il n'y a pas de jour où, rêvant à ce que j'ai été, je ne revoie en pensée le rocher sur lequel je suis né, la chambre où ma mère m'infligea la vie, la tempête dont le bruit berça mon premier sommeil, le frère infortuné qui me donna un nom que j'ai presque toujours traîné dans le malheur. Le Ciel sembla réunir ces diverses circonstances pour placer dans mon berceau une image de mes destinées.

Vallée-aux-Loups, janvier 1812.

[...] Ma nourrice se trouva stérile ; une autre pauvre chrétienne me prit à son sein. Elle me voua à la patronne du hameau, Notre-Dame de Nazareth, et lui promit que je porterais en son honneur, le bleu et blanc jusqu'à l'âge de sept ans. Je n'avais vécu que quelques heures, et la pesanteur du temps était déjà marquée sur mon front. Que ne me laissait-on mourir ?

F.-R. de Chateaubriand, *Mémoires d'outre-tombe* (1848), Livre I, chapitres 2 et 3.

Texte 3

Ma mère

Ai-je été nourri par ma mère ? Est-ce une paysanne qui m'a donné son lait ? Je n'en sais rien. Quel que soit le sein que j'aie mordu, je ne me rappelle pas une caresse du temps où j'étais tout petit ; je n'ai pas été dorloté, tapoté, baisoté ; j'ai été beaucoup fouetté.

Ma mère dit qu'il ne faut pas gâter les enfants, et elle me fouette tous les matins ; quand elle n'a pas le temps le matin, c'est pour midi, rarement plus tard que quatre heures.

Mlle Balandreau m'y met du suif.

C'est une bonne vieille fille de cinquante ans. Elle demeure au-dessous de nous. D'abord elle était contente : comme elle n'a pas d'horloge, ça lui donnait l'heure. « Vlin ! Vlan ! Zon ! Zon ! – Voilà le petit Chose qu'on fouette ; il est temps de faire mon café au lait. »

Mais un jour que j'avais levé mon pan, parce que ça me cuisait trop, et que je prenais l'air entre deux portes, elle m'a vu ; mon derrière lui a fait pitié.

Elle voulait d'abord le montrer à tout le monde, ameuter les voisins autour ; mais elle a pensé que ce n'était pas le moyen de le sauver, et elle a inventé autre chose.

Lorsqu'elle entend ma mère me dire : « Jacques, je vais te fouetter !

– Madame Vingtras, ne vous donnez pas la peine, je vais faire ça pour vous.

– Oh ! chère demoiselle, vous êtes trop bonne ! »

Mlle Balandreau m'emmène ; mais, au lieu de me fouetter, elle frappe dans ses mains ; moi, je

EXERCICES

crie. Ma mère remercie, le soir, sa remplaçante.

« À votre service », répond la brave fille, en me glissant un bonbon en cachette.

Mon premier souvenir date donc d'une fessée. Mon second est plein d'étonnement et de larmes.

J. Vallès, *L'Enfant* (1879).

Texte 4

Ces « je me souviens » ne sont pas exactement des souvenirs, et surtout pas des souvenirs personnels, mais des petits morceaux de quotidien, des choses que, telle ou telle année, tous les gens d'un même âge ont vues, ont vécues, ont partagées, et qui ensuite ont disparu, ont été oubliées ; elles ne valaient pas la peine d'être mémorisées, elles ne méritaient pas de faire partie de l'Histoire, ni de figurer dans les Mémoires des hommes d'État, des alpinistes et des monstres sacrés. Il arrive pourtant qu'elles reviennent, quelques années plus tard, intactes et minuscules, par hasard ou parce qu'on les a cherchées, un soir, entre amis [...].

Extrait de la présentation par G. Perec de *Je me souviens*, Éd. Hachette.

Texte 5

G. Perec propose 480 « Je me souviens ». En voici quelques-uns.

2

Je me souviens que mon oncle avait une 11 CV immatriculée 7070 RL_2.

181

Je me souviens que Johnny Halliday est passé en vedette américaine à *Bobino* avant Raymond Devos (je crois même avoir dit quelque chose du genre de : « si ce type fait carrière, je veux bien être pendu... »).

183

Je me souviens que j'étais souvent confondu avec un élève qui s'appelait Bellec.

185

Je me souviens des trous dans les tickets de métro.

191

Je me souviens de la surprise que j'ai éprouvée en apprenant que « cow-boy » voulait dire « garçon vacher ».

325

Je me souviens de la grande panne d'électricité qui plongea New York dans l'obscurité pendant plusieurs heures.

370

Je me souviens de l'Abbé Pierre.

G. Perec, *Je me souviens* (1973-1977), Éd. Hachette.

Textes 1 et 2

1. Quel est le thème commun de ces deux textes ? Relevez des indices à l'appui de votre réponse.

2. En quoi diffèrent-ils :
– quant à la situation d'énonciation (pronoms personnels et système temps...),
– quant au mode de narration (analysez notamment le rythme des phrases, les figures de style...) ?

3. Lequel est une biographie ? Lequel est une autobiographie ?
Quels peuvent en être les enjeux respectifs ?

Texte 3

4. a) En quoi cet extrait peut-il s'apparenter à une autobiographie ? En quoi en diffère-t-il ? Citez des indices précis à l'appui de votre réponse.
b) Cet extrait appartient au genre du roman autobiographique. À partir de vos remarques, justifiez la définition qui en est donnée dans la leçon (p. 135).

Textes 4 et 5

5. Établissez le rapport entre les fragments (texte 5) et l'extrait de leur présentation (texte 4).

6. En quoi ces fragments s'apparentent-ils à une autobiographie ?

Vers l'écriture

7. Écrivez à votre tour plusieurs « Je me souviens ». Faites-en un recueil que vous pouvez illustrer.

8. Lisez la biographie d'un écrivain (ou peintre...) de votre choix. Sélectionnez un passage et rédigez une page d'autobiographie fictive à partir de ce passage.

Exercice bilan : vers le brevet

Lisez le texte et répondez aux questions.

Pierre Loti, écrivain, fut officier de marine pendant quarante-deux ans.

J'aimais déjà écrire, mais pour moi tout seul par exemple, et en m'entourant d'un mystère inviolable. Pas dans le bureau de ma chambre, que souillaient mes livres et mes cahiers de collège, mais dans le très petit bureau ancien qui faisait partie du mobilier de mon musée, existait déjà quelque chose de bizarre qui représentait mon journal intime, première manière. Cela avait des aspects de grimoire de fée ou de manuscrit d'Assyrie; une bande de papier sans fin s'enroulait sur un roseau; en tête, deux espèces de sphinx d'Égypte, à l'encre rouge, une étoile cabalistique, – et puis cela commençait, tout en longueur comme le papier, et écrit en une cryptographie de mon invention. Un an plus tard seulement, à cause des lenteurs que ces caractères entraînaient, cela devint un cahier d'écriture ordinaire, mais je continuai de le tenir caché, enfermé sous clef comme une œuvre criminelle. J'y inscrivais, moins les événements de ma petite existence tranquille, que mes impressions incohérentes, mes tristesses des soirs, mes regrets des étés passés et mes rêves de lointains pays... J'avais déjà ce besoin de noter, de fixer des images fugitives, de lutter contre la fragilité des choses et de moi-même, qui m'a fait poursuivre ainsi ce journal jusqu'à ces dernières années... Mais, en ce temps-là, l'idée que quelqu'un pourrait un jour y jeter les yeux m'était insupportable; à tel point que, si je partais pour quelque petit voyage dans l'île[1] ou ailleurs, j'avais soin de le cacheter et d'écrire solennellement sur l'enveloppe : « C'est ma dernière volonté que l'on brûle ce cahier sans le lire. »

Mon Dieu, j'ai bien changé depuis cette époque. Mais ce serait beaucoup sortir du cadre de ce récit d'enfance, que de conter par quels hasards et par quels revirements dans ma manière, j'en suis à chanter mon mal et à le crier aux passants quelconques, pour appeler à moi la sympathie des inconnus les plus lointains; – et appeler avec plus d'angoisse à mesure que je pressens davantage la finale poussière... Et, qui sait? en avançant dans la vie, j'en viendrai peut-être à écrire d'encore plus intimes choses qu'à présent on ne m'arracherait pas, – et cela pour essayer de prolonger, au-delà de ma propre durée, tout ce que j'ai été, tout ce que j'ai pleuré, tout ce que j'ai aimé...

P. Loti, *Le Roman d'un enfant* (1890).

1. **l'île** : il s'agit de l'île d'Oléron, d'où était originaire la famille de Loti.

1. En quoi cette page est-elle autobiographique? Pour répondre :

a) Définissez la situation d'énonciation (quel est le pronom personnel dominant?).

b) Relevez les temps des verbes du premier paragraphe puis du deuxième paragraphe. Précisez la valeur de ces temps. À quel moment de la vie du narrateur se réfère chacun des paragraphes? Qu'en déduisez-vous sur la structure de l'extrait?

c) Dites quel est le thème abordé dans cette page.

d) Relevez les expressions qui rapportent les rituels de l'enfant futur écrivain. Dans quel lieu écrit-il? Pourquoi? Sur quoi écrit-il? Que note-t-il?

e) Précisez le sens des mots suivants : *manuscrit d'Assyrie* (l. 9), *sphinx d'Égypte* (l. 12), *cabalistique* (l. 12), *cryptographie* (l. 15). À quel registre appartiennent-ils?

2. Quels peuvent être les enjeux de ce passage?

Sujets d'écriture

3. Rédigez une page de journal intime d'un collégien de votre âge (ce peut être vous). Le récit des événements sera accompagné de commentaires et de jugements personnels.

4. Pour quelles raisons tenez-vous ou pourriez-vous tenir un journal intime? Qu'y écririez-vous? Aimeriez-vous qu'il soit lu par d'autres que vous? Pour quelles raisons? Exprimez votre point de vue dans un devoir argumenté.

4 Le roman

Alfred de Richemont (1857-1911), *Le Rêve*, chapitre VII du roman d'Émile Zola, 1890 (huile, 280 x 205 cm; Paris, Musée d'Orsay).

Lire l'image

1. Décrivez la scène représentée (position des personnages, jeu des regards, éléments du décor). Quelles sont les couleurs dominantes ? Quelle en est leur symbolique ? D'où vient la lumière ?

2. De quel roman ce tableau s'inspire-t-il ? Émettez des hypothèses sur l'histoire.

DÉBUTS DE ROMANS

Leçon p. 177

Le Rêve

TEXTE 1

Émile Zola,
écrivain français,
1840-1902.

Le Rêve, 1888.

Pendant le rude hiver de 1860, l'Oise gela, de grandes neiges couvrirent les plaines de la basse Picardie; et il en vint surtout une bourrasque du nord-est, qui ensevelit presque Beaumont, le jour de la Noël. La neige s'étant mise à tomber dès le matin, redoubla vers le soir, s'amassa durant toute la nuit. Dans la ville haute, rue des Orfèvres, au bout de laquelle se trouve comme enclavée la façade nord du transept de la cathédrale, elle s'engouffrait, poussée par le vent, et allait battre la porte Sainte-Agnès, l'antique porte romane, presque déjà gothique, très ornée de sculptures sous la nudité du pignon[1]. Le lendemain, à l'aube, il y en eut là près de trois pieds.

La rue dormait encore, emparessée par la fête de la veille. Six heures sonnèrent. Dans les ténèbres que bleuissait la chute lente et entêtée des flocons, seule une forme indécise vivait, une fillette de neuf ans, qui, réfugiée sous les voussures[2] de la porte, avait passé la nuit à grelotter, en s'abritant de son mieux. Elle était vêtue de loques, la tête enveloppée d'un lambeau de foulard, les pieds nus dans de gros souliers d'homme. Sans doute elle n'avait échoué là qu'après avoir longtemps battu la ville, car elle y était tombée de lassitude. Pour elle, c'était le bout de la terre, plus personne ni plus rien, l'abandon dernier, la faim qui ronge, le froid qui tue; et, dans sa faiblesse, étouffée par le poids lourd de son cœur, elle cessait de lutter, il ne lui restait que le recul physique, l'instinct de changer de place, de s'enfoncer dans ces vieilles pierres lorsqu'une rafale faisait tourbillonner la neige.

1. **pignon** : partie haute et triangulaire d'un mur, entre les deux versants d'un toit.

2. **voussures** : parties courbes qui surmontent une porte.

Carlos Schwabe (1866-1926), frontispice pour *Le Rêve,* d'É. Zola (plume, encre de chine, aquarelle, rehauts de gouache; Paris, Musée du Louvre).

Caspar David Friedrich (1774-1840), *Femme à la fenêtre*, 1822 (huile sur toile, 44 x 37 cm ; Berlin, Nationalgalerie).

Une Vie

TEXTE 2

Guy de Maupassant, écrivain français, 1850-1893.

Une Vie, 1883.

Jeanne, ayant fini ses malles, s'approcha de la fenêtre, mais la pluie ne cessait pas.

L'averse, toute la nuit, avait sonné contre les carreaux et les toits. Le ciel bas et chargé d'eau semblait crevé, se vidant sur la terre, la délayant en bouillie, la fondant comme du sucre. Des rafales passaient pleines d'une chaleur lourde. Le ronflement des ruisseaux débordés emplissait les rues désertes où les maisons, comme des éponges, buvaient l'humidité qui pénétrait au-dedans et faisait suer les murs de la cave au grenier.

Jeanne, sortie la veille du couvent, libre enfin pour toujours, prête à saisir tous les bonheurs de la vie dont elle rêvait depuis si longtemps, craignit que son père hésitât à partir si le temps ne s'éclaircissait pas, et pour la centième fois depuis le matin elle interrogeait l'horizon.

Puis elle s'aperçut qu'elle avait oublié de mettre son calendrier dans son sac de voyage. Elle cueillit sur le mur le petit carton divisé par mois, et portant au milieu d'un dessin la date de l'année courante 1819 en chiffres d'or. Puis elle biffa à coups de crayon les quatre premières colonnes, rayant chaque nom de saint jusqu'au 2 mai, jour de sa sortie du couvent.

Une voix, derrière la porte, appela : « Jeannette ! »

Jeanne répondit : « Entre, papa. » Et son père parut.

À l'Ouest rien de nouveau

TEXTE 3

Erich Maria Remarque,
romancier américain d'origine allemande, 1898-1970.

À l'Ouest rien de nouveau, 1929.

Nous sommes à neuf kilomètres en arrière du front. On nous a relevés hier. Maintenant, nous avons le ventre plein de haricots blancs avec de la viande de bœuf et nous sommes rassasiés et contents. Même, chacun a pu encore remplir sa gamelle pour ce soir; il y a en outre double portion de saucisse et de pain : c'est une affaire! Pareille chose ne nous est pas arrivée depuis longtemps; le cuistot, avec sa rouge tête de tomate, va jusqu'à nous offrir lui-même ses vivres. À chaque passant il fait signe avec sa cuiller et lui donne une bonne tapée de nourriture. Il est tout désespéré parce qu'il ne sait pas comment il pourra vider à fond son « canon à rata[1]». Tjaden et Müller ont déniché des cuvettes et ils s'en sont fait mettre jusqu'aux bords, comme réserve. Tjaden agit ainsi par boulimie, Müller par prévoyance. Où Tjaden fourre tout cela, c'est une énigme pour tout le monde : il est et reste plat comme un hareng maigre.

Mais le plus fameux, c'est qu'il y a eu aussi double ration de tabac. Pour chacun, dix cigares, vingt cigarettes et deux carottes à chiquer : c'est très raisonnable. J'ai troqué avec Katczinsky mon tabac à chiquer pour ses cigarettes, cela m'en fait quarante. Ça suffira bien pour une journée.

À vrai dire, toute cette distribution ne nous était pas destinée. Les Prussiens ne sont pas si généreux que ça. Nous la devons tout simplement à une erreur.

Il y a quinze jours, nous montâmes en première ligne pour relever les camarades. Notre secteur était assez calme, et par conséquent le fourrier[2] avait reçu, pour le jour de notre retour, la quantité normale de vivres et il avait préparé tout ce qu'il fallait pour les cent cinquante hommes de la compagnie. Or, précisément, le dernier jour il y eut, chez nous, un marmitage exceptionnel; l'artillerie lourde anglaise pilonnait sans arrêt notre position, de sorte que nous eûmes de fortes pertes et que nous ne revînmes que quatre-vingts.

Nous étions rentrés de nuit et nous avions fait aussitôt notre trou, pour pouvoir, enfin, une bonne fois, dormir convenablement; car Katczinsky a raison, la guerre ne serait pas trop insupportable si seulement on pouvait dormir davantage. Le sommeil qu'on prend en première ligne ne compte pas et quinze jours chaque fois c'est long.

Il était déjà midi lorsque les premiers d'entre nous se glissèrent hors des baraquements. Une demi-heure plus tard chacun avait pris sa gamelle et nous nous groupâmes devant la « Marie-rata[1]», à l'odeur grasse et nourrissante. En tête, naturellement, étaient les

1. **« canon à rata », « Marie-rata » :** le rata (argot militaire) est un plat chaud servi aux militaires; « canon à rata » et « Marie-rata » sont des noms donnés au récipient contenant le rata.

2. **fourrier :** sous-officier chargé de distribuer les vivres et de pourvoir au logement des militaires.

plus affamés : le petit Albert Kropp, qui, de nous tous, a les idées les plus claires, et c'est pour cela qu'il est déjà soldat de première classe ; Müller, numéro cinq, qui traîne encore avec lui des livres de classe et rêve d'un examen de repêchage (au milieu d'un bombardement il pioche des théorèmes de physique) ; Leer, qui porte toute sa barbe et qui a une grande prédilcction pour les filles des bordels d'officiers ; il affirme sous serment qu'elles sont obligées, par ordre du commandement, de porter des chemises de soie et, pour les visiteurs à partir de capitaine, de prendre un bain préalable ; le quatrième, c'est moi, Paul Bäumer. Tous quatre âgés de dix-neuf ans, tous quatre sortis de la même classe pour aller à la guerre.

Traduit de l'allemand par Alzir Hella et Olivier Bournac, Éd. Stock.

Théophile Alexandre Steinlein (1859-1923), *Soldat convalescent assis*, 1919 (huile, 50 x 33 cm ; Paris, Musée d'Orsay).

M. C. Escher (1898-1972), *Symmetry Drawing E 21.*

Le Meilleur des mondes

TEXTE 4

Aldous Huxley, écrivain britannique, 1894-1963.

Le Meilleur des mondes, 1932.

Un bâtiment gris et trapu de trente-quatre étages seulement. Audessus de l'entrée principale, les mots : CENTRE D'INCUBATION ET DE CONDITIONNEMENT DE LONDRES-CENTRAL, et, dans un écusson, la devise de l'État mondial : COMMUNAUTÉ, IDENTITÉ, STABILITÉ.

L'énorme pièce du rez-de-chaussée était exposée au nord. En dépit de l'été qui régnait au-delà des vitres, en dépit de toute la chaleur tropicale de la pièce elle-même, ce n'étaient que de maigres rayons d'une lumière crue et froide qui se déversaient par les fenêtres. Les blouses des travailleurs étaient blanches, leurs mains, gantées de caoutchouc pâle, de teinte cadavérique. La lumière était gelée, morte, fantomatique. Ce n'est qu'aux cylindres jaunes des microscopes qu'elle empruntait un peu de substance riche et vivante, étendue le long des tubes comme du beurre.

– Et ceci, dit le Directeur, ouvrant la porte, c'est la Salle de Fécondation.

Au moment où le Directeur de l'Incubation et du Conditionnement entra dans la pièce, trois cents Fécondateurs, penchés sur leurs instruments, étaient plongés dans ce silence où l'on ose à peine respirer, dans ce chantonnement ou ce sifflotement inconscients, par quoi se traduit la concentration la plus profonde. Une bande d'étudiants nouvellement arrivés, très jeunes, roses et imberbes, se pressaient, pénétrés d'une certaine appréhension, voire de quelque humilité, sur les talons du Directeur. Chacun d'eux portait un cahier de notes, dans lequel, chaque fois que le grand homme parlait, il griffonnait désespérément. Ils puisaient ici leur savoir à la source même. C'était un privilège rare. Le D.I.C. de Londres-Central s'attachait toujours à faire faire à ses nouveaux étudiants, sous sa conduite personnelle, le tour des divers services.

Traduit de l'anglais par Jules Castier,

Lire et comparer

Première lecture

1. Lisez ces quatre débuts de romans (p. 142 à 146) puis rédigez un paragraphe dans lequel vous présenterez vos premières réactions (ressemblances et différences, vos préférences...).

2. Élaborez des hypothèses pour la suite de chaque roman (vous n'oublierez pas de prendre en compte le titre).

Le temps, les lieux, les personnages

3. a) Relevez dans les quatre textes les indications temporelles (dates, saisons, autres) et spatiales (noms de lieux, habitations, distances...).

b) Relevez les termes qui désignent et caractérisent les personnages (nom, âge, sexe, physique, psychologie, profession, statut social...).

Présentez vos réponses sous forme de tableau.

	Texte 1	Texte 2	Texte 3	Texte 4
Temps				
Lieux				
Personnages				

Le statut du narrateur, le point de vue, l'ordre de la narration

4. Complétez le tableau (question 3) en déterminant, pour chaque texte, le statut du narrateur, le point de vue de la narration et de la description, l'ordre de la narration.

La fonction des débuts de romans

5. Rédigez dans un paragraphe vos observations sur la quantité des informations présentées dans chaque texte.

6. a) Quelle est, pour le narrateur et pour le lecteur, la fonction première d'un début de roman? Le début de roman vous semble-t-il déterminant pour la suite de la lecture? Justifiez votre réponse.

b) Quel début préférez-vous? Pourquoi?

Lire l'image

7. Observez le cadrage, les couleurs, les différents plans (tableau p. 143).

8. Établissez les points communs et les différences entre ce tableau et le texte de Maupassant (p. 143). Justifiez vos réponses en citant le texte.

Lire - Écrire

9. *Écrire un début de roman*

Écrivez un début de roman à la manière d'un de vos auteurs préférés ou d'un genre de votre choix (science-fiction, policier, fantastique...). Vous aurez au préalable repéré les caractéristiques d'un de ces débuts (concernant l'ordre de la narration, le type et le nombre des informations fournies...)

10. *Écrire la première phrase d'un roman*

Inventez la première phrase d'un ou de plusieurs romans. Choisissez pour chacun d'eux un titre et un nom d'auteur imaginaire.

Écouter - Dire

11. *Inciter à la lecture*

a) Recherchez quatre autres débuts de romans du XIXe ou du XXe siècle (littérature française ou étrangère). Vous pouvez en choisir un dans la littérature de jeunesse.

Choisissez un de ces débuts. Présentez-le à la classe; émettez ensemble des hypothèses sur la suite.

b) Fabriquez un jeu littéraire en mélangeant les premières phrases de plusieurs romans célèbres et en présentant dans le désordre les titres de ces romans. Vous demanderez de retrouver le titre correspondant à la première phrase.

c) Relevez la première phrase de plusieurs romans d'un même auteur ou d'un même genre (policier, fantastique...). Faites deviner aux autres de quel auteur ou de quel genre il s'agit.

Se repérer dans l'histoire littéraire

12. Complétez le tableau chronologique (p. 318) : situez dans leur siècle les auteurs de ce groupement (p. 142 à 146) ainsi que ceux que vous avez découverts (question 11 ci-dessus).

Fiches 3, 5 et 8 ➤ p. 300, 303 et p. 306

ITINÉRAIRE D'UN HÉROS (1)

Leçon p. 177

L'arrivée d'Étienne

Où aller et que devenir ?

TEXTE 1

Émile Zola,
écrivain français,
1840-1902.

Germinal, 1885.

Étienne, ouvrier mécanicien, est à la recherche de travail. Après avoir marché longtemps dans la nuit, il arrive à la mine du Voreux, dans le nord de la France. Il aborde un vieux charretier surnommé Bonnemort. L'homme est accompagné d'un cheval jaune dont le travail consiste à tirer les bennes emplies de charbon.

Étienne, songeur, regardait la nuit. Il demanda :

« Alors, c'est à M. Hennebeau, la mine?

– Non, expliqua le vieux, M. Hennebeau n'est que le directeur général. Il est payé comme nous. »

D'un geste, le jeune homme montra l'immensité des ténèbres.

« À qui est-ce donc, tout ça? »

Mais Bonnemort resta un instant suffoqué par une nouvelle crise, d'une telle violence, qu'il ne pouvait reprendre haleine. Enfin, quand il eut craché et essuyé l'écume noire de ses lèvres, il dit, dans le vent qui redoublait :

« Hein? à qui tout ça?... On n'en sait rien. À des gens. »

Et, de la main, il désignait dans l'ombre un point vague, un lieu ignoré et reculé, peuplé de ces gens pour qui les Maheu[1] tapaient à la veine[2] depuis plus d'un siècle.

Sa voix avait pris une sorte de peur religieuse, c'était comme s'il eût parlé d'un tabernacle inaccessible, où se cachait le dieu repu et accroupi, auquel ils donnaient tous leur chair, et qu'ils n'avaient jamais vu.

« Au moins si l'on mangeait du pain à sa suffisance, répéta pour la troisième fois Étienne, sans transition apparente.

– Dame, oui! si l'on mangeait toujours du pain, ça serait trop beau! »

Le cheval était parti, le charretier disparut à son tour d'un pas traînard d'invalide. Près du culbuteur[3], le manœuvre n'avait point bougé, ramassé en boule, enfonçant le menton entre ses genoux, fixant sur le vide ses gros yeux éteints.

1. **Bonnemort** s'appelle en réalité Vincent Maheu. Les Maheu travaillent tous à la mine.

2. **tapaient à la veine** : extrayaient la houille.

3. **culbuteur** : instrument permettant de faire basculer un wagonnet plein de houille pour le vider.

Théophile Alexandre Steinlein (1859-1923), *Tête d'homme* (sculpture, bronze; Paris, Musée d'Orsay).

Quand il eut repris son paquet, Étienne ne s'éloigna pas encore. Il sentait les rafales lui glacer le dos, pendant que sa poitrine brûlait, devant le grand feu. Peut-être, tout de même, ferait-il bien de s'adresser à la fosse[4] : le vieux pouvait ne pas savoir; puis, il se résignait, il accepterait n'importe quelle besogne. Où aller et que devenir, à travers ce pays affamé par le chômage? laisser derrière un mur sa carcasse de chien perdu? Cependant, une hésitation le troublait, une peur du Voreux, au milieu de cette plaine rase, noyée sous une nuit si épaisse. À chaque bourrasque, le vent paraissait grandir, comme s'il eût soufflé d'un horizon sans cesse élargi. Aucune aube ne blanchissait dans le ciel mort, les hauts fourneaux seuls flambaient, ainsi que les fours à coke, ensanglantant les ténèbres, sans en éclairer l'inconnu. Et le Voreux, au fond de son trou, avec son tassement de bête méchante, s'écrasait davantage, respirait d'une haleine plus grosse et plus longue, l'air gêné par sa digestion pénible de chair humaine.

Première partie, I.

4. **la fosse** : l'exploitation minière.

Lire et analyser

Le point de vue de la narration

1. Quel est le statut du narrateur?

2. a) Quelles sont les informations données à Étienne par Bonnemort?

b) Quelles sont les informations et commentaires donnés par le narrateur omniscient au lecteur (caractérisation des lieux et des personnages...)?

c) Quel est l'état physique de Bonnemort? Que peut en déduire Étienne sur les conditions de travail des mineurs?

Le héros

3. Relevez les termes qui désignent et caractérisent Étienne.

4. Quelles sont ses préoccupations? Citez le texte (passages narratifs, paroles rapportées au discours direct, réflexions au discours indirect libre).

Les hypothèses de lecture

5. Analysez la figure de style dans la phrase *Et le Voreux [...] chair humaine* (l. 39 à 42).

6. a) Quelle est la signification du titre du roman? Aidez-vous du dictionnaire.

b) Quel est, selon vous, le thème principal du roman?

c) Quelles sont vos hypothèses de lecture?

7. À partir de vos réponses, imaginez l'itinéraire du héros de *Germinal* (que recherche-t-il?, quels obstacles va-t-il rencontrer? va-t-il réussir ou échouer?...).

Lire l'image

8. Caractérisez par deux adjectifs l'expression de ce visage.

9. Quel sentiment semble-t-il exprimer ? Quel sentiment vous inspire-t-il ?

Se repérer dans l'histoire littéraire

10. *Le personnage d'Étienne*

Cherchez des informations sur l'origine familiale du personnage d'Étienne Lantier, qui fait partie de la famille des Rougon-Macquart dont Zola retrace l'histoire dans vingt romans. Vous pouvez vous aider d'un dictionnaire des personnages et consulter l'arbre généalogique que Zola propose dans le dernier roman du cycle, *Le Docteur Pascal*.

Fiches 4 et 5 ➤ p. 301 et p. 303

Théophile Alexandre Steinlein (1859-1923), *Les Trieuses de charbon* (peinture; Paris, Musée d'Orsay).

ITINÉRAIRE D'UN HÉROS (2)

Étienne et Catherine

Leçon p. 177

Veux-tu boire?

TEXTE 2

Émile Zola, écrivain français, 1840-1902.

Germinal, 1885.

Étienne est embauché à la mine. Il fait la connaissance de Catherine qui, au moment de la pause au fond de la mine, partage sa tartine avec lui.

« Veux-tu boire? demanda Catherine qui débouchait sa gourde. Oh! c'est du café, ça ne te fera pas de mal... On étouffe, quand on avale comme ça. »

Mais il refusa : c'était bien assez de lui avoir pris la moitié de son pain. Pourtant, elle insistait d'un air de bon cœur, elle finit par dire :

« Eh bien, je bois avant toi, puisque tu es si poli... Seulement, tu ne peux plus refuser à présent, ce serait vilain. »

Et elle lui tendit sa gourde. Elle s'était relevée sur les genoux, il la voyait tout près de lui, éclairée par les deux lampes. Pourquoi donc l'avait-il trouvée laide? Maintenant qu'elle était noire, la face poudrée de charbon fin, elle lui semblait d'un charme singulier. Dans ce visage envahi d'ombre, les dents de la bouche trop grande éclataient de blancheur, les yeux s'élargissaient, luisaient avec un reflet verdâtre, pareils à des yeux de chatte. Une mèche de cheveux roux, qui s'était échappée du béguin[1], lui chatouillait l'oreille et la faisait rire. Elle ne paraissait plus si jeune, elle pouvait bien avoir quatorze ans tout de même.

« Pour te faire plaisir », dit-il, en buvant et en lui rendant la gourde.

1. **béguin** : coiffe.

Elle avala une seconde gorgée, le força à en prendre une aussi, voulant partager, disait-elle ; et ce goulot mince, qui allait d'une bouche à l'autre, les amusait. Lui, brusquement, s'était demandé s'il ne devait pas la saisir dans ses bras, pour la baiser sur les lèvres. Elle avait de grosses lèvres d'un rose pâle, avivées par le charbon, qui le tourmentaient d'une envie croissante. Mais il n'osait pas, intimidé devant elle, n'ayant eu à Lille que des filles, et de l'espèce la plus basse, ignorant comment on devait s'y prendre avec une ouvrière encore dans sa famille.

« Tu dois avoir quatorze ans alors ? » demanda-t-il, après s'être remis à son pain.

Elle s'étonna, se fâcha presque.

« Comment ! quatorze ! mais j'en ai quinze !... C'est vrai, je ne suis pas grosse. Les filles, chez nous, ne poussent guère vite. »

Il continua à la questionner, elle disait tout, sans effronterie ni honte. Du reste, elle n'ignorait rien de l'homme ni de la femme, bien qu'il la sentît vierge de corps, et vierge enfant, retardée dans la maturité de son sexe par le milieu de mauvais air et de fatigue où elle vivait. Quand il revint sur la Mouquette[2], pour l'embarrasser, elle conta des histoires épouvantables, la voix paisible, très égayée : « Ah ! celle-là en faisait de belles ! ». Et, comme il désirait savoir si elle-même n'avait pas d'amoureux, elle répondit en plaisantant qu'elle ne voulait pas contrarier sa mère, mais que cela arriverait forcément un jour. Ses épaules s'étaient courbées, elle grelottait un peu dans le froid de ses vêtements trempés de sueur, la mine résignée et douce, prête à subir les choses et les hommes.

« C'est qu'on en trouve, des amoureux, quand on vit tous ensemble, n'est-ce pas ?

– Bien sûr.

– Et puis, ça ne fait du mal à personne... On dirait rien au curé.

– Oh ! le curé, je m'en fiche !... Mais il y a l'Homme noir.

– Comment, l'Homme noir ?

– Le vieux mineur qui revient dans la fosse et qui tord le cou aux vilaines filles. »

Il la regardait, craignant qu'elle ne se moquât de lui.

« Tu crois à ces bêtises, tu ne sais donc rien ?

– Si fait, moi, je sais lire et écrire... Ça rend service chez nous, car du temps de papa et de maman, on n'apprenait pas. »

Elle était décidément très gentille. Quand elle aurait fini sa tartine, il la prendrait et la baiserait sur ses grosses lèvres roses. C'était une résolution de timide, une pensée de violence qui étranglait sa voix. Ces vêtements de garçon, cette veste et cette culotte sur cette chair de fille, l'excitaient et le gênaient. Lui, avait avalé sa dernière bouchée. Il but à la gourde, la lui rendit pour qu'elle la vidât. Maintenant, le moment d'agir était venu, et il jetait un coup d'œil inquiet vers les mineurs, au fond, lorsqu'une ombre boucha la galerie.

2. la Mouquette : surnom d'une jeune fille qui a la réputation de se donner à tous les hommes.

Depuis un instant, Chaval, debout, les regardait de loin. Il s'avança, s'assura que Maheu[3] ne pouvait le voir; et, comme Catherine était restée à terre, sur son séant, il l'empoigna par les épaules, lui renversa la tête, lui écrasa la bouche sous un baiser brutal, tranquillement, en affectant de ne pas se préoccuper d'Étienne. Il y avait, dans ce baiser, une prise de possession, une sorte de décision jalouse.

Cependant, la jeune fille s'était révoltée.

« Laisse-moi, entends-tu! »

Il lui maintenait la tête, il la regardait au fond des yeux. Ses moustaches et sa barbiche rouges flambaient dans son visage noir, au grand nez en bec d'aigle. Et il la lâcha enfin, et il s'en alla, sans dire un mot.

Un frisson avait glacé Étienne. C'était stupide d'avoir attendu. Certes, non, à présent, il ne l'embrasserait pas, car elle croirait peut-être qu'il voulait faire comme l'autre. Dans sa vanité blessée, il éprouvait un véritable désespoir.

« Pourquoi as-tu menti? dit-il à voix basse. C'est ton amoureux.

– Mais non, je te jure! cria-t-elle. Il n'y a pas ça entre nous. Des fois, il veut rire... Même qu'il n'est pas d'ici, voilà six mois qu'il est arrivé du Pas-de-Calais. »

Première partie, IV.

3. Maheu : il s'agit de Toussaint Maheu, père de Catherine.

Lire et analyser

Les relations entre les personnages

1. À travers quel point de vue la description de Catherine est-elle faite? Justifiez votre réponse.

2. Quels sentiments commencent à s'instaurer entre Étienne et Catherine? Relevez dans les passages narratifs et dans les passages au discours direct, indirect, indirect libre des termes qui traduisent la naissance de ce sentiment.

3. Quel personnage apparaît à la fin de l'extrait? Quels mots et expressions caractérisent son physique et son comportement? En quoi est-il différent d'Étienne?

4. Quelles hypothèses formulez-vous pour la suite du roman, quant aux relations entre ces trois personnages?

Lire l'image

5. Par quel procédé est créée l'illusion du mouvement (p. 150) ? Quel est l'effet produit par ce tableau ?

Lire - Écrire

6. ***Imaginer une suite***

Imaginez la suite immédiate de cette scène.

Critères de réussite
- *Respect du statut du narrateur.*
- *Personnages conformes au texte (physique, rang social...).*
- *Respect des relations entre les personnages.*
- *Système temps conforme à celui du texte.*

7. ***Changer de point de vue***

Le narrateur décrit Étienne observé par Catherine. Rédigez le portrait.

Critères de réussite
- *Respect du statut du narrateur.*
- *Respect du point de vue interne.*
- *Portrait organisé à partir de quelques traits (physique et caractère).*
- *Caractérisation d'Étienne présente.*

Fiches 3 et 5 ➤ p. 300 et p. 303

ITINÉRAIRE D'UN HÉROS (3)

Leçon p. 177

Le discours d'Étienne

Maximilien Luce (1858-1941), *Acierie à Charleroi* (huile; Paris, Musée d'Orsay).

La foule écoutait

TEXTE 3

Émile Zola,
écrivain français, 1840-1902.

Germinal, 1885.

Les mineurs décident la grève à la suite de baisses de salaires. Au fil des jours, la misère s'installe et certains veulent reprendre le travail. Étienne, l'un des meneurs, décide de rassembler les grévistes dans la forêt de Vandame. Étienne, puis Bonnemort, un vieux mineur, prennent la parole.

La foule écoutait, béante, prise d'un malaise, lorsque Étienne, qui suivait la scène, sauta sur l'arbre abattu et garda le vieillard à son côté. Il venait de reconnaître Chaval parmi les amis au premier rang. L'idée que Catherine devait être là l'avait soulevé d'une nouvelle flamme, d'un besoin de se faire acclamer devant elle.

« Camarades, vous avez entendu, voilà un de nos anciens, voilà ce qu'il a souffert et ce que nos enfants souffriront, si nous n'en finissons pas avec les voleurs et les bourreaux. »

Il fut terrible, jamais il n'avait parlé si violemment. D'un bras, il maintenait le vieux Bonnemort, il l'étalait comme un drapeau de misère et de deuil, criant vengeance. En phrases rapides, il remontait au premier Maheu, il montrait toute cette famille usée à la mine, mangée par la Compagnie, plus affamée après cent ans de travail ; et, devant elle, il mettait ensuite les ventres de la Régie, qui suaient l'argent, toute la bande des actionnaires entretenus comme des filles, depuis un siècle, à ne rien faire, à jouir de leur corps. N'était-ce pas effroyable : un peuple d'hommes crevant au fond de père en fils, pour qu'on paie des pots-de-vin à des ministres, pour que des générations de grands seigneurs et de bourgeois donnent des fêtes ou s'engraissent au coin de leur feu ! Il avait étudié les maladies des mineurs, il les faisait défiler toutes, avec des détails effrayants : l'anémie, les scrofules, la bronchite noire, l'asthme qui étouffe, les rhumatismes qui paralysent. Ces misérables, on les jetait en pâture aux machines, on les parquait ainsi que du bétail dans les corons, les grandes Compagnies les absorbaient peu à peu, réglementant l'esclavage, menaçant d'enrégimenter tous les travailleurs d'une nation, des millions de bras, pour la fortune d'un millier de paresseux. Mais le mineur n'était plus l'ignorant, la brute écrasée dans les entrailles du sol. Une armée poussait des profondeurs des fosses, une moisson de citoyens dont la semence germait et ferait éclater la terre, un jour de grand soleil. Et l'on saurait alors si, après quarante années de service, on oserait offrir cent cinquante francs de pension à un vieillard de soixante ans, crachant de la houille, les jambes enflées par l'eau des tailles. Oui ! le travail demanderait des comptes au capital, à ce dieu impersonnel, inconnu de l'ouvrier, accroupi quelque part, dans le mystère de son tabernacle, d'où il suçait la vie des meurt-la-faim qui le nourrissaient ! On irait là-bas, on finirait bien par lui voir sa face aux clartés des incendies, on le noierait sous le sang, ce pourceau immonde, cette idole monstrueuse, gorgée de chair humaine !

Il se tut, mais son bras, toujours tendu dans le vide, désignait l'ennemi, là-bas, il ne savait où, d'un bout à l'autre de la terre. Cette fois, la clameur de la foule fut si haute, que les bourgeois de Montsou l'entendirent et regardèrent du côté de Vandame, pris d'inquiétude à l'idée de quelque éboulement formidable. Des oiseaux de nuit s'élevaient au-dessus des bois, dans le grand ciel clair.

Lui, tout de suite, voulut conclure :

« Camarades, quelle est votre décision ?... Votez-vous la continuation de la grève ?

– Oui ! oui ! hurlèrent les voix.

– Et quelles mesures arrêtez-vous ?... Notre défaite est certaine, si des lâches descendent demain. »

Les voix reprirent, avec leur souffle de tempête :

« Mort aux lâches ! »

Quatrième partie, VII.

Lire et analyser

La situation d'énonciation

1. À qui s'adresse Étienne? Quel est l'enjeu de son discours?

Le discours

2. a) Qui Étienne dénonce-t-il, qui défend-il?

b) Relevez :

- les termes qui désignent et caractérisent les mineurs exploités et ceux qui les exploitent;
- les figures de style (antithèses, énumérations, hyperboles, images et exemples frappants);
- les appels à l'auditoire.

Quel est l'effet produit par l'accumulation de ces procédés?

3. À partir de la ligne 28 (*Mais...*), quelle nouvelle dimension prend le discours d'Étienne? Quels sont ses arguments? Relevez la métaphore qui fait écho au titre du roman. Analysez-la.

4. Étienne a-t-il été convaincant? Citez le texte.

5. Repérez les différents modes de paroles rapportées qui s'entrecroisent dans le texte (discours direct, indirect libre, discours narrativisé). Le narrateur vous semble-t-il prendre à son compte les propos d'Étienne?

6. En quoi Étienne a-t-il évolué depuis le début du roman (texte 1 p. 148)? Qu'a-t-il appris? Qu'a-t-il compris? Justifiez votre réponse.

Lire l'image

7. Observez les couleurs, les lignes, les formes, la touche du peintre (p. 153). Cette vision du monde industriel vous parait-elle correspondre à la réalité décrite dans *Germinal*? Justifiez votre réponse en vous appuyant sur des citations relevées dans les extraits qui vous sont proposés.

Lire - Écrire

8. *Transposer au discours (style) direct*

Transposez le discours d'Étienne au discours direct en effectuant les modifications nécessaires.

9. *Rédiger un discours*

Rédigez un discours adressé à vos camarades. Choisissez de défendre une cause susceptible de les émouvoir et de les convaincre (par exemple, participer à une action contre la faim dans le monde, contribuer à développer le dressage des chiens d'aveugles...).

Critères de réussite

- *Situation d'énonciation conforme au sujet (pronoms, temps...).*
- *Présence d'au moins deux arguments.*
- *Emploi de quelques procédés et figures de style (voir question 2).*
- *Interpellation de l'auditoire.*

Écouter - Dire

10. *Prononcer un discours*

Transformez-vous en comédien et déclamez le discours d'Étienne. Vous pouvez aussi déclamer le discours que vous avez rédigé à la question 9.

Critères de réussite

- *Voix audible.*
- *Ton convaincant.*
- *Présence de gestes.*

Fiches 1 et 4 ➤ p. 298 et p. 301

ITINÉRAIRE D'UN HÉROS (4)

Leçon p. 177

Le départ d'Étienne

TEXTE 4

Émile Zola,
écrivain français,
1840-1902.

Germinal, 1885.

Le soleil paraissait à l'horizon

La grève est finalement réprimée dans le sang et les mineurs reprennent le travail. Mais aussitôt, un acte de sabotage détruit le Voreux alors qu'il y a des hommes et des femmes au fond. Étienne survit miraculeusement et décide de partir pour Paris.

Dehors, Étienne suivit un moment la route, absorbé. Toutes sortes d'idées bourdonnaient en lui. Mais il eut une sensation de plein air, de ciel libre, et il respira largement. Le soleil paraissait à l'horizon glorieux, c'était un réveil d'allégresse, dans la campagne entière. Un flot d'or roulait de l'orient à l'occident, sur la plaine immense. Cette chaleur de vie gagnait, s'étendait, en un frisson de jeunesse où vibraient les soupirs de la terre, le chant des oiseaux, tous les murmures des eaux et des bois. Il faisait bon vivre, le vieux monde voulait vivre un printemps encore.

Et, pénétré de cet espoir, Étienne ralentit sa marche, les yeux perdus à droite et à gauche, dans cette gaieté de la nouvelle saison. Il songeait à lui, il se sentait fort, mûri par sa dure expérience au fond de la mine. Son éducation était finie, il s'en allait armé, en soldat raisonneur de la révolution, ayant déclaré la guerre à la société, telle qu'il la voyait et telle qu'il la condamnait. La joie de rejoindre Pluchart[1], d'être comme Pluchart un chef écouté, lui soufflait des discours, dont il arrangeait les phrases. Il méditait d'élargir son programme, l'affinement bourgeois qui l'avait haussé au-dessus de sa classe le jetait à une haine plus grande de la bourgeoisie. Ces ouvriers dont l'odeur de misère le gênait maintenant, il éprouvait le besoin de les mettre dans une gloire, il les montrerait comme les seuls grands, les seuls impeccables, comme l'unique noblesse et l'unique force où l'humanité pût se retremper. Déjà, il se voyait à la tribune, triomphant avec le peuple, si le peuple ne le dévorait pas.

Septième partie, VI.

1. **Pluchart** : ancien contremaître d'Étienne, et un des chefs de l'Internationale, organisation ouvrière fondée en 1864.

Claude Monet (1840-1926), *Les Déchargeurs de charbon*, 1875 (huile sur toile, 55 x 66 cm ; Paris, Musée d'Orsay).

Lire et analyser

La fin du parcours

1. a) Relevez les termes qui annoncent la fin du parcours d'Étienne. Quels sont ceux qui annoncent le début d'un autre ?

b) Le texte comporte-t-il des éléments qui permettent d'imaginer son parcours amoureux ?

2. a) Relevez les termes qui marquent une correspondance entre l'état intérieur d'Étienne et le cadre spatio-temporel.

b) Comparez ce texte avec le texte 1 (p. 148). En quoi les deux descriptions s'opposent-elles ?

c) Quelle est la fonction de la description dans ces deux textes ?

3. Pouvez-vous, à la fin du parcours d'Étienne, mieux comprendre le titre du roman ?

4. En vous aidant de la leçon (p. 177) et à partir des extraits choisis (p. 148 à 156), résumez dans ses grandes lignes l'itinéraire du héros de *Germinal* (De quoi le héros est-il en quête ? Quelles forces le poussent à agir ? Quels obstacles rencontre-t-il ? A-t-il réussi ou échoué ?...).

Lire l'image

5. Quel est l'angle de vue dans ce tableau ? Quelles sont les parties les plus claires ? les plus sombres ? Observez la touche du peintre (l'eau, le charbon, les péniches). Quel est l'effet produit ?

Lire - Écrire

6. *Imaginer l'itinéraire d'un personnage*

a) Imaginez au brouillon les grandes étapes de l'itinéraire d'un personnage de roman (homme ou femme) dont le cadre se situerait à notre époque. Aidez-vous du schéma actantiel (voir leçon p. 177).

b) Rédigez une scène du roman dont ce personnage serait le héros.

Critères de réussite
- *Cohérence entre l'époque, le cadre, les personnages et la phase du parcours choisis.*

Lire au CDI

7. *Proposer un groupement de textes*

Lisez un autre roman du XIXe ou du XXe siècle et présentez un groupement de quatre textes qui mettra en évidence le parcours du héros et les étapes du schéma actantiel.

Quelques titres possibles : Balzac, *Le Père Goriot*; Zola, *Au Bonheur des Dames*; Maupassant, *Bel-Ami*; Radiguet, *Le Diable au corps*; Lacretelle, *Silberman*; Tourgueniev, *Premier amour*...

Écouter - Dire

8. *Inciter à la lecture*

Lisez à la classe les extraits choisis (question 7) pour inciter vos camarades à la lecture de ces romans.

Se repérer dans l'histoire littéraire

9. Compléter le tableau chronologique (p. 318) : situez dans leur siècle Émile Zola et les auteurs que vous avez découverts (question 7).

Fiches 3 et 8 ➤ p. 300 et p. 306

LA RENCONTRE AMOUREUSE (1)

Leçon p. 177

Le bal commença

TEXTE 1

Madame de La Fayette, romancière française, 1634-1693.

La Princesse de Clèves, 1678.

L'action se déroule au XVIe siècle, à la cour d'Henri II. Mlle de Chartres vient d'épouser, dans sa seizième année, le prince de Clèves. Elle est conviée à un bal à la cour pour célébrer les fiançailles du duc de Lorraine.

Elle passa tout le jour des fiançailles chez elle à se parer, pour se trouver le soir au bal et au festin royal qui se faisait au Louvre. Lorsqu'elle arriva, l'on admira sa beauté et sa parure; le bal commença et, comme elle dansait avec M. de Guise, il se fit un assez grand bruit vers la porte de la salle, comme de quelqu'un qui entrait et à qui on faisait place. Mme de Clèves acheva de danser et, pendant qu'elle cherchait des yeux quelqu'un qu'elle avait dessein de prendre, le roi lui cria de prendre celui qui arrivait. Elle se tourna et vit un homme qu'elle crut d'abord[1] ne pouvoir être que M. de Nemours, qui passait par-dessus quelques sièges pour arriver où l'on dansait. Ce prince était fait d'une sorte qu'il était difficile de n'être pas surprise de le voir quand on ne l'avait jamais vu, surtout ce soir-là, où le soin qu'il avait pris de se parer augmentait encore l'air brillant qui était dans sa personne; mais il était difficile aussi de voir Mme de Clèves pour la première fois sans avoir un grand étonnement.

M. de Nemours fut tellement surpris de sa beauté que, lorsqu'il fut proche d'elle, et qu'elle lui fit la révérence, il ne put s'empêcher de donner des marques de son admiration. Quand ils commencèrent à danser, il s'éleva dans la salle un murmure de louanges. Le roi et les reines[2] se souvinrent qu'ils ne s'étaient jamais vus, et trouvèrent quelque chose de singulier de les voir danser ensemble sans se connaître. Ils les appelèrent quand ils eurent fini sans leur donner le loisir de parler à personne et leur demandèrent s'ils n'avaient pas bien envie de savoir qui ils étaient, et s'ils ne s'en doutaient point.

Première partie.

1. **d'abord** : dès qu'elle le vit.

2. **les reines** : Catherine de Médicis, la reine, et Marie Stuart, la dauphine.

Hiéronymus Janssens (1624-1693), *Bal sur la terrasse* (huile sur toile; Lille, Musée des Beaux-Arts).

Lire et analyser

Première lecture

1. Avant de lire les textes proposés (p. 158 à 163), rédigez une scène de rencontre amoureuse vécue, rêvée ou imaginée (vous pouvez aussi retrouver dans vos souvenirs une scène de roman, de film, une histoire que quelqu'un vous a racontée).

Le narrateur, les personnages, les circonstances

2. Quel est le statut du narrateur? Qui sont les deux personnages principaux?

3. Où se déroule la scène? Quels autres personnages sont présents? Quel rôle jouent-ils au début de la scène puis à la fin?

La rencontre

4. Quelle phrase amorce la scène de rencontre?

5. Les regards sont-ils ou non réciproques? Pour répondre, relevez les verbes relatifs à la vue ainsi que leur sujet. Y a-t-il échange de paroles?

6. Selon quel point de vue les personnages sont-ils décrits? Quelles sont les caractéristiques retenues?

7. Quel effet produit cette rencontre sur chacun des personnages? Relevez les mots qui traduisent leurs réactions.

La visée et l'enjeu de la scène

8. Quelle importance cette scène peut-elle avoir dans l'histoire? Où se situe-t-elle dans le roman? À quels obstacles les personnages seront-ils, selon vous, confrontés?

Lire l'image

9. Observez les différents plans, la répartition des groupes, les jeux de regard, l'attitude des personnages centraux.

10. Relevez les détails du texte qui vous paraissent correspondre à ce tableau.

Lire - Écrire

11. *Imaginer une suite*

Imaginez la suite immédiate de cette scène.

Critères de réussite
- *Respect du statut du narrateur.*
- *Personnages et cadre conformes à ceux du texte.*
- *Système temps conforme à celui du texte.*

Fiche 3 ➤ p. 300

LA RENCONTRE AMOUREUSE (2) Leçon p. 177

Une apparition

TEXTE 2

Gustave Flaubert, écrivain français, 1821-1880.

L'Éducation sentimentale, 1869.

Le 15 septembre 1840, Frédéric Moreau, un jeune homme de dix-huit ans nouvellement reçu bachelier à Paris, vient d'embarquer sur un bateau pour se rendre à Nogent-sur-Seine, chez sa mère.

Frédéric, pour rejoindre sa place, poussa la grille des Premières[1], dérangea deux chasseurs avec leurs chiens.

Ce fut comme une apparition :

Elle était assise, au milieu du banc, toute seule; ou du moins il ne distingua personne, dans l'éblouissement que lui envoyèrent ses yeux. En même temps qu'il passait, elle leva la tête; il fléchit involontairement les épaules; et, quand il se fut mis plus loin, du même côté, il la regarda.

Elle avait un large chapeau de paille, avec des rubans roses qui palpitaient au vent, derrière elle. Ses bandeaux noirs, contournant la pointe de ses grands sourcils, descendaient très bas et semblaient presser amoureusement l'ovale de sa figure. Sa robe de mousseline claire, tachetée de petits pois, se répandait à plis nombreux. Elle était en train de broder quelque chose; et son nez droit, son menton, toute sa personne se découpait sur le fond de l'air bleu.

Comme elle gardait la même attitude, il fit plusieurs tours de droite et de gauche pour dissimuler sa manœuvre; puis il se planta tout près de son ombrelle, posée contre le banc, et il affectait d'observer une chaloupe sur la rivière.

Jamais il n'avait vu cette splendeur de sa peau brune, la séduction de sa taille, ni cette finesse des doigts que la lumière traversait. Il considérait son panier à ouvrage avec ébahissement, comme une chose extraordinaire. Quels étaient son nom, sa demeure, sa vie, son passé? Il souhaitait connaître les meubles de sa chambre, toutes les robes qu'elle avait portées, les gens qu'elle fréquentait; et le désir de la possession physique même disparaissait sous une envie plus profonde, dans une curiosité douloureuse qui n'avait pas de limites.

Une négresse, coiffée d'un foulard, se présenta, en tenant par la main une petite fille, déjà grande. L'enfant, dont les yeux roulaient

1. **Premières** : il s'agit des premières classes.

Aristide Maillol (1861-1944), *Femme à l'ombrelle* (peinture ; Paris, Musée d'Orsay).

des larmes, venait de s'éveiller ; elle la prit sur ses genoux. « Mademoiselle n'était pas sage, quoiqu'elle eût sept ans bientôt ; sa mère ne l'aimerait plus ; on lui pardonnait trop ses caprices. » Et Frédéric se réjouissait d'entendre ces choses, comme s'il eût fait une découverte, une acquisition.

Il la supposait d'origine andalouse, créole peut-être ; elle avait ramené des îles cette négresse avec elle ?

Un long châle à bandes violettes était placé derrière son dos, sur le bordage de cuivre. Elle avait dû, bien des fois, au milieu de la mer, durant les soirs humides, en envelopper sa taille, s'en couvrir les pieds, dormir dedans ! Mais, entraîné par les franges, il glissait peu à peu, il allait tomber dans l'eau, Frédéric fit un bond et le rattrapa. Elle lui dit :

– Je vous remercie, monsieur.

Leurs yeux se rencontrèrent.

– Ma femme, es-tu prête ? cria le sieur Arnoux apparaissant dans le capot de l'escalier.

Première partie.

Lire et analyser

Le narrateur, les personnages, les circonstances

1. Quel est le statut du narrateur ?

2. a) Relevez les mots (noms, pronoms...) qui désignent les deux personnages principaux. À quel moment connaît-on précisément l'identité de la femme ? Citez le texte.

b) Où se déroule la scène ? Les autres personnages jouent-ils un rôle dans la scène de rencontre ? Justifiez votre réponse.

La rencontre

3. Quelle est la phrase qui introduit la scène de rencontre ?

4. Dans la phrase *Ce fut comme une apparition* (l. 3), quel est l'effet produit par :
– l'emploi du mot *apparition* (vous en préciserez le double sens) et l'utilisation du passé simple ;
– la disposition typographique de la phrase ?

5. Relevez les verbes appartenant au champ lexical de la vue. Quels sont leurs sujets ?

6. Par qui le jeune homme est-il vu ? Par qui la femme est-elle vue ? Nommez les deux points de vue adoptés par le narrateur dans le passage.

7. a) Selon quel ordre la description de la femme est-elle organisée ?

b) Relevez les mots et expressions qui caractérisent la femme. Relevez ensuite les notations de couleur et de lumière.
Quelle impression se dégage de ce portrait ?

8. Quel incident permet au jeune homme d'abolir la distance qui le sépare de la femme ? Quel échange s'ensuit-il ?

9. Quels sentiments et émotions la femme inspire-t-elle au jeune homme ? Citez précisément le texte.

La visée et l'enjeu de la scène

10. Quelle phrase met fin à la scène de rencontre ? À quels obstacles les deux personnages seront-ils confrontés ? Rattachez cette scène au titre du roman.

Lire - Écrire

11. *Écrire librement*

Rédigez librement un paragraphe introduit par la phrase *Ce fut comme une apparition*.

Fiche 3 ➤ p. 300

LA RENCONTRE AMOUREUSE (3)

Leçon p. 177

Nicolas de Stael (1914-1955), *Les Musiciens, souvenir de Sydney Bechet*, 1953 (peinture ; Paris, collection particulière).

Je vous présente Chloé

TEXTE 3

Boris Vian,
écrivain français,
1920-1959.

L'Écume des jours,
1947.

Colin est un jeune homme riche et oisif. Il est entouré de ses amis Chick, Alise et Isis mais il a bien envie de tomber amoureux. Un dimanche, Isis organise une surprise partie pour fêter l'anniversaire de son caniche. Colin est invité.

– C'est Colin, dit Isis. Colin, je vous présente Chloé.

Colin avala sa salive. Sa bouche lui faisait comme du gratouillis de beignets brûlés.

– Bonjour! dit Chloé…

– Bonj… Êtes-vous arrangée par Duke Ellington[1] ? demanda Colin… Et puis il s'enfuit, parce qu'il avait la conviction d'avoir dit une stupidité.

Chick le rattrapa par un pan de sa veste.

– Où vas-tu comme ça? Tu ne vas pas t'en aller déjà? Regarde!… Il tira de sa poche un petit livre relié en maroquin rouge.

– C'est l'original du *Paradoxe sur le Dégueulis*, de Partre[2]…

1. Colin aime le jazz et particulièrement la version du morceau intitulé *Chloé*, arrangée par **Duke Ellington**, célèbre compositeur de jazz.

2. ***Paradoxe sur le Dégueulis*, de Partre** : le narrateur se moque du phénomène de mode déclenché autour de la personne de Jean-Paul Sartre, philosophe célèbre après la Seconde Guerre mondiale et auteur du roman *La Nausée*.

– Tu l'as trouvé quand même ? dit Colin.

Puis il se rappela qu'il s'enfuyait et s'enfuit.

Alise lui barrait la route.

– Alors, vous vous en allez sans avoir dansé une seule petite fois avec moi ? dit-elle.

– Excusez-moi, dit Colin, mais je viens d'être idiot et ça me gêne de rester.

– Pourtant, quand on vous regarde comme ça, on est forcé d'accepter…

– Alise… geignit Colin, en l'enlaçant et en frottant sa joue contre les cheveux d'Alise.

– Quoi, mon vieux Colin ?

– Zut… Zut… et Bran !… Peste diable bouffre. Vous voyez la fille là ?…

– Chloé ?…

– Vous la connaissez ?… dit Colin. Je lui ai dit une stupidité, et c'est pour ça que j'en m'en allais.

Il n'ajouta pas qu'à l'intérieur du thorax, ça lui faisait comme une musique militaire allemande, où l'on n'entend que la grosse caisse.

– N'est-ce pas qu'elle est jolie ? demanda Alise.

Chloé avait les lèvres rouges, les cheveux bruns, l'air heureux et sa robe n'y était pour rien.

– Je n'oserai pas ! dit Colin.

Et puis, il lâcha Alise et alla inviter Chloé. Elle le regarda. Elle riait et mit la main droite sur son épaule. Il sentait ses doigts frais sur son cou. Il réduisit l'écartement de leurs deux corps par le moyen d'un raccourcissement du biceps droit, transmis, du cerveau, le long d'une paire de nerfs crâniens choisie judicieusement.

Chloé le regarda encore. Elle avait les yeux bleus. Elle agita la tête pour repousser en arrière ses cheveux frisés et brillants, et appliqua, d'un geste ferme et déterminé, sa tempe sur la joue de Colin.

Il se fit un abondant silence à l'entour, et la majeure partie du reste du monde se mit à compter pour du beurre.

Paul Almasy, couple dans un bar parisien, années 60 (photographie).

Lire et analyser

Les personnages, les circonstances

1. Où se déroule la scène? Qui sont les deux personnages principaux?

2. Faites la liste des autres personnages et précisez leur rôle dans cette scène de rencontre.

3. Quel est le rôle de la danse et de la musique? Justifiez vos réponses.

La rencontre

4. La rencontre se fait en deux temps. Lesquels? Y a-t-il une progression?

5. Relevez deux comparaisons qui traduisent les sentiments du jeune homme (l. 1 à 35). Quel est l'effet produit par le rapprochement des deux termes de la comparaison?

6. Que révèlent les lignes 45-46 quant aux sentiments des personnages? Justifiez votre réponse.

7. Comparez cette scène de rencontre aux deux précédentes (p. 158 et 160) : quels en sont les points communs et les différences (notamment en ce qui concerne l'échange de regards, de paroles ou de gestes, l'émotion des personnages). Vous pouvez présenter vos réponses dans un tableau.

La visée

8. Quel est le ton de la narration? Justifiez votre réponse (aidez-vous des réponses précédentes). Quelle peut être la visée de cette scène de rencontre dans ce roman de Boris Vian?

Lire - Écrire

9. *Écrire à la manière de...*

Écrivez une scène de rencontre à la manière de Boris Vian. Vous introduirez des éléments fantaisistes et des comparaisons insolites.

10. *Lire et récrire*

a) Lisez d'autres scènes de rencontres amoureuses. Vous en trouverez dans les romans suivants : L'Abbé Prévost, *Manon Lescaut*; Stendhal, *Le Rouge et le Noir*; Dumas, *La Dame aux camélias*; Alain-Fournier, *Le Grand Meaulnes*.
b) Relevez dans un tableau les constantes et les variations. Vous noterez : le statut du narrateur, le lieu ou les circonstances, les éléments du portrait, le point de vue, l'échange (regards, paroles, gestes...), l'effet produit sur les personnages.
c) Récrivez la scène que vous avez rédigée avant l'étude des textes (page 159, question 1) en l'enrichissant de vos lectures.

Critères de réussite (c)
- *Prise en compte des éléments du tableau (10 b).*

Se repérer dans l'histoire littéraire

11. Complétez le tableau chronologique (p.318) : situez les auteurs de ce groupement de textes (p. 158 à 163) dans leur siècle ainsi que ceux que vous avez découverts (question 10 ci-dessus).

Fiches 5 et 8 ➤ p. 303 et p. 306

 Leçon p. 177

Trompe-la-Mort

TEXTE 1

Honoré de Balzac, écrivain français, 1799-1850.

Le Père Goriot, 1835.

L'action du roman se situe en 1819, à Paris, dans la pension tenue par Madame Vauquer. Mademoiselle Michonneau et Poiret, deux pensionnaires, ont appris du chef de police que Vautrin, autre pensionnaire, paraissant jusque-là fort respectable, n'est autre que le fameux Trompe-la-Mort, de son vrai nom Jacques Collin, ancien faussaire évadé du bagne. Mademoiselle Michonneau lui a administré un narcotique pour pouvoir, lors de son sommeil, lui ôter sa chemise, afin de vérifier qu'il porte sur sa peau les deux lettres du bagne marquées au fer rouge. Madame Vauquer, le croyant malade, a appelé le médecin Bianchon.
Au début du passage, Vautrin se réveille à peine. Eugène Rastignac, un jeune étudiant, également pensionnaire et qui avait noué des liens avec Vautrin, entre dans la pièce.

Quand Eugène entra, ses yeux rencontrèrent ceux de l'imperturbable Vautrin, dont le regard pénétra si avant dans son cœur et y remua si fortement quelques cordes mauvaises, qu'il en frissonna.

« Eh bien, cher enfant, lui dit le forçat évadé, la Camuse[1] aura longtemps tort avec moi. J'ai, selon ces dames, soutenu victorieusement un coup de sang qui aurait dû tuer un bœuf.

– Ah! vous pouvez bien dire un taureau, s'écria la veuve Vauquer.

– Seriez-vous donc fâché de me voir en vie? dit Vautrin à l'oreille de Rastignac dont il crut deviner les pensées. Ce serait d'un homme diantrement fort!

– Ah, ma foi! dit Bianchon, Mlle Michonneau parlait avant-hier d'un monsieur surnommé *Trompe-la-Mort*; ce nom-là vous irait bien. »

Ce mot produisit sur Vautrin l'effet de la foudre : il pâlit et chancela, son regard magnétique tomba comme un rayon de soleil sur Mlle Michonneau, à laquelle ce jet de volonté cassa les jarrets. La vieille fille se laissa couler sur une chaise. Poiret s'avança vivement entre elle et Vautrin, comprenant qu'elle était en danger, tant la figure du forçat devint férocement significative en déposant

1. **la Camuse** : expression populaire pour désigner la mort.

le masque bénin sous lequel se cachait sa vraie nature. Sans rien comprendre encore à ce drame, tous les pensionnaires restèrent ébahis. En ce moment, l'on entendit le pas de plusieurs hommes, et le bruit de quelques fusils que des soldats firent sonner sur le pavé de la rue. Au moment où Collin cherchait machinalement une issue en regardant les fenêtres et les murs, quatre hommes se montrèrent à la porte du salon. Le premier était le chef de la police de sûreté, les trois autres étaient des officiers de paix.

« Au nom de la Loi et du Roi », dit un des officiers dont le discours fut couvert par un murmure d'étonnement.

Bientôt le silence régna dans la salle à manger, les pensionnaires se séparèrent pour livrer passage à trois de ces hommes, qui tous avaient la main dans leur poche de côté et y tenaient un pistolet armé. Deux gendarmes qui suivaient les agents occupèrent la porte du salon, et deux autres se montrèrent à celle qui sortait par l'escalier. Le pas et les fusils de plusieurs soldats retentirent sur le pavé caillouteux qui longeait la façade. Tout espoir de fuite fut donc interdit à Trompe-la-Mort, sur qui tous les regards s'arrêtèrent irrésistiblement. Le chef alla droit à lui, commença par lui donner sur la tête une tape si violemment appliquée qu'il fit sauter la perruque et rendit à la tête de Collin toute son horreur. Accompagnées de cheveux rouge-brique et courts qui leur donnaient un épouvantable caractère de force mêlée de ruse, cette tête et cette face, en harmonie avec le buste, furent intelligemment illuminées comme si les feux de l'enfer les eussent éclairés. Chacun comprit tout Vautrin, son passé, son présent, son avenir, ses doctrines implacables, la religion de son bon plaisir, la royauté que lui donnaient le cynisme de ses pensées, de ses actes, et la force d'une organisation faite à tout. Le sang lui monta au visage, et ses yeux brillèrent comme ceux d'un chat sauvage. Il bondit sur lui-même par un mouvement empreint d'une si féroce énergie, il rugit si bien qu'il arracha des cris de terreur à tous les pensionnaires. À ce geste de lion, et s'appuyant de la clameur générale, les agents tirèrent leurs pistolets.

Honoré Daumier (1808- 1879), *Vautrin*, gravure illustrant *Le Père Goriot.*

Honoré Daumier (1808-1879), gravure illustrant *Le Père Goriot.*

Lire et analyser

Les circonstances de l'action

1. Dans quelle pièce de la pension se situe la scène ? S'agit-il d'un espace clos ou d'un espace ouvert ? Justifiez votre réponse en vous appuyant sur la configuration des lieux.

2. Qui sont les personnages en présence ? Quels sont ceux qui entrent dans la pièce ?

Le portrait du forçat

3. Relevez les termes qui désignent le forçat.

4. a) Relevez les mots et expressions qui caractérisent le regard et le visage de Vautrin. Vous les regrouperez en deux ou trois champs lexicaux ; vous analyserez les figures de style (comparaisons, personnification) qui caractérisent le personnage.

b) Quel est l'effet produit sur les personnages et sur le lecteur ? Appuyez-vous sur vos réponses.

Le coup de théâtre

5. Quelle phrase déclenche la transformation du personnage de Vautrin ? Pourquoi ?

6. Quel événement constitue un coup de théâtre ? Relevez les notations auditives qui lui sont associées.

7. Qu'essaie de faire Vautrin ? Réussit-il ? Pourquoi ? Appuyez-vous sur vos réponses à la question 1.

8. Relevez les indications de gestes et d'attitudes des différents personnages. Quel est l'effet produit ?

9. En quoi peut-on rapprocher cette scène romanesque d'une scène théâtrale ? Vous rédigerez un paragraphe organisé qui s'appuiera sur vos réponses aux questions précédentes.

10. À quelle étape du roman pourriez-vous situer cette scène ? Émettez une hypothèse.

Lire l'image

11. Observez les deux dessins de Daumier. Comparez le personnage de Vautrin dans les deux gravures (expression, attitude, vêtements…). Y a-t-il eu évolution ?

12. En quoi ces gravures illustrent-elles la scène racontée ?

Fiches 3 et 4 ➤ p. 300 et p. 301

LE FORÇAT DÉMASQUÉ (2)

Leçon p. 177

Je suis Jean Valjean

TEXTE 2

Victor Hugo,
écrivain français,
1802-1885.

Les Misérables,
1862.

Jean Valjean, ancien bagnard, est devenu maire d'une petite ville sous le nom de Monsieur Madeleine. Un policier, Javert, lui annonce qu'on va juger pour vol un homme qui dit s'appeler Champmathieu et qu'on soupçonne à tort d'être Jean Valjean. Après un douloureux combat intérieur, Monsieur Madeleine décide de se rendre au procès et de révéler sa véritable identité.

Il était évident que l'homme[1] était perdu.

– Huissiers, dit le président, faites faire silence. Je vais clore les débats.

En ce moment un mouvement se fit tout à côté du président. On entendit une voix qui criait :

– Brevet, Chenildieu, Cochepaille[2] ! regardez de ce côté-ci.

Tous ceux qui entendirent cette voix se sentirent glacés, tant elle était lamentable et terrible. Les yeux se tournèrent vers le point d'où elle venait. Un homme, placé parmi les spectateurs privilégiés qui étaient assis derrière la cour, venait de se lever, avait poussé la porte à hauteur d'appui qui séparait le tribunal du prétoire, et était debout au milieu de la salle. Le président, l'avocat général, M. Bamatabois, vingt personnes le reconnurent, et s'écrièrent à la fois :

– Monsieur Madeleine !

C'était lui en effet. La lampe du greffier éclairait son visage. Il tenait son chapeau à la main, il n'y avait aucun désordre dans ses vêtements, sa redingote était boutonnée avec soin. Il était très pâle et il tremblait légèrement.

Ses cheveux, gris encore au moment de son arrivée à Arras, étaient maintenant tout à fait blancs. Ils avaient blanchi depuis une heure qu'il était là.

Toutes les têtes se dressèrent. La sensation fut indescriptible. Il y eut dans l'auditoire un instant d'hésitation. La voix avait été si poignante, l'homme qui était là paraissait si calme, qu'au premier

1. **l'homme** : il s'agit de l'accusé, Champmathieu.

2. **Brevet, Chenildieu et Cochepaille,** témoins dans ce procès, sont d'anciens bagnards connus de Jean Valjean.

Honoré Daumier (1808-1879), *Le Défenseur* (plume et encre noire; Paris, Musée du Louvre, cabinet des dessins).

abord on ne comprit pas. On se demanda qui avait crié. On ne pouvait croire que ce fût cet homme tranquille qui eût jeté ce cri effrayant.

Cette indécision ne dura que quelques secondes. Avant même que le président et l'avocat général eussent pu dire un mot, avant que les gendarmes et les huissiers eussent pu faire un geste, l'homme que tous appelaient encore en ce moment M. Madeleine s'était avancé vers les témoins Cochepaille, Brevet et Chenildieu.

– Vous ne me reconnaissez pas? dit-il.

Tous trois demeurèrent interdits et indiquèrent par un signe de tête qu'ils ne le connaissaient point. Cochepaille intimidé fit le salut militaire. M. Madeleine se tourna vers les jurés et vers la cour et dit d'une voix douce :

– Messieurs les jurés, faites relâcher l'accusé. Monsieur le président, faites-moi arrêter. L'homme que vous cherchez, ce n'est pas lui, c'est moi. Je suis Jean Valjean.

Pas une bouche ne respirait. À la première commotion de l'étonnement avait succédé un silence de sépulcre. On sentait dans la salle cette espèce de terreur religieuse qui saisit la foule lorsque quelque chose de grand s'accomplit.

Cependant le visage du président s'était empreint de sympathie et de tristesse ; il avait échangé un signe rapide avec l'avocat général et quelques paroles à voix basse avec les conseillers assesseurs. Il s'adressa au public et demanda avec un accent qui fut compris de tous :

– Y a-t-il un médecin ici ?

L'avocat général prit la parole :

– Messieurs les jurés, l'incident si étrange et si inattendu qui trouble l'audience ne nous inspire, ainsi qu'à vous, qu'un sentiment que nous n'avons pas besoin d'exprimer. Vous connaissez tous, au moins de réputation, l'honorable M. Madeleine, maire de M. – sur M. –. S'il y a un médecin dans l'auditoire, nous nous joignons à monsieur le président pour le prier de vouloir bien assister monsieur Madeleine et le reconduire à sa demeure.

M. Madeleine ne laissa point achever l'avocat général. Il l'interrompit d'un accent plein de mansuétude et d'autorité. Voici les paroles qu'il prononça ; les voici littéralement, telles qu'elles furent écrites immédiatement après l'audience par un des témoins de cette scène, telles qu'elles sont encore dans l'oreille de ceux qui les ont entendues, il y a près de quarante ans aujourd'hui.

– Je vous remercie, monsieur l'avocat général, mais je ne suis pas fou. Vous allez voir. Vous étiez sur le point de commettre une grande erreur, lâchez cet homme, j'accomplis un devoir, je suis ce malheureux condamné. Je suis le seul qui voie clair ici, et je vous dis la vérité. Ce que je fais en ce moment, Dieu, qui est là-haut, le regarde, et cela suffit. Vous pouvez me prendre, puisque me voilà. J'avais pourtant fait de mon mieux. Je me suis caché sous un nom ; je suis devenu riche, je suis devenu maire ; j'ai voulu rentrer parmi les honnêtes gens. Il paraît que cela ne se peut pas. Enfin, il y a bien des choses que je ne puis pas dire, je ne vais pas vous raconter ma vie, un jour on saura. J'ai volé monseigneur l'évêque[3], cela est vrai ; j'ai volé Petit-Gervais[3], cela est vrai. On a eu raison de vous dire que Jean Valjean était un malheureux très méchant. Toute la faute n'est peut-être pas à lui.

Première partie, livre septième, chapitres X et XI.

3. À sa sortie du bagne, quelques années auparavant, Jean Valjean a commis deux derniers méfaits : il a volé six couverts d'argent à un évêque et une pièce à un petit ramoneur appelé Petit-Gervais.

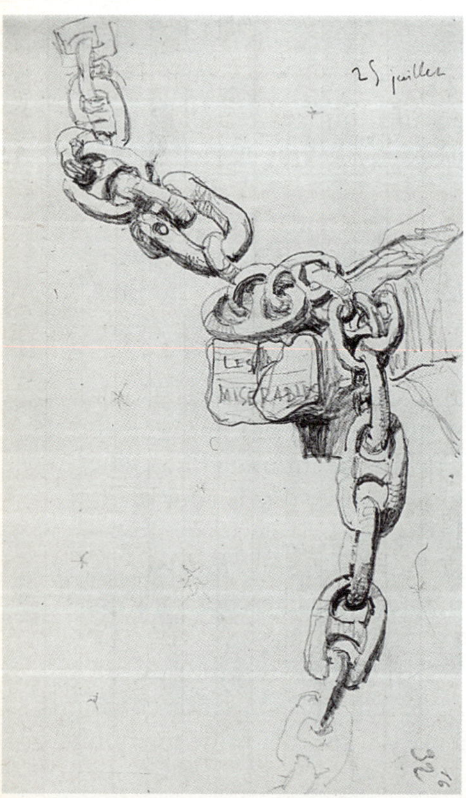

Victor Hugo, dessin pour *Les Misérables*, 1862.

Lire et analyser

Le cadre et les personnages

1. Faites la liste des principaux personnages (ou groupes de personnages) présents.

2. Relevez les indications de lieu (l. 7 à 12). Où se déroule la scène ? Où les personnages sont-ils approximativement situés dans l'espace ?

Les prémices du coup de théâtre (l. 1 à 38)

3. a) Quel est le point de vue dominant dans les lignes 8 à 28 (depuis *Les yeux se tournèrent* jusqu'à *effrayant*). Quel pronom peut confirmer votre réponse ? Quel est l'effet produit sur le lecteur par le choix de ce point de vue ?

b) S'agit-il du même point de vue dans les lignes 20 à 22 ? Justifiez votre réponse.

4. Quelle est la réaction de l'auditoire et des trois témoins ? Appuyez-vous sur le relevé des champs lexicaux.

5. Relevez les termes qui caractérisent Monsieur Madeleine. Relevez les indications de gestes le concernant ainsi que les paroles qu'il prononce (l. 16 à 28).

6. En quoi tous les éléments que vous avez recueillis dans les réponses précédentes annoncent-ils le coup de théâtre ?

Le coup de théâtre (l. 39 à 67)

7. Quelle révélation constitue le coup de théâtre ?

8. Quelle est la réaction de l'auditoire ? Relevez un champ lexical pour répondre. Quelles sont les réactions du président et de l'avocat général ?

Le plaidoyer (l. 68 à la fin)

9. Pourquoi Monsieur Madeleine s'est-il dénoncé ? Quelle est la visée du plaidoyer (l. 68 à la fin) ?

Lire l'image

10. Observez le cadrage, les expressions des deux personnages, les effets de manches (p. 169). Quelle image Daumier donne-t-il de la Justice dans ce dessin ?

11. Choisissez une phrase du texte qui pourrait illustrer ce dessin.

Lire - Écrire

12. ***Transposer au théâtre ou au cinéma***

Transposez cette scène romanesque en scène théâtrale ou en scène cinématographique (sous forme de story board par exemple). Tenez compte de la spécificité du langage théâtral (dialogue, didascalies) ou cinématographique (plans, mouvements de caméra, bande son...). Pour vous aider, relevez les jeux de regards, les signes ou mouvements, les déplacements des personnages, les éléments sonores.

13. ***Rédiger une étude comparative***

a) Dans un développement organisé, en vous appuyant sur l'étude des textes (p. 165 et 168), vous comparerez les deux scènes romanesques en mettant en évidence leurs points communs.

b) Vous comparerez ensuite les deux personnages (points communs et différences).

Écouter - Dire

14. ***Inciter à la lecture***

Choisissez trois ou quatre scènes des *Misérables* dans lesquelles Jean Valjean se trouve en présence d'autres personnages (Monseigneur Myriel, Petit-Gervais, Javert, Fantine, Cosette...). Présentez-les à la classe.

Se documenter

15. ***Les métiers de la justice***

Faites une recherche au CDI et au CIO sur les différents métiers de la justice d'aujourd'hui.

Se repérer dans l'histoire littéraire

16. Complétez le tableau chronologique (p. 318) : situez Balzac et Hugo dans leur siècle.

Fiches 5 et 8 ➤ p. 303 et p. 306

LA DÉFENSE DES IDÉES : LE PACIFISME AU XXe SIÈCLE

Leçon p. 177

Tardi, illustration pour *Voyage au bout de la nuit* de Céline (Éditions Futuropolis/Gallimard, 1988, p. 59).

Je refuse la guerre

TEXTE 1

Louis-Ferdinand Céline,
écrivain français, 1894-1961.

Voyage au bout de la nuit, 1932.

En 1914, le narrateur, Ferdinand Bardamu, part à la guerre dont il dénonce les horreurs. Alors qu'il est en permission, il provoque un scandale qui entraîne son hospitalisation car on le croit fou. Lola, son amie, vient lui rendre visite.

Pour Lola, venir me voir dans cette sorte de prison, c'était encore une aventure. Nous deux, nous ne pleurions pas. Nous n'avions nulle part, nous, où prendre des larmes.

« Est-ce vrai que vous soyez réellement devenu fou, Ferdinand? me demande-t-elle un jeudi.

– Je le suis! avouai-je.

– Alors, ils vont vous soigner ici?

– On ne soigne pas la peur, Lola.

– Vous avez donc peur tant que ça?

– Et plus que ça encore, Lola, si peur, voyez-vous, que si je meurs de ma mort à moi, plus tard, je ne veux surtout pas qu'on me brûle! Je voudrais qu'on me laisse en terre, pourrir au cimetière, tranquillement, là, prêt à revivre peut-être… Sait-on jamais! Tandis que si on me brûlait en cendres, Lola, comprenez-vous, ça serait fini, bien fini… Un squelette, malgré tout, ça ressemble encore un peu à un homme… C'est toujours plus prêt à revivre que des cendres… Des cendres c'est fini!… Qu'en dites-vous?… Alors, n'est-ce pas, la guerre…

– Oh! Vous êtes donc tout à fait lâche, Ferdinand! Vous êtes répugnant comme un rat…

– Oui, tout à fait lâche, Lola, je refuse la guerre et tout ce qu'il y a dedans... Je ne la déplore pas moi... Je ne me résigne pas moi... Je ne pleurniche pas dessus moi... Je la refuse tout net, avec tous les hommes qu'elle contient, je ne veux rien avoir à faire avec eux, avec elle. Seraient-ils neuf cent quatre-vingt-quinze millions et moi tout seul, c'est eux qui ont tort, Lola, et c'est moi qui ai raison, parce que je suis le seul à savoir ce que je veux : je ne veux plus mourir.

– Mais c'est impossible de refuser la guerre, Ferdinand! Il n'y a que les fous et les lâches qui refusent la guerre quand leur Patrie est en danger...

– Alors vivent les fous et les lâches! Ou plutôt survivent les fous et les lâches! Vous souvenez-vous d'un seul nom par exemple, Lola, d'un de ces soldats tués pendant la guerre de Cent Ans?... Avez-vous jamais cherché à en connaître un seul de ces noms?... Non, n'est-ce pas?... Vous n'avez jamais cherché? Ils vous sont aussi anonymes, indifférents et plus inconnus que le dernier atome de ce presse-papier devant nous, que votre crotte du matin... Voyez donc bien qu'ils sont morts pour rien, Lola! Pour absolument rien du tout, ces crétins! Je vous l'affirme! La preuve est faite! Il n'y a que la vie qui compte. Dans dix mille ans d'ici, je vous fais le pari que cette guerre, si remarquable qu'elle nous paraisse à présent, sera complètement oubliée. À peine si une douzaine d'érudits se chamailleront encore par-ci, par-là, à son occasion et à propos des dates des principales hécatombes dont elle fut illustrée... C'est tout ce que les hommes ont réussi jusqu'ici à trouver de mémorable au sujet les uns des autres à quelques siècles, à quelques années et même à quelques heures de distance... Je ne crois pas à l'avenir, Lola... »

Lorsqu'elle découvrit à quel point j'étais devenu fanfaron de mon honteux état, elle cessa de me trouver pitoyable le moins du monde... Méprisable elle me jugea, définitivement.

Elle résolut de me quitter sur-le-champ. C'en était trop. En la reconduisant jusqu'au portillon de notre hospice ce soir-là, elle ne m'embrassa pas.

Éd. Gallimard.

Lire et analyser

La situation d'argumentation

1. Relevez la première et les dernières phrases de l'extrait. En quoi peut-on dire qu'elles délimitent la scène? Où cette scène se déroule-t-elle?

2. Lola s'exclame *Vous avez donc peur tant que ça?* (l. 9) : de quelle peur s'agit-il? À travers quels procédés cette peur est-elle exprimée (relevez les champs lexicaux, les types de phrases, la ponctuation)?

L'argumentation

3. Quelle est la position soutenue par Ferdinand sur la guerre? Relevez deux arguments qui justifient sa position.

4. Quelle est la position de Lola? Donne-t-elle des arguments? Justifiez votre réponse.

Lire l'image

5. Caractérisez le regard de l'homme (p. 172) ?

6. Quel est le rapport entre ce dessin et le texte ?

Fiches 1 et 3 ➤ p. 298 et p. 300

L'héroïsme n'est pas de prendre un fusil

TEXTE 2

Roger Martin du Gard,
écrivain français,
1881-1958.

« L'été 1914 » (1936),
dans *Les Thibault*,
1922-1939.

Le roman retrace l'histoire des deux frères Thibault, Antoine et Jacques, dont la famille est issue de la grande bourgeoisie parisienne. La guerre de 1914 va éclater.

Antoine referma la porte.

– « Écoute », reprit-il, sans se rasseoir. « Causons sérieusement, mon petit. Qu'est-ce que… tu comptes faire, toi ? »

Jacques affecta un air étonné, et ne répondit pas.

– « Tu as été réformé. Mais, en cas de mobilisation, on révisera toutes les réformes, on enverra tout le monde au feu… Qu'est-ce que tu comptes faire, toi ? »

Jacques ne pouvait se dérober :

– « Je n'en sais rien encore », dit-il. « Pour l'instant, je suis légalement hors de leurs griffes : ils ne peuvent rien contre moi. » Devant le regard insistant de son frère, il ajouta sèchement : « Ce que je peux te dire, c'est que je me couperais plutôt les deux mains que de me laisser mobiliser. »

Antoine détourna les yeux, une seconde.

– « C'est l'attitude la plus… »

– «… la plus lâche ? »

– « Non ; je n'ai pas pensé ça », fit Antoine, affectueusement. « Mais, peut-être : l'attitude la plus égoïste… »

Comme Jacques ne bronchait pas, il poursuivit : « Ne crois-tu pas ? En un pareil moment, refuser de servir, c'est faire passer son intérêt personnel avant l'intérêt général. »

– « Avant l'intérêt *national* ! » riposta Jacques. « L'intérêt général, l'intérêt des masses, c'est manifestement la paix, et non la guerre ! »

Antoine fit un geste évasif, qui semblait vouloir écarter de la conversation toute controverse théorique. Mais Jacques insista :

– « L'intérêt général, c'est moi qui le sers, – par mon refus ! Et je sens bien, – je sens d'une façon indubitable, – que ce qui se refuse en moi, aujourd'hui, c'est le meilleur ! »

Antoine retint un mouvement d'impatience :

– « Réfléchis, voyons… Quel résultat pratique peux-tu espérer de ce refus ? Aucun !… Quand tout un pays mobilise, quand l'immense majorité – comme ce serait le cas – accepte l'obligation de la défense nationale, quoi de plus vain, de plus voué à l'échec, qu'un acte isolé d'insubordination ? »

Gino Severini (1883-1966), *Canons en action*, 1915 (huile sur toile ; Milan, collection, P. Gua-rini).

Le ton restait si volontairement mesuré, si affectueux, que Jacques en fut touché. Très calme, il regarda son frère, et esquissa même un sourire amical.

– « Pourquoi revenir là-dessus, mon vieux ? Tu sais bien ce que je pense… Je n'accepterai jamais qu'un gouvernement puisse me forcer à prendre part à une entreprise que je considère comme un crime, comme une trahison de la vérité, de la justice, de la solidarité humaine… Pour moi, l'héroïsme, il n'est pas du côté de Roy[1] : l'héroïsme n'est pas de prendre un fusil et de courir à la frontière ! c'est de lever les crosses, – et de se laisser conduire au poteau, plutôt que de se faire complice !… Sacrifice illusoire ? Qui sait ? C'est l'absurde docilité des foules qui a rendu et rend encore les guerres possibles… Sacrifice isolé ? Tant pis… Si ceux qui ont le cran de dire « non » doivent être peu nombreux, qu'y puis-je ? C'est peut-être simplement parce que… » Il hésita : « parce qu'une certaine… force d'âme ne court pas les rues… »

Antoine avait écouté debout, étrangement immobile. Un mouvement imperceptible faisait vibrer la ligne de ses sourcils. Il regardait fixement son frère, et respirait à petites bouffées, comme un dormeur.

– « Je ne nie pas qu'il faille une force morale peu commune pour s'insurger, seul ou presque, contre un décret de mobilisation », fit-il enfin, avec douceur. « Mais c'est une force perdue… Une force qui va stupidement se briser contre un mur !… L'homme convaincu, qui se refuse à la guerre et se fait fusiller pour sa conviction, je lui accorde toute ma sympathie, toute ma pitié… Mais je le tiens pour un rêveur inutile… Et je lui donne tort. » […]

Il s'avança vers son frère, et, dans un de ces mouvements spontanés qui étaient si rares entre eux, il lui saisit tendrement les épaules de ses deux mains :

– « Réponds-moi, mon petit… On mobilise demain : qu'est-ce que tu vas faire ? »

1. **Roy** : un personnage du roman.

Jacques se dégagea, sans impatience, mais fermement :

– « Je continuerai à lutter contre la guerre ! Jusqu'au bout ! Par tous les moyens ! Tous !... Y compris, – s'il le faut... – le sabotage révolutionnaire ! » Il avait baissé la voix, malgré lui. Il s'arrêta, oppressé : « Je dis ça... Je ne sais pas », reprit-il, après une courte pause. « Mais, une chose est sûre, Antoine, absolument sûre : moi, soldat ? Jamais ! »

Il fit l'effort de sourire une dernière fois, esquissa un bref signe d'adieu, et gagna la porte, sans que son frère cherchât à le retenir.

Éd. Gallimard.

Lire et analyser

La situation d'argumentation

1. Relevez la première et la dernière phrase. En quoi délimitent-elles la scène romanesque ?

2. Qui sont les personnages en présence ? Quelles relations entretiennent-ils ? Relevez les marques d'affectivité.

3. Qui engage la discussion ? Sur quel sujet ? Quel en est l'enjeu ?

L'argumentation

4. Quelle différence faites-vous entre *intérêt national* (l. 22) et *intérêt général* (l. 22) ?

5. Complétez le tableau suivant.

Arguments d'Antoine	Arguments de Jacques
refuser de servir, c'est faire passer son intérêt personnel avant l'intérêt général (l. 20-21)	
Quand tout un pays mobilise [...] quoi de plus vain [...] qu'un acte isolé d'insubordination (l. 31 à 34)	

6. En vous appuyant sur vos réponses précédentes, résumez les arguments d'Antoine et de Jacques. Quelles sont les deux thèses en présence ?

7. Relevez les marques de concession dans les paroles des personnages. Qui les utilise le plus ? Dans quel but ?

8. Quelles valeurs sont défendues par l'un et l'autre personnages ? L'un d'eux a-t-il convaincu l'autre ? Justifiez votre réponse.

Lire et comparer

9. Quels sont les points communs et les différences (p. 172 et 174) en ce qui concerne la position défendue par les personnages et les arguments utilisés ?

Lire l'image

10. Que représente ce tableau (p. 175) ? Relevez les mots ou phrases du dessin. Quel est le champ lexical dominant ? Précisez la visée de ce tableau.

Lire - Écrire

11. *Écrire une scène dialoguée*

Imaginez une scène romanesque dialoguée dans laquelle deux personnages défendent une cause et échangent leurs arguments.

Critères de réussite
- *Scène délimitée (phrases d'entrée et de sortie).*
- *Description du cadre et des personnages.*
- *Arguments faisant appel à des valeurs morales.*

Lire au CDI

12. *Lire un roman de guerre*

Choisissez au CDI un roman de guerre, lisez-le et présentez-le à la classe (Remarque, *À l'Ouest rien de nouveau* ; H. Barbusse, *Le Feu* ; Kessel, *Une balle perdue* ; Morpurgo, *Cheval de guerre*...).

Se repérer dans l'histoire littéraire

13. Complétez le tableau chronologique (p. 318) : situez les auteurs découverts dans ce chapitre.

Fiches 3 et 8 ➤ p. 300 et p. 306

LEÇON

Le roman

1 Définition

▮ Le roman est un genre littéraire. Il peut se définir comme « une œuvre d'imagination en **prose**, assez longue, qui présente et fait vivre dans un milieu des **personnages** donnés comme réels, nous fait connaître leur psychologie, leur destin, leurs aventures » (*Petit Robert*). Le roman se présente donc comme une **histoire** (fiction) racontée (narration) par un narrateur à un lecteur.

▮ On peut classer les romans selon différents **genres** : le roman d'apprentissage (présente le parcours initiatique d'un personnage jeune), le roman historique et social (à toile de fond historique), le roman d'aventures, le roman policier, le roman autobiographique, le roman de science-fiction...

2 Lire les débuts de roman

▮ Les premières pages d'un roman constituent le lieu de rencontre entre le narrateur et le lecteur. Elles fournissent des **informations** plus ou moins nombreuses sur l'univers dans lequel le lecteur va entrer : informations sur l'histoire (la fiction) et la narration (manière de raconter l'histoire). Elles lui permettent d'élaborer, en fonction du genre du roman, des hypothèses de lecture sur les thèmes et l'histoire.

3 La fiction

▮ **L'intrigue et les actions**

La fiction repose sur une intrigue qui consiste en une transformation d'un état initial (début du roman) en un état final (fin du roman). La connaissance du **schéma narratif** permet d'analyser le processus de transformation et d'élaborer des hypothèses de lecture.

▮ **Les personnages**

– Les personnages ont un nom, une identité, un statut social. Le **héros**, ou personnage principal, se distingue des **personnages secondaires**. Les personnages jouent un rôle essentiel dans l'histoire. Le lecteur peut mener sa lecture en s'identifiant à l'un ou l'autre d'entre eux.

– Le **schéma actantiel** rend compte du parcours des personnages et notamment du héros, il permet d'analyser leur fonction : le personnage ou « actant » poursuit une quête et cherche à combler un manque. Il peut être aidé par des « adjuvants » ou entravé par des « opposants ». L'échec ou la réussite du personnage marque la fin du roman. Un même personnage peut suivre plusieurs parcours (politique, amoureux...).

4 Les scènes romanesques

▮ Un roman est construit sur des **variations de rythme** : scènes et sommaires alternent (➤ Leçon, p. 54). Les scènes romanesques sont souvent délimitées par une phrase d'ouverture et de clôture (entrée ou sortie d'un personnage par exemple). Souvent dialoguées, elles s'apparentent à des scènes de théâtre.

▮ Les scènes constituent des **temps forts** pour le lecteur : elles mettent en valeur un événement, contribuent à la dramatisation.

▮ Certaines scènes se retrouvent d'un roman à l'autre : la scène de première rencontre, la scène d'affrontement (verbal ou physique, duels...), la mort du héros... Certaines sont liées à des genres : la scène d'élucidation de l'énigme dans le roman policier.

5 Les fonctions du roman

▮ Le roman présente une fonction de **divertissement** : il permet l'évasion, met en jeu des émotions et l'imagination.

▮ Certains romans se donnent pour mission d'informer, de **témoigner** d'une époque : ils ont pour toile de fond un contexte historique défini dans lequel évoluent les personnages (par exemple, au XIXe siècle, des romans d'Hugo, Balzac, Zola...). Ils peuvent dans ce cas présenter une **visée argumentative** (dénoncer, critiquer...).

▮ Au XXe siècle, certains romanciers (Butor, p. 26, Robbe-Grillet, p. 30) **remettent en cause** le genre du roman (absence d'intrigue, dissolution du personnage...).

EXERCICES

LEXIQUE

1. À propos du mot *roman*

1. Cherchez dans le dictionnaire l'origine du mot *roman*. Quel est son sens aujourd'hui ?

2. Cherchez deux expressions qui comportent le mot *roman* et employez-les dans des phrases de votre composition.

3. Employez au moins quatre mots de la même famille que le mot *roman* dans une phrase de votre composition.

2. À propos du mot *héros*

1. Cherchez dans le dictionnaire l'étymologie du mot *héros*.

2. Trouvez l'homonyme du mot *héros*. Employez cet homonyme dans une phrase de façon à en éclairer le sens.

GRAMMAIRE

3. Repérer et analyser les substituts et la caractérisation

Lisez le texte suivant, puis répondez aux questions.

Les premières pages du roman de Steinbeck présentent une description des lieux, suivie de celle des deux personnages principaux.

Toute vie cessa pendant un instant, puis deux hommes débouchèrent du sentier et s'avancèrent dans la clairière, au bord de l'eau verte.

Ils avaient descendu le sentier à la file indienne, et, même en terrain découvert, ils restaient l'un derrière l'autre. Ils étaient vêtus tous les deux de pantalons et de vestes en serge de coton bleue à boutons de cuivre. Tous deux étaient coiffés de chapeaux noirs informes, et tous deux portaient sur l'épaule un rouleau serré de couvertures. L'homme qui marchait en tête était petit et vif, brun de visage, avec des yeux inquiets et perçants, des traits marqués. Tout en lui était défini : des mains petites et fortes, des bras minces, un nez fin et osseux. Il était suivi par son contraire, un homme énorme, à visage informe, avec de grands yeux pâles et de larges épaules tombantes. Il marchait lourdement, en traînant un peu les pieds comme un ours traîne les pattes. Ses bras, sans osciller, pendaient ballants à ses côtés.

Le premier homme s'arrêta net dans la clairière, et son compagnon manqua de lui tomber dessus. Il enleva son chapeau et en essuya le cuir avec l'index qu'il fit claquer pour en faire égoutter la sueur. Son camarade laissa tomber ses couvertures et, se jetant à plat ventre, se mit à boire à la surface de l'eau verte. Il buvait à grands coups, en renâclant dans l'eau comme un cheval. Le petit homme s'approcha de lui nerveusement.

John Steinbeck, *Des souris et des hommes*,
traduit de l'anglais par Maurice-Edgar Coindreau,
Éd. Gallimard.

1. Délimitez le passage descriptif. Pour répondre, relevez un indice grammatical.

2. a) Relevez les noms et pronoms qui désignent les personnages. Sont-ils désignés avec précision ? Y a-t-il des marques de subjectivité ?

b) Relevez les termes qui les caractérisent. Classez-les selon leur nature grammaticale.

c) Quel aspect des personnages est plutôt caractérisé (physique, moral, pensées...) ?

3. Quelle est la progression thématique dominante ? Justifiez votre réponse.

4. À partir de vos réponses, déduisez le point de vue adopté par le narrateur dans ce passage.

VERS L'ÉCRITURE

4. Réinvestir les substituts

1. Établissez une liste de mots ou expressions servant à désigner un personnage de roman (adolescent(e), personnage âgé, animal...). Vous choisirez ces désignations selon l'effet à produire (émouvoir, provoquer l'admiration, faire peur...).

2. Écrivez un paragraphe dans lequel vous réinvestirez ces mots et expressions.

Exercice bilan : vers le brevet

Lisez le texte suivant, puis répondez aux questions.

Voici le début du roman.

L'avocat ouvrit une porte. Thérèse Desqueyroux, dans ce couloir dérobé du palais de justice, sentit sur sa face la brume et, profondément, l'aspira. Elle avait peur d'être attendue, hésitait à sortir. Un homme, dont le col était relevé, se détacha d'un platane ; elle reconnut son père. L'avocat cria : « Non-lieu », et, se retournant vers Thérèse :

« Vous pouvez sortir : il n'y a personne. »

Elle descendit des marches mouillées. Oui, la petite place semblait déserte. Son père ne l'embrassa pas, ne lui donna pas même un regard ; il interrogeait l'avocat Duros qui répondait à mi voix, comme s'ils eussent été épiés. Elle entendait confusément leurs propos :

« Je recevrai demain l'avis officiel du non-lieu.

– Il ne peut plus y avoir de surprise ?

– Non : les carottes sont cuites, comme on dit.

– Après la déposition de mon gendre, c'était couru.

– Couru... couru... On ne sait jamais.

– Du moment que, de son propre aveu, il ne comptait jamais les gouttes...

– Vous savez, Larroque, dans ces sortes d'affaires, le témoignage de la victime... »

La voix de Thérèse s'éleva :

« Il n'y a pas eu de victime.

– J'ai voulu dire : victime de son imprudence, madame. »

Les deux hommes, un instant, observèrent la jeune femme immobile, serrée dans son manteau, et ce blême visage qui n'exprimait rien. Elle demanda où était la voiture ; son père l'avait fait attendre sur la route de Budos, en dehors de la ville, pour ne pas attirer l'attention.

Ils traversèrent la place : des feuilles de platane étaient collées aux bancs trempés de pluie. Heureusement, les jours avaient bien diminué.

François Mauriac,
Thérèse Desqueyroux, Éd. Grasset.

Le narrateur, le cadre et les personnages

1. Définissez le statut du narrateur.

2. a) Définissez le cadre spatio-temporel.

b) Qui sont les personnages ? Quelles relations entretiennent-ils ?

c) Relevez les expressions qui les caractérisent.

Le dialogue

3. Quels personnages prennent la parole ?

4. Quel est le sujet du dialogue ? Pour répondre, appuyez-vous sur un champ lexical que vous relèverez.

5. *Les carottes sont cuites* (l. 18) ; *c'était couru* (l. 19-20).

a) Quel est le sens de ces expressions ?

b) Précisez le niveau de langage de ces expressions. Quel est l'effet produit ?

6. Relevez les trois expressions comportant le mot *victime*. Le sens de ce mot est-il à chaque fois le même ?

7. Quelle est la fonction du dialogue ?

La fonction du passage

8. Quelles sont les informations apportées dans ce début de roman ? Vous vous appuierez sur le dialogue et la narration pour répondre. Sont-elles nombreuses ? Quelles sont celles qui vous paraissent énigmatiques ?

9. a) À quel genre de roman vous attendez-vous ?

b) Quelles hypothèses émettez-vous pour la suite ? Vous tiendrez compte du titre.

Sujet d'écriture

10. Imaginez la scène du procès qui pourrait précéder l'extrait : vous rapporterez la plaidoirie et les différents témoignages (n'oubliez pas que la cause de la mise en examen de Thérèse doit apparaître). Vous mettrez en évidence les thèses contradictoires.

5 La poésie

Wassily Kandinsky (1866-1944), *Composition II*, 1910 (peinture ; Moscou, galerie Tretiakov).

Lire l'image

Après avoir recherché dans un dictionnaire le sens du mot composition *appliqué à une œuvre d'art, observez les éléments (lignes, formes, couleurs...) qui rythment cette peinture. Quel(s) mot(s), quelle musique pourraient illustrer cette œuvre ?*

RENCONTRES ET PREMIERS BAISERS (1)

Leçon p. 212

TEXTE 1

Gérard de Nerval,
écrivain français, 1808-1855.

Odelettes rythmiques et lyriques,
recueil de poèmes, 1852.

Une allée du Luxembourg

Elle a passé, la jeune fille,
Vive et preste comme un oiseau :
À la main une fleur qui brille,
À la bouche un refrain nouveau.

C'est peut-être la seule au monde
Dont le cœur au mien répondrait,
Qui, venant dans ma nuit profonde
D'un seul regard l'éclaircirait !

Mais non, – ma jeunesse est finie…
Adieu, doux rayon qui m'as lui, –
Parfum, jeune fille, harmonie…
Le bonheur passait, – il a fui !

Constantin Guys (1802-1892), *Jeune femme relevant sa jupe et marchant vers la gauche* (mine de plomb, lavis gris, aquarelle ; Louvre, D.A.G., fonds Orsay).

Rosemonde

TEXTE 2

Guillaume Apollinaire,
poète français,
1880-1918.

Alcools,
recueil de poèmes,
1913.

À André Derain

Longtemps au pied du perron de
La maison où entra la dame
Que j'avais suivie pendant deux
Bonnes heures à Amsterdam
Mes doigts jetèrent des baisers

Mais le canal était désert
Le quai aussi et nul ne vit
Comment mes baisers retrouvèrent
Celle à qui j'ai donné ma vie
Un jour pendant plus de deux heures

Je la surnommai Rosemonde
Voulant pouvoir me rappeler
Sa bouche fleurie en Hollande
Puis lentement je m'en allai
Pour quêter la Rose du Monde

Éd. Gallimard.

Lire et comparer

La mise en espace et la situation d'énonciation

1. Observez la date de publication de chaque poème, leur titre, la mise en espace (strophes, mètres, ponctuation…). Quel est leur thème commun ?

2. a) Qui désignent les pronoms personnels ?
b) Le poète a-t-il noué une relation avec le personnage rencontré ?

Le langage poétique

3. Dans quel poème le cadre est-il le mieux caractérisé ? Justifiez votre réponse.

4. Le personnage rencontré est-il nommé ? caractérisé ? Le poète vous paraît-il plutôt acteur ou plutôt spectateur ?

5. Quel est la tonalité de chaque poème ? Pour répondre, appuyez-vous sur l'étude d'un champ lexical signifiant, sur le jeu du rythme (régulier, irrégulier) et des sonorités (allitérations, assonances, rimes).

6. Comparez le début et la fin de chaque poème et dites si l'état d'âme de chacun des poètes vous semble avoir évolué. Justifiez votre réponse.

Lire l'image

7. Par quels procédés (lignes, couleurs…) l'artiste a-t-il créé l'illusion du mouvement (p. 182) ? l'effet de légèreté ?

8. Cette jeune femme pourrait-elle être Rosemonde ? la jeune fille du Luxembourg ? Justifiez votre réponse en citant le texte.

Écouter - Dire

9. *Lire et réciter*

Lisez ou récitez à la classe, en mettant le ton, celui des deux poèmes que vous préférez.

Fiches 5 et 6 ➤ p. 303 et p. 304

RENCONTRES ET PREMIERS BAISERS (2)

Leçon p. 212

Philip Wilson Steer (1860-1942), *Jeune femme sur la plage ou Jeune femme sur la jetée* (Walber swick, Suffolk, huile sur toile ; Paris, Musée d'Orsay).

Apparition

TEXTE 3

Stéphane Mallarmé, poète français, 1842-1898.

Poésies, 1887.

La lune s'attristait. Des séraphins[1] en pleurs
Rêvant, l'archet aux doigts, dans le calme des fleurs
Vaporeuses, tiraient de mourantes violes[2]
De blancs sanglots glissant sur l'azur des corolles.
– C'était le jour béni de ton premier baiser.
Ma songerie aimant à me martyriser
S'enivrait savamment du parfum de tristesse
Que même sans regret et sans déboire laisse
La cueillaison d'un Rêve au cœur qui l'a cueilli.
J'errais donc, l'œil rivé sur le pavé vieilli
Quand avec du soleil aux cheveux, dans la rue
Et dans le soir, tu m'es en riant apparue
Et j'ai cru voir la fée au chapeau de clarté
Qui jadis sur mes beaux sommeils d'enfant gâté
Passait, laissant toujours de ses mains mal fermées
Neiger de blancs bouquets d'étoiles parfumées.

1. **séraphins** : anges.

2. **viole** : instrument de musique à cordes et à archet.

A poor young shepherd

TEXTE 4

Paul Verlaine,
poète français,
1844-1896.

Romances sans paroles,
recueil de poèmes,
1874.

J'ai peur d'un baiser
Comme d'une abeille.
Je souffre et je veille
Sans me reposer :
J'ai peur d'un baiser !

Pourtant j'aime Kate
Et ses yeux jolis.
Elle est délicate,
Aux longs traits pâlis.
Oh ! que j'aime Kate !

C'est Saint-Valentin !
Je dois et je n'ose
Lui dire au matin...
La terrible chose
Que Saint-Valentin !

Elle m'est promise,
Fort heureusement !
Mais quelle entreprise
Que d'être un amant
Près d'une promise !

J'ai peur d'un baiser
Comme d'une abeille.
Je souffre et je veille
Sans me reposer :
J'ai peur d'un baiser !

Lire et analyser

Texte 3

1. Qui désignent les pronoms *je* et *tu* ? Dans quel cadre spatio-temporel se situe la rencontre ? Le poète a-t-il noué une relation avec le personnage rencontré ? Citez des indices du texte pour justifier vos réponses.

2. Quelles sont les deux parties qui structurent le poème ? Pour répondre, citez le vers (comportant un connecteur) qui ménage la transition, relevez les champs lexicaux qui s'opposent et étudiez les jeux de sonorités (notamment aux vers 4, 7, 9, 12, 15 et 16).

3. À partir de vos réponses, dites s'il y a eu évolution de l'état d'âme du poète.

4. a) Pourquoi, selon vous, le mot *Rêve* (v. 9) comporte-t-il une majuscule ?
b) Quels sont les sens possibles du titre ? Que connote-t-il ? Y a-t-il dans le poème des indices qui permettent de choisir une des interprétations induites par le titre ? Argumentez votre réponse.

Texte 4

5. Caractérisez le personnage rencontré. S'agit-il d'une première rencontre ? Quel est l'état d'esprit du poète ? Appuyez-vous sur les champs lexicaux, les types de phrases, le mètre utilisé.

6. Que signifie le titre ? Quel rapport établissez-vous entre le titre et le poème ? Imaginez-lui un autre titre.

Lire et comparer

Textes 1 à 4 (p. 182 à 185)

7. Quelle est la tonalité de chacun des quatre poèmes : quels sont ceux que vous trouvez plutôt optimistes ou pessimistes ? Justifiez votre réponse.

8. Justifiez le groupement de ces quatre poèmes en vous appuyant sur les relations du poète avec le personnage rencontré.

Lire - Écrire

9. *Écrire un poème*

Écrivez un poème en mètres courts ayant pour refrain : *C'est Saint-Valentin !*

Fiches 5 et 6 ➤ p. 303 et p. 304

RENCONTRES ET PREMIERS BAISERS (3)

Leçon p. 212

Arthur Rimbaud,
poète français,
1854-1891.

Poésies, 1870-1871.

1. **foin** : interjection ayant le sens de *assez !*

2. **bock** : verre de bière.

3. **cavatines** : dans un opéra, air chanté pour déclarer son amour.

Vincent Van Gogh (1853-1890),
Le Café Terrasse, place du Forum à Arles, 1888
(peinture, 81 x 65,5 cm; coll. Kröller-Müller Museum, Otterlo, The Netherlands).

Roman

I

On n'est pas sérieux quand on a dix-sept ans.
– Un beau soir, foin[1] des bocks[2] et de la limonade,
Des cafés tapageurs aux lustres éclatants !
– On va sous les tilleuls verts de la promenade.

Les tilleuls sentent bon dans les bons soirs de juin !
L'air est parfois si doux, qu'on ferme la paupière ;
Le vent chargé de bruits, – la ville n'est pas loin, –
A des parfums de vigne et des parfums de bière...

II

– Voilà qu'on aperçoit un tout petit chiffon
D'azur sombre, encadré d'une petite branche,
Piqué d'une mauvaise étoile, qui se fond
Avec de doux frissons, petite et toute blanche...

Nuit de juin ! Dix-sept ans ! – On se laisse griser.
La sève est du champagne et vous monte à la tête...
On divague ; on se sent aux lèvres un baiser
Qui palpite là, comme une petite bête...

III

Le cœur fou Robinsonne à travers les romans,
– Lorsque, dans la clarté d'un pâle réverbère,
Passe une demoiselle aux petits airs charmants,
Sous l'ombre du faux-col effrayant de son père...

Et, comme elle vous trouve immensément naïf,
Tout en faisant trotter ses petites bottines,
Elle se tourne, alerte et d'un mouvement vif...
– Sur vos lèvres alors meurent les cavatines[3]...

IV

Vous êtes amoureux. Loué jusqu'au mois d'août.
Vous êtes amoureux. – Vos sonnets La font rire.
Tous vos amis s'en vont, vous êtes mauvais goût.
– Puis l'adorée, un soir, a daigné vous écrire !...

– Ce soir-là,... – vous rentrez aux cafés éclatants,
Vous demandez des bocks ou de la limonade...
– On n'est pas sérieux, quand on a dix-sept ans
Et qu'on a des tilleuls verts sur la promenade.

23 septembre 1870

Lire et analyser

Première lecture

1. Quelles sont vos premières réactions à la lecture de ce poème?

La mise en espace

2. Quelles remarques faites-vous sur le nombre de strophes, leur organisation et le mètre utilisé?

La situation d'énonciation

3. Le poème est daté. Quel âge avait le poète?

4. À qui peuvent se référer les pronoms *On* (v. 1, 4...) et *vous* (v. 14, 21...)? Émettez plusieurs hypothèses.

Le langage poétique

5. Quel rapport pouvez-vous établir entre le titre et le poème? Justifiez votre réponse en vous appuyant sur la mise en espace, la forme de discours utilisée (quelle est la scène rapportée?). En quoi le vers 17 est-il éclairant?

6. a) Quels sont les deux lieux évoqués (v. 1 à 8)? En quoi s'opposent-ils? Dans quel lieu le poète se sent-il le mieux? Justifiez votre réponse.
b) En quoi la nature évoquée (v. 9 à 12) est-elle féminisée? Justifiez votre réponse en analysant les figures de style.

7. À partir du verbe *griser* (v. 13), définissez l'état d'âme du poète (relevez les mots qui sont associés à ce verbe dans les vers 1 à 16). En quoi le rythme et la ponctuation, les sonorités mettent-ils en valeur cet état d'âme? Donnez quelques exemples. De quoi le poète rêve-t-il?

8. a) Sur quel ton le poète rapporte-t-il la scène de rencontre? Pour répondre, appuyez-vous sur la caractérisation des personnages, leurs relations, qui prend le dessus sur l'autre, le lexique (notamment les termes *Loué*, v. 25 et *l'adorée*, v. 28), la majuscule du vers 26 (*La*).
b) Expliquez la différence entre *On va* (v. 4) et *on a* (v. 32). En quoi peut-on dire que l'adolescent est arrivé au terme d'un parcours initiatique?

Lecture finale

9. En quoi ce poème revêt-il une dimension ludique et parodique? Pour répondre, dites si le poète se prend au sérieux et en quoi il joue sur le mot *roman*, sur l'énonciation. En quoi joue-t-il aussi avec les genres littéraires?

Lire l'image

10. Quelles sont les couleurs qui mettent en valeur le lieu, le moment du jour? Quel est l'effet produit?

11. Van Gogh écrit à un ami peintre (par exemple Gauguin, voir p. 282) pour lui parler de ce tableau qu'il achève. Rédigez cette lettre en vous appuyant sur des observations concernant la touche du peintre, la palette choisie (les couleurs) et vos réponses à la question 10.

Lire - Écrire

12. ***Écrire librement***

Écrivez à votre tour un texte en vers ou en prose. Vous commencerez et terminerez par *On n'est pas sérieux quand on a... ans* (âge à choisir).

Lire au CDI

13. ***Lire des poèmes de Rimbaud***

Lisez d'autres poèmes de Rimbaud (tirés des *Poésies*, des *Illuminations* ou d'*Une saison en Enfer*). Choisissez-en un et lisez-le à la classe en mettant le ton.

Fiches 3 et 6 ➤ p. 300 et p. 304

 Leçon p. 212

L'isolement

Alphonse de Lamartine,
poète français,
1790-1869.

Méditations poétiques,
recueil de poèmes,
1820.

Souvent sur la montagne, à l'ombre du vieux chêne,
Au coucher du soleil, tristement je m'assieds ;
Je promène au hasard mes regards sur la plaine,
Dont le tableau changeant se déroule à mes pieds.

Ici gronde le fleuve aux vagues écumantes ;
Il serpente et s'enfonce en un lointain obscur ;
Là, le lac immobile étend ses eaux dormantes
Où l'étoile du soir se lève dans l'azur.

Au sommet de ces monts couronnés de bois sombres,
Le crépuscule encor jette un dernier rayon ;
Et le char vaporeux de la reine des ombres
Monte, et blanchit déjà les bords de l'horizon.

Cependant, s'élançant de la flèche gothique,
Un son religieux se répand dans les airs :
Le voyageur s'arrête, et la cloche rustique
Aux derniers bruits du jour mêle de saints concerts.

Mais à ces doux tableaux mon âme indifférente
N'éprouve devant eux ni charme ni transports ;
Je contemple la terre ainsi qu'une ombre errante :
Le soleil des vivants n'échauffe plus les morts.

De colline en colline en vain portant ma vue,
Du sud à l'aquilon, de l'aurore au couchant,
Je parcours tous les points de l'immense étendue,
Et je dis : « Nulle part le bonheur ne m'attend. »

Que me font ces vallons, ces palais, ces chaumières,
Vains objets dont pour moi le charme est envolé ?
Fleuves, rochers, forêts, solitudes si chères,
Un seul être vous manque, et tout est dépeuplé !

Que le tour du soleil ou commence ou s'achève,
D'un œil indifférent je le suis dans son cours ;
En un ciel sombre ou pur qu'il se couche ou se lève,
Qu'importe le soleil ? je n'attends rien des jours.

Vers 1 à 32.

Pierre Henri de Valenciennes (1750-1819), *L'Orage au bord d'un lac* (huile sur papier; Paris, Musée du Louvre).

Lire et analyser

Première lecture

1. Quelles sont vos premières réactions à la lecture de ce poème?

La mise en espace

2. Quelles remarques faites-vous sur le mètre utilisé et la disposition des rimes?

La situation d'énonciation, le cadre et le point de vue

3. Quel pronom désigne le poète? Où se trouve-t-il précisément? D'où voit-il le paysage et à quel moment de la journée?

Le langage poétique

4. Dégagez l'opposition qui structure le poème. Pour répondre :

a) Analysez la caractérisation du paysage (éléments qui le composent, indications de mouvements ou d'immobilité, sensations...). En quoi les figures de style (v. 11-12 par exemple), le rythme (est-il régulier? y a-t-il des enjambements?), les sonorités (v. 6, 7 et 9 par exemple) contribuent-ils à produire un effet? Vous préciserez lequel.

b) Définissez l'état d'âme du poète : pour répondre, relevez un champ lexical, analysez les types et formes de phrases des vers 26 à 32 et donnez la valeur du mode utilisé au vers 29.

c) Quel rapport établissez-vous entre le paysage et le poète? En quoi le vers 17 résume-t-il l'opposition qui structure le poème (analysez dans ce vers le lexique, la place de la césure, la syntaxe) ?

5. Quelle est la cause de l'état d'âme du poète? Justifiez votre réponse en relevant un seul vers qui vous paraît signifiant.

Lecture finale et tonalité

6. Quel sens donnez-vous au titre? Le poète évolue-t-il? Quelle est la tonalité et la visée de cet extrait?

Lire l'image

7. Cette peinture vous semble-t-elle correspondre au poème? Pourquoi?

Lire - Écrire

8. *Rédiger une scène romanesque*

Rédigez une scène romanesque dans laquelle vous insérerez la phrase : *Un seul être vous manque, et tout est dépeuplé.*

Critères de réussite
- *Scène délimitée (phrase d'ouverture et de clôture)*
- *Personnages caractérisés.*
- *Insertion pertinente de la phrase imposée.*

9. *Écrire un poème*

À la manière de Lamartine, écrivez deux strophes dans lesquelles vous insérerez le vers 28. Vous respecterez si possible la métrique et la disposition des rimes.

Écouter - Dire

10. *Réciter*

Choisissez deux ou trois strophes et apprenez-les afin de les réciter aux autres élèves.

Fiches 5 et 6 ➤ p. 303 et p. 304

L'ABSENCE (2)

Leçon p. 212

Souvenir

Voici les derniers vers de ce poème.

TEXTE 1

Alfred de Musset,
écrivain français,
1810-1857.

« Souvenir », 1841.

Les voilà, ces coteaux, ces bruyères fleuries,
Et ces pas argentins[1] sur le sable muet,
Ces sentiers amoureux, remplis de causeries,
Où son bras m'enlaçait.

Les voilà, ces sapins à la sombre verdure,
Cette gorge profonde aux nonchalants détours,
Ces sauvages amis, dont l'antique murmure
A bercé mes beaux jours.

Les voilà, ces buissons où toute ma jeunesse,
Comme un essaim d'oiseaux, chante au bruit de mes pas.
Lieux charmants, beau désert où passa ma maîtresse,
Ne m'attendiez-vous pas ?

1. **argentins** : qui résonnent clair comme l'argent.

Intermezzo

TEXTE 2

Jules Laforgue,
poète français,
1860-1887.

Premiers poèmes.

Belles, claires étoiles d'or
Dont la nuit sereine est semée
Oh ! saluez de loin ma bien-aimée !
Dites-lui que je suis encor
Dites-[lui] que je suis toujours
Pâle et fidèle et malade d'amour !

(Traduit de Heine.)

To a dark girl

TEXTE 3

Léopold Sédar Senghor,
poète sénégalais de langue française, né en 1906.

Poèmes perdus.

Tu as laissé glisser sur moi
L'amitié d'un rayon de lune.
Et tu m'as souri doucement,
Plage au matin éclose en galets blancs.
Elle règne sur mon souvenir, ta peau olive
Où Soleil et Terre se fiancent.
Et ta démarche mélodie
Et tes finesses de bijou sénégalais,
Et ton altière majesté de pyramide,
Princesse !
Dont les yeux chantent la nostalgie
Des splendeurs du Mali sous ses tables ensevelies.

Éd. du Seuil.

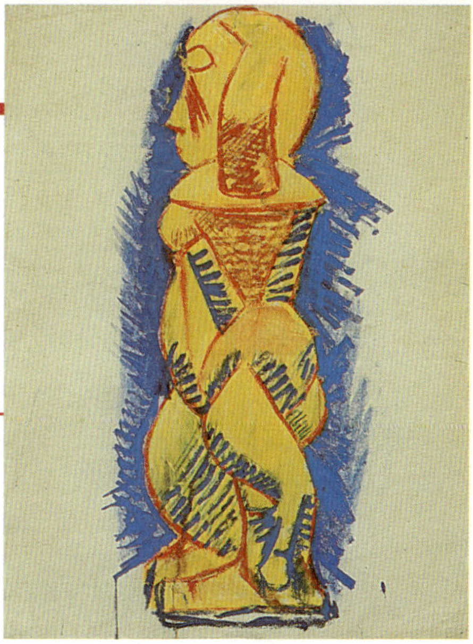

Pablo Picasso (1881-1973), *Nu debout de profil*, 1908 (gouache et pastel ; Paris, Musée Picasso).

Lire et comparer

Établissez les ressemblances et les différences entre les trois poèmes en répondant aux questions suivantes :

1. La mise en espace et les mètres utilisés sont-ils les mêmes ?

2. Quel pronom désigne le poète ? À qui s'adresse-t-il ? Citez des indices précis.

3. Relevez les mots qui désignent et caractérisent la femme absente. Dans quel poème cette femme est-elle le plus précisément évoquée ? Citez un champ lexical à l'appui de votre réponse. Dans quel poème l'est-elle le moins ?

4. Analysez et comparez la caractérisation de la nature (lexique, figures de style, rythme, sonorités...).

5. Quel est l'état d'âme du poète ? Quel rôle la nature joue-t-elle auprès de lui ?

6. Quel rapport pouvez-vous établir entre le titre et le poème ?

Lire l'image

7. Qu'est-ce que le cubisme ? En quoi cette œuvre peut-elle être qualifiée de cubiste ?

8. Pour mieux comprendre ce tableau, cherchez quel art a influencé Picasso pendant sa période cubiste.

Lire - Écrire

9. *Écrire un poème*

Écrivez un poème (en vers libres ou non) qui sera adressé à un être que vous aimez (personne, animal...). Vous pourrez prendre à témoin la nature ou l'associer à l'être aimé. Vous donnerez un titre pertinent à votre poème.

Écouter - Dire

10. *Réciter*

Apprenez le poème qui vous touche le plus et récitez-le à la classe.

Fiches 3 et 6 ➤ p. 300 et p. 304

André Mare (1885-1932), *Charles Camoin attablé devant la cathédrale de Noyon,* juillet 1917 (aquarelle extraite du Carnet de guerre numéro 6 ; collection particulière).

L'ABSENCE (3)

Leçon p. 212

En 1914, avant de s'engager dans la Première guerre mondiale, Apollinaire fait la connaissance de Louise de Coligny-Châtillon. Elle lui a inspiré les Poèmes à Lou *(publiés après la mort du poète).*

Guillaume Apollinaire,
poète français,
1880-1918.

***Poèmes à Lou*, XXIII,**
1955
(édition posthume).

Quatre jours mon amour pas de lettre de toi
Le jour n'existe plus le soleil s'est noyé
La caserne est changée en maison de l'effroi
Et je suis triste ainsi qu'un cheval convoyé

Que t'est-il arrivé souffres-tu ma chérie
Pleures-tu Tu m'avais bien promis de m'écrire
Lance ta lettre obus de ton artillerie
Qui doit me redonner la vie et le sourire

Huit fois déjà le vaguemestre[1] a répondu
« Pas de lettres pour vous » Et j'ai presque pleuré
Et je cherche au quartier ce joli chien perdu
Que nous vîmes ensemble ô mon cœur adoré

En souvenir de toi longtemps je le caresse
Je crois qu'il se souvient du jour où nous le vîmes
Car il me lèche et me regarde avec tendresse
Et c'est le seul ami que je connaisse à Nîmes

Sans nouvelles de toi je suis désespéré
Que fais-tu Je voudrais une lettre demain
Le jour s'est assombri qu'il devienne doré
Et tristement ma Lou je te baise la main

Éd. Gallimard.

1. **vaguemestre** : sous-officier chargé du service de la poste.

Lire et analyser

Première lecture

1. Quelles sont vos premières réactions à la lecture de ce poème?

La mise en espace

2. Quelles remarques faites-vous sur le nombre de strophes, la ponctuation, le mètre utilisé?

La situation d'énonciation

3. En quoi ce poème s'apparente-t-il à une lettre d'amour? Relevez pour répondre les mots qui désignent le destinataire. D'où le poète écrit-il? dans quelles circonstances? Citez des indices textuels.

Le langage poétique

4. Quel est l'état d'âme du poète? Pour répondre :
a) Relevez le champ lexical dominant qui parcourt le poème et notez les formes de phrases qui sont associées à cet état d'âme.
b) Nommez et analysez les figures de style (v. 2, 4).
c) Dites quel est l'effet produit par l'emploi des guillemets au vers 10.
d) Analysez le rythme : en quoi est-il régulier? Quel est l'effet produit par la répétition de la conjonction *et* (v. 4, 10, 11, 16, 20) et par les deux ruptures de rythme aux vers 6 et 18? Vous identifierez le type de phrases associé à ces ruptures.

e) Analysez quelques effets de sonorités dans la seconde strophe.

5. Qu'évoque le poète dans les vers 11 à 16? Analysez le jeu des pronoms personnels et les indices lexicaux. Quel peut être le rôle de cette évocation?

Lecture finale et visée

6. a) Analysez l'antithèse : *Le jour s'est assombri qu'il devienne doré* (v. 19). À quel autre vers ce vers fait-il écho?
b) Quelle est la valeur des modes verbaux dans les vers 7, 18 et 19?

7. À partir de l'ensemble de vos réponses, déterminez la visée du poème.

Lire l'image

8. À quels détails repérez-vous qu'il s'agit de pages de carnet? Dans quel cadre est représenté ce soldat : intérieur? extérieur?

9. Par quels procédés le soldat est-il mis en valeur? Pour répondre, observez les plans, les lignes, la perspective (est-elle respectée?).

Lire - Écrire

10. *Écrire une lettre*

a) Écrivez une lettre (sous forme de poème ou non) à un être qui vous manque. Vous réinvestirez quelques procédés analysés au cours de l'étude.
b) Lou répond à Apollinaire. Imaginez sa lettre (sous forme de poème ou non).

Critères de réussite
- *Situation d'énonciation conforme au genre épistolaire.*
- *Mise en espace spécifique selon le genre choisi.*
- *Présence de champs lexicaux liés à l'absence (sujet a).*
- *Présence d'éléments de réponse (sujet b).*

Écouter - Dire

11. *Lire et réciter*

Lisez des poèmes d'Apollinaire extraits du recueil *Alcools* (notamment « La chanson du Mal-Aimé », « Le Pont Mirabeau », « Mai », « Marie »). Choisissez-en un, justifiez votre choix auprès de la classe et lisez-le.

Lire au CDI

12. *Lire une biographie d'Apollinaire*

Lisez la biographie d'Apollinaire dans une histoire littéraire. En quoi ce poème est-il autobiographique?

Fiches 4 et 6 ➤ p. 301 et p. 304

LA FORCE DE L'AMOUR (1)

Leçon p. 212

Je t'aime

Éluard a perdu toute raison de vivre lorsque sa femme, Nush, est morte subitement d'une crise cardiaque. Quelques années plus tard, il rencontre Dominique qui lui apporte un nouveau bonheur.

Paul Éluard,
poète français,
1895-1952.

Le Phénix,
recueil de poèmes,
1951.

Je t'aime pour toutes les femmes que je n'ai pas connues
Je t'aime pour tous les temps où je n'ai pas vécu
Pour l'odeur du grand large et l'odeur du pain chaud
Pour la neige qui fond pour les premières fleurs
Pour les animaux purs que l'homme n'effraie pas
Je t'aime pour aimer
Je t'aime pour toutes les femmes que je n'aime pas

Qui me reflète sinon toi-même je me vois si peu
Sans toi je ne vois rien qu'une étendue déserte
Entre autrefois et aujourd'hui
Il y a eu toutes ces morts que j'ai franchies sur de la paille[1]
Je n'ai pas pu percer le mur de mon miroir
Il m'a fallu apprendre mot par mot la vie
Comme on oublie

Je t'aime pour ta sagesse qui n'est pas la mienne
Pour la santé
Je t'aime contre tout ce qui n'est qu'illusion
Pour ce cœur immortel que je ne détiens pas
Tu crois être le doute et tu n'es que raison
Tu es le grand soleil qui me monte à la tête
Quand je suis sûr de moi.

Éd. Seghers.

1. **sur de la paille :** autrefois, les soldats blessés étaient allongés sur de la paille.

Valentine Hugo (1887-1968), portrait de Dominique Éluard, 1951 (encre ; Saint Denis, Musée d'Art et d'Histoire).

Lire et analyser

Première lecture

1. Quelles sont vos premières réactions à la lecture de ce poème ?

La mise en espace

2. Quelles remarques faites-vous sur le nombre de strophes, la ponctuation, le mètre utilisé ?

La situation d'énonciation

3. a) Relevez les marques de l'énonciation (pronoms personnels).
b) Quels sont les deux temps utilisés ? Quelle est leur valeur ?

Le langage poétique

4. Relevez les anaphores, les parallélismes et les énumérations qui structurent le poème. Quel est l'effet produit ?

5. Quelles différentes images de la femme aimée sont données dans chaque strophe ? Pour répondre, appuyez-vous sur :
a) Le lexique (champs lexicaux et connotations, jeux sur les différents sens de la préposition *pour*).
b) La syntaxe (jeu et place des pronoms personnels).
c) Les figures de style (analysez notamment les parallélismes et l'antithèse du vers 10).
d) Les jeux de sonorités (donnez des exemples).
e) Les effets de l'absence de ponctuation (quelles sont les deux lectures possibles des vers 8-9 ?).

6. a) La femme aimée est-elle l'égale du poète (v. 15 à 18) ?
b) En quoi le poète a-t-il changé après la rencontre ? Appuyez-vous sur l'ensemble de vos réponses.

Lecture finale et tonalité

7. Quelles interprétations possibles pouvez-vous donner aux vers 20 et 21 ?

8. Établissez un rapport entre le poème et le titre du recueil (aidez-vous également du hors-texte). Quelle est la visée du poème ?

Lire l'image

9. Repérez la signature du peintre et suivez des yeux le trait qui évoque Dominique Éluard. Que remarquez-vous ? Exercez-vous à dessiner un personnage, un animal ou un objet en adoptant la même technique.

Lire - Écrire

10. *Écrire à la manière d'Éluard*

Écrivez une strophe à la manière d'Éluard. Vous commencerez par *Je t'aime pour*. Vous définirez d'abord votre destinataire (réel ou imaginaire, animé ou inanimé) et utiliserez à votre choix certains procédés que vous avez analysés.

Lire au CDI

11. *Lire et réciter*

Lisez d'autres poèmes d'Éluard (tirés des recueils *Capitale de la douleur, L'amour la poésie, Le temps déborde, Le Phénix*...). Choisissez-en un, apprenez-le, justifiez votre choix auprès de la classe et récitez-le.

12. *Lire la biographie d'Éluard*

Lisez la biographie d'Éluard dans une histoire littéraire. En quoi ce poème est-il autobiographique ?

Fiches 4 et 6 ➤ p. 301 et p. 304

LA FORCE DE L'AMOUR (2)

Leçon p. 212

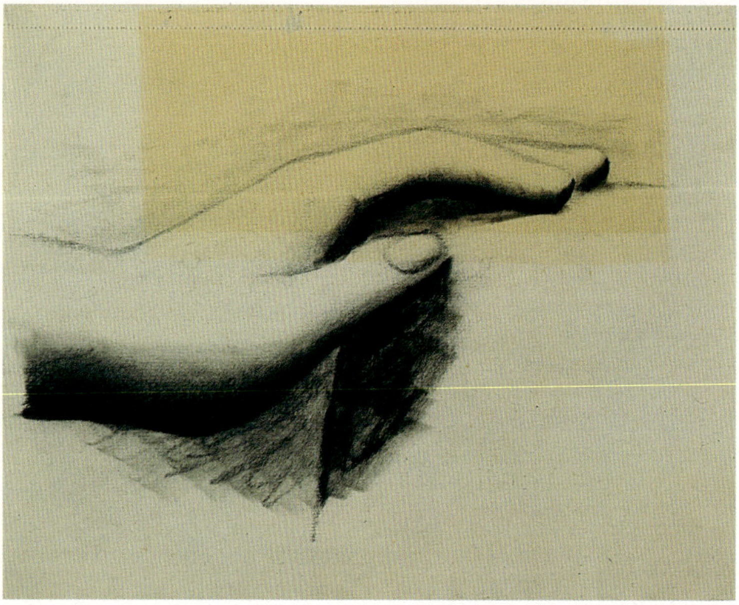

Pablo Picasso (1881-1973), *étude de main*, 1922 (fusain ; Paris, Musée Picasso).

Quand Aragon publie Le Roman inachevé, *il approche de soixante ans. Il éprouve le besoin de faire un retour sur lui-même et il évoque les expériences de sa vie qui l'ont fortement marqué : le mouvement surréaliste, la guerre de 1914-1918, son engagement politique (il adhère au Parti communiste) et la rencontre avec Elsa Triolet, son épouse, à qui il dédie ce* Roman inachevé.

Louis Aragon,
écrivain français,
1897-1982.

Le Roman inachevé,
recueil de poèmes,
1956.

Il n'aurait fallu
Qu'un moment de plus
Pour que la mort vienne[1]
Mais une main nue
Alors est venue
Qui a pris la mienne

Qui donc a rendu
Leurs couleurs perdues
Aux jours aux semaines
Sa réalité
À l'immense été
Des choses humaines

Moi qui frémissais
Toujours je ne sais
De quelle colère
Deux bras ont suffi
Pour faire à ma vie
Un grand collier d'air

Rien qu'un mouvement
Ce geste en dormant
Léger qui me frôle
Un souffle posé
Moins Une rosée
Contre mon épaule

Un front qui s'appuie
À moi dans la nuit
Deux grands yeux ouverts
Et tout m'a semblé
Comme un champ de blé
Dans cet univers

Un tendre jardin
Dans l'herbe où soudain
La verveine pousse
Et mon cœur défunt
Renaît au parfum
Qui fait l'ombre douce

Éd. Gallimard.

1. **pour que la mort vienne :** Aragon, avant de connaître Elsa, se sentait seul et désespéré. Il a tenté plusieurs fois de se suicider.

Lire et analyser

Première lecture

1. Quelles sont vos premières réactions à la lecture de ce poème?

La mise en espace

2. Quelles remarques faites-vous sur le nombre de strophes, la ponctuation, la disposition des rimes, le mètre utilisé?

La situation d'énonciation

3. Quel pronom désigne le poète?

Le langage poétique

4. Sur quelle opposition le poème est-il structuré? Pour répondre, appuyez-vous sur l'analyse de la première strophe (lexique, connecteur, temps verbaux, rythme et sonorités des vers 3 à 5).

5. Quel était l'état d'âme du poète avant la rencontre? Citez dans l'ensemble du poème des mots et expressions qui l'expriment.

6. Relevez les éléments de désignation de la femme aimée. Quelles en sont les connotations?

7. Quel est l'état d'âme du poète après la rencontre? Pour répondre, relevez le lexique des cinq sens, celui de la nature et de l'univers. Analysez quelques figures de style (v. 17-18, 23-24, 28-29) qui lui sont associées.

Lecture finale et visée

8. Quelle image de la femme apparaît à la lecture de ce poème? Quelle est la tonalité du poème?

9. Les poèmes d'Aragon ont souvent été mis en chanson. Ce poème pourrait-il l'être? Sur quel rythme et timbre musicaux? Pour répondre, étudiez la disposition des rimes, le rythme (n'oubliez pas la ponctuation), les jeux de sonorités, le mètre choisi. Vous pouvez demander de l'aide à votre professeur d'Éducation musicale.

Lire l'image

10. Que signifie le mot *étude* en musique? en peinture? Recherchez dans des livres d'art des études de mains, de pieds, d'attitudes, de drapés... Exercez-vous à les reproduire.

11. Comparez cette étude de Picasso aux mains représentées p. 266 (planche de l'*Encyclopédie*). Ces dessins ont-ils la même visée?

Écouter - Dire

12. *Écouter des chansons*

Recherchez et écoutez des interprétations de poèmes d'Aragon mis en chanson, notamment par Jean Ferrat, Léo Ferré, Georges Brassens. Choisissez-en une et dites à la classe les raisons de votre choix.

Fiches 4 et 5 ➤ p. 301 et p. 303

 Leçon p.212

Souvenir de la nuit du 4

Ce poème a été écrit à la suite d'une scène dont le poète à été le témoin : la toilette funèbre d'un enfant tué rue Tiquetonne à Paris lors du coup d'État de Louis-Napoléon Bonaparte (2-4 décembre 1851).

Victor Hugo,
écrivain français, 1802-1885.

Les Châtiments,
recueil de poèmes, livre deuxième, III, 1853.

L'enfant avait reçu deux balles dans la tête.
Le logis était propre, humble, paisible, honnête ;
On voyait un rameau bénit sur un portrait.
Une vieille grand'mère était là qui pleurait.
Nous le déshabillions en silence. Sa bouche,
Pâle, s'ouvrait ; la mort noyait son œil farouche ;
Ses bras pendants semblaient demander des appuis.
Il avait dans sa poche une toupie en buis.
On pouvait mettre un doigt dans les trous de ses plaies.
Avez-vous vu saigner la mûre dans les haies ?
Son crâne était ouvert comme un bois qui se fend.
L'aïeule regarda déshabiller l'enfant,
Disant : – Comme il est blanc ! approchez donc la lampe.
Dieu ! ses pauvres cheveux sont collés sur sa tempe ! –
Et quand ce fut fini, le prit sur ses genoux.
La nuit était lugubre ; on entendait des coups
De fusil dans la rue où l'on en tuait d'autres.
– Il faut ensevelir l'enfant, dirent les nôtres.
Et l'on prit un drap blanc dans l'armoire en noyer.
L'aïeule cependant l'approchait du foyer
Comme pour réchauffer ses membres déjà roides.
Hélas ! ce que la mort touche de ses mains froides
Ne se réchauffe plus aux foyers d'ici-bas !
Elle pencha la tête et lui tira ses bas,
Et dans ses vieilles mains prit les pieds du cadavre.
– Est-ce que ce n'est pas une chose qui navre !
Cria-t-elle ; monsieur, il n'avait pas huit ans !
Ses maîtres, il allait en classe, étaient contents.

Henri Gervex (1852-1929), *Souvenir de la nuit du 4*, 1880 (peinture ; Saint-Etienne, Musée d'Art et d'industrie).

Monsieur, quand il fallait que je fisse une lettre,
C'est lui qui l'écrivait. Est-ce qu'on va se mettre
À tuer les enfants maintenant ? Ah ! mon Dieu !
On est donc des brigands ! Je vous demande un peu,
Il jouait ce matin, là, devant la fenêtre !
Dire qu'ils m'ont tué ce pauvre petite être !
Il passait dans la rue, ils ont tiré dessus.
Monsieur, il était bon et doux comme un Jésus.
Moi je suis vieille, il est tout simple que je parte ;
Cela n'aurait rien fait à monsieur Bonaparte
De me tuer au lieu de tuer mon enfant ! –
Elle s'interrompit, les sanglots l'étouffant,
Puis elle dit, et tous pleuraient près de l'aïeule :
– Que vais-je devenir à présent toute seule ?
Expliquez-moi cela, vous autres, aujourd'hui.
Hélas ! je n'avais plus de sa mère que lui.
Pourquoi l'a-t-on tué ? je veux qu'on me l'explique.
L'enfant n'a pas crié vive la République. –

Nous nous taisions, debout et graves, chapeau bas,
Tremblant devant ce deuil qu'on ne console pas.

Vous ne compreniez point, mère, la politique.
Monsieur Napoléon, c'est son nom authentique,

Est pauvre, et même prince ; il aime les palais ;
Il lui convient d'avoir des chevaux, des valets,
De l'argent pour son jeu, sa table, son alcôve,
Ses chasses ; par la même occasion, il sauve
La famille, l'église et la société ;
Il veut avoir Saint-Cloud, plein de roses l'été,
Où viendront l'adorer les préfets et les maires ;
C'est pour cela qu'il faut que les vieilles grand'mères,
De leurs pauvres doigts gris que fait trembler le temps,
Cousent dans le linceul des enfants de sept ans.

Victor Hugo (1802-1885), *La conscience devant une mauvaise action* (dessin ; Paris, Maison de Victor Hugo).

Lire et analyser

Première lecture

1. Quelles sont vos premières réactions à la lecture de ce poème ?

La mise en espace

2. Quelles remarques faites-vous sur la mise en espace et le mètre utilisé ?

La situation d'énonciation

3. a) Le poète est un personnage. Justifiez cette affirmation en relevant plusieurs marques d'énonciation pertinentes.
b) Quels sont les autres personnages témoins de la scène ? Quels noms et pronoms les désignent ?
c) Quels sont les personnages seulement évoqués ? Pour répondre, dites à qui se réfèrent le pronom *on* (v. 17, 30, 45), les pronoms *ils* (v. 34-35) et *il* (v. 51 et suivants).

4. a) Quels sont les deux temps dominants (v. 1 à 25) ? Que révèlent-ils de la forme de discours utilisée ? Quelle est la valeur de ces temps ?
b) Qui parle dans les vers 26 à 46 et dans les vers 49 à 60 ?

5. Dans quel cadre se trouvent les personnages ? Pour répondre :
a) Relevez les termes qui caractérisent le décor intérieur. Quel(s) adjectif(s) pourraient le qualifier ?
b) Le décor extérieur est-il précisément caractérisé ? Justifiez votre réponse. Quel est l'intérêt de la mise en relation des deux décors ?

Le langage poétique

6. L'enfant. a) Quel est l'effet produit par le vers initial ?
b) Relevez dans le poème des notations descriptives qui caractérisent l'enfant mort, puis l'enfant vivant. Vous vous appuierez sur le lexique, l'analyse des figures de style, du rythme et des sonorités.

7. La grand-mère. Que ressent-elle ? Pour répondre, vous analyserez le comportement de la grand-mère envers l'enfant et ses réactions à travers les paroles rapportées. Vous vous appuierez sur les désignations de l'enfant, les champs lexicaux, les types et formes de phrases, le rythme, les oppositions (par exemple aux vers 33 à 35).

8. Quel est l'effet produit sur le lecteur par l'évocation de l'enfant (mort et vivant) et par celle de la grand-mère ?

Lecture finale et visée

9. Qui est désigné comme responsable de la mort de l'enfant ? Relevez deux indices précis.

10. a) En quoi la mise en espace du poème met-elle en valeur une rupture ?
b) En quoi les vers 49 à 60 comportent-ils de l'ironie ? Pour répondre, appuyez-vous sur les rapprochements et les oppositions de termes, les énumérations, les liens logiques.

11. Expliquez le passage du déterminant singulier (*L'enfant*, v. 1, *Une vieille grand'mère*, v. 4) au déterminant pluriel (v. 58, 60).

12. a) Le titre vous paraît-il en rapport avec le poème ? Justifiez votre réponse.
b) Quelle est la visée de ce poème ? Appuyez-vous sur l'ensemble de vos réponses.

Lire l'image

13. De quelle main s'agit-il ? droite ou gauche ? Cette main cherche-t-elle à attraper ou à repousser quelque chose ? Quel élément de cette reproduction vous permet de donner sens à ce dessin ?

Lire - Écrire

14. *Exprimer sa révolte*

Vous vous sentez particulièrement révolté par une scène à laquelle vous avez assisté ou que vous avez vue à la télévision ou lue dans la presse. Vous la raconterez puis exprimerez votre révolte de façon à convaincre votre lecteur.

Critères de réussite
- *Scène pertinente et racontée précisément.*
- *Lexique de la révolte et des sentiments présent.*
- *Figures de style et types de phrases au service de l'expression de la révolte présents.*
- *Adresses au lecteur présentes.*

Fiches 4 et 5 ➤ p. 301 et p. 303

Leçon p. 212

Le déserteur

Boris Vian,
écrivain français,
1920-1959.

Textes et chansons,
1955.

Monsieur le Président
Je vous fais une lettre
Que vous lirez peut-être
Si vous avez le temps

Je viens de recevoir
Mes papiers militaires
Pour partir à la guerre
Avant mercredi soir

Monsieur le Président
Je ne veux pas la faire
Je ne suis pas sur terre
Pour tuer des pauvres gens

C'est pas pour vous fâcher
Il faut que je vous dise
Ma décision est prise
Je m'en vais déserter.

Depuis que je suis né
J'ai vu mourir mon père
J'ai vu partir mes frères
Et pleurer mes enfants

Ma mère a tant souffert
Qu'elle est dedans sa tombe
Et se moque des bombes
Et se moque des vers

Quand j'étais prisonnier
On m'a volé ma femme
On m'a volé mon âme
Et tout mon cher passé

Demain de bon matin
Je fermerai ma porte
Au nez des années mortes
J'irai sur les chemins.

Je mendierai ma vie
Sur les routes de France
De Bretagne en Provence
Et je dirai aux gens

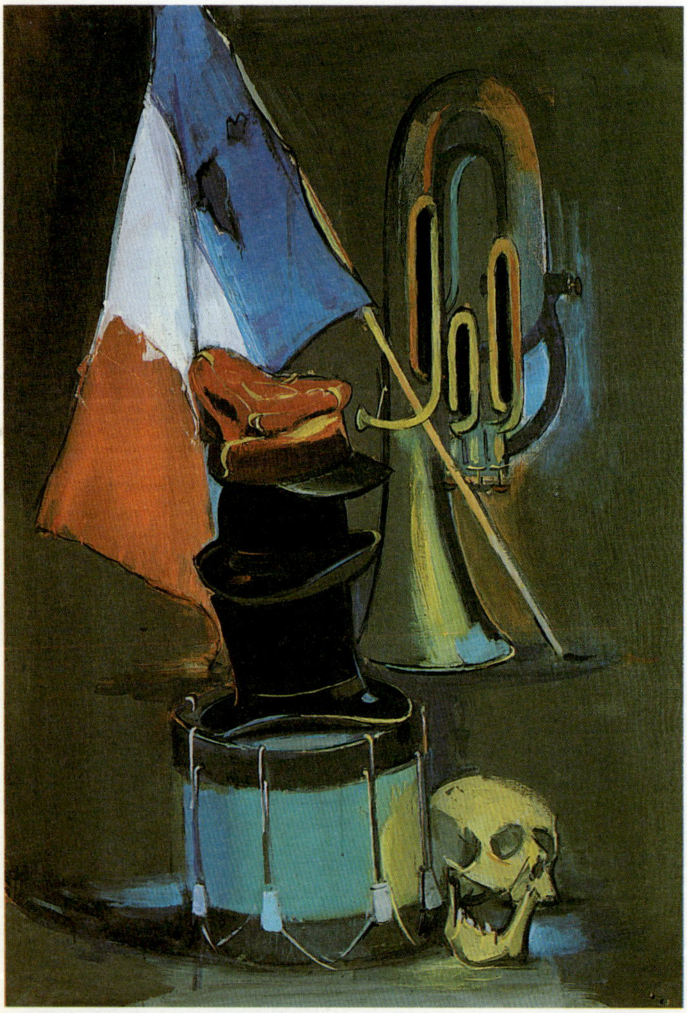

Jean Hélion (1904-1987), *Vanité du 14 juillet 1969* (huile sur toile, 116 x 81 cm ; collection particulière).

Refusez d'obéir
Refusez de la faire
N'allez pas à la guerre
Refusez de partir

S'il faut donner son sang
Allez donner le vôtre
Vous êtes bon apôtre
Monsieur le Président

Si vous me poursuivez
Prévenez vos gendarmes
Que je n'aurai pas d'armes
Et qu'ils pourront tirer

Éd. Christian Bourgois.

Lire et analyser

Première lecture

1. Quelles sont vos premières réactions à la lecture de cette chanson ?

La mise en espace

2. Quelles remarques faites-vous sur la mise en espace, les rimes, le mètre utilisé ?

La situation d'énonciation

3. a) Définissez la situation d'énonciation.
b) Qui désigne le pronom *on* (v. 26-27) ?
c) Quel est le niveau de langage utilisé ? Vous paraît-il adapté au destinataire ?
d) Dans la strophe 10, le destinataire est-il le même ?

Le langage poétique

4. Dégagez la structure de la chanson en regroupant les strophes en cinq parties. Pour répondre, appuyez-vous sur les indications temporelles, les temps utilisés et la répétition de l'adresse au destinataire. Donnez un titre générique à chaque partie.

5. a) Relevez les mots et expressions appartenant au champ lexical de la guerre et ceux appartenant au champ lexical de la famille.
b) Analysez les formes de phrases et les figures de style par lesquelles ces champs lexicaux sont mis en valeur (anaphores, parallélismes, énumérations, gradations).
c) Quels sont les arguments avancés par l'énonciateur ? Appuyez-vous sur les réponses précédentes.

6. a) En quoi les deux dernières strophes comportent-elles des éléments ironiques ?
b) Quel est l'effet produit par les deux derniers vers ?

Lecture finale et visée

7. Quelle est la visée de cette chanson ? Pour quelles raisons, à votre avis, cette chanson a-t-elle été interdite pendant une dizaine d'années ?

Lire l'image

8. Observez les objets représentés (en particulier le drapeau), la façon dont ils sont placés dans le cadre les uns par rapport aux autres, les couleurs.

9. Recherchez le sens du mot *vanité* (titre du tableau). Quel rapport y a-t-il entre le titre et le tableau ? entre le tableau et le poème ?

Lire - Écrire

10. *Rédiger une argumentation*

a) À quoi dans la société, refuseriez-vous d'obéir ? Vous rédigerez un développement argumenté et organisé.
b) Vous n'êtes pas d'accord avec Boris Vian, répondez-lui sous forme de lettre argumentée.

Fiche 4 ➤ p. 301

LE REFUS, LA RÉVOLTE (3)

Leçon p. 212

Jacques Prévert,
poète français, 1900-1977.

Paroles,
recueil de poèmes, 1945.

Barbara

Rappelle-toi Barbara
Il pleuvait sans cesse sur Brest ce jour-là
Et tu marchais souriante
Épanouie ravie ruisselante
Sous la pluie
Rappelle-toi Barbara
Il pleuvait sans cesse sur Brest
Et je t'ai croisée rue de Siam
Tu souriais
Et moi je souriais de même
Rappelle-toi Barbara
Toi que je ne connaissais pas
Toi qui ne me connaissais pas
Rappelle-toi
Rappelle-toi quand même ce jour-là
N'oublie pas
Un homme sous un porche s'abritait
Et il a crié ton nom
Barbara
Et tu as couru vers lui sous la pluie
Ruisselante ravie épanouie
Et tu t'es jetée dans ses bras
Rappelle-toi cela Barbara
Et ne m'en veux pas si je te tutoie
Je dis tu à tous ceux que j'aime
Même si je ne les ai vus qu'une seule fois
Je dis tu à tous ceux qui s'aiment
Même si je ne les connais pas
Rappelle-toi Barbara
N'oublie pas
Cette pluie sage et heureuse
Sur ton visage heureux
Sur cette ville heureuse
Cette pluie sur la mer
Sur l'arsenal
Sur le bateau d'Ouessant
Oh Barbara
Quelle connerie la guerre
Qu'es-tu devenue maintenant
Sous cette pluie de fer
De feu d'acier de sang
Et celui qui te serrait dans ses bras
Amoureusement
Est-il mort disparu ou bien encore vivant
Oh Barbara
Il pleut sans cesse sur Brest
Comme il pleuvait avant
Mais ce n'est plus pareil et tout est abîmé
C'est une pluie de deuil terrible et désolée
Ce n'est même plus l'orage
De fer d'acier de sang
Tout simplement des nuages
Qui crèvent comme des chiens
Des chiens qui disparaissent
Au fil de l'eau sur Brest
Et vont pourrir au loin
Au loin très loin de Brest
Dont il ne reste rien.

Éd. Gallimard.

Constant (né en 1920), *Colombe blessée*, 1951 (huile, 141x133cm ; Rotterdam, Museum Boijmans-Van Beuningen).

Lire et analyser

Première lecture

1. Quelles sont vos premières réactions à la lecture de ce poème?

La mise en espace

2. Quelles remarques faites-vous sur la mise en espace, la ponctuation, le mètre utilisé?

La situation d'énonciation

3. a) Qui désignent les pronoms *toi* (v. 1), *je* (v. 8), *il* (v. 18)? Quelles relations y a-t-il entre les personnages? Citez le texte. Qui parle au vers 19?
b) Relevez les adresses au destinataire. Quels verbes sont répétés? À quel mode sont-ils? Quel est l'effet de sens produit?

4. Dans quel lieu les personnages se trouvent-ils?

Le langage poétique

5. a) Déterminez les deux parties du poème. Pour répondre :
– relevez les oppositions temporelles (lexique, temps verbaux);
– analysez les champs lexicaux qui caractérisent Barbara, la ville, la pluie.
b) Quel vers marque une rupture ? Quel est l'effet produit par le niveau de langage ?

6. a) Analysez les effets de rythme créées par l'anaphore, les enjambements, l'absence de ponctuation.
b) Analysez quelques jeux de sonorités (par exemple vers 4-5, 40-41).
c) En quoi ces différents procédés contribuent-ils à souligner les jeux d'opposition et à construire le sens du poème ?

Lecture finale et visée

7. a) Sur quel mot se clôt le poème? Quelles ont été les conséquences de la guerre? Quelles sont vos réactions et émotions?
b) À quel mot peut faire penser le prénom Barbara? Émettez des hypothèses sur le choix du titre.
c) Pourquoi les expressions *Rappelle-toi* et *N'oublie pas* sont-elles si souvent répétées? Quelle est selon vous la visée du poème?

Lire - Écrire

8. *Écrire un poème*

Écrivez un poème à la manière de Prévert sur un sujet de votre choix. Vous le structurerez à partir de l'anaphore *Rappelle-toi* et pourrez reprendre des vers qui vous plaisent.

Écouter - Dire

9. *Écouter des chansons*

Vous pouvez écouter l'interprétation de ce poème par Yves Montand, Mouloudji, Les Frères Jacques. La mise en chanson vous paraît-elle convenir à ce poème?

10. *Débattre*

Tous les sujets peuvent-ils être mis en chanson? Échangez vos arguments au cours d'un débat.

Lire au CDI

11. *Lire des poèmes de Prévert*

Lisez d'autres poèmes de Prévert extraits des recueils *Paroles*, *Spectacles*, *Histoires*. Recopiez-en quelques-uns et lisez-les à la classe.

Fiches 3 et 5 ➤ p. 300 et p. 303

Pablo Picasso (1881-1973), *La Guerre : le combattant pour la paix* (huile sur isorel, panneau décoratif ; Vallauris, Musée Picasso).

LA LUTTE, L'ESPOIR (1)

Leçon p. 212

TEXTE 1

Paul Éluard,
poète français,
1895-1952.

Au rendez-vous allemand,
recueil de poèmes,
1944.

Gabriel Péri

Un homme est mort qui n'avait pour défense
Que ses bras ouverts à la vie
Un homme est mort qui n'avait d'autre route
Que celle où l'on hait les fusils
Un homme est mort qui continue la lutte
Contre la mort contre l'oubli

Car tout ce qu'il voulait
Nous le voulions aussi
Nous le voulons aujourd'hui
Que le bonheur soit la lumière
Au fond des yeux au fond du cœur
Et la justice sur la terre

Il y a des mots qui font vivre
Et ce sont des mots innocents
Le mot chaleur le mot confiance
Amour justice et le mot liberté
Le mot enfant et le mot gentillesse
Et certains noms de fleurs et certains noms de fruits
Le mot courage et le mot découvrir

Et le mot frère et le mot camarade
Et certains noms de pays de villages
Et certains noms de femmes et d'amis
Ajoutons-y Péri
Péri est mort pour ce qui nous fait vivre
Tutoyons-le sa poitrine est trouée
Mais grâce à lui nous nous connaissons mieux
Tutoyons-nous son espoir est vivant.

Éd. de Minuit.

TEXTE 2

René Char,
poète français,
1907-1988.

Feuillets d'Hypnos
(1943-1944) dans
Fureur et mystère.

Les Feuillets d'Hypnos *se présentent sous la forme de 237 énoncés courts ou fragments que René Char appelle modestement des « notes ». Il les a écrits alors qu'il résistait contre l'Occupant sous le nom de capitaine Alexandre.*

81

L'acquiescement éclaire le visage. Le refus lui donne la beauté.

114

Je n'écrirai pas de poème d'acquiescement.

131

À tous les repas pris en commun, nous invitons la liberté à s'asseoir. La place demeure vide mais le couvert reste mis.

Lire et comparer

1. Quelles remarques pouvez-vous faire sur la mise en espace et la forme de chaque poème ? Relevez les dates de parution. Le contexte historique est-il le même ?

2. Texte 1. a) Dans la première strophe, relevez l'anaphore, les parallélismes, les expressions mises en valeur par le rythme et l'enjambement. Quelles oppositions pouvez-vous dégager ?
b) Quelle explication est introduite par le connecteur *Car* (v. 7) ? Dans la suite de la strophe, à quels mots se réfère le pronom indéfini *tout* (v. 7) ? Expliquez le passage du pronom *il* (v. 7) au pronom *Nous* (v. 9).
c) Quels sont les *mots qui font vivre* (v. 13) ? Relevez-les, proposez un classement. Que connotent-ils ?
d) En quoi le vers 23 est-il mis en valeur par son mètre, par le mode utilisé, par le nom à la rime ? Pour quelle raison est-il mis en valeur ? Quelle valeur symbolique est attribuée au nom de Péri ? Que connotera-t-il désormais ?

3. Texte 2. a) Que signifie le mot *acquiescement* ? Donnez-en un synonyme et un antonyme. Quel sens donnez-vous au feuillet 81 ? En quoi éclaire-t-il le feuillet 114 ?
b) Identifiez et analysez la figure de style du feuillet 131.

4. Pour quelles raisons, selon vous, les poèmes d'Éluard et de Char ont-ils été regroupés ici ?

Lire - Écrire

5. *Écrire des fragments*

À la manière de René Char, écrivez librement quelques fragments à partir de mots que vous choisirez (par exemple : bombe, travail, liberté, amour, amitié, racisme...). Vous les regrouperez pour en faire un livret de classe intitulé *Feuillets*.

6. *Argumenter à partir d'une phrase*

Il y a des mots qui font vivre affirme Éluard. En quoi les mots peuvent-ils avoir un pouvoir ? Vous organiserez votre réflexion en deux ou trois paragraphes.

Critères de réussite
- *Présence de deux ou trois arguments.*
- *Exemples précis illustrant chaque argument.*
- *Mise en paragraphes et connecteurs logiques présents.*

Fiches 4 et 6 ➤ p. 301 et p. 304

LA LUTTE, L'ESPOIR (2)

Leçon p. 212

Paul Éluard,
poète français, 1895-1952.

Aa rendez-vous allemand,
recueil de poèmes, 1944.

Courage[1]

Paris a froid Paris a faim
Paris ne mange plus de marrons dans la rue
Paris a mis de vieux vêtements de vieille
Paris dort tout debout sans air dans le métro
Plus de malheur encore est imposé aux pauvres
Et la sagesse et la folie
De Paris malheureux
C'est l'air pur c'est le feu
C'est la beauté c'est la bonté
De ses travailleurs affamés
Ne crie pas au secours Paris
Tu es vivant d'une vie sans égale
Et derrière la nudité
De ta pâleur de ta maigreur
Tout ce qui est humain se révèle en tes yeux
Paris ma belle ville
Fine comme une aiguille forte comme une épée
Ingénue et savante
Tu ne supportes pas l'injustice
Pour toi c'est le seul désordre
Tu vas te libérer Paris
Paris tremblant comme une étoile
Notre espoir survivant
Tu vas te libérer de la fatigue et de la boue
Frères ayons du courage
Nous qui ne sommes pas casqués
Ni bottés ni gantés ni bien élevés
Un rayon s'allume en nos veines
Notre lumière nous revient
Les meilleurs d'entre nous sont morts pour nous
Et voici que leur sang retrouve notre cœur
Et c'est de nouveau le matin un matin de Paris
La pointe de la délivrance
L'espace du printemps naissant
La force idiote a le dessous
Ces esclaves nos ennemis
S'ils ont compris
S'ils sont capables de comprendre
Vont se lever.

Éd. de Minuit.

1. Le poème est paru dans la clandestinité, en 1943, sous l'Occupation allemande.

Ben Shahn (1898-1969), *Libération*, 1945 (tempera sur carton monté sur aggloméré, 75,6 x 101,4 cm ; New York, Collection The Museum of Modern Art, James Thrall Soby Bequest).

Lire et analyser

Première lecture

1. Quelles sont vos premières réactions à la lecture de ce poème ?

La mise en espace

2. Quelles remarques faites-vous sur la mise en espace, la ponctuation, le mètre utilisé ?

La situation d'énonciation

3. a) À qui s'adresse le poète (v. 11 à 24) ? À qui s'adresse-t-il ensuite ? Relevez les marques de l'énonciation pour justifier votre réponse.
b) En quoi l'analyse de la situation d'énonciation permet-elle de dégager la structure du poème ?

Le langage poétique

4. Identifiez les figures de style qui sont associées à Paris (vers 1 à 11). Quel est l'effet produit ?

5. a) Relevez les mots et expressions qui caractérisent la situation matérielle et morale dans laquelle se trouvent les Parisiens (v. 1 à 15). Classez-les en champs lexicaux.
b) Identifiez et analysez les figures de style qui sont associées à ces champs lexicaux (accumulation, parallélismes) ainsi que quelques jeux de sonorités (v. 1 à 4, 9, 12...).

6. Relevez les expressions et les comparaisons qui caractérisent la ville de Paris (v. 16 à 24). Quelle image le poète donne-t-il de la ville ?

7. a) Analysez, à partir du vers 21, les champs lexicaux de la solidarité et de l'espoir ainsi que les figures de style, les procédés syntaxiques (modes verbaux), les effets de rythme et de sonorités qui y sont associés.
b) Que connotent les expressions *le matin* (v. 32), *l'espace du printemps* (v. 34) ?

8. a) De qui s'agit-il dans l'expression *La force idiote a le dessous* (v. 35) ?
b) Quel sens donnez-vous au mot *esclaves* dans *Ces esclaves nos ennemis* (v. 36) ? Quel est l'espoir formulé par le poète à propos de la force ennemie ? et à propos des individus ?

Lecture finale et visée

9. En quoi le titre éclaire-t-il le poème ?

10. Quelle est la visée du poème ? Replacez-le dans son contexte historique.

Lire l'image

11. Que signifie *a tempera* ? Quel événement le titre et la date de l'œuvre évoquent-ils ? Quel rapport établissez-vous entre le titre et l'œuvre ?

Lire - Écrire

12. *Écrire un poème d'espoir*

Écrivez, à la manière d'Éluard et en vers libres, un poème d'espoir intitulé *Courage*. Vous en choisirez le sujet (faim dans le monde, maladies...) et le dédierez à une ou plusieurs personnes, à une ville, un pays... Vous réinvestirez l'anaphore, et insérerez les répétitions *Tu vas... Tu vas...*

Fiches 3 et 6 ➤ p. 300 et p. 304

Statue de femme assise (bois clair statuaire ; Mali, région Bougouni : Bambara ; Paris, Musée des Arts d'Afrique et d'Océanie).

LA LUTTE, L'ESPOIR (3)

Leçon p. 212

Afrique

David Diop est né à Bordeaux d'un père sénégalais et d'une mère camerounaise. Ses poèmes proposent une réflexion sur l'esclavage et la colonisation.

TEXTE 1

David Diop,
poète français,
1927-1961.

Coups de pilon,
recueil de poèmes,
1956.

à ma mère

Afrique mon Afrique
Afrique des fiers guerriers dans les savanes ancestrales
Afrique que chante ma grand-Mère
Au bord de son fleuve lointain
Je ne t'ai jamais connue
Mais mon regard est plein de ton sang
Ton beau sang noir à travers les champs répandu
Le sang de ta sueur
La sueur de ton travail
Le travail de l'esclavage
L'esclavage de tes enfants
Afrique dis-moi Afrique
Est-ce donc toi ce dos qui se courbe
Et se couche sous le poids de l'humilité
Ce dos tremblant à zébrures rouges
Qui dit oui au fouet sur les routes de midi
Alors gravement une voix me répondit
Fils impétueux cet arbre robuste et jeune
Cet arbre là-bas
Splendidement seul au milieu des fleurs blanches et fanées
C'est l'Afrique ton Afrique qui repousse
Qui repousse patiemment obstinément
Et dont les fruits ont peu à peu
L'amère saveur de la liberté.

Éd. Présence africaine.

Demain

TEXTE 2

Robert Desnos,
poète français,
1900-1945.

État de veille,
recueil de poèmes,
1943.

Âgé de cent mille ans, j'aurais encor la force
De t'attendre, ô demain pressenti par l'espoir.
Le temps, vieillard souffrant de multiples entorses,
Peut gémir : Le matin est neuf, neuf est le soir.

Mais depuis trop de mois nous vivons à la veille,
Nous veillons, nous gardons la lumière et le feu,
Nous parlons à voix basse et nous tendons l'oreille
À maint bruit vite éteint et perdu comme au jeu.

Or, du fond de la nuit, nous témoignons encore
De la splendeur du jour et de tous ses présents.
Si nous ne dormons pas c'est pour guetter l'aurore
Qui prouvera qu'enfin nous vivons au présent.

Éd. Gallimard.

Lire et comparer

1. En quoi les deux poèmes sont-ils différents ? Pour répondre :

a) Comparez la mise en espace, le mètre utilisé, les dates de parution (le contexte historique est-il le même ?), les lieux évoqués (extérieur, intérieur).

b) Quel poème joue sur des évocations visuelles ?

2. En quoi les deux poèmes peuvent-ils se rapprocher ? Pour répondre :

a) Étudiez les marques de l'énonciation dans chaque poème (pronoms utilisés, adresse au destinataire...).

b) Analysez la figure de style commune utilisée dans chaque poème (texte 1, v. 1 ; texte 2, v. 2).

c) Relevez les expressions qui évoquent le passé et celles qui évoquent l'avenir. À quel champ lexical sont-elles respectivement associées ? Quelle est la valeur symbolique de cette opposition ?

d) Comparez le début et la fin de chaque poème. En quoi sont-ils des poèmes d'espoir ? Justifiez votre réponse en vous appuyant sur le lexique, les jeux de rythme, les oppositions.

Lire - Écrire

3. ***Écrire librement un poème***

Écrivez à la manière de David Diop un court poème en vers libres qui mettra en valeur un lieu auquel vous êtes attaché (pays, ville, paysage...).

Lire au CDI

4. ***La poésie engagée***

Relisez les poèmes des pages 198 à 211. En quoi peut-on dire que leurs auteurs sont des poètes engagés ? Quelles fonctions revendiquent-ils ? Justifiez votre réponse (consultez une histoire littéraire).

Se repérer dans l'histoire littéraire

5. Complétez le tableau chronologique (p. 318) : situez dans leur siècle les auteurs de ce chapitre et ceux découverts au fil des exercices.

Fiches 4 et 6 ➤ p. 301 et p. 304

LEÇON

La poésie du XIXe au XXe

1 Caractéristiques générales

▮ Le XIXe siècle est un siècle d'explosion poétique. Différents mouvements apparaissent, parmi lesquels le **Romantisme** et le **Symbolisme**.

– Le Romantisme, représenté par des poètes comme Lamartine, Musset, Hugo, Nerval, accorde une large place à l'expression de la sensibilité et des sentiments personnels (lyrisme).

– Le Symbolisme, représenté par des poètes comme Baudelaire, Rimbaud, Verlaine, Mallarmé, Laforgue, établit des correspondances entre le monde visible et le monde invisible (état d'âme ou idées).

▮ Le XXe siècle voit se former les tendances les plus diverses.

– À partir de 1924 naît le **mouvement surréaliste** caractérisé par la libération du langage (Apollinaire, Éluard, Desnos).

– À partir de 1945, les poètes, à l'écoute du monde, expriment leur angoisse et leur **engagement** (Éluard, Desnos, Char, Prévert, Aragon, Vian).

– La **chanson** devient moyen d'expression : de nombreux poèmes sont mis en musique (ceux d'Aragon, d'Éluard...), les chanteurs poètes sont reconnus (Vian, Brassens, Brel, Ferré...).

– Le XXe siècle voit aussi l'émergence d'intellectuels africains qui redécouvrent et chantent leur **héritage culturel** (Diop, Senghor).

2 Le lyrisme

▮ À l'origine, la poésie était destinée à être **chantée** : d'après le mythe antique, le poète Orphée charmait la nature et les animaux en chantant ses poèmes accompagné de la lyre (d'où le mot *lyrisme*).

▮ Le mot *lyrisme* prend par la suite (et notamment au XIXe siècle) un sens élargi : il désigne l'expression des **sentiments**, des **émotions**, des **états d'âme**.

▮ Le lyrisme est caractérisé par :

– la prédominance du *je*,

– le lexique de l'affectivité,

– les interjections (*hélas*...) et les effets de rythme (rythme régulier traduisant une certaine harmonie, ruptures de rythme traduisant un bouleversement émotionnel),

– les figures de style (anaphores, parallélismes, métaphores, comparaisons...) traduisant la force des sentiments.

▮ Les thèmes lyriques sont : l'**amour** (Apollinaire, Éluard, Aragon...), la **tristesse** (Lamartine...), la **mort** (Hugo...), la **fuite du temps**, le **souvenir** (Musset...).

3 L'engagement

▮ La poésie peut être une arme au service d'une **cause** : le poète prend alors position pour dénoncer, témoigner, faire un éloge...

▮ Le poète prend la plume lorsque les droits de l'homme sont bafoués dans différents domaines :

– religieux (guerres de religion, fanatisme...),

– politique (guerre, dictatures, colonialisme... : certains poèmes d'Éluard, Desnos, Char, Diop, Prévert...),

– social (injustice, inégalité... : certains poèmes d'Hugo, Baudelaire...)

▮ L'écriture engagée est caractérisée par :

– des adresses au destinataire,

– le lexique de la violence,

– les effets de rythme,

– les figures de style (anaphores, parallélismes, antithèse, comparaison, métaphore...).

Tous les procédés visent à faire adhérer le destinataire à la cause défendue.

CONSTRUIRE LE SENS D'UN POÈME

1. Analyser le rythme, les sonorités, le lexique

Lisez le poème suivant et répondez aux questions.

Air vif

J'ai regardé devant moi
Dans la foule je t'ai vue
Parmi les blés je t'ai vue
Sous un arbre je t'ai vue

Au bout de tous mes voyages
Au fond de tous mes tourments
Au tournant de tous les rires
Sortant de l'eau et du feu

L'été l'hiver je t'ai vue
Dans ma maison je t'ai vue
Entre mes bras je t'ai vue
Dans mes rêves je t'ai vue

Je ne te quitterai plus

P. Éluard, *Le Phénix* (1951), Éd. Seghers.

1. Analysez la construction syntaxique et rythmique du vers 2 :

a) Quelle est la place dans le vers du complément circonstanciel et du groupe sujet-verbe ? L'ordre est-il habituel ?

b) Quel est le mètre utilisé ? Après quelle syllabe se trouve la césure ?

c) Relevez les autres vers qui sont construits selon la même structure et le même rythme. Pourquoi peut-on parler de parallélismes ?

d) Quel est l'effet produit par l'ensemble ?

2. a) Relisez la deuxième strophe. Quels sont les sonorités voyelles (assonances) et les sonorités consonnes (allitérations) répétées ? Quel est l'effet produit ?

b) Quelle expression est répétée à la rime ? Pour quelle raison (pour répondre, observez notamment le jeu des pronoms) ?

3. Relisez le poème. Quelle est la progression entre le début et la fin ? Pour répondre :

a) Dites quels sont les pronoms et les temps utilisés dans les vers 1 et 13.

b) Analysez la progression du lexique : en quoi y a-t-il progression de l'extérieur vers l'intérieur ?

4. Quelle est la visée du poème ?

2. Analyser le niveau de langage

Lisez le poème suivant, et répondez aux questions.

Familiale

La mère fait du tricot
Le fils fait la guerre
Elle trouve ça tout naturel la mère
Et le père qu'est-ce qu'il fait le père ?
Il fait des affaires
Sa femme fait du tricot
Son fils la guerre
Lui des affaires
Il trouve ça tout naturel le père
Et le fils le fils
Qu'est-ce qu'il trouve le fils ?
Il ne trouve absolument rien le fils
Le fils sa mère fait du tricot son père des affaires lui la guerre]
Quand il aura fini la guerre
Il fera des affaires avec son père
La guerre continue la mère continue elle tricote
Le père continue il fait des affaires
Le fils est tué il ne continue plus
Le père et la mère vont au cimetière
Ils trouvent ça naturel le père et la mère
La vie continue la vie avec le tricot la guerre les affaires]
Les affaires la guerre le tricot la guerre
Les affaires les affaires et les affaires
La vie avec le cimetière.

J. Prévert, *Paroles* (1945), Éd. Gallimard.

1. Relevez les termes qui désignent les personnages. Ont-ils une identité propre ? Relevez les verbes qui leur sont associés. Sont-ils variés ? Quel est l'effet produit ?

2. En quoi les vers 1 et 2 reposent-ils sur un parallélisme ? Relevez d'autres exemples de parallélismes.

3. a) Précisez le niveau de langage du vers 3 : appuyez-vous sur le lexique et sur la structure syntaxique de la phrase. Relevez d'autres vers qui présentent une structure syntaxique bouleversée.
b) Relisez les quatre deniers vers. Quel est l'effet de rythme créé ? Par quel procédé ?

4. a) Y a-t-il présence d'un lexique affectif ?
b) Par quel mot se termine le poème ?
c) Mettez vos deux réponses en rapport avec le titre du poème.

5. Quelle est la visée du poème ?

DIRE ET ÉCRIRE DES POÈMES

3. Un florilège poétique

1. Lisez les trois poèmes suivants.

2. S'agit-il de poèmes plutôt lyriques ou plutôt engagés ?

3. Apprenez-en un et entraînez-vous à le dire.

4. Écrivez à votre tour un court poème d'amour ou d'espoir. Vous pourrez insérer un vers qui vous a particulièrement touché.

L'adieu

J'ai cueilli ce brin de bruyère
L'automne est morte souviens-t'en
Nous ne nous verrons plus sur terre
Odeur du temps brin de bruyère
Et souviens-toi que je t'attends

G. Apollinaire, *Alcools* (1913), Éd. Gallimard.

Paris at night

Trois allumettes une à une allumées dans la nuit
La première pour voir ton visage tout entier
La seconde pour voir tes yeux
La dernière pour voir ta bouche
Et l'obscurité tout entière pour me rappeler tout cela
En te serrant dans mes bras

J. Prévert, *Paroles* (1945), Éd. Gallimard.

Et un sourire

La nuit n'est jamais complète
Il y a toujours puisque je le dis
Puisque je l'affirme
Au bout du chagrin une fenêtre ouverte
une fenêtre éclairée
Il y a toujours un rêve qui veille
Désir à combler faim à satisfaire
Un cœur généreux
Une main tendue une main ouverte
Des yeux attentifs
Une vie la vie à se partager

P. Éluard, *Le Phénix* (1951), Éd. Seghers.

Les enfants qui s'aiment

Les enfants qui s'aiment s'embrassent debout
Contre les portes de la nuit
Et les passants qui passent les désignent du doigt
Mais les enfants qui s'aiment
Ne sont là pour personne
Et c'est seulement leur ombre
Qui tremble dans la nuit
Excitant la rage des passants
Leur rage leur mépris leurs rires et leur envie
Les enfants qui s'aiment ne sont là pour personne
Ils sont ailleurs bien plus loin que la nuit
Bien plus haut que le jour
Dans l'éblouissante clarté de leur premier amour

J. Prévert, *Spectacle* (1951), Éd. Gallimard.

EXERCICES

Exercice bilan : vers la seconde

Lisez le poème suivant, puis répondez aux questions.

Parfum exotique

Quand, les deux yeux fermés, en un soir chaud d'automne,
Je respire l'odeur de ton sein chaleureux,
Je vois se dérouler des rivages heureux
Qu'éblouissent les feux d'un soleil monotone ;

Une île paresseuse où la nature donne
Des arbres singuliers et des fruits savoureux ;
Des hommes dont le corps est mince et vigoureux,
Et des femmes dont l'œil par sa franchise étonne.

Guidé par ton odeur vers de charmants climats,
Je vois un port rempli de voiles et de mâts
Encor tout fatigués par la vague marine,

Pendant que le parfum des verts tamariniers,
Qui circule dans l'air et m'enfle la narine,
Se mêle dans mon âme au chant des mariniers.

C. Baudelaire, *Les Fleurs du mal* (1857),
« Spleen et idéal », XXI.

1. Élaborez une lecture méthodique de ce poème en vous référant à la fiche *Méthode* p. 308-309.

2. Faites la synthèse de vos remarques dans un paragraphe rédigé.

6 Le théâtre

Jean Anouilh, *Antigone* (extraits)

André Barsacq (1903-1973), Maquette de décor pour *Antigone* d'Anouilh, mise en scène d'A. Barsacq au théâtre de l'Atelier en 1944 (huile sur toile; ASP, Bibliothèque nationale de France, Paris). En scène : Antigone, Créon et son page, Ismène et Hémon.

Lire l'image

1. Qu'est-ce qu'une maquette de théâtre?

2. a) Décrivez les éléments du décor, puis les personnages (leur attitude et leur place les uns par rapport aux autres, leurs costumes). Essayez de les identifier en lisant le premier extrait (p. 218).
b) Quels éléments paraissent antiques? modernes?

LE PROLOGUE Leçon p. 249

Mais il n'y a rien à faire

TEXTE 1

Jean Anouilh, auteur dramatique français, 1910-1987.

Antigone, 1944.

*[L'*Antigone *d'Anouilh est inspirée de la tragédie grecque* Antigone *de Sophocle (496-406 av. J.-C.) : Antigone, fille d'Œdipe, subit la malédiction qui pèse sur sa famille depuis que, sans le savoir, Œdipe a réalisé une terrible prédiction en tuant son père Laïos, roi de Thèbes, et en épousant sa mère Jocaste, veuve du roi défunt. De cette union sont nés deux garçons, Etéocle et Polynice, et deux filles, Antigone et Ismène. Quand Œdipe a découvert la sinistre vérité, il s'est crevé les yeux, tandis que Jocaste s'est donné la mort. Etéocle et Polynice se sont entretués pour régner sur la ville de Thèbes. Le pouvoir est revenu au frère de Jocaste, Créon.*
La pièce d'Anouilh ne comporte ni actes ni scènes.]

Un décor neutre. Trois portes semblables. Au lever du rideau, tous les personnages sont en scène. Ils bavardent, tricotent, jouent aux cartes.
Le Prologue[1] *se détache et s'avance.*

LE PROLOGUE. – Voilà. Ces personnages vont vous jouer l'histoire d'Antigone. Antigone, c'est la petite maigre qui est assise là-bas, et qui ne dit rien. Elle regarde droit devant elle. Elle pense. Elle pense qu'elle va être Antigone tout à l'heure, qu'elle va surgir soudain de la maigre jeune fille noiraude et renfermée que personne ne prenait au sérieux dans la famille et se dresser seule en face du monde, seule en face de Créon, son oncle, qui est le roi. Elle pense qu'elle va mourir, qu'elle est jeune et qu'elle aussi, elle aurait bien aimé vivre. Mais il n'y a rien à faire. Elle s'appelle Antigone et il va falloir qu'elle joue son rôle jusqu'au bout... Et, depuis que ce rideau s'est levé, elle sent qu'elle s'éloigne à une vitesse vertigineuse de sa sœur Ismène, qui bavarde et rit avec un jeune homme, de nous tous, qui sommes là bien tranquilles à la regarder, de nous qui n'avons pas à mourir ce soir.

Le jeune homme avec qui parle la blonde, la belle, l'heureuse Ismène, c'est Hémon, le fils de Créon. Il est le fiancé d'Antigone. Tout le portait vers Ismène : son goût de la danse et des jeux, son goût du bonheur et de la réussite, sa sensualité aussi, car Ismène est

1. **Prologue** : dans l'Antiquité, exposition de la pièce (qui peut être présentée par un acteur) ou nom donné au personnage qui présente la pièce (comme ici).

Antigone d'Anouilh, mise en scène de Jean Menaud au Vingtième Théâtre en 1998. Avec, de droite à gauche : Michel Derville (Créon), Jean Menaud (Le Chœur et Hémon), Patrick d'Assumçao (Le Garde), Dominique Chagnaud (La Nourrice et Ismène), Catherine Vignes (Antigone).

bien plus belle qu'Antigone, et puis un soir, un soir de bal où il n'avait dansé qu'avec Ismène, un soir où Ismène avait été éblouissante dans sa nouvelle robe, il a été trouver Antigone qui rêvait dans un coin, comme en ce moment, ses bras entourant ses genoux, et il lui a demandé d'être sa femme. Personne n'a jamais compris pourquoi. Antigone a levé sans étonnement ses yeux graves sur lui et elle lui a dit « oui » avec un petit sourire triste... L'orchestre attaquait une nouvelle danse, Ismène riait aux éclats, là-bas, au milieu des autres garçons, et voilà, maintenant, lui, il allait être le mari d'Antigone. Il ne savait pas qu'il ne devait jamais exister de mari d'Antigone sur cette terre et que ce titre princier lui donnait seulement le droit de mourir.

Cet homme robuste, aux cheveux blancs, qui médite là, près de son page, c'est Créon. C'est le roi. Il a des rides, il est fatigué. Il joue au jeu difficile de conduire les hommes. Avant, du temps d'Œdipe, quand il n'était que le premier personnage de la cour, il aimait la musique, les belles reliures, les longues flâneries chez les petits antiquaires de Thèbes. Mais Œdipe et ses fils sont morts. Il a laissé ses livres, ses objets, il a retroussé ses manches et il a pris leur place.

Quelquefois, le soir, il est fatigué, et il se demande s'il n'est pas vain de conduire les hommes. Si cela n'est pas un office sordide qu'on doit laisser à d'autres, plus frustes... Et puis, au matin, des problèmes précis se posent, qu'il faut résoudre, et il se lève, tranquille, comme un ouvrier au seuil de sa journée.

La vieille dame qui tricote, à côté de la nourrice qui a élevé les deux petites, c'est Eurydice, la femme de Créon. Elle tricotera pendant toute la tragédie jusqu'à ce que son tour vienne de se lever et de mourir. Elle est bonne, digne, aimante. Elle ne lui est d'aucun secours. Créon est seul. Seul avec son petit page qui est trop petit et qui ne peut rien non plus pour lui.

Ce garçon pâle, là-bas, au fond, qui rêve, adossé au mur, solitaire, c'est le Messager. C'est lui qui viendra annoncer la mort d'Hémon tout à l'heure. C'est pour cela qu'il n'a pas envie de bavarder ni de se mêler aux autres. Il sait déjà...

Enfin les trois hommes rougeauds qui jouent aux cartes, leur chapeau sur la nuque, ce sont les gardes. Ce ne sont pas de mauvais bougres, ils ont des femmes, des enfants, et des petits ennuis comme tout le monde, mais ils vous empoigneront les accusés le plus tranquillement du monde tout à l'heure. Ils sentent l'ail, le cuir et le vin rouge et ils sont dépourvus de toute imagination. Ce sont les auxiliaires toujours innocents et toujours satisfaits d'eux-mêmes, de la justice. Pour le moment, jusqu'à ce qu'un nouveau chef de Thèbes dûment mandaté leur ordonne de l'arrêter à son tour, ce sont les auxiliaires de la justice de Créon.

Et maintenant que vous les connaissez tous, ils vont pouvoir vous jouer leur histoire. Elle commence au moment où les deux fils d'Œdipe, Etéocle et Polynice, qui devaient régner sur Thèbes un an chacun à tour de rôle, se sont battus et entre-tués sous les murs de la ville, Etéocle l'aîné, au terme de la première année de pouvoir ayant refusé de céder la place à son frère. Sept grands princes étrangers que Polynice avait gagnés à sa cause ont été défaits devant les sept portes de Thèbes. Maintenant la ville est sauvée, les deux frères ennemis sont morts et Créon, le roi, a ordonné qu'à Etéocle, le bon frère, il serait fait d'imposantes funérailles, mais que Polynice, le vaurien, le révolté, le voyou, serait laissé sans pleurs et sans sépulture, la proie des corbeaux et des chacals. Quiconque osera lui rendre les devoirs funèbres sera impitoyablement puni de mort.

Pendant que le Prologue parlait les personnages sont sortis un à un. Le Prologue disparaît aussi.

Antigone d'Anouilh, mise en scène d'A. Barsacq, création au théâtre de l'Atelier en 1944. Scène d'exposition avec Le Prologue.

Lire et analyser

La situation d'énonciation

1. Qui parle? Qui désigne les pronoms *vous* (l. 4) et *nous* (l. 16)?

2. Le début de la pièce se présente-t-il sous la forme d'un dialogue? d'un monologue? Est-il écrit en prose ou en vers?

3. Quelles indications sont données par la didascalie initiale? Que peut représenter selon vous un *décor neutre*?

4. Le Prologue est-il un personnage de l'histoire?

5. Quels sont les deux niveaux de langage que l'on peut repérer dans ce texte (mots, formes de phrases...)?

Les éléments de l'exposition

6. Faites la liste des personnages dans leur ordre de présentation. Quelle remarque pouvez-vous faire sur cet ordre? Précisez leurs liens de parenté (vous pouvez présenter votre réponse sous forme d'un arbre généalogique).

7. Relevez, sous forme de tableau, les mots ou expressions qui caractérisent les personnages (traits physiques, qualités, défauts, activités, rapports entre eux).

8. Quelles informations le Prologue fournit-il à partir de la ligne 66?

9. Quelles sont les deux époques qui sont mêlées dans cet extrait? Justifiez votre réponse en définissant le mot « anachronisme » et en en relevant quelques exemples.

La mise en place du tragique

10. a) Quel destin est annoncé pour Antigone, Hémon et Eurydice? Citez un champ lexical à l'appui de votre réponse. Quel est le temps utilisé pour annoncer ce destin?
b) Quel sens donnez-vous à l'expression *il n'y a rien à faire* (l. 12)?

11. En vous appuyant sur vos réponses à la question 10, caractérisez le tragique.

12. En quoi ce début de pièce diffère-t-il de celui d'une tragédie classique? Appuyez-vous sur vos réponses aux questions 1 à 5 et 9. Référez-vous aussi à la précision donnée à la fin du chapeau (p. 218).

Lire l'image

13. Comparez, à travers ces deux photos (p. 219 et 220), les mises en scène (costumes, décors, personnages). Qui sont les personnages présents sur scène?

14. Quel choix de mise en scène préférez-vous? Dites pourquoi.

Lire - Écrire

15. *Écrire la première scène d'une pièce*

Imaginez, à la manière d'Anouilh, la scène initiale d'une pièce de théâtre (imaginaire ou que vous connaissez). Vous commencerez par : *Voilà. Ces personnages vont vous jouer l'histoire de...*

Critères de réussite
- *Mise en place et respect de la situation d'énonciation (présence du Prologue).*
- *Respect du statut des personnages (caractère, rang social, liens de parenté...).*
- *Présentation de l'intrigue.*

Lire l'œuvre intégrale

16. Relevez dans la tirade du Prologue le champ lexical du théâtre, puis notez dans l'ensemble de la pièce les passages qui se réfèrent à la mise en scène et au genre tragique. Quel est l'effet produit?

Lire au CDI

17. *Se documenter*

a) Qu'est-ce qu'un mythe (reportez-vous à l'index)? Faites une recherche précise sur le mythe d'Œdipe. Aidez-vous d'une carte de Grèce.
b) Faites une recherche précise sur les rites funéraires dans l'Antiquité. À quoi était condamné un défunt privé de sépulture?
c) Faites une recherche sur la première mise en scène d'*Antigone* d'Anouilh en 1944 par André Barsacq. Compte tenu du contexte politique de l'époque, quelle peut être une des visées de la pièce?

Fiches 1, 3 et 8 ➤ p. 298, p. 300 et p. 306

 Leçon p. 249

D'où viens-tu ?

TEXTE 2

Jean Anouilh,
auteur dramatique français, 1910-1987.

Antigone, 1944.

L'éclairage s'est modifié sur la scène. C'est maintenant une aube grise et livide dans une maison qui dort.

Antigone entr'ouvre la porte et rentre de l'extérieur sur la pointe de ses pieds nus, ses souliers à la main. Elle reste un instant immobile à écouter.

La nourrice surgit.

LA NOURRICE. – D'où viens-tu ?

ANTIGONE. – De me promener, nourrice. C'était beau. Tout était gris. Maintenant, tu ne peux pas savoir, tout est déjà rose, jaune, vert. C'est devenu une carte postale. Il faut te lever plus tôt, nourrice, si tu veux voir un monde sans couleurs.

Elle va passer.

LA NOURRICE. – Je me lève quand il fait encore noir, je vais à ta chambre pour voir si tu ne t'es pas découverte en dormant et je ne te trouve plus dans ton lit !

ANTIGONE. – Le jardin dormait encore. Je l'ai surpris, nourrice. Je l'ai vu sans qu'il s'en doute. C'est beau un jardin qui ne pense pas encore aux hommes.

LA NOURRICE. – Tu es sortie. J'ai été à la porte du fond, tu l'avais laissée entrebâillée.

ANTIGONE. – Dans les champs c'était tout mouillé et cela attendait. Tout attendait. Je faisais un bruit énorme toute seule sur la route et j'étais gênée parce que je savais bien que ce n'était pas moi qu'on attendait. Alors j'ai enlevé mes sandales et je me suis glissée dans la campagne sans qu'elle s'en aperçoive… […]

LA NOURRICE. – Tu avais un rendez-vous, hein ? Dis non, peut-être.

ANTIGONE, *doucement.* – Oui. J'avais un rendez-vous.

LA NOURRICE. – Tu as un amoureux ?

Antigone d'Anouilh, mise en scène de Jean Menaud au Vingtième Théâtre en 1998. Avec Dominique Chagnaud (La Nourrice) et Catherine Vignes (Antigone).

ANTIGONE, *étrangement, après un silence.* – Oui, nourrice, oui, le pauvre. J'ai un amoureux.

LA NOURRICE, *éclate.* – Ah! c'est du joli! c'est du propre! Toi, la fille d'un roi! Donnez-vous du mal; donnez-vous du mal pour les élever! Elles sont toutes les mêmes. Tu n'étais pourtant pas comme les autres, toi, à t'attifer toujours devant la glace, à te mettre du rouge aux lèvres, à chercher à ce qu'on te remarque. Combien de fois je me suis dit : « Mon Dieu, cette petite, elle n'est pas assez coquette! Toujours avec la même robe et mal peignée. Les garçons ne verront qu'Ismène avec ses bouclettes et ses rubans et ils me la laisseront sur les bras. » Hé bien, tu vois, tu étais comme ta sœur, et pire encore, hypocrite! Qui est-ce? Un voyou, hein, peut-être? Un garçon que tu ne peux pas dire à ta famille : « Voilà, c'est lui que j'aime, je veux l'épouser. » C'est ça, hein, c'est ça? Réponds donc, fanfaronne!

ANTIGONE, *a encore un sourire imperceptible.* – Oui, nourrice.

LA NOURRICE. – Et elle dit oui! Miséricorde! Je l'ai eue toute gamine; j'ai promis à sa pauvre mère que j'en ferais une honnête fille, et voilà! Mais ça ne va pas se passer comme ça, ma petite. Je ne suis que ta nourrice, et tu me traites comme une vieille bête, bon! mais ton oncle, ton oncle Créon saura. Je te le promets!

ANTIGONE, *soudain un peu lasse.* – Oui, nourrice, mon oncle Créon saura. Laisse-moi maintenant.

LA NOURRICE. – Et tu verras ce qu'il dira quand il apprendra que tu te lèves la nuit. Et Hémon? Et ton fiancé? Car elle est fiancée! Elle est fiancée et à quatre heures du matin elle quitte son lit pour aller courir avec un autre. Et ça vous répond qu'on la laisse, ça voudrait qu'on ne dise rien. Tu sais ce que je devrais faire? Te battre comme lorsque tu étais petite.

ANTIGONE. – Nounou, tu ne devrais pas trop crier. Tu ne devrais pas être trop méchante ce matin.

LA NOURRICE. – Pas crier ! Je ne dois pas crier par-dessus le marché ! Moi qui avais promis à ta mère… Qu'est-ce qu'elle me dirait si elle était là ? « Vieille bête, oui, vieille bête, qui n'as pas su me la garder pure, ma petite. Toujours à crier, à faire le chien de garde, à leur tourner autour avec des lainages pour qu'elles ne prennent pas froid ou des laits de poule pour les rendre fortes ; mais à quatre heures du matin tu dors, vieille bête, tu dors, toi qui ne peux pas fermer l'œil, et tu les laisses filer, marmotte, et quand tu arrives le lit est froid ! » Voilà ce qu'elle me dira ta mère, là-haut quand j'y monterai, et moi j'aurai honte, honte à en mourir si je n'étais pas déjà morte, et je ne pourrai que baisser la tête et répondre : « Madame Jocaste, c'est vrai. »

ANTIGONE. – Non, nourrice. Ne pleure plus. Tu pourras regarder maman bien en face, quand tu iras la retrouver. Et elle te dira : « Bonjour, nounou, merci pour la petite Antigone. Tu as bien pris soin d'elle. » Elle sait pourquoi je suis sortie ce matin.

LA NOURRICE. – Tu n'as pas d'amoureux ?

ANTIGONE. – Non, nounou.

LA NOURRICE. – Tu te moques de moi, alors ? Tu vois, je suis trop vieille. Tu étais ma préférée, malgré ton sale caractère. Ta sœur était plus douce, mais je croyais que c'était toi qui m'aimais. Si tu m'aimais tu m'aurais dit la vérité. Pourquoi ton lit était-il froid quand je suis venue te border ?

ANTIGONE. – Ne pleure plus, s'il te plaît, nounou. *(Elle l'embrasse.)* Allons, ma vieille bonne pomme rouge. Tu sais quand je te frottais pour que tu brilles ? Ma vieille pomme toute ridée. Ne laisse pas couler tes larmes dans toutes les petites rigoles, pour des bêtises comme cela – pour rien. Je suis pure, je n'ai pas d'autre amoureux qu'Hémon, mon fiancé, je te le jure. Je peux même te jurer, si tu veux, que je n'aurai jamais d'autre amoureux… Garde tes larmes, garde tes larmes ; tu en auras peut-être besoin encore, nounou. Quand tu pleures comme cela, je redeviens petite… Et il ne faut pas que je sois petite ce matin. […]

Antigone d'Anouilh, mise en scène d'A. Barsacq, création au théâtre de l'Atelier en 1944. Avec Élisabeth Hardy (Antigone) et Odette Talazac (La Nourrice).

Lire et analyser

La situation d'énonciation

1. Quel est le rang social des personnages? Quel est leur niveau de langage? Relevez un exemple d'anachronisme. Quel est l'effet produit?

2. Quelles informations la didascalie initiale donne-t-elle sur le moment où débute l'action et sur le lieu dans lequel elle se situe?

La progression du dialogue

3. Quel personnage pose des questions? Quels sont les deux types de phrases dominants employés par ce personnage? Quel sentiment traduisent-ils?

4. Les personnages prennent-ils en compte les paroles de l'autre? Pour répondre :
– Observez l'enchaînement des répliques (l. 13 à 26).
– Relevez dans les répliques d'Antigone des phrases qui peuvent paraître mystérieuses pour la nourrice. Le sont-elles pour le spectateur?

La construction du personnage d'Antigone

5. a) À quel moment de la journée Antigone préfère-t-elle la nature (aidez-vous de la didascalie initiale)? Pourquoi?

b) Quel sens donnez-vous à la phrase *C'est beau un jardin qui ne pense pas encore aux hommes* (l. 17)? Quel rapport Antigone entretient avec le genre humain? Citez dans la suite du texte un adjectif qui confirme ce rapport.

Lire l'image

6. Quel est le cadrage choisi pour ces photos (p. 223 et 224)?

7. Dans quelle attitude les deux personnages se trouvent-ils? Observez l'expression des visages. Quel est l'effet produit? Choisissez une ou deux répliques du texte pour légender ces photos.

Lire - Écrire

8. *Transposer une scène de théâtre en scène romanesque*

Transposez cet extrait théâtral en scène romanesque. Vous introduirez des paroles rapportées (discours direct, indirect, indirect libre à votre convenance). Vous n'oublierez pas l'expression des sentiments des personnages.

Critères de réussite
- *Situation d'énonciation modifiée (présence d'un narrateur, jeu des pronoms, système temps...).*
- *Respect du contenu.*
- *Paroles rapportées correctement utilisées.*
- *Présence de l'expression de sentiments.*

Lire l'œuvre intégrale

9. Reportez-vous à l'autre scène de la pièce où intervient la nourrice (Éditions de La Table Ronde, p. 31 à 36). Dans quel univers se retrouve plongée Antigone lorsqu'elle est face à sa nourrice ? Quels traits de sa personnalité se révèlent alors ?

10. a) Dans la pièce, quel autre personnage fait référence à son enfance ? Qu'en dit-il ?
b) Quels sont les objets qui, dans la pièce, renvoient au monde de l'enfance ? À qui appartiennent-ils ?

Lire et comparer

11. Le personnage de la nourrice n'existe pas dans la pièce de Sophocle. Que peut-il apporter dans la pièce d'Anouilh ?

Se repérer dans l'histoire littéraire

12. Le personnage de la nourrice est un personnage secondaire. À quel rôle de la tragédie et de la comédie s'apparente-t-il ? Citez au moins deux noms de personnages correspondant à ces rôles.

Écouter - Dire

13. *Présenter une autre pièce d'Anouilh*

Lisez *La Sauvage*, une autre pièce d'Anouilh qui traite du thème de l'enfance et de l'adolescence. Présentez-la à la classe. Dégagez, seul ou en groupe, les points communs et les différences entre Antigone et Thérèse.

Fiche 1 ➤ p. 298

ANTIGONE, ISMÈNE

Leçon p. 249

Antigone de Sophocle, mise en scène d'Henri Rollan à la Comédie Française en 1951. Avec Renée Faure (Antigone) et Mony Dalmes (Ismène).

Pauvre Ismène!

TEXTE 3

Jean Anouilh,
auteur dramatique français, 1910-1987.

Antigone, 1944.

ISMÈNE. – Tu sais, j'ai bien pensé, Antigone.

ANTIGONE. – Oui.

ISMÈNE. – J'ai bien pensé toute la nuit. Tu es folle.

ANTIGONE. – Oui.

ISMÈNE. – Nous ne pouvons pas.

ANTIGONE, *après un silence, de sa petite voix.* – Pourquoi?

ISMÈNE. – Il nous ferait mourir.

ANTIGONE. – Bien sûr. À chacun son rôle. Lui, il doit nous faire mourir, et nous, nous devons aller enterrer notre frère. C'est comme cela que ç'a été distribué. Qu'est-ce que tu veux que nous y fassions?

ISMÈNE. – Je ne veux pas mourir.

ANTIGONE, *doucement.* – Moi aussi j'aurais bien voulu ne pas mourir.

ISMÈNE. – Écoute, j'ai bien réfléchi toute la nuit. Je suis l'aînée. Je réfléchis plus que toi. Toi, c'est ce qui te passe par la tête tout de suite, et tant pis si c'est une bêtise. Moi, je suis plus pondérée. Je réfléchis.

ANTIGONE. – Il y a des fois où il ne faut pas trop réfléchir.

ISMÈNE. – Si, Antigone. D'abord c'est horrible, bien sûr, et j'ai pitié moi aussi de mon frère, mais je comprends un peu notre oncle.

ANTIGONE. – Moi je ne veux pas comprendre un peu.

ISMÈNE. – Il est le roi, il faut qu'il donne l'exemple.

ANTIGONE. – Moi, je ne suis pas le roi. Il ne faut pas que je donne l'exemple, moi… Ce qui lui passe par la tête, la petite Antigone, la sale bête, l'entêtée, la mauvaise, et puis on la met dans un coin ou dans un trou. Et c'est bien fait pour elle. Elle n'avait qu'à ne pas désobéir!

ISMÈNE. – Allez! Allez!… Tes sourcils joints, ton regard droit devant toi et te voilà lancée sans écouter personne. Écoute-moi. J'ai raison plus souvent que toi.

ANTIGONE. – Je ne veux pas avoir raison.

ISMÈNE. – Essaie de comprendre au moins!

ANTIGONE. – Comprendre… Vous n'avez que ce mot-là dans la bouche, tous, depuis que je suis toute petite. Il fallait comprendre qu'on ne peut pas toucher à l'eau, à la belle eau fuyante et froide parce que cela mouille les dalles, à la terre parce que cela tache les robes. Il fallait comprendre qu'on ne doit pas manger tout à la fois, donner tout ce qu'on a dans ses poches au mendiant qu'on rencontre, courir, courir dans le vent jusqu'à ce qu'on tombe par terre et boire quand on a chaud et se baigner quand il est trop tôt ou trop tard, mais pas juste quand on en a envie! Comprendre. Toujours comprendre. Moi, je ne veux pas comprendre. Je comprendrai quand je serai vieille. *(Elle achève doucement.)* Si je deviens vieille. Pas maintenant.

ISMÈNE. – Il est plus fort que nous, Antigone. Il est le roi. Et ils pensent tous comme lui dans la ville. Ils sont des milliers et des milliers autour de nous, grouillant dans toutes les rues de Thèbes.

ANTIGONE. – Je ne t'écoute pas.

ISMÈNE. – Ils nous hueront. Ils nous prendront avec leurs mille bras, leurs mille visages et leur unique regard. Ils nous cracheront à la figure. Et il faudra avancer dans leur haine sur la charrette avec leur odeur et leurs rires jusqu'au supplice. Et là il y aura les gardes avec leurs têtes d'imbéciles, congestionnées sur leurs cols raides, leurs grosses mains lavées, leur regard de bœuf – qu'on sent qu'on pourra toujours crier, essayer de leur faire comprendre, qu'ils vont comme des nègres et qu'ils feront tout ce qu'on leur a dit scrupuleusement, sans savoir si c'est bien ou mal… Et souffrir? Il faudra souffrir, sentir que la douleur monte, qu'elle est arrivée au point où l'on ne peut plus la supporter; qu'il faudrait qu'elle s'arrête, mais qu'elle continue pourtant et monte encore, comme une voix aiguë… Oh! je ne peux pas, je ne veux pas…

ANTIGONE. – Comme tu as bien tout pensé!

ISMÈNE. – Toute la nuit. Pas toi?

ANTIGONE. – Si, bien sûr.

ISMÈNE. – Moi, tu sais, je ne suis pas très courageuse.

ANTIGONE, *doucement.* – Moi non plus. Mais qu'est-ce que cela fait?

Il y a un silence, Ismène demande soudain :

ISMÈNE. – Tu n'as donc pas envie de vivre, toi?

Antigone, *murmure.* – Pas envie de vivre... *(Et plus doucement encore si c'est possible.)* Qui se levait la première, le matin, rien que pour sentir l'air froid sur sa peau nue? Qui se couchait la dernière seulement quand elle n'en pouvait plus de fatigue, pour vivre encore un peu de la nuit? Qui pleurait déjà toute petite, en pensant qu'il y avait tant de petites bêtes, tant de brins d'herbe dans le pré et qu'on ne pouvait pas tous les prendre?

ISMÈNE, *a un élan soudain vers elle.* – Ma petite sœur...

Antigone, *se redresse et crie.* – Ah, non! Laisse-moi! Ne me caresse pas! Ne nous mettons pas à pleurnicher ensemble, maintenant. Tu as bien réfléchi, tu dis? Tu penses que toute la ville hurlante contre toi, tu penses que la douleur et la peur de mourir c'est assez?

ISMÈNE, *baisse la tête.* – Oui.

ANTIGONE. – Sers-toi de ces prétextes.

ISMÈNE, *se jette contre elle.* – Antigone! Je t'en supplie! C'est bon pour les hommes de croire aux idées et de mourir pour elles. Toi tu es une fille.

ANTIGONE, *les dents serrées.* – Une fille, oui. Ai-je assez pleuré d'être une fille!

ISMÈNE. – Ton bonheur est là devant toi et tu n'as qu'à le prendre. Tu es fiancée, tu es jeune, tu es belle...

ANTIGONE, *sourdement.* – Non, je ne suis pas belle.

ISMÈNE. – Pas belle comme nous, mais autrement. Tu sais bien que c'est sur toi que se retournent les petits voyous dans la rue; que c'est toi que les petites filles regardent passer, soudain muettes sans pouvoir te quitter des yeux jusqu'à ce que tu aies tourné le coin.

ANTIGONE, *a un petit sourire imperceptible.* – Des voyous, des petites filles...

ISMÈNE, *après un temps.* – Et Hémon, Antigone?

ANTIGONE, *fermée.* – Je parlerai tout à l'heure à Hémon : Hémon sera tout à l'heure une affaire réglée. [...]

Antigone de Sophocle, mise en scène d'Otomar Krejca à la Comédie Française en 1992. Avec Catherine Sauval (Ismène) et Muriel Mayette (Antigone).

ISMÈNE. – Je te convaincrai, n'est-ce pas ? Je te convaincrai ? Tu me laisseras te parler encore ?

ANTIGONE, *un peu lasse.* – Je te laisserai me parler, oui. Je vous laisserai tous me parler. Va dormir maintenant, je t'en prie. Tu serais moins belle demain. *(Elle la regarde sortir avec un petit sourire triste, puis elle tombe soudain lasse sur une chaise.)* Pauvre Ismène !... [...]

Lire et analyser

La progression du dialogue

1. a) Quelle relation les deux sœurs entretiennent-elles ? Qui est l'aînée ?
b) Quel est le personnage qui mène le dialogue et qui avance des arguments ?

2. a) Relevez les principaux arguments avancés. Classez-les selon qu'ils se réfèrent à l'autorité familiale, politique, à la force.
b) Qui désignent les pronoms *il* et *ils* dans *Il nous ferait mourir* (l. 7) et dans *Ils nous hueront* (l. 45) ? Justifiez votre réponse en citant le texte. Expliquez le passage d'un pronom à l'autre.
c) Relevez le champ lexical de la violence (l. 45 à 57). À quelle fin Ismène l'utilise-t-elle ? Quel trait de son caractère révèle-t-il ? Citez une réplique d'Ismène qui confirme votre hypothèse.

La construction du personnage d'Antigone

3. a) Y a-t-il contre-argumentation de la part d'Antigone ? Justifiez votre réponse en relevant notamment les formes de phrases utilisées dans ses répliques.
b) Antigone a-t-elle été convaincue ? Justifiez votre réponse.

4. Quel trait de son caractère Antigone révèle-t-elle dans les lignes 30 à 40 ? À quel moment de sa vie Antigone se réfère-t-elle ?

5. Quel sens donnez-vous à l'expression *Pauvre Ismène !...* (l. 105) ? Que révèle-t-elle de la conception qu'Antigone a de la vie ? Justifiez votre réponse en vous appuyant sur l'ensemble de l'extrait.

Lire l'image

6. Décrivez le costume des deux sœurs et indiquez les éléments du décor (p. 226 et 228).

7. Dans quelle photo l'opposition entre les deux sœurs est-elle le plus marquée ? Quelle remarque pouvez-vous faire sur l'attitude d'Antigone sur ces deux photos (posture du corps, regard...) ?

Lire - Écrire

8. ***Rédiger un dialogue théâtral***

Rédigez un petit dialogue théâtral entre deux personnages qui s'affrontent sur un sujet que vous préciserez. Vous commencerez par *Essaie de comprendre au moins* et pourrez prendre appui sur quelques expressions du texte.

Critères de réussite
- *Situation d'énonciation conforme au sujet.*
- *Situation d'argumentation précisée (voir leçon p. 89).*
- *Confrontation présente, sujet de la confrontation pertinent.*

Lire l'œuvre intégrale

9. Un peu plus loin dans la pièce, Ismène et Antigone sont à nouveau face à face (Éditions de La Table Ronde, p. 45). Quel argument supplémentaire Ismène oppose-t-elle à Antigone pour tenter encore une fois de la convaincre ? Y réussit-elle ? Retrouvez dans quel extrait (figurant dans ce chapitre) ce même argument est utilisé. Par qui ?

Fiches 1 et 3 ➤ p. 298 et p. 300

ANTIGONE, HÉMON

Leçon p. 249

C'est plein de disputes un bonheur

TEXTE 4

Jean Anouilh, auteur dramatique français, 1910-1987.

Antigone, 1944.

ANTIGONE, *court à Hémon.* – Pardon, Hémon, pour notre dispute d'hier soir et pour tout. C'est moi qui avais tort. Je te prie de me pardonner. […]

HÉMON. – Nous aurons d'autres soirs, Antigone.

ANTIGONE. – Peut-être pas.

HÉMON. – Et d'autres disputes aussi. C'est plein de disputes un bonheur.

ANTIGONE. – Un bonheur, oui… Écoute, Hémon.

HÉMON. – Oui.

ANTIGONE. – Ne ris pas ce matin. Sois grave.

HÉMON. – Je suis grave.

ANTIGONE. – Et serre-moi. Plus fort que ne tu m'as jamais serrée. Que toute ta force s'imprime dans moi.

HÉMON. – Là. De toute ma force.

ANTIGONE, *dans un souffle.* – C'est bon. *(Ils restent un instant sans rien dire, puis elle commence doucement.)* Écoute, Hémon.

HÉMON. – Oui.

ANTIGONE. – Je voulais te dire ce matin… Le petit garçon que nous aurions eu tous les deux…

HÉMON. – Oui.

ANTIGONE. – Tu sais, je l'aurais bien défendu contre tout.

HÉMON. – Oui, Antigone.

ANTIGONE. – Oh! je l'aurais serré si fort qu'il n'aurait jamais eu peur, je te le jure. Ni du soir qui vient, ni de l'angoisse du plein soleil immobile, ni des ombres… Notre petit garçon, Hémon! Il aurait eu une maman toute petite et mal peignée – mais plus sûre que toutes les vraies mères du monde avec leurs vraies poitrines et leurs grands tabliers. Tu le crois, n'est-ce pas, toi?

Antigone d'Anouilh, mise en scène d'A. Barsacq, création au théâtre de l'Atelier en 1944. Avec Élisabeth Hardy (Antigone) et Gilles Watteaux (Hémon).

HÉMON. – Oui, mon amour.

ANTIGONE. – Et tu crois aussi, n'est-ce pas, que toi, tu aurais eu une vraie femme ?

HÉMON, *la tient.* – J'ai une vraie femme. [...]

ANTIGONE, *dans un souffle, après un temps.* – [...] Et je voulais te dire que j'aurais été très fière d'être ta femme, ta vraie femme, sur qui tu aurais posé ta main, le soir, en t'asseyant, sans penser, comme sur une chose bien à toi. *(Elle s'est détachée de lui, elle a pris un autre ton.)* Voilà. Maintenant, je vais te dire encore deux choses. Et quand je les aurai dites il faudra que tu sortes sans me questionner. Même si elles te paraissent extraordinaires, même si elles te font de la peine. Jure-le moi.

HÉMON. – Qu'est-ce que tu vas me dire encore ?

ANTIGONE. – Jure-moi d'abord que tu sortiras sans rien me dire. Sans même me regarder. Si tu m'aimes, jure-le-moi. *(Elle le regarde avec son pauvre visage bouleversé.)* Tu vois comme je te le demande, jure-le-moi, s'il te plaît, Hémon... C'est la dernière folie que tu auras à me passer.

HÉMON, *après un temps.* – Je te le jure.

ANTIGONE. – Merci. Alors, voilà. Hier d'abord. Tu me demandais tout à l'heure pourquoi j'étais venue avec une robe d'Ismène, ce parfum et ce rouge à lèvres. J'étais bête. Je n'étais pas très sûre que tu me désires vraiment et j'avais fait tout cela pour être un peu plus comme les autres filles, pour te donner envie de moi.

HÉMON. – C'était pour cela ?

ANTIGONE. – Oui. Et tu as ri et nous nous sommes disputés et mon mauvais caractère a été le plus fort, je me suis sauvée. *(Elle ajoute plus bas.)* Mais j'étais venue chez toi pour que tu me prennes hier soir, pour que je sois ta femme avant. *(Il recule, il va parler, elle crie.)* Tu m'as juré de ne pas me demander pourquoi. Tu m'as juré, Hémon ! *(Elle dit plus bas, humblement.)* Je t'en supplie... *(Et elle ajoute, se détournant, dure.)* D'ailleurs, je vais te dire. Je voulais être ta femme quand même parce que je t'aime comme cela, moi, très fort, et que – je vais te faire de la peine, ô mon chéri, pardon ! – que jamais, jamais, je ne pourrai t'épouser. *(Il est resté muet de stupeur, elle court à la fenêtre, elle crie.)* Hémon, tu me l'as juré ! Sors. Sors tout de suite sans rien dire. Si tu parles, si tu fais un seul pas vers moi, je me jette par cette fenêtre. Je te le jure, Hémon. Je te le jure sur la tête du petit garçon que nous avons eu tous les deux en rêve, du seul petit garçon que j'aurai jamais. Pars maintenant, pars vite. Tu sauras demain. Tu sauras tout à l'heure. *(Elle achève avec un tel désespoir qu'Hémon obéit et s'éloigne.)* S'il te plaît, pars, Hémon. C'est tout ce que tu peux faire encore pour moi, si tu m'aimes. *(Il est sorti. Elle reste sans bouger, le dos à la salle, puis elle referme la fenêtre, elle vient s'asseoir sur une petite chaise au milieu de la scène, et dit doucement, comme étrangement apaisée.)* Voilà. C'est fini pour Hémon, Antigone. [...]

Lire et analyser

La situation d'énonciation

1. a) Quelles relations Antigone et Hémon entretiennent-ils ?
b) Quel est le mode verbal dominant dans les répliques d'Antigone (l. 22 à 35) ? Quelle est la valeur de ce mode ? Hémon a-t-il perçu la portée des paroles d'Antigone mises en valeur par ce mode ? Qu'en est-il du spectateur ? Justifiez votre réponse en vous appuyant sur les répliques d'Hémon.

Le tragique

2. Observez la longueur et l'enchaînement des répliques. Qui mène l'échange ?

3. Antigone demande : *Pars maintenant, pars vite* (l. 67). Que comprend Hémon ? Qu'en est-il en réalité ?

4. a) Quel sens donnez-vous à la dernière phrase ?
b) En quoi cette scène est-elle tragique ? Appuyez-vous sur vos réponses précédentes.

L'évolution du personnage d'Antigone

5. À partir des deux répliques suivantes, dites en quoi Antigone fait preuve de faiblesse et de force :
– *Et serre-moi. Plus fort que tu ne m'as jamais serrée. Que toute ta force s'imprime dans moi* (l. 11) ;
– *Oh ! je l'aurais serré si fort qu'il n'aurait jamais eu peur* (l. 22).

6. Quelle représentation Antigone a-t-elle de la féminité et de la maternité ? Se révèle-t-elle, dans cet extrait, plutôt femme ou enfant ?

Lire l'image

7. Quelle expression lisez-vous sur les visages d'Antigone et d'Hémon (p. 231) ?

8. À quel moment de la scène situeriez-vous cette étreinte entre les deux personnages ?

Lire - Écrire

9. *Écrire une scène de théâtre ou de roman*

Il vous est arrivé, vous aussi, de faire promettre quelque chose à quelqu'un. Écrivez la scène sous forme d'un dialogue théâtral ou romanesque. Vous introduirez la phrase : *Si tu m'aimes, jure-le moi.*

Critères de réussite
- *Respect des codes du genre théâtral ou romanesque.*
- *Situation d'énonciation identifiable et conforme au sujet.*
- *Insertion correcte de la phrase imposée.*

Fiche 1 ➤ p. 298

ANTIGONE, CRÉON

Leçon p. 249

Quel sera-t-il, mon bonheur ?

TEXTE 5

Jean Anouilh, auteur dramatique français, 1910-1987.

Antigone, 1944.

[Antigone a été arrêtée par les gardes qui la conduisent devant Créon. Elle avoue à celui-ci qu'elle a recouvert de terre le corps de Polynice, son frère, d'abord avec la pelle dont celui-ci se servait enfant, puis avec ses propres mains. Créon tente d'étouffer l'affaire pour protéger Antigone. Mais celle-ci lui tient tête et veut retourner auprès du cadavre.]

CRÉON. – […] Tu sais pourquoi tu vas mourir, Antigone ? Tu sais au bas de quelle histoire sordide tu vas signer pour toujours ton petit nom sanglant ?

ANTIGONE. – Quelle histoire ?

CRÉON. – Celle d'Etéocle et de Polynice, celle de tes frères. Non, tu crois la savoir, tu ne la sais pas. Personne ne la sait dans Thèbes, que moi. Mais il me semble que toi, ce matin, tu as aussi le droit de l'apprendre. *(Il rêve un temps, la tête dans ses mains, accoudé sur ses genoux. On l'entend murmurer.)* Ce n'est pas bien beau, tu vas voir. *(Et il commence sourdement sans regarder Antigone.)* Que te rappelles-tu de tes frères, d'abord ? Deux compagnons de jeux qui te méprisaient sans doute, qui te cassaient tes poupées, se chuchotant éternellement des mystères à l'oreille l'un de l'autre pour te faire enrager ?

ANTIGONE. – C'étaient des grands… […]

CRÉON. – […] Sais-tu qui était ton frère ?

ANTIGONE. – Je savais que vous me diriez du mal de lui en tout cas !

CRÉON. – Un petit fêtard imbécile, un petit carnassier dur et sans âme, une petite brute tout juste bonne à aller plus vite que les autres avec ses voitures, à dépenser plus d'argent dans les bars. Une fois, j'étais là, ton père venait de lui refuser une grosse somme qu'il avait perdue au jeu ; il est devenu tout pâle et il a levé le poing en criant un mot ignoble !

ANTIGONE. – Ce n'est pas vrai !

CRÉON. – Son poing de brute à toute volée dans le visage de ton père! C'était pitoyable. Ton père était assis à sa table, la tête dans ses mains. Il saignait du nez. Il pleurait. Et, dans un coin du bureau, Polynice, ricanant, qui allumait une cigarette.

ANTIGONE, *supplie presque maintenant.* – Ce n'est pas vrai! [...]

[Créon, dans une longue tirade, explique à Antigone que Polynice a attenté à plusieurs reprises à la vie de son père, Œdipe. Il lui dévoile aussi les coulisses du jeu politique qu'il qualifie de cuisine *: Etéocle, à qui il a fait rendre des funérailles nationales, ne valait en fait pas mieux que son frère* (deux petits voyous qu'ils étaient, pour un règlement de comptes). *Créon ajoute qu'il ne sait même pas quel est celui des deux corps qui a été laissé en pâture aux corbeaux et que peu lui importe* (Seulement, il s'est trouvé que j'ai eu besoin de faire un héros de l'un d'eux).*]*

Il y a un long silence, ils ne bougent pas, sans se regarder, puis Antigone dit doucement :

ANTIGONE. – Pourquoi m'avez-vous raconté cela?

Créon se lève, remet sa veste.

CRÉON. – Valait-il mieux te laisser mourir dans cette pauvre histoire?

ANTIGONE. – Peut-être. Moi, je croyais.

Il y a un silence encore. Créon s'approche d'elle.

CRÉON. – Qu'est-ce que tu vas faire maintenant?

ANTIGONE, *se lève comme une somnambule.* – Je vais remonter dans ma chambre.

CRÉON. – Ne reste pas trop seule. Va voir Hémon, ce matin. Marie-toi vite.

ANTIGONE, *dans un souffle.* – Oui.

CRÉON. – Tu as toute ta vie devant toi. Notre discussion était bien oiseuse, je t'assure. Tu as ce trésor, toi, encore.

ANTIGONE. – Oui.

CRÉON. – Rien d'autre ne compte. Et tu allais le gaspiller! Je te comprends, j'aurais fait comme toi à vingt ans. C'est pour cela que je buvais tes paroles. J'écoutais du fond du temps un petit Créon maigre et pâle comme toi et qui ne pensait qu'à tout donner lui aussi... Marie-

Antigone, toujours, de Pierre Bourgeade, d'après Sophocle, mise en scène de J.-L. Barrault au Théâtre du Rond-Point en 1982. Avec Michael Lonsdale (Créon) et Maïa Simon (Antigone).

toi vite, Antigone, sois heureuse. La vie n'est pas ce que tu crois. C'est une eau que les jeunes gens laissent couler sans le savoir, entre leurs doigts ouverts. Ferme tes mains, ferme tes mains, vite. Retiens-la. Tu verras, cela deviendra une petite chose dure et simple qu'on grignote, assis au soleil. Ils te diront tous le contraire parce qu'ils ont besoin de ta force et de ton élan. Ne les écoute pas. Ne m'écoute pas quand je ferai mon prochain discours devant le tombeau d'Etéocle. Ce ne sera pas vrai. Rien n'est vrai que ce qu'on ne dit pas… Tu l'apprendras toi aussi, trop tard, la vie c'est un livre qu'on aime, c'est un enfant qui joue à vos pieds, un outil qu'on tient bien dans sa main, un banc pour se reposer le soir devant sa maison. Tu vas me mépriser encore, mais de découvrir cela, tu verras, c'est la consolation dérisoire de vieillir, la vie, ce n'est peut-être tout de même que le bonheur.

ANTIGONE, *murmure, le regard perdu.* – Le bonheur…

CRÉON, *a un peu honte soudain.* – Un pauvre mot, hein ?

ANTIGONE, *doucement.* – Quel sera-t-il, mon bonheur ? Quelle femme heureuse deviendra-t-elle, la petite Antigone ? Quelles pauvretés faudra-t-il qu'elle fasse elle aussi, jour après jour, pour arracher avec ses dents son petit lambeau de bonheur ? Dites, à qui devra-t-elle mentir, à qui sourire, à qui se vendre ? Qui devra-t-elle laisser mourir en détournant le regard ?

CRÉON, *hausse les épaules.* – Tu es folle, tais-toi.

Antigone d'Anouilh, mise en scène de Jean Menaud au Vingtième Théâtre en 1998. Avec Catherine Vignes (Antigone) et Michel Derville (Créon).

ANTIGONE. – Non, je ne me tairai pas ! Je veux savoir comment je m'y prendrai, moi aussi, pour être heureuse. Tout de suite, puisque c'est tout de suite qu'il faut choisir. Vous dites que c'est si beau la vie. Je veux savoir comment je m'y prendrai pour vivre.

CRÉON. – Tu aimes Hémon ?

ANTIGONE. – Oui, j'aime Hémon. J'aime un Hémon dur et jeune ; un Hémon exigeant et fidèle, comme moi. Mais si votre vie, votre bonheur doivent passer sur lui avec leur usure, si Hémon ne doit plus pâlir quand je pâlis, s'il ne doit plus me croire morte quand je suis en retard de cinq minutes, s'il ne doit plus se sentir seul au monde et me détester quand je ris sans qu'il sache pourquoi, s'il doit devenir près de moi le monsieur Hémon, s'il doit apprendre à dire « oui », lui aussi, alors je n'aime plus Hémon !

CRÉON. – Tu ne sais plus ce que tu dis. Tais-toi.

ANTIGONE. – Si, je sais ce que je dis, mais c'est vous qui ne m'entendez plus. Je vous parle de trop loin maintenant, d'un royaume où vous ne pouvez plus entrer avec vos rides, votre sagesse, votre ventre. *(Elle rit.)* Ah ! je ris, Créon, je ris parce que je te vois à quinze ans, tout d'un coup ! C'est le même air d'impuissance et de croire qu'on peut tout. La vie t'a seulement ajouté tous ces petits plis sur le visage et cette graisse autour de toi.

CRÉON, *la secoue.* – Te tairas-tu enfin ?

ANTIGONE. – Pourquoi veux-tu me faire taire ? Parce que tu sais que j'ai raison ? Tu crois que je ne lis pas dans tes yeux que tu le sais ? Tu sais que j'ai raison, mais tu ne l'avoueras jamais parce que tu es en train de défendre ton bonheur en ce moment comme un os.

CRÉON. – Le tien et le mien, oui, imbécile!

Antigone. – Vous me dégoûtez tous avec votre bonheur! Avec votre vie qu'il faut aimer coûte que coûte. On dirait des chiens qui lèchent tout ce qu'ils trouvent. Et cette petite chance pour tous les jours, si on n'est pas trop exigeant. Moi, je veux tout, tout de suite, – et que ce soit entier – ou alors je refuse! Je ne veux pas être modeste, moi, et me contenter d'un petit morceau si j'ai été bien sage. Je veux être sûre de tout aujourd'hui et que cela soit aussi beau que quand j'étais petite – ou mourir.

CRÉON. – Allez, commence, commence, comme ton père!

ANTIGONE. – Comme mon père, oui! Nous sommes de ceux qui posent les questions jusqu'au bout. Jusqu'à ce qu'il ne reste vraiment plus la petite chance d'espoir vivante, la plus petite chance d'espoir à étrangler. Nous sommes de ceux qui lui sautent dessus quand ils le rencontrent, votre espoir, votre cher espoir, votre sale espoir!

CRÉON. – Tais-toi! Si tu te voyais criant ces mots, tu es laide.

ANTIGONE. – Oui, je suis laide! C'est ignoble, n'est-ce pas, ces cris, ces sursauts, cette lutte de chiffonniers. Papa n'est devenu beau qu'après, quand il a été bien sûr, enfin, qu'il avait tué son père, que c'était bien avec sa mère qu'il avait couché, et que rien, plus rien, ne pouvait le sauver. Alors, il s'est calmé tout d'un coup, il a eu comme un sourire, et il est devenu beau. C'était fini. Il n'a plus eu qu'à fermer les yeux pour ne plus vous voir! Ah! vos têtes, vos pauvres têtes de candidats au bonheur! C'est vous qui êtes laids, même les plus beaux. Vous avez tous quelque chose de laid au coin de l'œil ou de la bouche. Tu l'as bien dit tout à l'heure, Créon, la cuisine. Vous avez des têtes de cuisiniers!

CRÉON, *lui broie le bras.* – Je t'ordonne de te taire maintenant, tu entends?

ANTIGONE. – Tu m'ordonnes, cuisinier? Tu crois que tu peux m'ordonner quelque chose?

CRÉON. – L'antichambre est pleine de monde. Tu veux donc te perdre? On va t'entendre.

ANTIGONE. – Eh bien, ouvre les portes. Justement, ils vont m'entendre!

CRÉON, *qui essaie de lui fermer la bouche de force.* – Vas-tu te taire, enfin, bon Dieu?

ANTIGONE, *se débat.* – Allons vite, cuisinier! Appelle tes gardes!

La porte s'ouvre. Entre Ismène.

ISMÈNE, *dans un cri.* – Antigone!

ANTIGONE. – Qu'est-ce que tu veux, toi aussi?

ISMÈNE. – Antigone, pardon ! Antigone, tu vois, je viens, j'ai du courage. J'irai maintenant avec toi.

ANTIGONE. – Où iras-tu avec moi ?

ISMÈNE. – Si vous la faites mourir, il faudra me faire mourir avec elle !

ANTIGONE. – Ah ! non. Pas maintenant. Pas toi ! C'est moi, c'est moi seule. Tu ne te figures pas que tu vas venir mourir avec moi maintenant. Ce serait trop facile !

ISMÈNE. – Je ne veux pas vivre si tu meurs, je ne veux pas rester sans toi !

ANTIGONE. – Tu as choisi la vie et moi la mort. Laisse-moi maintenant avec tes jérémiades. Il fallait y aller ce matin, à quatre pattes, dans la nuit. Il fallait aller gratter la terre avec tes ongles pendant qu'ils étaient tout près et te faire empoigner par eux comme une voleuse !

ISMÈNE. – Eh bien, j'irai demain !

ANTIGONE. – Tu l'entends, Créon ? Elle aussi. Qui sait si cela ne va pas prendre à d'autres encore, en m'écoutant ? Qu'est-ce que tu attends pour me faire taire, qu'est-ce que tu attends pour appeler tes gardes ? Allons, Créon, un peu de courage, ce n'est qu'un mauvais moment à passer. Allons, cuisinier, puisqu'il le faut !

CRÉON, *crie soudain.* – Gardes !

Les gardes apparaissent aussitôt.

CRÉON. – Emmenez-la.

ANTIGONE, *dans un grand cri soulagé.* – Enfin, Créon ! [...]

Œdipe à Colone de Sophocle, mise en scène de J.-P. Vincent au théâtre des Amandiers à Nanterre en 1989. Avec Aurélien Recoing (Œdipe) Évelyne Didi (Antigone) et Luce Mouchel (Ismène).

Lire et analyser

La situation d'énonciation

1. a) Quelle est la fonction sociale de Créon? Quel est son lien de parenté avec Antigone? Relevez les pronoms personnels par lesquels les personnages se désignent. Se tutoient-ils? Se vouvoient-ils? À partir de quelle ligne y a-t-il un changement?

b) Relevez un exemple d'anachronisme. Quel est l'effet produit ?

c) Sur quel sujet les deux personnages sont-ils en conflit?

La progression du dialogue

2. Qui parle le plus au début de l'extrait? Qui parle le plus à la fin? Quel mot déclenche l'inversion du rapport de force? Qui le prononce en premier?

3. a) De quoi Créon veut-il convaincre Antigone?

b) Quel procédé Créon utilise-t-il d'abord (l. 17 à 22)? Pour répondre, relevez et analysez les termes qui désignent et caractérisent Polynice.

c) Antigone est-elle, dans un premier temps, convaincue? Justifiez votre réponse en vous appuyant sur les répliques (observez leur longueur) et les didascalies.

4. a.) Quel argument Créon croit bon d'ajouter (l. 45 à 62)?

b) Dans les lignes 70 à 161 observez les didascalies et les répliques de Créon. À quel ultime argument Créon recourt-il?

5. a) En quoi l'arrivée d'Ismène aggrave-t-elle le conflit?

6. Quel sens donnez-vous à la réplique *Enfin, Créon* (l. 161)? Pourquoi peut-on dire qu'Antigone a provoqué sa marche vers la mort?

L'évolution du personnage d'Antigone

7. a) Pourquoi Antigone traite-t-elle à plusieurs reprises Créon de *cuisinier* (à partir de la ligne 126)? Sur quel ton s'adresse-t-elle à lui? Justifiez votre réponse en vous appuyant notamment sur les types de phrases et sur le pronom utilisé pour désigner Créon.

La visée

8. Quelle conception Antigone a-t-elle de la vie et du bonheur? En quoi cette conception s'oppose-t-elle à celle de Créon? Justifiez votre réponse en citant des passages précis du texte. En quoi le conflit entre les deux personnages peut-il être symbolique ?

Lire l'image

9. En quoi les photos (p. 235 et 236) mettent-elles en valeur les relations qu'entretiennent Antigone et Créon? Pour répondre, observez l'expression des visages et la position des corps.

10. Décrivez les éléments du décor et les costumes des acteurs sur la photo de la page 238. À quoi reconnaît-on Œdipe?

Lire - Écrire

11. ***Écrire un dialogue argumentatif***

Sous la forme d'un dialogue argumentatif, imaginez une scène de conflit entre un adulte et un adolescent. Vous insérerez la phrase : *Moi, je veux tout, tout de suite, – et que ce soit entier – ou alors je refuse!* (l. 101-102).

Critères de réussite
- *Présence d'un dialogue conflictuel.*
- *Sujet du conflit identifiable.*
- *Insertion correcte de la phrase imposée.*

12. ***Rédiger une argumentation***

Créon affirme : *La vie c'est un livre qu'on aime, c'est un enfant qui joue à vos pieds, un outil qu'on tient bien dans sa main, un banc pour se reposer le soir devant sa maison.* Dans un premier paragraphe, vous direz quelle est la conception de la vie et du bonheur exprimée ici. Dans un second paragraphe, vous réfuterez cette conception du bonheur en précisant quelles autres formes de vie et de bonheur on peut concevoir.

Critères de réussite
- *Présence de deux paragraphes.*
- *Présence d'au moins deux arguments.*
- *Présence de connecteurs.*
- *Présence d'exemples.*

Fiches 1 et 3 ➤ p. 298 et p. 300

ANTIGONE, LE GARDE

Leçon p. 249

Mon dernier visage d'homme

TEXTE 6

Jean Anouilh,
auteur dramatique français, 1910-1987.

Antigone, 1944.

ANTIGONE, *dit soudain.* – Alors, c'est toi ?

LE GARDE. – Qui, moi ?

ANTIGONE. – Mon dernier visage d'homme. [...] Quel âge as-tu ?

LE GARDE. – Trente-neuf ans.

ANTIGONE. – Tu as des enfants ?

LE GARDE. – Oui, deux.

ANTIGONE. – Tu les aimes ?

LE GARDE. – Cela ne vous regarde pas.

Il commence à faire les cent pas dans la pièce : pendant un moment, on n'entend plus que le bruit de ses pas.

ANTIGONE, *demande tout humble.* – Il y a longtemps que vous êtes garde ?

LE GARDE. – Après la guerre. J'étais sergent. J'ai rengagé.

ANTIGONE. – Il faut être sergent pour être garde ?

LE GARDE. – En principe, oui. Sergent ou avoir suivi le peloton spécial. Devenu garde, le sergent perd son grade. Un exemple : je rencontre une recrue de l'armée, elle peut ne pas me saluer.

ANTIGONE. – Ah oui ?

LE GARDE. – Oui. Remarquez que, généralement, elle le fait. La recrue sait que le garde est un gradé. Question solde : on a la solde ordinaire du garde, comme ceux du peloton spécial, et, pendant six mois, à titre de gratification, un rappel de supplément de la solde de sergent. Seulement, comme garde, on a d'autres avantages. Logement, chauffage, allocations. Finalement, le garde marié avec deux enfants arrive à se faire plus que le sergent de l'active.

ANTIGONE. – Ah oui ?

Antigone de Sophocle, mise en scène d'Otomar Krejca à la Comédie Française en 1992. Avec Muriel Mayette (Antigone) et Gérard Giraudon (Le Garde).

LE GARDE. – Oui. C'est ce qui vous explique la rivalité entre le garde et le sergent. Vous avez peut-être pu remarquer que le sergent affecte de mépriser le garde. Leur grand argument, c'est l'avancement. D'un sens, c'est juste. L'avancement du garde est plus lent et plus difficile que dans l'armée. Mais vous ne devez pas oublier qu'un brigadier des gardes, c'est autre chose qu'un sergent chef.

ANTIGONE, *lui dit soudain.* – Écoute…

LE GARDE. – Oui.

ANTIGONE. – Je vais mourir tout à l'heure.

Le garde ne répond pas. Un silence. Il fait les cent pas. Au bout d'un moment, il reprend.

LE GARDE. – D'un autre côté, on a plus de considération pour le garde que pour le sergent de l'active. Le garde, c'est un soldat, mais c'est presque un fonctionnaire.

ANTIGONE. – Tu crois qu'on a mal pour mourir?

LE GARDE. – Je ne peux pas vous dire. Pendant la guerre, ceux qui étaient touchés au ventre, ils avaient mal. Moi, je n'ai jamais été blessé. Et, d'un sens, ça m'a nui pour l'avancement.

ANTIGONE. – Comment vont-ils me faire mourir?

LE GARDE. – Je ne sais pas. Je crois que j'ai entendu dire que pour ne pas souiller la ville de votre sang, ils allaient vous murer dans un trou.

ANTIGONE. – Vivante?

LE GARDE. – Oui, d'abord.

Un silence. Le garde se fait une chique.

ANTIGONE. – Ô tombeau! Ô lit nuptial! Ô ma demeure souterraine!… *(Elle est toute petite au milieu de la grande pièce nue. On dirait qu'elle a un peu froid. Elle s'entoure de ses bras. Elle murmure.)* Toute seule…

LE GARDE, *qui a fini sa chique.* – Aux cavernes de Hadès, aux portes de la ville. En plein soleil. Une drôle de corvée encore pour ceux qui seront de faction. Il avait d'abord été question d'y mettre l'armée. Mais, aux dernières nouvelles, il paraît que c'est encore la garde qui fournira les piquets. Elle a bon dos, la garde! Étonnez-vous après qu'il existe une jalousie entre le garde et le sergent d'active…

ANTIGONE, *murmure, soudain lasse.* – Deux bêtes…

LE GARDE. – Quoi, deux bêtes?

ANTIGONE. – Des bêtes se serreraient l'une contre l'autre pour se faire chaud. Je suis toute seule.

LE GARDE. – Si vous avez besoin de quelque chose, c'est différent. Je peux appeler.

ANTIGONE. – Non. Je voudrais seulement que tu remettes une lettre à quelqu'un quand je serai morte. […]

LE GARDE, *qui a pris son carnet et suce sa mine.* – C'est pour votre bon ami?

ANTIGONE. – Mon chéri, j'ai voulu mourir et tu ne vas peut-être plus m'aimer…

LE GARDE, *répète lentement de sa grosse voix en écrivant.* – « Mon chéri, j'ai voulu mourir et tu ne vas peut-être plus m'aimer… »

ANTIGONE. – Et Créon avait raison, c'est terrible, maintenant, à côté de cet homme, je ne sais plus pourquoi je meurs. J'ai peur…

LE GARDE, *qui peine sur sa dictée.* – « Créon avait raison, c'est terrible… »

ANTIGONE. – Oh! Hémon, notre petit garçon. Je le comprends seulement maintenant combien c'était simple de vivre…

LE GARDE, *s'arrête.* – Eh! dites, vous allez trop vite. Comment voulez-vous que j'écrive? Il faut le temps tout de même…

ANTIGONE. – Où en étais-tu?

LE GARDE, *se relit.* – « C'est terrible maintenant à côté de cet homme… »

ANTIGONE. – Je ne sais plus pourquoi je meurs.

Le Garde, *écrit, suçant sa mine.* – « Je ne sais plus pourquoi je meurs… » On ne sait jamais pourquoi on meurt.

ANTIGONE, *continue.* – J'ai peur… *(Elle s'arrête. Elle se dresse soudain.)* Non. Raye tout cela. Il vaut mieux que jamais personne ne sache. C'est comme s'ils devaient me voir nue et me toucher quand je serai morte. Mets seulement : « Pardon. »

LE GARDE. – Alors, je raye la fin et je mets pardon à la place?

ANTIGONE. – Oui. Pardon, mon chéri. Sans la petite Antigone, vous auriez tous été bien tranquilles. Je t'aime…

LE GARDE. – « Sans la petite Antigone, vous auriez tous été bien tranquilles. Je t'aime… » C'est tout?

ANTIGONE. – Oui, c'est tout.

LE GARDE. – C'est une drôle de lettre.

ANTIGONE. – Oui, c'est une drôle de lettre.

LE GARDE. – Et c'est à qui qu'elle est adressée?

À ce moment, la porte s'ouvre. Les autres gardes paraissent. Antigone se lève, les regarde, regarde le premier garde qui s'est dressé derrière elle, il empoche la bague[1] *et range le carnet, l'air important… Il voit le regard d'Antigone. Il gueule pour se donner une contenance.*

LE GARDE. – Allez! pas d'histoires! […]

1. Antigone a donné un anneau en or au garde pour qu'il accepte d'écrire la lettre.

Lire et analyser

La situation d'énonciation

1. a) Par quel pronom Antigone et le garde s'adressent-ils l'un à l'autre? Rappelez le rang social de chacun.
b) Quel est le niveau de langage du garde (appuyez-vous sur le lexique et sur la syntaxe). En quoi s'oppose-t-il au niveau de langage d'Antigone? Quel est l'effet produit?

2. Quel est le troisième personnage, destinataire de la lettre? Par quel pronom Antigone s'adresse-t-elle à lui?

3. Quelle est la situation d'Antigone? Où se trouve-t-elle?

La progression du dialogue

4. Y a-t-il véritable échange entre les deux personnages? Pour répondre, appuyez-vous sur l'enchaînement des répliques et les didascalies. Le garde est-il sensible à la situation d'Antigone?

L'évolution du personnage d'Antigone

5. Pourquoi Antigone éprouve-t-elle le besoin de parler au garde?

6. À qui Antigone destine-t-elle sa lettre? Pourquoi révise-t-elle le contenu de sa lettre?

7. Antigone avoue : *J'ai peur* (l. 82,95). En quoi ces mots éclairent-ils l'évolution du personnage (référez-vous aux extraits précédents). De quel autre personnage Antigone se rapproche-t-elle à présent?

8. En quoi les dernières pensées d'Antigone (*Je ne sais plus pourquoi je meurs*, l. 82,92) sont-elles en contradiction avec les motivations qui l'animaient au début de la pièce?

Le tragique

9. En quoi cette scène comporte-t-elle des éléments comiques? En quoi est-elle tragique? Quel est l'effet produit pour le spectateur par le décalage entre les propos du garde et la situation d'Antigone?

Lire - Écrire

10. *Imaginer un dialogue théâtral*

Imaginez un dialogue théâtral comique au cours duquel deux personnages (professeur, élève ou autre…) poursuivent chacun leur propre propos (ils peuvent raconter une scène, donner leur point de vue sur deux sujets radicalement différents…). À certains moments, les propos se rejoindront pour favoriser le quiproquo.

Critères de réussite
- *Respect des codes du genre théâtral (personnages, répliques, didascalies…).*
- *Décalage entre les propos clairement identifié.*
- *Présence de quiproquo.*

Fiche 1 ➤ p. 298

Antigone de Sophocle, mise en scène d'Henri Rollan à la Comédie Française en 1951. Avec Renée Faure (Antigone) et Jean Davy (Créon).

Ô tombeau, chambre nuptiale!

TEXTE 6 bis

Sophocle,
poète tragique grec,
496-406 av. J.-C.

Antigone,
tragédie,
environ 441 av. J.-C.

*[L'intrigue de l'*Antigone *d'Anouilh est la même que celle de Sophocle : Antigone, bravant l'interdit édicté par son oncle Créon, a rendu à son frère Polynice les honneurs funèbres et paie de sa mort sa désobéissance. Mais, alors que dans la pièce de Sophocle, le geste d'Antigone est de nature religieuse (elle décide d'ensevelir son frère au nom des lois divines au mépris des lois humaines), dans la pièce d'Anouilh, les motivations d'Antigone sont autres : jeune fille rebelle, elle court à la mort pour satisfaire sa soif d'absolu. Elle finit par être en proie au doute, ne sachant plus, à la fin de la pièce, pourquoi elle meurt.]*

CRÉON. – Allons! emmenez-moi cette fille au plus vite, et enfermez-la moi dans son tombeau de roc, ainsi que je l'ai dit. Et puis laissez-la là, seule, à l'abandon, qu'elle y doive, à son gré, ou mourir tout de suite ou vivre sous la terre de la vie du tombeau! Nous sommes sans souillure en ce qui la regarde et, quoi qu'il advienne, il n'y a plus pour elle de retour au soleil.

ANTIGONE. – Ô tombeau, chambre nuptiale! retraite souterraine, ma prison à jamais! en m'en allant vers vous, je m'en vais vers les miens, qui, déjà morts pour la plupart, sont les hôtes de Perséphone[1] et vers qui je descends, la dernière de toutes et la plus misérable, avant d'avoir usé jusqu'à mon dernier terme ma portion de vie. Tout au moins, en partant, gardé-je l'espérance d'arriver là-bas chérie de mon père, chérie de toi, mère, chérie de toi aussi, frère bien-aimé, puisque c'est moi

1. **Perséphone** : déesse des Enfers, de son nom latin Proserpine.

qui de mes mains ai lavé, paré vos corps ; c'est moi qui vous ai offert les libations funéraires. Et voilà comment aujourd'hui, pour avoir, Polynice, pris soin de ton cadavre, voilà comment je suis payée ! Ces honneurs funèbres pourtant, j'avais raison de te les rendre, aux yeux de tous les gens de sens. Si j'étais née mère, si c'était mon mari qui se fut trouvé là à pourrir sur le sol, je n'eusse certes pas assuré cette charge contre le gré de ma cité. Quel est donc le principe auquel je prétends avoir obéi ? Comprends-le bien : un mari mort, je pouvais en trouver un autre et avoir de lui un enfant, si j'avais perdu mon premier époux ; mais mon père et ma mère une fois dans la tombe, nul autre frère ne me fût jamais né. Le voilà, le principe pour lequel je t'ai fait passer avant tout autre. Et c'est ce qui me vaut de paraître à Créon coupable, rebelle, frère bien-aimé ! Et à cette heure je suis entre ses mains ; il m'a saisie, il m'emmène – et je n'aurai connu ni le lit nuptial ni le chant d'hyménée ; je n'aurai pas eu, comme une autre, un mari, des enfants grandissant sous mes yeux ; mais, sans égards, abandonnée des miens, misérablement, je descends, vivante, au séjour souterrain des morts ! Quel droit divin pourtant ai-je offensé ?...

Traduit du grec par Paul Mazon, Éd. Les Belles Lettres.

Lire et comparer (textes 6 et 6 bis)

1. À qui s'adresse Antigone dans chaque texte ?

2. Les deux héroïnes, celle de Sophocle et celle d'Anouilh, savent-elles pourquoi elles meurent ? En quoi se différencient-elles ?

3. Quel est le « principe » qui a motivé la conduite de chacune ? Ont-elles été fidèles jusqu'au bout à ce principe ?

4. a) Les deux Antigone ont-elles la même attitude face à la vie ? Justifiez votre réponse.

b) *Ô tombeau, chambre nuptiale !* (texte 6, l. 58 ; texte 6 bis, l. 7) : quel est l'effet produit par l'association des termes ?

5. Dans quelle pièce y a-t-il une vie envisagée après la mort ?

6. Depuis l'Antiquité, le personnage d'Antigone s'est érigé en mythe. En quoi l'Antigone d'Anouilh s'écarte-t-elle de l'Antigone mythique ?

Lire au CDI

7. ***Lire* Antigone *de Sophocle***

Lisez l'*Antigone* de Sophocle. Mettez-vous à deux et comparez avec l'*Antigone* d'Anouilh (intrigue, personnages, nature du tragique). Présentez votre recherche à la classe.

Fiche 1 ➤ p. 298

LE MESSAGER Leçon p. 249

Ils ont fini, eux

TEXTE 7

Jean Anouilh,
auteur dramatique français, 1910-1987.

Antigone, 1944.

[*Antigone vient d'être emmenée par les gardes qui la conduisent vers la mort.*]

LE MESSAGER. – Une terrible nouvelle. On venait de jeter Antigone dans son trou. On n'avait pas encore fini de rouler les derniers blocs de pierre lorsque Créon et tous ceux qui l'entourent entendent des plaintes qui sortent soudain du tombeau. Chacun se tait et écoute, car ce n'est pas la voix d'Antigone. C'est une plainte nouvelle qui sort des profondeurs du trou… Tous regardent Créon, et lui qui a deviné le premier, lui qui sait déjà avant tous les autres, hurle soudain comme un fou : « Enlevez les pierres! Enlevez les pierres! » Les esclaves se jettent sur les blocs entassés et, parmi eux, le roi suant, dont les mains saignent. Les pierres bougent enfin et le plus mince se glisse dans l'ouverture. Antigone est au fond de la tombe pendue aux fils de sa ceinture, des fils bleus, des fils verts, des fils rouges qui lui font comme un collier d'enfant, et Hémon à genoux qui la tient dans ses bras et gémit, le visage enfoui dans sa robe. On bouge un bloc encore et Créon peut enfin descendre. On voit ses cheveux blancs dans l'ombre, au fond du trou. Il essaie de relever Hémon, il le supplie. Hémon ne l'entend pas. Puis soudain il se dresse, les yeux noirs, et il n'a jamais tant ressemblé au petit garçon d'autrefois, il regarde son père sans rien dire, une minute, et, tout à coup, il lui crache au visage, et tire son épée. Créon a bondi hors de portée. Alors Hémon le regarde avec ses yeux d'enfant, lourds de mépris, et Créon ne peut pas éviter ce regard comme la lame. Hémon regarde ce vieil homme tremblant à l'autre bout de la caverne et, sans rien dire, il se plonge l'épée dans le ventre et il s'étend contre Antigone, l'embrassant dans une immense flaque rouge.

CRÉON, *entre avec son page.* – Je les ai fait coucher l'un près de l'autre, enfin! Ils sont lavés, maintenant, reposés. Ils sont seulement un peu pâles, mais si calmes. Deux amants au lendemain de la première nuit. Ils ont fini, eux. […]

Antigone de Sophocle, mise en scène d'Otomar Krejca à la Comédie Française en 1992.

Lire et analyser

La situation d'énonciation

1. Le spectateur a-t-il déjà entendu parler du Messager (référez-vous au prologue) ? À qui s'adresse-t-il ?

Le tragique

2. Analysez le discours du Messager (lignes 1 à 25) :

a) Définissez le cadre spatio-temporel, relevez les termes qui désignent et caractérisent les personnages. En quoi Créon a-t-il changé ?

b) Quels événements sont rapportés par le Messager ?

c) Analysez les champs lexicaux de la violence et de la mort, les jeux de regards, le caractère symbolique des couleurs. En quoi ces éléments contribuent-ils au tragique ?

d) Pour quelles raisons les événements rapportés n'ont-ils pas été mis en scène (référez-vous notamment aux règles du théâtre classique).

3. Quel sens donnez-vous à la réplique *Ils ont fini, eux* (l. 29) ?

Lire l'image

4. Quel est le cadrage choisi par le photographe ?

5. Décrivez le décor. Sur quoi l'éclairage porte-t-il ?

6. Comment les personnages sont-ils placés les uns par rapport aux autres ? Pourquoi Créon est-il au fond ?

Lire - Écrire

7. *Rapporter un fait divers*

Vous êtes journaliste et rapportez un fait divers dramatique. Vous utiliserez quelques-uns des procédés d'Anouilh (lexique, mise en scène de l'événement...)

Critères de réussite
- *Présence du schéma narratif.*
- *Respect des codes du genre journalistique.*

Lire l'œuvre intégrale

8. Rédigez un paragraphe (ou faites un exposé) sur un des sujets suivants :
– La structure de la pièce et le tableau de présence des personnages (notez les pages où ils apparaissent ; qui est le plus présent ?).
– Le schéma actantiel (voir p. 177) à partir du personnage d'Antigone ou de Créon.
– L'évolution du personnage d'Antigone.
– La conception du pouvoir politique à travers le personnage de Créon.
– La conception du bonheur dans la pièce.
– La coexistence du comique et du tragique (précisez l'effet produit).
– La portée politique et symbolique de la pièce.
– Le traitement du mythe d'Antigone chez Sophocle et Anouilh (en quoi le mythe est-il actualisé).

Lire au CDI

9. ***Lire Cocteau***
a) Lisez *La Machine infernale* de Cocteau. Jouez-en quelques passages à plusieurs.
b) En quoi le mythe d'Œdipe est-il actualisé ?

Lire et mettre en scène

10. Choisissez un extrait d'*Antigone*. Faites-vous metteur en scène et notez tous les éléments de mise en scène qui vous permettront de monter le spectacle :
– les éléments sonores (langage verbal : déclamation du texte et langage non verbal : cris, soupirs, rires, bruitage…) ;
– les éléments visuels (déplacements des acteurs, expressions du visage, gestes, costumes, décor, éclairage).

Fiches 1 et 3 ➤ p. 298 et p. 300

Affiche de la création d'*Antigone* d'Anouilh dans la mise en scène d'André Barsacq au théâtre de l'Atelier en 1944 (collection A. Barsacq, ASP, Bibliothèque nationale de France, Paris).

Affiche d'*Antigone* de Brecht par le Living Theatre en 1969 (affiche anonyme, ASP, Bibliothèque nationale de France, Paris).

Affiche d'*Antigone* d'Anouilh aux Tréteaux de France (affiche anonyme, ASP, Bibliothèque nationale de France, Paris).

L E Ç O N

Le théâtre

1 Le texte théâtral

Le texte théâtral est composé des didascalies et des répliques.

- Les **didascalies** sont des indications scéniques : elles fournissent des indications sur la situation d'énonciation (nom des personnages qui prennent la parole, ton de la voix, indications d'apartés...) ou sur des jeux de scène (mouvements, gestes...).
- Les **répliques** : ce sont les paroles prononcées par les personnages (dialogues, monologues).
- Le texte théâtral est fait pour être **joué** (le mot *théâtre* signifie, au sens étymologique : action de regarder). Lire une pièce de théâtre c'est donc prendre en compte l'ensemble des éléments verbaux (paroles des personnages) et non verbaux (décor, accessoires, éclairage, gestuelles...).

2 La situation d'énonciation

- Le texte théâtral repose sur une situation de **double énonciation** : les personnages échangent des messages, des informations qui leur sont destinés en même temps qu'ils sont destinés au spectateur. Il arrive que le spectateur en sache moins que les personnages (c'est le cas des scènes d'exposition) ou au contraire qu'il en sache plus, ce qui contribue à produire des effets.

3 Les fonctions des paroles au théâtre

- La parole est **action** : parler, c'est agir. Un personnage peut déclarer ou promettre quelque chose, donner un ordre en même temps qu'il le fait. Ce sont les paroles qui provoquent des modifications de la situation. Elles permettent à l'action de progresser.
- Prendre la parole c'est disposer d'un certain **pouvoir** ou tenter de le prendre par l'affrontement (dialogue à dominante **argumentative**).
- La parole permet de **véhiculer des informations** entre les personnages (qui permettent au spectateur de comprendre l'action, c'est le cas des scènes d'exposition).
- La parole peut s'adresser au seul public (c'est le cas des prologues et des apartés).

4 Les relations entre les personnages

- Les personnages se définissent :

– en fonction de leur **rang social** (relation d'égalité ou de hiérarchie) ;

– en fonction des **relations** qui les unissent ou les opposent (amitié, amour, haine, rivalité...) ;

– en fonction des **rapports de force** qu'ils entretiennent (qui prend le pouvoir sur l'autre ?).

- **Le schéma actantiel** permet de mettre en lumière les fonctions respectives des personnages ou « actants » et les forces en présence : un *sujet* poussé par un *destinateur* (motivation de l'action, personnage ou sentiment, tel l'amour) poursuit une quête (l'*objet*). Il peut être aidé par des *adjuvants* ou contrecarré par des *opposants*. Il agit pour le compte d'un *destinataire* (bénéficiaire de la quête : ce peut être lui-même).

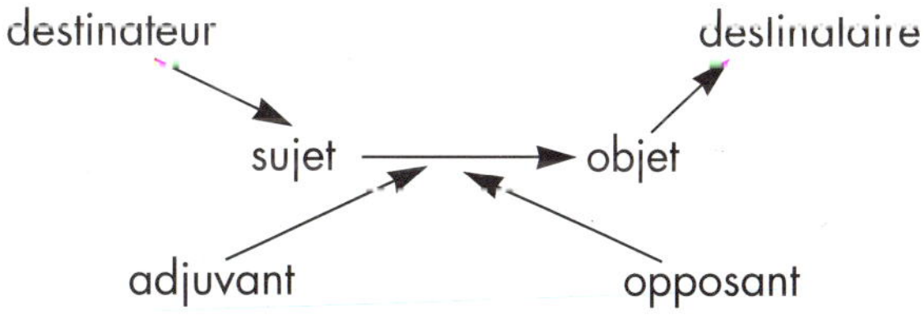

5 Le genre tragique

- La **tragédie**, née en Grèce, s'inspire des grands **mythes de l'Antiquité** (mythe d'Œdipe...) et met en scène des personnages en lutte contre un destin qui les dépasse. Elle s'achève par la mort du héros et cherche à susciter la terreur et la pitié. Les dramaturges grecs sont Eschyle, Sophocle, Euripide.
- Au XXe siècle, des auteurs comme Anouilh, Cocteau, Giraudoux réactualisent les grands mythes grecs en les **parodiant** et les **désacralisant** : la fatalité divine qui pesait sur le héros disparaît, le tragique naît du sentiment de l'absurdité de la condition humaine.

EXERCICES

LEXIQUE ET GRAMMAIRE

1. Analyser les procédés rhétoriques et identifier la visée

Lisez le texte et répondez aux questions.

L'action se déroule dans un théâtre. Au moment où la pièce commence, une altercation a lieu entre Cyrano, poète et escrimeur, affligé d'un grand nez et un comédien ventru, Montfleury.

DE GUICHE
Personne ne va donc lui répondre?

LE VICOMTE
Personne?…
Attendez! Je vais lui lancer un de ces traits!…
Il s'avance vers Cyrano qui l'observe, et se campant devant lui d'un air fat.
Vous… vous avez un nez… heu… un nez… très grand.]

CYRANO, *gravement.*
Très.

LE VICOMTE, *riant.*
Ha!

CYRANO, *imperturbable.*
C'est tout?…

LE VICOMTE
Mais…

CYRANO
Ah! non! c'est un peu court, jeune homme!
On pouvait dire… Oh! Dieu!… bien des choses en somme…]
En variant le ton, – par exemple, tenez :
Agressif : « Moi, monsieur, si j'avais un tel nez,
Il faudrait sur-le-champ que je me l'amputasse! »
Amical : « Mais il doit tremper dans votre tasse!
Pour boire, faites-vous fabriquer un hanap[1]! »
Descriptif : « C'est un roc! c'est un pic! c'est un cap!
Que dis-je, c'est un cap?… C'est une péninsule! »
Curieux : « De quoi sert cette oblongue capsule?
D'écritoire, monsieur, ou de boîte à ciseaux? »
Gracieux : « Aimez-vous à ce point les oiseaux
Que paternellement vous vous préoccupâtes
De tendre ce perchoir à leurs petites pattes? »
Truculent : « Çà, monsieur, lorsque vous pétunez[2],
La vapeur du tabac vous sort-elle du nez
Sans qu'un voisin ne crie au feu de cheminée? »
Prévenant : « Gardez-vous, votre tête entraînée
Par ce poids, de tomber en avant sur le sol! »
Tendre : « Faites-lui faire un petit parasol
De peur que sa couleur au soleil ne se fane! »
Pédant : « L'animal seul, monsieur, qu'Aristophane
Appelle Hippocampelephantocamélos[3]
Dut avoir sous le front tant de chair sur tant d'os! »
Cavalier : « Quoi, l'ami, ce croc[4] est à la mode?
Pour pendre son chapeau, c'est vraiment très commode! »]
Emphatique : « Aucun vent ne peut, nez magistral,
T'enrhumer tout entier, excepté le mistral! »
Dramatique : « C'est la mer Rouge quand il saigne! »
Admiratif : « Pour un parfumeur, quelle enseigne! »
Lyrique : « Est-ce une conque? Êtes-vous un triton? »
Naïf : « Ce monument, quand le visite-t-on? »
Respectueux : « Souffrez, monsieur, qu'on vous salue,]
C'est là ce qui s'appelle avoir pignon sur rue! »

E. Rostand, *Cyrano de Bergerac* (1897), Acte I, scène IV (v. 310 à 346).

1. **hanap** : récipient pour boire, fermé d'un couvercle.
2. **vous pétunez** : vous fumez.
3. **hippocampéléphantocamélos** : mot inventé.
4. **croc** : crochet.

1. Définissez dans le contexte les mots *Truculent* (v. 18), *Prévenant* (v. 21), *Pédant* (v. 25), *Cavalier* (v. 28), *Emphatique* (v. 30), *Lyrique* (v. 34).

2. Établissez le rapport entre le ton utilisé et la déclaration. Pour répondre :

a) Analysez les figures de style utilisées dans les vers 11-12.

b) Relevez et analysez quelques hyperboles et quelques métaphores.

c) Décomposez le mot *Hippocampéléphantocamélos* (v. 26).

d) Analysez la construction syntaxique des vers 30-31.

e) Donnez le sens de l'expression *avoir pignon sur rue* (v. 37) L'expression est-elle prise au sens propre? au sens figuré?

f) Identifiez les types de phrases utilisés.

3. Identifiez les modes et les temps dans *que je me l'amputasse* (v. 8), et dans *vous vous préoccupâtes* (v. 16). Justifiez l'emploi du mode au vers 8.

4. Quelle est la visée de cet extrait? Appuyez-vous sur l'ensemble des réponses. Prenez aussi en compte la situation d'énonciation.

Exercice bilan : vers la seconde

Lisez le texte et répondez aux questions.

L'action se déroule dans l'Antiquité : Rome et Albe sont en guerre. Horace, Romain, consacre le triomphe de Rome en tuant l'albain Curiace, fiancé de sa sœur Camille.

CAMILLE

Donne-moi donc, barbare, un cœur comme le tien ;
Et si tu veux enfin que je t'ouvre mon âme,
Rends-moi mon Curiace, ou laisse agir ma flamme :
Ma joie et mes douleurs dépendaient de son sort ;
Je l'adorais vivant, et je le pleure mort.
Ne cherche plus ta sœur où tu l'avais laissée ;
Tu ne revois en moi qu'une amante offensée,
Qui, comme une furie, attachée à tes pas,
Te veut incessamment reprocher son trépas.
Tigre altéré de sang, qui me défends les larmes,
Qui veux que dans sa mort je trouve encore des charmes,
Et que, jusques au ciel élevant tes exploits,
Moi-même je le tue une seconde fois !
Puissent tant de malheurs accompagner ta vie
Que tu tombes au point de me porter envie ;
Et toi, bientôt souiller par quelque lâcheté
Cette gloire si chère à ta brutalité !

HORACE

O ciel ! qui vit jamais une pareille rage !
Crois-tu donc que je sois insensible à l'outrage,
Que je souffre en mon sang ce mortel déshonneur ?
Aime, aime cette mort qui fait notre bonheur,
Et préfère du moins au souvenir d'un homme
Ce que doit ta naissance aux intérêts de Rome.

CAMILLE

Rome, l'unique objet de mon ressentiment !
Rome, à qui vient ton bras d'immoler mon amant !
Rome qui t'a vu naître et que ton cœur adore !
Rome enfin que je hais parce qu'elle t'honore !
Puissent tous ses voisins ensemble conjurés
Saper ses fondements encore mal assurés !
Et si ce n'est assez de toute l'Italie,
Que l'Orient contre elle à l'Occident s'allie ;
Que cent peuples unis des bouts de l'univers
Passent pour la détruire et les monts et les mers !
Qu'elle-même sur soi renverse ses murailles,
Et de ses propres mains déchire ses entrailles !
Que le courroux du ciel allumé par mes vœux
Fasse pleuvoir sur elle un déluge de feux !
Puissé-je de mes yeux y voir tomber ce foudre,
Voir ses maisons en cendre, et tes lauriers en poudre,
Voir le dernier Romain à son dernier soupir,
Moi seule en être cause, et mourir de plaisir !

HORACE, *mettant la main à l'épée,*
et poursuivant sa sœur qui s'enfuit.

C'est trop, ma patience à la raison fait place ;
Va dedans les enfers plaindre ton Curiace.

CAMILLE, *blessée derrière le théâtre.*

Ah ! traître !

Corneille, *Horace* (1640),
Acte IV, scène 5 (v. 1278 à 1321).

1. Élaborez une lecture méthodique de cet extrait de théâtre en vous référant à la fiche *Méthode* (p. 308-309) et en vous aidant du hors-texte.

2. Faites la synthèse de vos remarques en un paragraphe rédigé.

Groupement de textes

L'amour contrarié

TEXTE 1
W. Shakespeare, *Roméo et Juliette* (1594-1595)

Si tu m'aimes, proclame-le

À Vérone, deux familles nobles, les Montague et les Capulet, se vouent une haine ancienne et implacable. Roméo, fils Montague, et Juliette, fille Capulet, sont tombés amoureux l'un de l'autre sans savoir qui ils étaient. Ils découvrent, lors d'une fête costumée, qu'ils appartiennent aux deux clans ennemis. La nuit même, Roméo se présente sous la fenêtre de Juliette, dans le jardin des Capulet, avec l'espoir de lui parler.

JULIETTE. – Comment es-tu venu ici, dis-moi ? et dans quel but ? Les murs du jardin sont hauts et difficiles à gravir. Considère qui tu es : ce lieu est ta mort, si quelqu'un de mes parents te trouve ici.

ROMÉO. – J'ai escaladé ces murs sur les ailes légères de l'amour : car les limites de pierre ne sauraient arrêter l'amour, et ce que l'amour peut faire, l'amour ose le tenter ; voilà pourquoi tes parents ne sont pas un obstacle pour moi.

JULIETTE. – S'ils te voient, ils te tueront.

ROMÉO. – Hélas ! il y a plus de péril pour moi dans ton regard que dans vingt de leurs épées : que ton œil me soit doux, et je suis à l'épreuve de leur inimitié.

JULIETTE. – Je ne voudrais pas pour le monde entier qu'ils te vissent ici.

ROMÉO. – J'ai le manteau de la nuit pour me soustraire à leur vue. D'ailleurs, si tu ne m'aimes pas, qu'ils me trouvent ici ! J'aime mieux ma vie finie par leur haine que ma mort différée sans ton amour.

JULIETTE. – Quel guide as-tu donc eu pour arriver jusqu'ici ?

ROMÉO. – L'amour, qui le premier m'a suggéré d'y venir : il m'a prêté son esprit et je lui ai prêté mes yeux. Je ne suis pas un pilote; mais, quand tu serais aussi éloignée que la vaste côte de la mer la plus lointaine, je risquerais la traversée pour atteindre pareil trésor.

JULIETTE. – [...] M'aimes-tu? Je sais que tu vas dire *oui*, et je te croirai sur parole. Ne le jure pas : tu pourrais trahir ton serment : les parjures des amoureux, font, dit-on, rire Jupiter... Oh! gentil Roméo, si tu m'aimes, proclame-le loyalement [...].

ROMÉO. – Madame, je jure par cette lune sacrée qui argente toutes ces cimes chargées de fruits!...

JULIETTE. – Oh! ne jure pas par la lune, l'inconstante lune dont le disque change chaque mois, de peur que ton amour ne devienne aussi variable!

ROMÉO. – Par quoi dois-je jurer?

JULIETTE. – Ne jure pas du tout; ou, si tu le veux, jure par ton gracieux être, qui est le dieu de mon idolâtrie, et je te croirai.

Roméo et Juliette, de W. Shakespeare, ballet compagnie Angelin Preljocaj en 1991, avec N. Delassis (Juliette) et N. Dufloux (Roméo).

ROMÉO. – Si l'amour profond de mon cœur...

JULIETTE. – Ah! ne jure pas! Quoique tu fasses ma joie, je ne puis goûter cette nuit toutes les joies de notre rapprochement; il est trop brusque, trop imprévu, trop subit, trop semblable à l'éclair qui a cessé d'être avant qu'on ait pu dire : il brille!... Doux ami, bonne nuit! Ce bouton d'amour, mûri par l'haleine de l'été, pourra devenir une belle fleur, à notre prochaine entrevue... Bonne nuit, bonne nuit! Puisse le repos, puisse le calme délicieux qui est dans mon sein, arriver à ton cœur!

ROMÉO. – Oh! vas-tu donc me laisser si peu satisfait?

JULIETTE. – Quelle satisfaction peux-tu obtenir cette nuit?

ROMÉO. – Le solennel échange de ton amour contre le mien.

JULIETTE. – Mon amour! je te l'ai donné avant que tu l'aies demandé. Et pourtant je voudrais qu'il fût encore à donner.

ROMÉO. – Voudrais-tu me le retirer? Et pour quelle raison, mon amour?

JULIETTE. – Rien que pour être généreuse et te le donner encore. Mais je désire un bonheur que j'ai déjà : ma libéralité est aussi illimitée que la mer, et mon amour aussi profond : plus je te donne, plus il me reste, car l'une et l'autre sont infinis. (*On entend la voix de la nourrice.*) J'entends du bruit dans la maison. Cher amour, adieu! J'y vais, bonne nourrice!... Doux Montague, sois fidèle. Attends un moment, je vais revenir. (*Elle se retire de la fenêtre.*)

ROMÉO. – Ô céleste, céleste nuit! J'ai peur, comme il fait nuit, que tout ceci ne soit qu'un rêve, trop délicieusement flatteur pour être réel.

Traduction de l'anglais par F. V. Hugo, revue par Yves Florence et Elisabeth Duret, Librairie générale Française.

Bérénice, de Racine, mise en scène de Daniel Mesguich au théâtre de la Métaphore en 1994 avec Sandy Boizard (Bérénice) et Laurent Natrella (Titus).

TEXTE 2

Racine, *Bérénice* (1670)

Pour jamais adieu

L'action se déroule à Rome, en 79 après Jésus-Christ. L'empereur romain Titus souhaite épouser Bérénice, la reine de Palestine, dont il est aimé. Mais le Sénat est hostile à cette union avec une reine étrangère. Après de douloureuses hésitations, Titus décide de se soumettre à son devoir d'empereur.

TITUS

[...] Je sens bien que sans vous je ne saurais plus vivre,
Que mon cœur de moi-même est prêt à s'éloigner;
Mais il ne s'agit plus de vivre, il faut régner.

BÉRÉNICE

Hé bien! régnez, cruel; contentez votre gloire :
Je ne dispute plus[1]. J'attendais, pour vous croire,
Que cette même bouche, après mille serments
D'un amour qui devait unir tous nos moments,
Cette bouche, à mes yeux s'avouant infidèle,
M'ordonnât elle-même une absence éternelle.
Moi-même, j'ai voulu vous entendre en ce lieu.
Je n'écoute plus rien, et pour jamais adieu.
Pour jamais! Ah! Seigneur, songez-vous en vous-même
Combien ce mot cruel est affreux quand on aime?
Dans un mois, dans un an, comment souffrirons-nous,
Seigneur, que tant de mers me séparent de vous?
Que le jour recommence et que le jour finisse
Sans que jamais Titus puisse voir Bérénice,
Sans que de tout le jour je puisse voir Titus?
Mais quelle est mon erreur, et que de soins perdus!
L'ingrat, de mon départ consolé par avance,
Daignera-t-il compter les jours de mon absence?
Ces jours, si longs pour moi, lui sembleront trop courts.

1. Je ne dispute plus : je ne discute plus.

TITUS

Je n'aurai pas, Madame, à compter tant de jours.
J'espère que bientôt la triste renommée
Vous fera confesser que vous étiez aimée.
Vous verrez que Titus n'a pu, sans expirer…

BÉRÉNICE

Ah! Seigneur, s'il est vrai, pourquoi nous séparer?
Je ne vous parle point d'un heureux hyménée :
Rome à ne vous plus voir m'a-t-elle condamnée?
Pourquoi m'enviez-vous[2] l'air que vous respirez?

TITUS

Hélas! vous pouvez tout, Madame. Demeurez :
Je n'y résiste point. Mais je sens ma faiblesse.
Il faudra vous combattre et vous craindre sans cesse,
Et sans cesse veiller à retenir mes pas,
Que vers vous à toute heure entraînent vos appas[3].
Que dis-je? En ce moment mon cœur, hors de lui-même,
S'oublie, et se souvient seulement qu'il vous aime.

BÉRÉNICE

Hé bien, Seigneur, hé bien, qu'en peut-il arriver?
Voyez-vous les Romains prêts à se soulever?

TITUS

Et qui sait de quel œil ils prendront cette injure?
S'ils parlent, si les cris succèdent au murmure,
Faudra-t-il par le sang justifier mon choix?
S'ils se taisent, Madame, et me vendent leurs lois[4],
À quoi m'exposez-vous? Par quelle complaisance
Faudra-t-il quelque jour payer leur patience?
Que n'oseront-ils point alors me demander?
Maintiendrai-je des lois que je ne puis garder[5]?

BÉRÉNICE

Vous ne comptez pour rien les pleurs de Bérénice.

TITUS

Je les compte pour rien! Ah! ciel! quelle injustice!

BÉRÉNICE

Quoi? pour d'injustes lois que vous pouvez changer,
En d'éternels chagrins vous-même vous plonger?
Rome a ses droits, Seigneur : n'avez-vous pas les vôtres?
Ses intérêts sont-ils plus sacrés que les nôtres?
Dites, parlez.

TITUS

Hélas! Que vous me déchirez!

BÉRÉNICE

Vous êtes empereur, Seigneur, et vous pleurez!

2. m'enviez-vous : me refusez-vous.

3. vos appas : vos charmes.

4. me vendent leurs lois : s'ils exigent des compensations en échange des lois que Titus ne suivrait plus.

5. Maintiendrai-je des lois que je ne puis garder : Titus peut-il enfreindre la loi et en même temps demander aux Romains de la respecter?

TEXTE 3

Marivaux, *Le Jeu de l'amour et du hasard* (1730)

Je t'adore, je te respecte

Silvia, pour mieux observer le futur époux que son père lui propose et qu'elle n'a jamais vu, a l'idée de se faire passer pour sa servante, Lisette. Or, Dorante a eu la même idée : il se présente sous le nom de Bourguignon, avec la livrée de son valet. Malgré ce déguisement, les deux jeunes gens sont attirés l'un par l'autre. Avant la fin du dernier acte, Dorante a décidé de dévoiler son identité, tandis que Silvia continue d'éprouver le jeune homme, allant jusqu'à lui faire croire qu'elle est courtisée par Mario (qui est en fait son frère). Dorante lui annonce alors son intention de partir.

SILVIA. – Quoi! sérieusement, vous partez!

DORANTE. – Vous avez bien peur que je ne change d'avis.

SILVIA. – Que vous êtes aimable d'être si bien au fait!

DORANTE. – Cela est bien naïf. Adieu.

SILVIA, *à part.* – S'il part, je ne l'aime plus, je ne l'épouserai jamais... (*Elle le regarde aller.)* Il s'arrête pourtant; il rêve, il regarde si je tourne la tête, et je ne saurais le rappeler, moi... Il serait pourtant singulier qu'il partît, après tout ce que j'ai fait!... Ah! voilà qui est fini, il s'en va; je n'ai pas tant de pouvoir sur lui que je le croyais. Mon frère est un maladroit; il s'y est mal pris, les gens indifférents gâtent tout. Ne suis-je pas bien avancée? Quel dénoûment! Dorante reparaît pourtant; il me semble qu'il revient. Je me dédis donc; je l'aime encore... Feignons de sortir, afin qu'il m'arrête; il faut bien que notre réconciliation lui coûte quelque chose.

DORANTE *l'arrêtant.* – Restez, je vous prie; j'ai encore quelque chose à vous dire.

SILVIA. – À moi, monsieur?

DORANTE. – J'ai de la peine à partir sans vous avoir convaincue que je n'ai pas tort de le faire.

SILVIA. – Eh! monsieur, de quelle conséquence est-il de vous justifier auprès de moi? Ce n'est pas la peine; je ne suis qu'une suivante, et vous me le faites bien sentir.

DORANTE. – Moi, Lisette! est-ce à vous de vous plaindre, vous qui me voyez prendre mon parti sans me rien dire?

SILVIA. – Hum! si je voulais, je vous répondrais bien là-dessus.

DORANTE. – Répondez donc, je ne demande pas mieux que de me tromper. Mais que dis-je? Mario vous aime.

SILVIA. – Cela est vrai.

DORANTE. – Vous êtes sensible à son amour; je l'ai vu par l'extrême

Le Jeu de l'amour et du hasard, de Marivaux, mise en scène de Philippe Ferran au théâtre de l'Atelier en 1997 avec Anne Coutureau (Silvia) et Hammoun Graïa (Dorante).

envie que vous aviez tantôt que je m'en allasse ; ainsi vous ne sauriez m'aimer.

SILVIA. – Je suis sensible à son amour ! qui est-ce qui vous l'a dit ? Je ne saurais vous aimer ! qu'en savez-vous ? Vous décidez bien vite.

DORANTE. – Eh bien, Lisette, par tout ce que vous avez de plus cher au monde, instruisez-moi de ce qui en est, je vous en conjure.

SILVIA. – Instruire un homme qui part !

DORANTE. – Je ne partirai point.

SILVIA. – Laissez-moi. Tenez, si vous m'aimez, ne m'interrogez point. Vous ne craignez que mon indifférence et vous êtes trop heureux que je me taise. Que vous importent mes sentiments ?

DORANTE. – Ce qu'ils m'importent, Lisette ? peux-tu douter encore que je ne t'adore ?

SILVIA. – Non, et vous me le répétez si souvent que je vous crois, mais pourquoi m'en persuadez-vous ? que voulez-vous que je fasse de cette pensée-là, monsieur ? Je vais vous parler à cœur ouvert. Vous m'aimez ; mais votre amour n'est pas une chose bien sérieuse pour vous. Que de ressources n'avez-vous pas pour vous en défaire ! La distance qu'il y a de vous à moi, mille objets que vous allez trouver sur votre chemin, l'envie qu'on aura de vous rendre sensible, les amusements d'un homme de votre condition, tout va vous ôter cet amour dont vous m'entretenez impitoyablement. Vous en rirez peut-être au sortir d'ici, et vous aurez raison. Mais moi, monsieur, si je m'en ressouviens, comme j'en ai peur, s'il m'a frappée, quel secours aurai-je contre l'impression qu'il m'aura faite ? Qui est-ce qui me dédommagera de votre perte ? Qui voulez-vous que mon cœur mette à votre place ?

Savez-vous bien que, si je vous aimais, tout ce qu'il y a de plus grand dans le monde ne me toucherait plus? Jugez donc de l'état où je resterais. Ayez la générosité de me cacher votre amour. Moi qui vous parle, je me ferais un scrupule de vous dire que je vous aime, dans les dispositions où vous êtes. L'aveu de mes sentiments pourrait exposer votre raison, et vous voyez bien aussi que je vous les cache.

DORANTE. – Ah! ma chère Lisette, que viens-je d'entendre? tes paroles ont un feu qui me pénètre. Je t'adore, je te respecte; il n'est ni rang, ni naissance, ni fortune qui ne disparaisse devant une âme comme la tienne. J'aurais honte que mon orgueil tînt encore contre toi, et mon cœur et ma main t'appartiennent.

TEXTE 4

A. de Musset, ***On ne badine pas avec l'amour*** **(1834)**

Tu ne crois pas à l'amour!

Camille, à peine sortie du couvent, retrouve son cousin et ami d'enfance, Perdican, qui vient de terminer ses études et a une certaine expérience de la vie. Les deux jeunes gens sont destinés l'un à l'autre, mais, n'osant s'avouer leur amour, ils feignent l'indifférence et la froideur.

PERDICAN. – [...] Tu as raison de te faire religieuse.

CAMILLE. – Vous me disiez non tout à l'heure.

PERDICAN. – Ai-je dit non? Cela est possible.

CAMILLE. – Ainsi vous me le conseillez?

PERDICAN. – Ainsi tu ne crois à rien?

CAMILLE. – Lève la tête, Perdican! quel est l'homme qui ne croit à rien?

PERDICAN, *se levant.* – En voilà un; je ne crois pas à la vie immortelle. – Ma sœur chérie, les religieuses t'ont donné leur expérience; mais, crois-moi, ce n'est pas la tienne; tu ne mourras pas sans aimer.

CAMILLE. – Je veux aimer, mais je ne veux pas souffrir; je veux aimer d'un amour éternel, et faire des serments qui ne se violent pas. Voilà mon amant. (*Elle montre son crucifix.*)

PERDICAN. – Cet amant-là n'exclut pas les autres.

CAMILLE. – Pour moi, du moins, il les exclura. Ne souriez pas, Perdican! Il y a dix ans que je ne vous ai vu, et je pars demain. Dans dix autres années, si nous nous revoyons, nous en reparlerons. J'ai voulu ne pas rester dans votre souvenir comme une froide statue car l'insensibilité mène au point où j'en suis. Écoutez-moi, retournez à

On ne badine pas avec l'amour, de Musset, mise en scène de Caroline Huppert au théâtre des Bouffes du Nord en 1977 avec Isabelle Huppert (Camille) et Didier Haudepin (Perdican).

la vie, et tant que vous serez heureux, tant que vous aimerez comme on peut aimer sur la terre, oubliez votre sœur Camille ; mais s'il vous arrive jamais d'être oublié ou d'oublier vous-même, si l'ange de l'espérance vous abandonne, lorsque vous serez seul avec le vide dans le cœur, pensez à moi qui prierai pour vous.

PERDICAN. – Tu es orgueilleuse ; prends garde à toi.

CAMILLE. – Pourquoi ?

PERDICAN. – Tu as dix-huit ans, et tu ne crois pas à l'amour !

CAMILLE. – Y croyez-vous, vous qui parlez ? vous voilà courbé près de moi avec des genoux qui se sont usés sur les tapis de vos maîtresses, et vous n'en savez plus le nom. Vous avez pleuré des larmes de joie et des larmes de désespoir ; mais vous saviez que l'eau des sources est plus constante que vos larmes, et qu'elle serait toujours là pour laver vos paupières gonflées. Vous faites votre métier de jeune homme, et vous souriez quand on vous parle de femmes désolées ; vous ne croyez pas qu'on puisse mourir d'amour, vous qui vivez et qui avez aimé. Qu'est-ce donc que le monde ? Il me semble que vous devez cordialement mépriser les femmes qui vous prennent tel que vous êtes, et qui chassent leur dernier amant pour vous attirer dans leurs bras avec les baisers d'un autre sur les lèvres. Je vous demandais tout à l'heure si vous aviez aimé ; vous m'avez répondu comme un voyageur à qui l'on demanderait s'il a été en Italie ou en Allemagne, et qui dirait : Oui, j'y ai été ; puis qui penserait à aller en Suisse, ou dans le premier pays venu. Est-ce donc une monnaie que votre amour, pour qu'il puisse passer ainsi de mains en mains jusqu'à la mort ? Non, ce n'est pas même une monnaie, car la plus mince pièce d'or vaut mieux que vous, et, dans quelque main qu'elle passe, elle garde son effigie.

PERDICAN. – Que tu es belle, Camille, lorsque tes yeux s'animent !

TEXTE 5

A. Camus, *Les Justes* (1949)

Dis oui

À Moscou, en 1905, un groupe de terroristes a décidé de tuer le grand-duc Serge, oncle du tsar, lors du passage de son cortège. Mais Yanek Kaliayev qui était chargé de lancer la bombe n'a pu accomplir son geste, car deux enfants se trouvaient dans la calèche. Le voici face à Dora, la jeune femme qu'il aime et qui est membre comme lui de l'Organisation révolutionnaire.

DORA. – Il y a trop de sang, trop de dure violence. Ceux qui aiment vraiment la justice n'ont pas droit à l'amour. Ils sont dressés comme je suis, la tête levée, les yeux fixes. Que viendrait faire l'amour dans ces cœurs fiers ? L'amour courbe doucement les têtes, Yanek. Nous, nous avons la nuque raide.

KALIAYEV. – Mais nous aimons notre peuple.

DORA. – Nous l'aimons, c'est vrai. Nous l'aimons d'un vaste amour sans appui, d'un amour malheureux. Nous vivons loin de lui, enfermés dans nos chambres, perdus dans nos pensées. Et le peuple, lui, nous aime-t-il ? Sait-il que nous l'aimons ? Le peuple se tait. Quel silence, quel silence…

KALIAYEV. – Mais c'est cela l'amour, tout donner, tout sacrifier sans espoir de retour.

DORA. – Peut-être. C'est l'amour absolu, la joie pure et solitaire, c'est celui qui me brûle en effet. À certaines heures, pourtant, je me demande si l'amour n'est pas autre chose, s'il peut cesser d'être un monologue, et s'il n'y a pas une réponse, quelquefois. J'imagine cela, vois-tu : le soleil brille, les têtes se courbent doucement, le cœur quitte sa fierté, les bras s'ouvrent. Ah ! Yanek, si l'on pouvait oublier, ne fût-ce qu'une heure, l'atroce misère de ce monde et se laisser aller enfin. Une seule petite heure d'égoïsme, peux-tu penser à cela ?

KALIAYEV. – Oui, Dora, cela s'appelle la tendresse.

DORA. – Tu devines tout, mon chéri, cela s'appelle la tendresse. Mais la connais-tu vraiment ? Est-ce que tu aimes la justice avec la tendresse ?

Kaliayev se tait.

Est-ce que tu aimes notre peuple avec cet abandon et cette douceur, ou, au contraire, avec la flamme de la vengeance et de la révolte ? (*Kaliayev se tait toujours.*) Tu vois. (*Elle va vers lui, et d'un ton très faible.*) Et moi, m'aimes-tu avec tendresse ?

Kaliayev la regarde.

KALIAYEV, *après un silence.* – Personne ne t'aimera jamais comme je t'aime.

Les Justes, de Camus, mise en scène de Paul Oettly au théâtre Hébertot en 1949, avec Maria Casares (Dora) et Serge Reggiani (Kaliayev).

DORA. – Je sais. Mais ne vaut-il pas mieux aimer comme tout le monde?

KALIAYEV. – Je ne suis pas n'importe qui. Je t'aime comme je suis.

DORA. – Tu m'aimes plus que la justice, plus que l'Organisation?

KALIAYEV. – Je ne vous sépare pas, toi, l'Organisation et la justice.

DORA. – Oui, mais réponds-moi, je t'en supplie, réponds-moi. M'aimes-tu dans la solitude, avec tendresse, avec égoïsme? M'aimerais-tu si j'étais injuste?

KALIAYEV. – Si tu étais injuste, et que je puisse t'aimer, ce n'est pas toi que j'aimerais.

DORA. – Tu ne réponds pas. Dis-moi seulement, m'aimerais-tu si je n'étais pas dans l'Organisation?

KALIAYEV. – Où serais-tu donc?

DORA. – Je me souviens du temps où j'étudiais. Je riais. J'étais belle alors. Je passais des heures à me promener et à rêver. M'aimerais-tu légère et insouciante?

KALIAYEV, *il hésite et très bas.* – Je meurs d'envie de te dire oui.

DORA, *dans un cri.* – Alors, dis oui, mon chéri, si tu le penses et si cela est vrai. Oui, en face de la justice, devant la misère et le peuple enchaîné. Oui, oui, je t'en supplie, malgré l'agonie des enfants, malgré ceux qu'on pend et ceux qu'on fouette à mort…

KALIAYEV. – Tais-toi, Dora.

DORA. – Non, il faut bien une fois au moins laisser parler son cœur. J'attends que tu m'appelles, moi, Dora, que tu m'appelles par-dessus ce monde empoisonné d'injustice…

KALIAYEV, *brutalement.* – Tais-toi. Mon cœur ne me parle que de toi. Mais tout à l'heure, je ne devrai pas trembler.

Éd. Gallimard.

Lire et comparer

Reportez vos réponses aux questions 1 à 8 dans le tableau ci-dessous.

	Texte 1	Texte 2	Texte 3	Texte 4	Texte 5
Genre					
Lieu/Époque					
Personnages (désignations, statut social...					
Obstacles					
Arguments de l'homme					
Arguments de la femme					

Première approche

1. Lisez ces cinq scènes. Relevez les titres des pièces. Quelles indications fournissent-ils? Cherchez les genres auxquels appartiennent les pièces (tragédie, comédie, drame...)

2. Dans quelle partie de ces pièces chacun des extraits se situe-t-il? Dans l'exposition? le nœud? le dénouement? Aidez-vous des indications d'actes et de scènes.

La situation d'énonciation

3. Dans quels lieux ces scènes se déroulent-elles? À quelle époque? À quel moment de la journée?

4. a) Qui sont les deux personnages dans chacune des scènes? Quel est leur âge, selon vous? leur statut social?
b) Se tutoient-ils? Se vouvoient-ils? Ont-ils un rapport d'égalité ou de hiérarchie? Quel est leur niveau de langage? Citez des indices précis.

5. Relevez les termes par lesquels les personnages s'adressent l'un à l'autre (apostrophes, prénoms....). Relevez des répliques dans lesquelles ils expriment leur amour. Ce sentiment est-il toujours partagé?

L'amour en question

6. Qui parle le plus dans ces dialogues? Est-ce le personnage masculin ou féminin? Qui prend l'avantage?

7. Dégagez les raisons qui s'opposent à la réalisation de leur amour. Aidez-vous du hors-texte.

8. Repérez les arguments employés par chacun des partenaires.

9. Identifiez pour un ou deux dialogues que vous choisirez les procédés employés par les personnages (opposition des champs lexicaux, types de phrases, figures de style...).

10. Sur quelle fin chacun de ces extraits s'achève-t-il ? À quelle suite pouvez-vous vous attendre ? Appuyez-vous sur la progression du dialogue pour répondre.

Lire - Écrire

11. Écrire un dialogue théâtral. Écrivez à votre tour un dialogue théâtral mettant en scène deux jeunes gens d'aujourd'hui dont l'amour est contrarié par un obstacle. Adaptez le niveau de langage.

Critères de réussite
- *Respect des codes du genre théâtral (répliques, didascalies).*
- *Relations entre les personnages identifiables.*
- *Progression de la scène présente.*

Écouter - Dire

12. Débattre. Quelles sont aujourd'hui les raisons qui peuvent s'opposer à l'amour de deux jeunes gens ? Citez éventuellement des exemples tirés de l'actualité.

13. Faire un exposé. Lisez d'autres scènes d'amour contrarié (par exemple, Racine, *Andromaque*, I, 4 ; Corneille, *Le Cid* ; Molière, *L'École des femmes* ; Musset, *Les Caprices de Marianne*, I, 1 et II, 3 ; Giraudoux, *Ondine*, III, 6). Notez les constantes et les variations de ces amours contrariées. Choisissez une scène, lisez-la à deux et présentez ensemble le résultat de vos recherches à la classe.

Se repérer dans l'histoire littéraire

14. Complétez le tableau chronologique (page 318) : situez dans leur siècle les auteurs de ce groupement ainsi que ceux que vous vous avez découverts à la question 13.

Fiches 1 et 4 ➤ p. 298 et p. 301

3e PARTIE

L'image

7 Images, textes et médias

La représentation du monde : différentes approches

La représentation de soi : l'autoportrait

Image et médias : de l'information à la fiction

André Masson (1896-1987), *Message de mai*, 1957 (lithographie, 65 x 50 cm ; Galerie Lahumière, Paris).

Lire l'image

1. *Décrivez ce que vous voyez (dessin et bordure).*

2. *Quel sens donnez-vous au titre de l'œuvre (appuyez-vous sur l'étymologie du mot message) ? Quel rapport faites-vous entre ce titre et l'œuvre (aidez-vous de vos réponses précédentes) ?*

3. *À votre avis, pourquoi cette peinture a-t-elle été choisie en ouverture ?*

LA REPRÉSENTATION DU MONDE (1)

Leçon p. 295

L'Encyclopédie, *rédigée sous la direction de Diderot (1713-1784) et d'Alembert (1717-1783) entre 1751 et 1772, présente sous forme d'articles classés par ordre alphabétique la synthèse des connaissances humaines de l'époque. Elle contient aussi des planches qui présentent des objets, des machines, des métiers.*

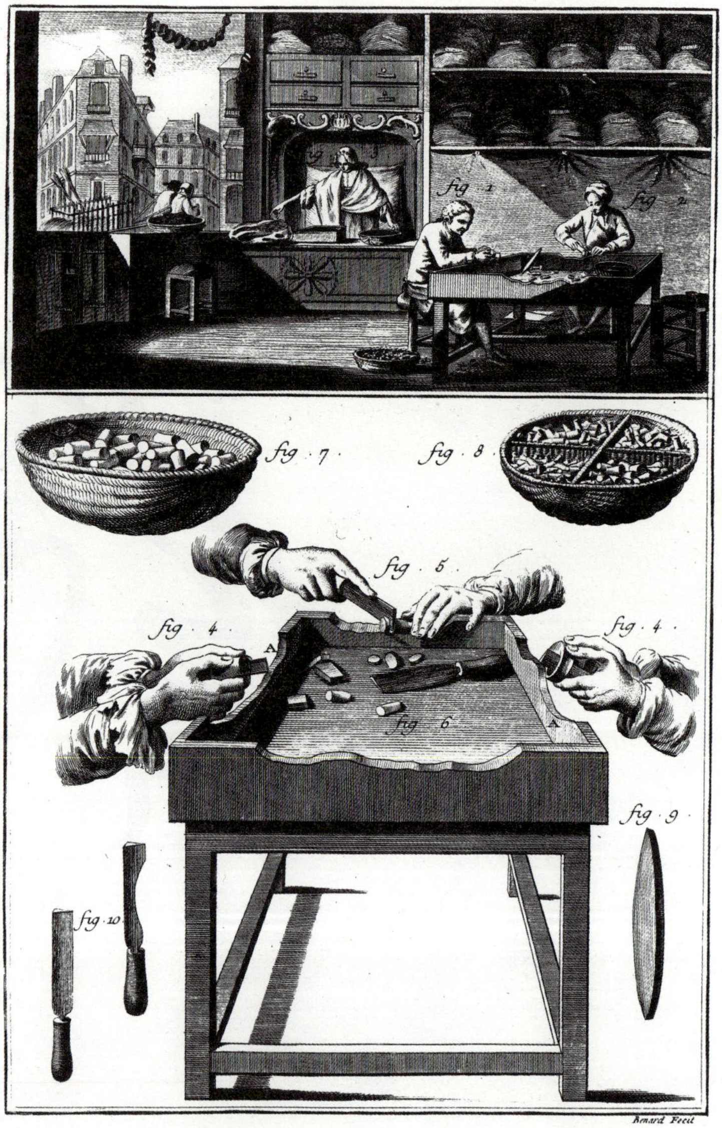

« Le Bouchonnier », planche de l'*Encyclopédie* de Diderot et d'Alembert (gravure en taille douce sur papier vergé, 39, 4 x 25, 5 cm).

Observer et analyser

La composition de la planche et le titre

1. a) Que signifie le mot *bouchonnier*?

b) Décrivez chaque partie (haut et bas) de cette planche; vous prendrez en compte chaque figure (*fig.*). Quels éléments de la partie supérieure de la gravure se trouvent reproduits dans la partie inférieure? Le sont-ils à la même échelle? Pourquoi?

2. a) Observez dans la partie inférieure les figures 4 et 5. Les mains représentées appartiennent-elles à chaque fois au même personnage? Justifiez votre réponse.

b) L'ordre des figures 4 à 10 a-t-il une importance?

c) Que peut-on en déduire sur le mode de fabrication des bouchons, à cette époque?

La visée

3. Quelle peut être la visée de cette planche?

Fiche 7 ➤ p. 305

Saül Steinberg, *Cairo*,1981 (aquarelle et collage sur bois, 41 x 54 cm ; Paris, Galerie Lelong).

Observer et analyser

La composition du tableau et le titre

1. Énumérez et décrivez les éléments représentés. Vous semblent-ils juxtaposés selon un ordre et un lien logique ? Justifiez votre point de vue.

2. L'œuvre a pour titre *Cairo* (Le Caire, capitale de l'Égypte). De quel(s) élément(s) du tableau ce titre peut-il être rapproché ? Ce titre vous aide-t-il à donner sens à l'œuvre ?

La visée

3. Quelle peut être la visée de ce tableau ?

Observer et comparer

4. Comparez les reproductions (p. 266 et ci-dessus). Quels sont leurs points communs ? Quelles sont leurs différences ? Répondez en vous appuyant sur les techniques de reproduction et les supports utilisés (aidez-vous des légendes des documents), la précision de l'exécution.

5. Chaque œuvre a-t-elle la même visée ?

Se documenter

6. Cherchez dans une histoire littéraire au CDI des informations sur le contenu de l'*Encyclopédie* de Diderot et d'Alembert et sur les conditions dans lesquelles elle a été réalisée et publiée.

7. a) De quelles encyclopédies spécialisées ou générales disposez-vous dans votre CDI ?
b) Sur un thème qui vous intéresse, recherchez dans ces encyclopédies une planche descriptive, une planche explicative.

8. Faites une recherche sur le métier de graveur au CIO ; comment a-t-il évolué au cours des siècles ?

Écouter - Dire

9. *Présenter des techniques de gravure*

Avec l'aide de votre professeur d'Arts plastiques, recherchez des exemples de gravures au burin, en relief, en taille douce, en creux, une pyrogravure. Présentez les documents sélectionnés à la classe.

Fiche 7 ➤ p. 305

LA REPRÉSENTATION DU MONDE (2) Leçon p. 295

Pieter Brueghel (1525-1569), *La parabole des aveugles*, 1568 (peinture, 86 x 154 cm ; Naples, Musée de Capodimonte).

Observer et analyser

La composition du tableau et le titre

1. Quelle est la ligne directrice dans ce tableau (une verticale, une horizontale, une diagonale) ? Quel est le trajet du regard ?

2. Décrivez les différents plans du tableau. Quelle place est accordée aux personnages ? Quel est l'effet produit ?

Les personnages

3. À quels indices voit-on que les personnages sont aveugles ? Où sont-ils inéluctablement conduits ? Pourquoi ?

4. Comment les personnages sont-ils reliés entre eux ? Comment le mouvement se transmet-il ?

La visée

5. Que signifie le mot *parabole* ? En quoi cette œuvre est-elle une parabole ? Pour répondre, lisez dans le Nouveau Testament (dans la Bible), l'Évangile selon Matthieu (chapitre XV, verset 14) ou l'Évangile selon Luc (chapitre VI, verset 39).

Fiche 7 ➤ p. 305

Marcel Duchamp (1887-1968), *Nu descendant un escalier n°2*, 1912 (huile, 147 x 89 cm ; Philadelphie, Museum of Art).

Observer et analyser

Première lecture

1. Décrivez ce que vous voyez dans ce tableau. Est-ce la peinture ou son titre qui guide votre interprétation ?

La couleur et les formes

2. Combien de couleurs ont été utilisées ? Y a-t-il des variations de teintes ?

3. Observez les lignes qui se répètent, les angles qu'elles forment, les plans qui se dessinent, leur imbrication. Quels éléments du réel repérez-vous ?

4. Quelles figures géométriques reconnaissez-vous ? Quelle sont les lignes de construction ? Quel est le trajet du regard ? Justifiez votre réponse.

Observer et comparer

5. Combien de siècles séparent ces deux tableaux (p. 268 et ci-dessus) ? À votre avis, pourquoi ont-ils été rapprochés ? Quelle œuvre préférez-vous ? Pourquoi ?

Se documenter

6. a) Dans un livre d'art ou une encyclopédie, recherchez des informations sur l'œuvre de Marcel Duchamp.
b) Avec l'aide de votre professeur de mathématiques, définissez la géométrie euclidienne et une géométrie non euclidienne. La connaissance de ces deux géométries vous permet-elle de mieux comprendre la démarche de Duchamp ?

Lire - Écrire

7. *Rédiger une argumentation*

Préférez-vous la peinture figurative ou la peinture non figurative ? Justifiez votre point de vue en un paragraphe argumenté.

Fiche 7 ➤ p. 305

LA REPRÉSENTATION DU MONDE (3) Leçon p. 295

Rorschach est un psychiatre suisse, créateur en 1921 d'un test utilisé en psychologie et composé de dix planches représentant des taches d'encre. Ce test doit permettre de déceler les tendances de la personnalité selon l'interprétation que la personne donne de la forme, des couleurs, etc. des taches.

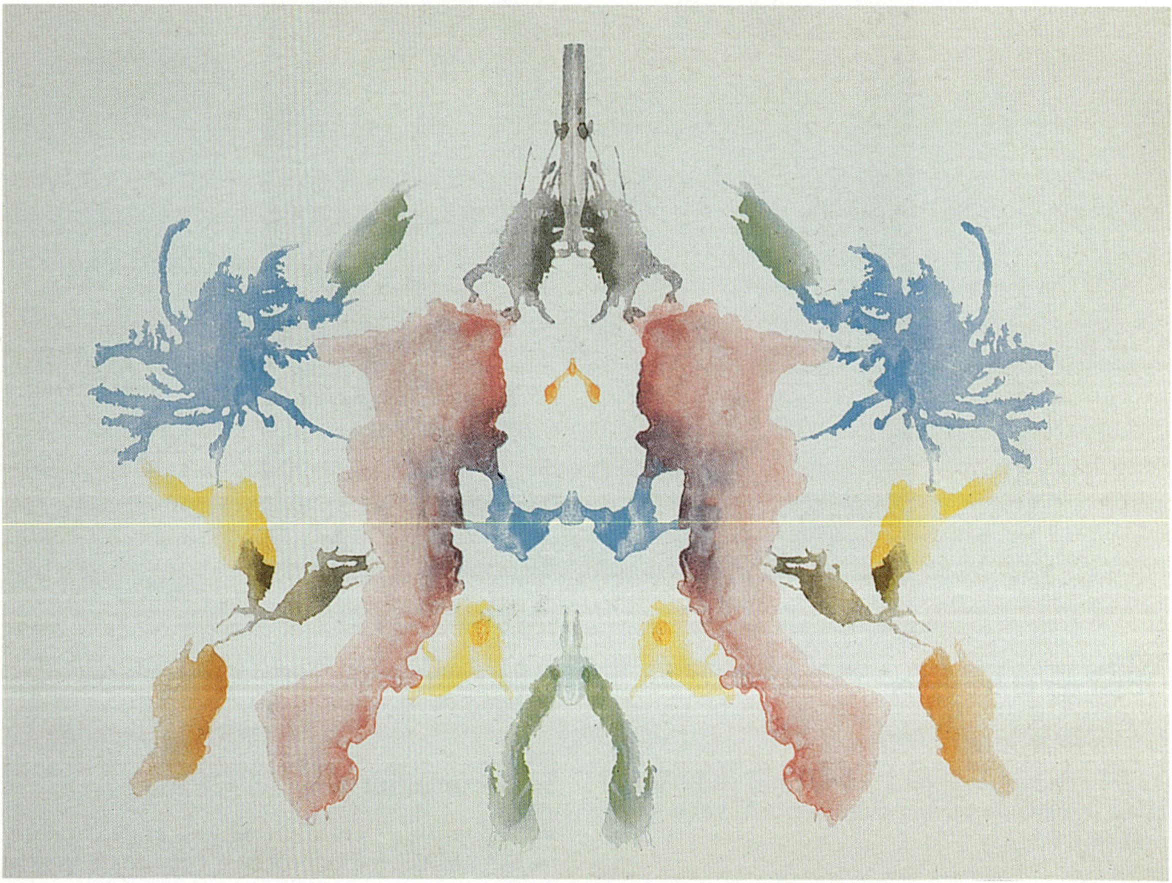

Planche X des *Psychodiagnostics* de Hermann Rorschach (1884 - 1922) (collection particulière).

Observer et analyser

Les couleurs et la composition

1. a) Quelles sont les couleurs utilisées ? se mélangent-elles ? se superposent-elles ?
b) Autour de quelle(s) ligne(s) s'organise le dessin ?

2. Que représente pour vous ce dessin ? Comparez votre interprétation à celle des autres.

Lire - Écrire

3. *Créer à la manière de...*

À la manière de Rorschach, faites tomber une ou plusieurs gouttes d'encre sur une feuille que vous plierez ensuite. Rédigez librement en un paragraphe ce que vous évoque le dessin obtenu.

Fiche 7 ➤ p. 305

Giuseppe Arcimboldo (1530-1593), *L'Automne*, 1573 (huile sur toile, 76 x 64 cm ; Paris, Musée du Louvre).

Observer et analyser

Première approche

1. Quelle est votre première impression à la vue de ce tableau ?

La composition du tableau et le titre

2. Faites la liste des éléments représentés. À quels principaux domaines appartiennent-ils ? À quelle partie du portrait chaque élément est-il associé ?

3. Quel rapport y a-t-il entre le tableau et le titre (observez aussi l'élément qui compose une partie du buste) ?

4. À quelle figure de style vous font penser les associations créées dans ce tableau par Arcimboldo, par exemple pomme/joue, prunelle/œil... (plusieurs réponses sont possibles) ?

Observer et comparer

La visée

5. Avez-vous eu la même démarche pour lire chacune des œuvres (p. 270 et ci-dessus) ? Qu'avez-vous vu lors de la première approche ? Qu'avez-vous vu après les avoir observées et analysées ?

6. Quelle est la visée de chacune des œuvres ? Justifiez votre réponse.

Lire - Écrire

7. *Créer à la manière de...*
À la manière d'Arcimboldo, construisez un objet, un personnage, un animal à l'aide d'éléments de votre choix que vous pourrez découper ou dessiner. Expliquer librement en un paragraphe la démarche que vous avez suivie et les analogies que vous avez voulu créer.

Fiches 4 et 7 ➤ p. 301 et p. 305

LA REPRÉSENTATION DU MONDE (4)

Leçon p. 295

On lit au verso de cette carte, envoyée par un soldat à sa femme : « 102ᵉ bataillon territorial Armée Française. Je m'empresse de t'écrire pour te dire que je me porte pas trop mal, mais enfin. C'est l'argent qui fait défaut car tu dois comprendre que je le mange pas mal à propos. On est obligé de se soigner vue la chaleur. Tu embrasseras les petits pour moi. Ton époux. Réponse de suite. »

Carte postale de la Guerre de 1914-1918, collection particulière.

Paroles de Poilus[1], lettres et carnets du front, 1914-1918.

Henri Aimé Gauthé était soldat de deuxième classe, agent de liaison puis téléphoniste. Après la guerre, ce combattant reprit l'entreprise paternelle en remplacement de son frère aîné tué au combat. Voici un extrait (non daté) de son journal de guerre.

TEXTE 1

La traversée de Commercy[2] se fit au pas cadencé arme sur l'épaule. Il importait de ne pas offrir le spectacle d'un troupeau incohérent et flasque. Montrer à la population les signes extérieurs d'une troupe organisée et disciplinée. [...]

Par hasard, en levant les yeux, j'aperçus une fillette jolie et mièvre un peu... À voir ses yeux émus et admiratifs, j'ai compris que sans doute nous étions beaux... et grands. Nous allions par là-bas, où l'on meurt, où l'on est défiguré, haché, déchiré... et nous y allons... au pas, au son des cuivres aigus... Nous portons dans nos cartouchières la mort. Nos fusils tuent. Nous sommes forts et doux peut-être... Nous sommes une bête formidable qui pourrait broyer cette enfant, sans la voir, sans entendre ses cris et sa plainte. Son admiration est une vague d'effroi et de piété. Nous sommes un énorme troupeau de formidables douleurs... [...]

J'ai l'estomac trop vide. Je suis trop sale et j'ai trop de poux. Je ne peux croire que c'est le fumier qui fait la rose - et que notre pourriture acceptée par le camp et la tranchée, que notre révolte, que notre douleur feront de la justice ou du bonheur. Et quel égoïsme de dire à son frère : tu mourras pour que je sois heureux !

1. **Poilus** : à l'origine, nom donné aux combattants français, dans l'argot des tranchées.

2. **Commercy** : commune de la Meuse, au sud de Verdun.

TEXTE 2

Christian Bordeching, lieutenant dans l'armée allemande, domicilié à Brême, était étudiant en architecture. Il fut tué sur le front le 20 avril 1917.

Le 24, 25 février 1916[1]

Ma chère Hanna,

J'ai reçu hier ton colis avec la marmelade et aujourd'hui celui avec les oranges et l'œuf. Comme d'habitude j'ai été content au plus haut point, c'était l'unique chose qui m'a été apportée par la poste ce jour, car honteusement l'on espère quotidiennement recevoir quelque chose. Les gourmandises que je préfère sont tout d'abord les biscuits et les cakes, puis ensuite le chocolat, le massepain, le miel, les oranges et les bonbons acidulés.

Aujourd'hui je te joins à ma lettre quatre marks. J'ai envoyé à la maison des photos, vas-y pour les voir.

Fahlbusch se porte bien ainsi que les autres bonshommes. Tu me demandes ce que nous mangeons. Dans la semaine en moyenne deux fois de la soupe aux pois à la couenne de lard, deux fois du

1. De février à décembre 1916, l'armée allemande engagea de violentes offensives à Verdun contre l'armée française.

bouillon de riz sucré, une fois des haricots verts et une fois de la soupe de riz avec de la viande de bœuf. On mange à même le couvercle de notre casserole de fer, et j'ai toujours dans ma poche ma cuillère, juste essuyée à l'aide de papier. [...]

Dans notre groupe, nous allons chercher notre café dans une batterie de cuisine française[2], c'est très grand et chacun se sert lui-même avec sa tasse souillée. Personne n'a peur de la crasse : on s'y est habitués ; on rince, on boit et l'on se lave dans l'eau des tranchées. [...]

À présent, je vais cesser mon bavardage et vais bien récupérer, car je suis exempt de service de nuit. Demain vers 11h30, il y aura encore de gentilles nouvelles de toi. En grande amitié à sa fidèle sœur qui prend soin de lui.

Christian

Paroles de Poilus, lettres et carnets du front, 1914-1918, sous la direction de J.-P. Guéno et Y. Laplume, Éd. Librio/Radio France.

2. batterie de cuisine française : emplacement protégé où étaient réservés les denrées et le matériel de cuisine.

Glorification du soldat et de la patrie chez chaque belligérant (cartes postales de la Guerre de 1914-1918, collection particulière). Traduction du texte allemand : « La plus haute récompense! [la croix de fer] Décorons de feuilles de chêne/Les hardis héros d'aujourd'hui/Qui ont libéré la patrie/Des félonies de l'ennemi! »

Lire et comparer

La situation d'énonciation

1. a) Définissez la situation d'énonciation dans chaque texte. Est-elle la même? Justifiez votre réponse en citant des indices pertinents. Aidez-vous aussi du hors-texte.

b) Qui désignent les pronoms *nous* et *on* dans chacun des textes?

c) Qui désignent les pronoms *je* et *tu* dans la dernière phrase du texte 1 (l. 18-19)?

La progression des textes et la visée

2. a) Texte 1. La première partie du texte (l. 1 à 9) est au passé. La seconde partie est au présent. Pour quelle raison y a-t-il un changement du système des temps?

b) Texte 2. Quelle est la valeur du présent? S'agit-il de la même valeur que dans le texte 1?

3. Établissez les points communs et les différences que présentent les textes quant à leur contenu. Appuyez-vous sur les champs lexicaux.

4. a) Quel sens donnez-vous à la dernière phrase du texte 1? Quelle est la visée de ce texte? Le texte 2 a-t-il la même visée?

b) Pourquoi ces deux textes peuvent-ils être rapprochés?

Observer et comparer

Comparer les textes et l'image

5. Décrivez la carte postale (p. 272) : où sont rassemblés ces soldats? à quel moment de la journée? avec quels objets se sont-ils fait photographier? Caractérisez leur expression.

6. Choisissez dans chaque texte une phrase qui pourrait illustrer la carte postale. Quelle image de la guerre donnent aujourd'hui ces trois documents?

Lire - Écrire

7. *Écrire en fonction du destinataire*

Après vous être informé sur la bataille de Verdun, rédigez la lettre qu'un soldat écrit à sa famille pour la rassurer, au lendemain de la bataille. Puis imaginez que ce même soldat, le même jour, écrive à un ami, à qui il ne cache rien. Qu'écrirait-il?

8. *Défendre une cause*

Des générations se sont engagées ou ont été réquisitionnées pour défendre la Patrie. Aujourd'hui, d'autres causes offrent des possibilités d'engagement. Quelle cause accepteriez-vous de défendre? Pourquoi? Rédigez un paragraphe argumenté.

Se documenter

9. L'élévation de monuments aux morts à la mémoire des anciens combattants est fort ancienne. Vous pouvez recenser les monuments des communes avoisinantes et les photographier. Repérez les symboles patriotiques, les symboles glorieux et militaires, les symboles funéraires, les symboles religieux et les symboles de paix.

Fiches 1 et 3 ➤ p. 298 et p. 300

LA REPRÉSENTATION DU MONDE (5)

Leçon p. 295

En 1808, les armées françaises napoléoniennes, conduites par le maréchal Murat, entrent en Espagne et occupent Madrid. Le 2 mai, les habitants se soulèvent. Murat organise une répression féroce qui se poursuit au matin du 3 mai. Goya a réalisé deux tableaux de ces journées, Le 2 mai *et* Le 3 mai, *qui seront exposés à Madrid après le départ des troupes françaises en 1814.*

Francisco de Goya (1746–1828), *Le 3 mai 1808* (peinture, 268 x 347 cm ; Madrid, Musée du Prado).

Observer et comparer

Première approche

1. Quelles réactions suscitent en vous ces deux tableaux (ci-dessus et p. 277) ? De quels événements s'inspirent-ils (aidez-vous du hors-texte) ? Lequel vous paraît le plus émouvant, lequel le plus réaliste ?

La composition

Le tableau de Goya

2. Décrivez la scène. À quel moment de la journée se déroule-t-elle ? Quelles sont les couleurs qui s'opposent ?

3. Quelles sont les lignes de construction du tableau ? Trouvez le centre de la toile en traçant virtuellement les médianes. Quel est l'effet produit ?

4. Quel personnage capte le regard ? Pourquoi ? Observez son attitude, son expression.

5. Décrivez les différents groupes de personnages. En quoi s'opposent-ils ?

6. Quel est l'effet produit par l'ensemble ?

Le tableau de Fautrier et le texte de Ponge

7. a) Que représente ce tableau ? Aidez-vous du titre et du chapeau. Relevez dans le texte de Ponge les adjectifs qui caractérisent les visages peints par Fautrier.
b) Quelles sont les couleurs utilisées ? S'agit-il de couleurs chaudes ? froides ? Quel est l'effet produit ? Vous pouvez prendre appui sur le texte de F. Ponge.

8. Quelle est la technique picturale de Fautrier ? Quels outils utilise-t-il ? Répondez en citant le texte de F. Ponge.

9. Que signifie le mot *sigle* (l.20) ? Lisez le sigle dessiné par Francis Ponge, à haute voix. Que peut évoquer sa graphie ? Quel jeu de mot fait-il à partir du mot *otages* ?

La visée

10. En quoi ces deux tableaux diffèrent-ils ? En quoi se rapprochent-ils ? Quelle peut être la visée de chacun de ces tableaux ?

Fiches 3 et 7 ➤ p. 300 et p. 305

Jean Fautrier (1898-1964), *Tête d'otage n°22*, 1944 (huile sur papier marouflé sur toile, 27 x 22 cm ; collection Galerie Limmer, Fribourg en Brisgau). *Maroufler* signifie consolider un tableau, ici l'huile sur papier, en collant à son envers une toile.

Ce tableau fait partie d'une série de toiles exécutées pendant la Seconde Guerre mondiale. Les « otages » étaient des prisonniers faits par les Allemands, qu'ils exécutaient en représailles des attentats ou des sabotages perpétrés par la Résistance.

Francis Ponge,
écrivain français,
1899-1988.

« Notes sur les Otages, peintures de Fautrier »,
dans *L'Atelier contemporain*, 1977.

Ainsi donc Fautrier nous montre des visages tuméfiés, des profils écrasés, des corps roidis par la fusillade, démembrés, tronqués, mangés aux mouches. [...]

Dirons-nous à présent que les visages peints par Fautrier sont pathétiques, émouvants, tragiques ? Non : ils sont épais, tracés à gros traits, violemment coloriés ; ils sont de la peinture. Voilà ce qu'on peut dire. Puisqu'on ne peut pas dire qu'ils soient de chair. La peinture sort du tube, elle s'étale par endroits, ailleurs elle se masse ; le dessin se trace, s'informe ; chacun de son côté, chacun pour sa part. [...]

Épaisseur informée au pinceau ou au couteau, possédant une forme ou au moins une limitation déterminée : par quoi ? Par le goût de l'artiste et les nécessités du sujet. Cette épaisseur possède évidemment aussi un relief. Elle n'est pas la même en tous endroits. Elle est appliquée de telle ou telle façon. Elle affecte le plus souvent l'apparence de pétales superposés, mais elle est parfois profondément striée ou ramassée en crêtes, ravins, crevasses. Sur cette base, ou plutôt cette assiette, la couleur est appliquée en couche le plus souvent très mince. [...]

Le  d'OTages : sigle.

Éd. Gallimard.

LA REPRÉSENTATION DE SOI (1)

Leçon p. 295

Poussin ne réalisa que deux autoportraits, sur commande. Voici celui qu'il consentit à peindre pour le commanditaire Chantelou.

Nicolas Poussin (1594-1665), *Autoportrait en 1650* (huile sur toile, 98 x 74 cm ; Paris, Musée du Louvre). Voici la traduction de l'inscription latine qui figure sur la droite du tableau (EFFIGIES NICOLAI POVSSINI ANDELI : YENSIS PICTORIS. ANNO ÆTATIS.56 ROMÆ ANNO IVBILEI 1650) : « Effigie de Nicolas Poussin, peintre originaire des Andelys, à l'âge de 56 ans, en 1650, année du Jubilé romain. »
Le Jubilé est une année où les pèlerins à Rome bénéficient de l'indulgence du Pape (pardon des péchés).

Philippe Sollers,
écrivain français, né en 1936.

« Lecture de Poussin »,
dans la revue *Tel Quel*, 1961.

Une dernière fois, je regarderai l'un des deux autoportraits que Poussin a consenti de peindre. C'est peu de dire de ce visage qu'il est « sévère ». Haut juge drapé de noir, qui fronce le sourcil et se tourne vers nous un moment (il n'aime pas regarder de ce côté-ci) ; regard puissant et lui-même détourné ; visage crispé dans une expression de noblesse et de folie (il n'en faut pas moins, sans doute, pour obtenir la « délectation »), il a accumulé dans ce tableau les marques et les symboles de son art. Sur un fond gris et découpé, jusqu'à la hauteur de sa tête, qui les dépasse, par des tableaux aux cadres de différentes largeurs disposés les uns sur les autres, il est assis, le buste de profil droit que prolonge, vers la droite, le bras tendu et légèrement replié, la longue main baguée se refermant sur un carton à dessins. Tout au fond, une toile est retournée contre le mur (*l'autre côté* est ainsi défini et rien ne nous empêche de penser que c'est ici même). À l'extrême gauche de la deuxième toile en allant vers le fond, le profil gauche de la peinture (femme coiffée d'un diadème sur lequel est représenté un œil supplémentaire) apparaît souriante, embrassée. À droite, sur la toile qui se trouve immédiatement derrière lui, il a inscrit son nom, son âge à l'époque du tableau, son lieu d'origine (Les Andelys). Deux remarques de structure s'imposent aussitôt : d'abord, en relief, la somme des tableaux qui occupent tout le décor aboutit au tableau-plan où se trouve l'homme-Poussin. Ensuite, de gauche à droite, les seuls détails vraiment éclairés sont : le buste de la Peinture, le visage et la main du peintre. Voici donc, selon moi, comment lire cette épitaphe :

Du fond vers la surface (ou réciproquement) : Je ne suis que mon NOM et ces TOILES.

Puis, de gauche à droite : Seule la PEINTURE, et mon VISAGE qui en est l'autre face, conduisent ma MAIN.

Éd. du Seuil.

Observer et analyser

La représentation de soi

1. Décrivez le personnage, son costume, le décor dans lequel il s'est placé, l'expression de son visage, de son regard. Quelle image donne-t-il de lui ?

2. Quels sont les éléments mis en valeur par la lumière ? En quoi sont-ils symboliques de l'activité du peintre ?

3. Où, selon vous, Poussin était-il placé par rapport au miroir dans lequel il se regardait ? S'est-il représenté en train de peindre ? Quels éléments devraient figurer dans le tableau si Poussin avait copié exactement ce qu'il voyait dans le miroir ?

Observer et comparer

Le tableau de Poussin et le texte de Sollers

4. Relevez dans le texte de Sollers les expressions qui décrivent l'œuvre. Qu'a-t-il vu que vous n'aviez pas vu ? Qu'avez-vous vu qu'il n'a pas noté ?

5. Qu'est-ce qu'une *épitaphe* (l. 25) ? Pourquoi, selon vous, Sollers utilise-t-il ce terme ? Pour répondre :
– aidez-vous du texte de l'inscription qui figure sur le tableau ;
– construisez mentalement une croix, à partir des lignes horizontales et verticales du tableau ; dites quelle en est la symbolique.

Se documenter

6. Aidé de votre professeur d'Arts plastiques, recherchez les autoportraits de Rembrandt, Mignard, Dürer, David Bailly, Murillo… Comparez les cadrages, les postures, la présence d'accessoires… Quel est le profil le plus fréquemment représenté ? Pourquoi, selon vous ?

Fiches 3 et 7 ➤ p. 300 et p. 305

LA REPRÉSENTATION DE SOI (2)

Leçon p. 295

Chardin travaille au pastel à partir de 1771. Le mélange des liants et des pigments de la peinture à l'huile ont en effet endommagé sa vue.

Jean-Baptiste Chardin (1699-1779), *Autoportrait dit à l'abat-jour vert*, 1775 (pastel, 461 x 380 cm ; Paris, Musée du Louvre).

TEXTE 1

Marcel Proust, écrivain français, 1871-1922.

Contre Sainte-Beuve, roman et essai critique, 1908-1909.

Depuis l'abat-jour vigoureusement enfoncé sur le front jusqu'au masulipatan[1] noué autour du cou, tout donne envie de sourire, sans qu'on songe à s'en cacher, devant ce vieil original qui doit être si intelligent, si fou, si doucement docile à accepter une raillerie. Si artiste surtout. [...]

Chardin nous regarde-t-il ici avec la fanfaronnade d'un vieillard qui ne se prend pas au sérieux, exagérant, pour nous amuser ou montrer qu'il n'en est pas dupe, la gaillardise de sa bonne santé encore alerte, de son humeur encore bouillonne : « Ah ! Vous croyez qu'il n'y a que vous autres jeunes ? » Ou bien notre jeunesse a-t-elle blessé son impuissance, se révolte-t-il dans un défi passionné, inutile et qui fait mal à voir ? On pourrait presque le croire, tant la vivacité des yeux, le frémissement de la bouche ont l'air graves. Combien d'entre nous sont ainsi restés incertains sur le sens et sur l'intention de certaines paroles de vieillard, et surtout de certains regards d'yeux de vieillard [...]. Nous sourions quelquefois devant les vieillards comme devant de vieux et charmants fous. Mais quelquefois aussi nous avons peur devant eux comme devant des fous.

1. **masulipatan** : toile venant des Indes.

TEXTE 2

Edmond (1822-1896) et Jules (1830-1870) de Goncourt, écrivains français.

L'Art du XVIIIe siècle, essai, 1859.

Allez à ces deux portraits du Louvre, où il s'est représenté, comme le vieux grand-père de son œuvre, sans coquetterie, dans le déshabillé bourgeois, familier, abandonné, d'un septuagénaire, en bonnet de nuit, l'abat-jour au front, les besicles au nez, le *mazulipatam* au cou : quelles surprenantes images ! ce travail violent et emporté, les écrasis, les martelages, les tapotages, les balafrures, les empâtements de crayon, de touches semées, franches et rudes, ces audaces qui marient des tons immariables et jettent sur le papier les couleurs toutes crues, ces dessous pareils à ceux que le scalpel trouve sous la peau, tout cela s'harmonise à quelques pas, s'assemble et se fond, s'éclaire, et c'est de la chair qu'on a sous les yeux, de la chair vivante qui a ses plis, ses luisants, sa porosité, sa fleur d'épiderme. Les vergetures des joues, le bleuissement d'une vieille barbe, les blancs, les roses, les tendresses du teint, ce rayon humide dans lequel baignent l'œil et l'expression du regard, Chardin les obtient ; il atteint à la vérité, et à l'illusion de la carnation avec des coups de rouge vif, de bleu pur, de jaune d'or, avec des couleurs entières et absolues qui sembleraient devoir outrer la vie et forcer le ton de la réalité.

Observer et analyser

La représentation de soi

1. a) Quels éléments (du visage, du costume) sont mis en valeur par la lumière ?

b) Quels indices physiques peuvent révéler l'âge du peintre ? Quel âge avait-il au moment où il a réalisé cet autoportrait ? Quels procédés le peintre a-t-il utilisés pour produire l'effet de l'âge ?

c) Y a-t-il des éléments dans le tableau qui permettent de savoir que l'homme représenté est un peintre ?

2. Quelle image donne-t-il de lui ? Appuyez-vous sur vos réponses précédentes.

3. La posture dans laquelle s'est représenté Chardin est-elle la même que celle dans laquelle s'est représenté Poussin (p. 278) ? Pourquoi, selon vous ?

Observer et comparer

Comparer les textes et l'image

4. a) Quel texte caractérise la technique picturale de Chardin ? Relevez les termes qui décrivent le travail du peintre, les couleurs utilisées et obtenues. Retrouvez-vous dans la reproduction du pastel tout ce qui a été noté dans ce texte ?

b) Quel texte caractérise Chardin lui-même ? Quelle image est donnée de lui ? Relevez quelques expressions signifiantes. Partagez-vous le point de vue exprimé ? Justifiez votre réponse.

5. Que signifie l'expression *outrer la vie et forcer le ton de la réalité* (texte 2, l. 18-19) ? Vous semble-t-elle s'appliquer à cet autoportrait ? Appuyez-vous sur l'ensemble de vos réponses.

Lire - Écrire

6. ***Dessiner et commenter son autoportrait***

Placez-vous devant une glace, choisissez une posture et exercez-vous à dessiner votre autoportrait. Vous pouvez demander des conseils à votre professeur d'Arts plastiques. Rédigez un commentaire de votre dessin en adoptant un ton sérieux ou humoristique.

Fiches 3 et 7 ➤ p. 300 et p. 305

LA REPRÉSENTATION DE SOI (3)

Leçon p. 295

Vincent Van Gogh,
peintre hollandais,
1853-1890.

Correspondance générale.

TEXTE 1 (LETTRE À SON FRÈRE THÉO, LE 5 OU 6 SEPTEMBRE 1889)

Mon cher frère,

[...] Je travaille à deux portraits de moi dans ce moment - faute d'autre modèle - parce qu'il est plus que temps que je fasse un peu de figure. L'un je l'ai commencé le premier jour que je me suis levé, j'étais maigre, pâle comme un diable. C'est bleu violet foncé et la tête blanchâtre avec des cheveux jaunes, donc un effet de couleur.

Mais depuis j'en ai commencé un de trois-quarts sur fond clair. [...]

Je t'écris cette lettre peu à peu dans des intervalles quand je suis las de peindre. Le travail va assez bien, je lutte avec une toile commencée quelques jours avant mon indisposition, « un faucheur », l'étude est toute jaune, terriblement empâtée, mais le motif était beau et simple. J'y vis alors dans ce faucheur - vague figure qui lutte comme un diable en pleine chaleur pour venir à bout de sa besogne - j'y vis alors l'image de la mort, dans ce sens que l'humanité serait le blé qu'on fauche. [...]

Tout à toi, Vincent

TEXTE 2 (LETTRE AU PEINTRE GAUGUIN, LE 3 OCTOBRE 1888)

Mon cher Gauguin,

[...] J'ai une fièvre de travail extraordinaire ces jours-ci ; actuellement je suis aux prises avec un paysage à ciel bleu au-dessus d'une immense vigne verte, pourpre, jaune, à sarments noirs et orangés.

Des figurines de dames à ombrelles rouges, des figurines de vendangeurs avec leur charrette l'égayent encore. Avant-plan de sable gris. Toujours toile de 30 carrée pour la décoration de la maison.

J'ai un portrait de moi tout cendré. La couleur cendrée qui résulte du mélange de véronèse[1] avec la mine orangée sur fond Véronèse pâle, tout uni à vêtement brun rouge.

Mais exagérant moi aussi ma personnalité j'avais cherché plutôt le caractère d'un bonze simple adorateur du Bouddha éternel. [...]

Tout à vous, Vincent

1. **Le véronèse** (en référence au peintre italien du XVIe Véronèse) est une couleur vert bleuté.

Vincent Van Gogh (1853-1890), *Portrait de l'artiste par lui-même*, début 1888 (huile sur toile, 65 x 50,5 cm ; Amsterdam, Fondation Vincent Van Gogh/Musée national Vincent Van Gogh).

Vincent Van Gogh (1853-1890), *Portrait de l'artiste par lui-même*, fin été 1887 (huile sur toile, 44 x 37,5 cm ; Amsterdam, Fondation Vincent Van Gogh/Musée national Vincent Van Gogh).

Observer et comparer

La représentation de soi (dans les deux autoportraits)

1. Comparez les deux autoportraits ci-dessus en ce qui concerne :

a) le cadrage, la posture du peintre, les accessoires ;

b) l'expression des visages et le regard du peintre (que regarde-t-il ?) ;

c) les couleurs utilisées et leur technique d'application. Faites une remarque sur les couleurs de la palette dans le tableau à gauche.

2. Quelles images Van Gogh donne-t-il de lui dans ces deux autoportraits ?

La situation d'énonciation (dans les textes 1 et 2)

3. Définissez pour chacune des lettres la situation d'énonciation.

Le travail du peintre (dans les textes 1 et 2)

4. Relevez les expressions qui traduisent le travail et l'effort du peintre.

5. À quoi Van Gogh accorde-t-il le plus d'importance dans son art de peindre ? Relevez un champ lexical à l'appui de votre réponse.

6. Comparez ces autoportraits à ceux de Poussin et de Chardin. Quels différences y voyez-vous ?

Fiches 1 et 7 ➤ p. 298 et p. 305

TEXTE 3

Antonin Artaud,
écrivain français
(1896-1948).

Van Gogh le suicidé de la société,
essai, 1947.

Un fou Van Gogh ?

Que celui qui a su un jour regarder une face humaine regarde le portrait de Van Gogh par lui-même, je pense à celui avec un chapeau mou.

Peinte par Van Gogh extra-lucide, cette figure de boucher roux, qui nous inspecte et nous épie, qui nous scrute d'un œil torve aussi. [...]

L'œil de Van Gogh est d'un grand génie, mais à la façon dont je le vois me disséquer moi-même du fond de la toile où il a surgi, ce n'est plus le génie d'un peintre que je sens en ce moment vivre en lui, mais celui d'un certain philosophe par moi jamais rencontré dans la vie. [...]

Le regard de Van Gogh est pendu, vissé, il est vitré derrière ses paupières rares, ses sourcils maigres et sans un pli.

C'est un regard qui enfonce droit, il transperce dans cette figure taillée à la serpe comme un arbre bien équarri.

Éd. Gallimard.

Vincent Van Gogh (1853-1890), *Portrait de l'artiste par lui-même*, été 1887 (huile sur toile, 41 x 33 cm ; Amsterdam, Fondation Vincent Van Gogh/Musée national Vincent Van Gogh).

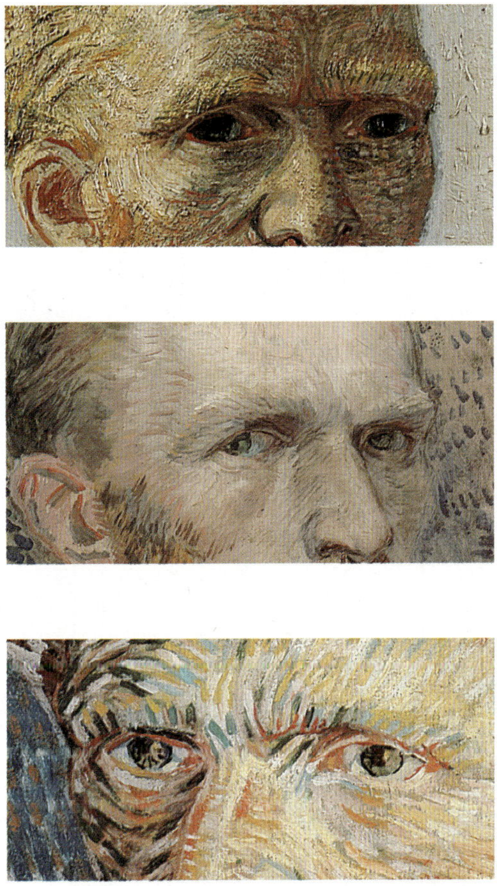

Détail des tableaux reproduits p. 283 et p. 284.

Observer et comparer

Première approche

1. Par quels mots ou expressions pourriez-vous caractériser chaque regard ?

La situation d'énonciation

2. Qui désignent les pronoms *je* (l. 3) et *nous* (l. 6) dans le texte 3 ?

La caractérisation d'un regard

3. a) Par quel mots et expressions Artaud caractérise-t-il le regard de Van Gogh dans son autoportrait ? Comparez avec vos réponses à la question 1.

b) Parmi les trois regards représentés, lesquels, selon vous, correspondent le mieux à la caractérisation faite par Artaud ?

4. Dans le texte 3, Artaud parle-t-il de la peinture ? du peintre ? de l'homme ? de lui-même ? Justifiez votre réponse.

5. Quel sens donnez-vous à la question posée par Artaud : *Un fou Van Gogh* ?

Fiches 1 et 7 ➤ p. 298 et p. 305

LA REPRÉSENTATION DE SOI (4)

Leçon p. 295

Willy Ronis, *Autoportrait*, 1991 (photographie).

Observer et analyser

La composition

1. a) Décrivez cette photo. Précisez le cadrage et l'angle de prise de vue.
b) De quelle façon le photographe a-t-il pu obtenir un tel cadrage? un tel centrage du sujet ?

La visée

2. Caractérisez l'expression du visage.

3. Dans quel décor s'est-il représenté? Que connote-t-il, d'après vous?

4. Qu'évoquent le palmier et le chapeau, vus sous cet angle? Quel est l'effet produit?

5. Quel image W. Ronis donne-t-il de lui? de son métier?

Observer et comparer

6. En quoi cet autoportrait diffère-t-il des autres autoportraits reproduits pages 278 à 285?

7. En quoi un autoportrait est-il révélateur de l'homme, de l'artiste, de son époque? La technique utilisée modifie-t-elle l'image de soi? Présentez votre réponse en un paragraphe rédigé.

Fiche 7 ➤ p. 305

IMAGES ET MÉDIAS (1) Leçon p. 295
L'information

F. Cornu, S. Kerviel et D. Psenny, journalistes.

Le Monde, Télévision, Radio, Multimédia, 27 au 28 septembre 1998.

TEXTE 1

Il est 20 heures...

Comment se fabrique le « 20 heures » ? Mardi 22 septembre, nous avons suivi, de l'intérieur, toutes les étapes de la fabrication des journaux du soir de TF1 et de France 2. **Reportage réalisé par Francis Cornu, Sylvie Kerviel et Daniel Psenny.**

TF1

19.59 Générique.
Les grands titres.

Dossier journée sans voitures.
20.01 Tour des villes.
20.06 Transports publics à la demande.
20.09 Voitures en partage.

20.11 Plan Aubry pour la Sécurité sociale.
20.14 Brèves MNEF et Mairie de Paris.
20.15 Point sur enquête Corse.
20.17 Chantiers navals menacés de fermeture.
20.21 Nouveau pont d'Avignon.
20.25 Factuel Clinton avec reportage avocats.
20.30 Brève Liban.
20.32 Interview Lebed.
20.37 Maladie d'Alzheimer.
20.39 Campagne asthme.
20.42 Conte d'automne.
20.43 Rappel titres et générique.

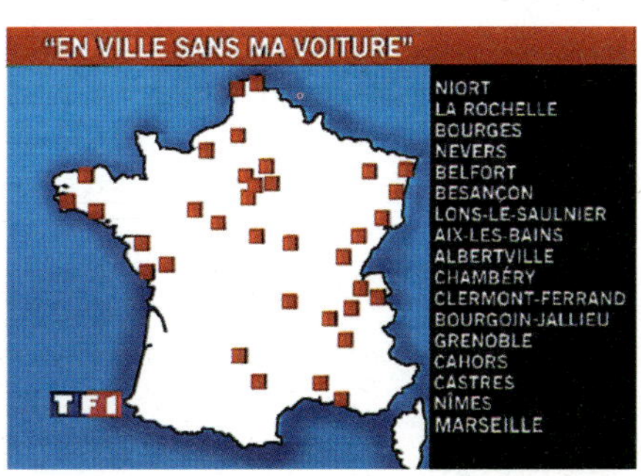

20.01 : tour des villes qui participent à l'opération sans voitures

France 2

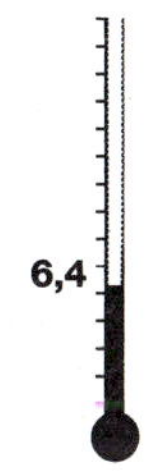

20.00 Générique.
Les grands titres.

Dossier journée sans voitures.
20.01 Reportage à Montreuil.
20.05 Reportage à Strasbourg.
20.08 Reportage sur les accros de l'auto.
20.10 Reportage à Oslo.
20.14 Interview de Jean-Claude Gayssot.
20.16 Reportage sur les handicapés dans les transports en commun.
20.18 Suite interview Gayssot.

Dossier Sécurité sociale.
20.20 Plan Aubry.
20.21 Reportage sur les médicaments génériques.
20.23 Reportage sur les retraites.

20.25 Commentaire sur le communiqué de menaces en Corse.
20.28 Reportage Clinton aux États-Unis.
20.30 Reportage avant les élections allemandes.
20.33 Reportage sur les causes du décès de Florence Griffith-Joyner.
20.35 Sortie de *La Classe de neige*, film de Claude Miller.
20.37 Rappel des titres.

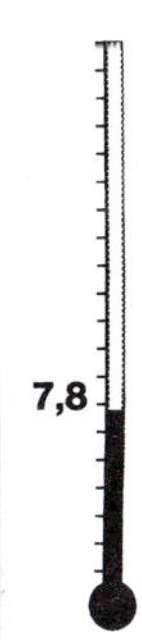

1 % représente 520 000 téléspectateurs environ (source *Médiamétrie*)

TEXTE 2

En attendant le « JT »

TF1

[...] **19.59** Le générique est lancé. PPDA[1] a sous les yeux l'image que reçoit le téléspectateur, sur un autre écran le « *conducteur* » (le menu du journal, calculé à la seconde près) ou bien les dernières dépêches, et, sur un troisième, le JT de France 2, de même qu'Alain Scemama[2], en régie, qui explique que ce regard sur la concurrence peut éventuellement modifier un peu l'« *ordonnancement* » de la deuxième partie du journal, mais que cela est rare. Il est vrai que, pour TF1, cette concurrence est, au vu des chiffres d'audience, des plus réduites actuellement. Dès qu'il n'est plus à l'écran, entre deux sujets, PPDA, sans se départir de son calme, semble faire mille choses à la fois. Grâce à l'oreillette, il converse avec Alain Scemama pour changer la suite du menu en fonction d'un retard, lit une dépêche nouvelle, dicte un rajout à la préposée au prompteur (qui fait défiler son texte sur la caméra), peaufine le résumé final.

20.44 Le temps imparti a été dépassé, mais PPDA peut se le permettre. L'opéra de Verdi, *Don Carlo*, a été « trappé[3] »; ce sera pour demain. La « *conférence critique* » est vite expédiée. PPDA donne quelques satisfecit et remercie son équipe. À l'évidence, la machine est bien huilée et, surtout, bien rodée. Les principaux rouages fonctionnent ensemble depuis tant de temps. Le succès d'audience sera une nouvelle fois impressionnant. Un secret? Robert Namias[4] déclare : « *Faire un bon journal, voilà tout.* » Et d'insister sur les avantages de la « *permanence* », car, selon lui, « *la durée implique la fidélité du public* ». – *F. C.*

France 2

[...] **20.00** Générique. Les titres défilent. Dominique Léridon, le réalisateur, est aux commandes en régie, où ont pris place également le rédacteur en chef et la chef d'édition, reliés au présentateur[5] par un micro et une oreillette. Bref moment d'émotion lorsque la liaison avec Dieppe, d'où intervient Jean-Claude Gayssot[6], déraille. Sur le mur d'images de la régie, le seul récepteur branché sur TF1 est situé en haut à gauche, presque inaccessible au regard. « *Nous ne regardons jamais le journal de la Une, nous préférons faire le nôtre* », dit Pascal Guimier[7].

20.45 Conférence critique avec les chefs de service et les journalistes qui ont participé au journal. Gérard Leclerc[8] note que sur TF1 les images tournées boulevard Saint-Germain étaient « *plus impressionnantes que les nôtres* ». Il fait remarquer que le reportage illustrant le document sur la Sécu montrait Martine Aubry de trois quart dos : « *On pourrait éviter* ». Le sujet sur Clinton fait l'unanimité contre lui, sans intérêt. Un reporter des sports regrette que l'affaire Festina n'ait été traitée que d'une simple brève. Claude Sérillon et Pascal Guimier plaident le « manque d'images ». Il est 21 heures. Le rédacteur en chef et le présentateur retournent vers leur bureau pour discuter brièvement du journal du lendemain : une édition spéciale Allemagne. – *S. K. et D. Py.*

Le Monde, Télévision, Radio, Multimédia, 27-28 septembre 1998.

1. **PPDA** : initiales du présentateur, Patrick Poivre d'Arvor.
2. **Alain Scemama** : chef d'édition.
3. **trappé** : passé à la trappe, c'est-à-dire supprimé.
4. **Robert Namias** : directeur de l'information
5. **le présentateur** : il s'agit de Claude Sérillon.
6. **Jean-Claude Gayssot** : Ministre des transports.
7. **Pascal Guimier** : rédacteur en chef.
8. **Gérard Leclerc** : chef du service de politique intérieure.

Lire et comparer

1. À quel genre appartiennent les deux textes ? Quel en est le sujet (thème) ?

2. Quels sont les termes des textes 1 et 2 qui se réfèrent à l'audiovisuel et à la presse écrite (professions, genres journalistiques, techniques) ? Définissez-les précisément. Lesquels sont spécifiques à l'audiovisuel ?

3. Texte 1. a) Comparez le nombre de sujets et de dossiers abordés sur les deux chaînes, leur ordre de présentation, leur durée. À quelle heure sont présentées les informations étrangères ?
b) À quelles différentes rubriques appartiennent les sujets de chaque journal (politique, économique...)
c) Quel est la signification des pourcentages cités ? Comparez leur évolution entre le début et la fin du journal.

4. Texte 2. Comparez les paragraphes *20.00* et *19.59*.
a) Quelles différences essentielles notez-vous dans la stratégie adoptée par les journalistes vis-à-vis de la chaîne concurrente ?
b) Quel est le rôle de l'oreillette ?

5. Texte 2. Comparez les paragraphes *20.44* et *20.45*.
a) Quel est le sujet abordé ?
b) Comparez l'appréciation que chaque chaîne porte sur son JT. Appuyez-vous sur le lexique et les paroles rapportées.

Écouter - Dire

6. *Comparer des JT*

Organisez-vous dans la classe en groupes pour regarder (et enregistrer) le même soir les JT diffusés sur différentes chaînes. Reconstituez le « conducteur » du journal (voir texte 1). Cherchez la définition des mots que vous ne connaissez pas. Notez les sujets qui ont étés traités sous forme de reportages, les interviews enregistrées ou transmises en direct, la présence ou non d'invités. Comparez vos observations à celles des autres groupes et présentez-les en classe (vous pouvez sélectionner quelques passages que vous aurez enregistrés).

Fiches 1 et 3 ➤ p. 298 et p. 300

IMAGES ET MÉDIAS (2)
L'opinion

Leçon p. 295

Document 1.
Dessin de Plantu
paru dans *Le Monde*,
28 février-1er mars 1999.

Document 2

Pierre Georges,
journaliste.

Le Monde,
2 mars 1999.

L'igloo sur la tête

par Pierre Georges

Que manquait-il dans ce fameux igloo de la Vanoise ? Un caméscope, peut-être. Ou, alors, un fax pour négocier les contrats. Ou, encore, une radio pour transmettre en direct, heure par heure, jour par jour, l'odyssée de la glace.

Formidable et mythique air pur des cimes ! Elle a bonne mine l'aventure ! Voici trois randonneurs expérimentés. Tellement expérimentés qu'ils partent en montagne quand il ne faudrait pas y partir. Contre les conseils. Et qu'ils en reviennent comme on ne saurait en revenir. Entre hôpital et exclusivité. Sans perdre un instant le nord, ce bon vieux nord du mieux-offrant, du mieux-disant pour le récit exclusif de leur séjour forcé, de leur survie admirable.

Elle a bonne mine, l'aventure, et nous tous avec. Pendant des jours, huit, neuf, tout un pays s'est pris d'inquiétude, de passion, pour ce qui était tout simplement une extraordinaire histoire humaine et médiatique, le sort de trois naufragés du glacier. Il s'est pris d'admiration aussi pour le courage et l'acharnement des sauveteurs à les sortir de là. Course contre la montre et pour la vie, ponctuée de quelques appels sur téléphone portable pour donner ce qu'il fallait de modernité et de suspense en direct à cet ancestral duel entre l'homme et la montagne.

Ils téléphonaient. Donc ils vivaient. Et les sauveteurs s'échinaient dans la tempête. Ils misaient leur vie pour la vie des autres, prenant des risques insensés dans la montagne ou dans les airs. Et ils s'y efforçaient encore et encore, contre la neige, contre le vent, contre le froid polaire. Puisque tel est leur métier et telle est l'idée qu'ils s'en font, une certaine idée du devoir, une belle idée de l'homme et du prix de la vie.

On sait ce qu'il advint. Les randonneurs furent sauvés. Et l'on vit peu après, comment dire, l'igloo nous tomber sur la tête. Les trois rescapés de la Vanoise venaient eux ou les leurs, de vendre aux enchères ce morceau de solidarité montagnarde et d'humanisme.

C'est à ne pas croire. D'ailleurs, on ne veut pas le croire. On se dit qu'ils ont fait erreur, l'erreur de ne pas résister aux sollicitations. L'erreur de gens fatigués, épuisés, jugeant mal l'ampleur de l'insulte ainsi faite à ceux qui les sauvèrent, pour pas un sou, eux. On se dit cela. Ou alors que, s'ils ont vendu ainsi le récit, ce n'est pas pour en tirer profit, mais pour rembourser les frais de sauvetage et faire don du reste à des associations. On se dit que trois hommes revenant d'où ils reviennent ne peuvent être aussi vite rendus au cynisme trivial et à l'indécence gourmande des marchands d'exploits, des aventuriers de l'ultime.

Ce serait à ne pas croire. Ou alors à douter de tout, même si, métier aidant, on ne dispose pas de réserves de naïveté et d'illusions sur la nature humaine. Il y a, il devrait y avoir, dans la vie, une morale et une pudeur élémentaires qui font simplement qu'il y a des choses et des principes qui ne se vendent pas. On dira, on dit déjà, que, sans les médias, sans leur course au scoop, la tentation n'eût pas existé. C'est un fait, elle exista. Était-ce vraiment une raison pour y céder, un alibi pour justifier un choix d'abord individuel et, au fond, parfaitement trivial ?

Le Monde, 2 mars 1999.

Document 3.
Affiche *Reporters sans frontières*, parue dans le journal *Libération* en 1998.

Observer et comparer

Documents 1 et 2

1. Quel est le genre du texte ? du dessin ?

2. Qui sont les émetteurs du texte et du dessin ? Qui en sont les destinataires ?

3. a) Quel est le sujet du texte ?
b) Relevez des marques de jugement du journaliste (adverbes, mode verbal…).
c) Que dénonce le journaliste ? Par quels procédés (relevez des expressions ironiques, des jeux sur les mots, des expressions dévalorisantes, analysez les types et formes de phrases, le rythme…) ?
d) En quoi ce texte est-il polémique ? Quels en sont les enjeux ?

4. Décrivez le dessin. En quoi est-ce une caricature ? Quelle est sa visée ? Est-ce la même que celle du texte ? Justifiez vos réponses.

Document 3

5. a) Comparez l'espace occupé par le texte, par le dessin ; quel est l'effet produit ?

b) Comparez les objets représentés : en quoi se ressemblent-ils ?

6. Qui sont les émetteurs du message ? Quels en sont les destinataires ?

7. *Un kilo de plume/un kilo de plomb* : de quelle devinette enfantine le texte s'inspire-t-il ?

8. Quel sens donnez-vous ici au mot *plume* et au mot *plomb* ? Quelle correspondance établissez-vous avec le dessin ?

9. Quelle est la visée de cette affiche (appuyez-vous sur les modes utilisés et sur le lexique) ?

10. Rédigez une lettre pour demander la libération d'un reporter. Choisissez le destinataire, le ton à adopter pour faire évoluer la situation que vous défendez.

Fiches 3 et 5 ➤ p. 300 et p. 303

IMAGES ET MÉDIAS (3)

Leçon p. 295

La fiction

© *La Discrète*, film de C. Vincent. Photogrammes d'A. Camacho pour *L'Avant-Scène Cinéma* (n° 401). Avec Judith Henry (Catherine) et Fabrice Lucchini (Antoine).

Christian Vincent (réalisateur), avec Jean-Pierre Ronssin pour le scénario.

La Discrète, 1990.

Humilié d'avoir été délaissé par sa petite amie, Antoine adopte le plan que lui suggère son ami libraire, Jean : il séduira une femme choisie au hasard pour ensuite l'abandonner. Le sort tombe sur Catherine, une étudiante qu'il a contactée par le biais d'une annonce pour taper le manuscrit de son roman. La première rencontre a lieu dans un café parisien, juste à côté de la librairie de Jean.

CAFÉ DE LA MAIRIE, INTÉRIEUR JOUR [...]

Antoine *(123[1]. Sur lui, très sec)* Voilà, vous savez tout. Il y a environ cent vingt pages, vous pensez qu'en quatre ou cinq jours... Aujourd'hui on est mercredi, pour lundi prochain, c'est possible?

Catherine *(124. Sur elle)* Pour lundi, ça va être difficile... Je fais d'autres choses à côté.

Antoine *(125. Sur lui)* Ben oui, mais il vaudrait mieux pas, mademoiselle!... *(126. Sur elle, intimidée)* Pour ce qui est du tarif, je ne sais pas si je vous en ai parlé, *(Elle fait signe que non)* c'est 35 francs la page. C'est le tarif habituel?

Catherine *(avec un sourire désarmant)* Non, mais c'est bon.

Antoine *(127. Sur lui, défait)* Vous êtes comment, en métro?

Catherine *(128. Sur elle)* À pied.

Antoine *(129. Sur lui)* Bon, je vous accompagne? *(Il se lève, amorce du mouvement)*

LIBRAIRIE, INTÉRIEUR JOUR

130. Plan large : Jean sort de l'arrière-boutique où Manu[2] travaille, assis au bureau. Précédé par la caméra il s'avance, un livre à la main, et (pano[3] vers la gauche) le remet à un client, un homme jeune quoique déjà un peu chauve, délicat et même un peu emprunté.

Jean Voilà!

Le client *(très ému)* Ah, oui...

Le regard de Jean est attiré par la vitrine.

131. Plan américain : Antoine et Catherine arrivent devant la vitrine. Il lui montre les livres en devanture et profite de ce qu'elle ne le voit pas pour faire de grands signes à l'adresse de Jean. Comme elle se retourne, confiante, vers Antoine, celui-ci est pris en flagrant délit : aussitôt il modifie le geste par lequel il la désignait avec horreur à Jean et se rattrape de justesse.

Le client *(off)* Ça faisait très longtemps que je le cherchais.

Jean *(off)* Oui, c'est assez rare de le trouver... Surtout dans cet état!

132. Retour sur plan moyen : Jean et le client.

Le client *(feuilletant l'ouvrage)* Ah oui, c'est tout à fait ça.

133. Antoine continue à faire des grimaces dans le dos de Catherine (plan serré).

Le client *(off)* Vous m'avez dit combien déjà?

1. Les numéros sont des numéros de plans. Le plan est la plus petite unité filmique (une unité d'espace et de temps).

2. Manu : assistant de Jean.

3. pano : panoramique.

Observer et analyser

Le scénario (p. 293)

1. En quels lieux sont tournés les différents plans ? Combien de plans fixes dans chaque lieu ? Comment appelle-t-on un déplacement de la caméra qui permet d'accompagner le déplacement des personnages ?

2. À qui s'adressent les expressions en italique ? Classez-les selon qu'elles précisent un cadrage, un mouvement de caméra, un jeu d'acteur, une mimique, un déplacement...

3. Observez les plans 123 à 129. À votre avis, pourquoi le scénariste a choisi de cadrer alternativement chaque personnage (*Sur lui/Sur elle*) ? Quel est l'effet produit ? Quel autre possibilité avait-il ? Aurait-il obtenu le même effet ?

4. Plan 130. Quels sont les mouvements de caméra ? Sous quels différents points de vue la scène est-elle filmée ? Quel est l'effet produit ?

5. Plan 131.

a) Où la caméra est-elle située ? Selon le point de vue de quel personnage la scène est-elle filmée ?
b) Quel intérêt le choix de ce point de vue offre-t-il pour le spectateur ? Justifiez vos réponses.

6. Plan 132. Sur quels personnages la caméra revient-elle ? Dans quel but ?

7. Plan 133. Que savent Jean, Catherine, le spectateur de la situation ? Le spectateur en sait-il plus que les personnages ? Quelles hypothèses fait-il sur la suite immédiate de l'histoire ? Appuyez-vous sur vos réponses précédentes.

Les photogrammes (p. 292)

8. a) Qu'est-ce qu'un photogramme ?
b) Pour les deux photogrammes du haut, précisez le cadrage, l'angle de prise de vue. Observez le regard, l'attitude de chacun. Choisissez une réplique qui pourrait illustrer chaque photogramme.

9. Retrouvez le numéro du plan correspondant au photogramme du bas. Justifiez votre réponse.

Lire - Écrire

10. ***Écrire un story-board (ou scénarimage)***

Dessinez schématiquement chaque plan (plans 128 à 133) en précisant les cadrages, l'angle de prise de vue. En regard de chaque schéma, résumez dans une colonne l'action, dans une autre notez les dialogues et le son ambiant, et dans une troisième colonne les voix off (ou hors champ).

11. ***Écrire un scénario***

Imaginez et rédigez le scénario de la fin de la scène sous forme de story-board.

Critères de réussite
- *Indication des numéros des plans.*
- *Présence d'indications de cadrage et d'action.*
- *Présence d'un dialogue.*
- *Répliques précédées de l'indication du nom du personnage.*
- *Suite cohérente et pertinente.*

Fiches 1 et 7 ➤ p. 298 et p. 305

L E Ç O N

Images, textes et médias

1 La représentation du monde : les différentes formes de discours

- Les images peuvent représenter le monde, les hommes et ce qui les entoure.
- Comme les textes, elles présentent une ou plusieurs **formes de discours** : elles peuvent raconter, décrire, informer, expliquer, persuader, argumenter... Ces formes de discours peuvent varier selon les types et les **genres d'images** (planche, tableau, photographie, dessin d'humour, affiche politique, affiche publicitaire...), selon les **techniques** utilisées (pastel, huile, photo...) et selon les **choix de l'artiste** (cadrage, dimension, couleurs, figuratif ou non figuratif...).
- Les images revêtent des **visées** diverses : témoigner (d'une époque, d'un fait...), faire comprendre, émouvoir, dénoncer, inciter à l'action...

2 La représentation de soi : un genre, l'autoportrait

- Les images peuvent être **expression de soi** : l'artiste se représente lui-même et choisit les procédés techniques (cadrage, éclairage, couleurs, décor, présence d'objets signifiants...) selon l'image qu'il veut donner de lui-même (visée). Il s'agit de l'autoportrait, un genre que l'on peut rapprocher du genre autobiographique.

3 L'information : images, textes et médias

- On entend par médias, toute technique et support de **diffusion massive** de l'information (presse, radio, télévision, cinéma, Internet).
- L'information est traitée par la presse écrite (journaux), la télévision (journal télévisé ou JT), Internet.
- Le **journal télévisé**, élaboré par des journalistes sous la direction d'un rédacteur en chef, suit un conducteur très précis (plan minuté du JT). Il est présenté en direct par un ou deux journalistes qui lisent le texte rédigé défilant sur un prompteur. Le présentateur est relié à la régie par une oreillette, ce qui lui permet à tout moment de modifier le cours du journal.
- Il faut bien distinguer le **reportage** filmé en direct du reportage enregistré ayant fait l'objet d'un montage.
- La presse écrite comporte des **articles d'information** (brève, fait divers, reportage, interview, enquête...) dont la visée est d'informer et d'expliquer, et des **articles de commentaire** (expression d'une opinion, d'une prise de position) dont la visée est argumentative.
- Ainsi, les journalistes **informent** mais aussi **commentent, expliquent, dénoncent**...

4 Le film de fiction

- Le film de fiction peut être l'adaptation d'une œuvre romanesque ou bien il peut être conçu comme une œuvre originale.
- Il présente de nombreux **points communs** avec le roman ou le théâtre : il raconte une histoire (prédominance du discours narratif), comporte des dialogues, est construit selon un mode et un rythme narratif (ellipses, retours en arrière, accélérations, ralentissements), revêt les mêmes visées (faire rire, émouvoir, faire peur, dénoncer...).
- Toutefois le film comporte des **spécificités**.

– Au cinéma, le spectateur (contrairement au lecteur), voit l'histoire se dérouler dans un présent immédiat ou continu sans possibilité d'arrêt, ni de retour en arrière.
– La question du point de vue : au cinéma, en théorie, le point de vue est le point de vue externe (la caméra voit et décrit de l'extérieur). Toutefois, certains procédés, notamment la place de la caméra, permettent de restituer le point de vue interne d'un personnage (effet de caméra subjective) ou le point de vue omniscient.
– Le jeu des cadrages et des éclairages, les décors, les sons off, le bruitage, la musique... contribuent à produire divers effets.

EXERCICES

ENTRAÎNEMENT

1. Analyser un article de presse écrite

Lisez le texte suivant et répondez aux questions.

PUBLICITÉ. Le réalisateur de « La Vie rêvée des anges » signe quatre spots pour McDo.

Zonca, va pour la pub

Après Élodie Bouchez[1], Natacha Régnier[1], le Nord, l'ennui, le chômage, la galère… Bref, après *La Vie rêvée des anges*, les hamburgers. Erick Zonca, gosse d'Orléans, fils de maçon, longtemps *« décalé socialement »* avant de se tailler une célébrité avec son premier film et d'être consacré, samedi au Fipa[2], entre en pub. Et par la grande porte. […]

Un homme tout simple que Zonca, affranchi de ces regards ringards que certains portent sur les méchantes réclames ? Il manque pourtant de simplicité quand on lui demande combien il a touché : *« Je ne le dirai pas, j'ai appris à me méfier des journalistes. »* Se calme quant il explique qu'*« en France un réalisateur ne peut pas faire autrement que de faire de la pub et de la télé, car le cinéma est mort. Faute de public »*. Se défend – entre agacement et amusement – quand on lui rappelle la noirceur de ses ex-anges, fort éloignée de l'univers mcdonaldien : *« Je ne suis pas un militant du social. »* […]

Zonca préfère évoquer son tout récent plaisir de publicitaire : *« Avant d'en faire, je ne m'y intéressais pas. »* En vrac, le voilà qui fait la pub de la pub : *« Ce qui m'a plu et étonné, c'est que tout va très vite. Pour McDo, c'était bouclé en trois semaines, briefing compris. » « La pub, c'est une occasion de toucher à des moyens techniques qu'on n'a pas dans le cinéma. » « La pub est souvent plus audacieuse que des tas de courts-métrages. Il y a de vrais artistes. »* Certes, mais le contenu des pubs ? *« C'est à la société de juger si les réclames sont gênantes »*, botte-t-il en touche, avant d'égratigner – mais manifestement, ce n'est pas son genre – la communication de Benetton : *« Faire des images de mode avec la misère humaine me pose un problème éthique. »* Et le revoilà qui s'échappe : *« Au cinéma, c'est pas pareil, j'angoisse et je doute tout le temps sur le thème » Ai-je bien réussi à dire ce que je voulais dire ? « Là, je n'avais à dire que ce que l'on m'avait dit de dire… »* […]

Article de Catherine Malaval, *Libération*, 25 janvier 1999, p. 33.

1. Actrices principales du film d'Erick Zonca, *La Vie rêvée des anges* (1998).
2. Festival international de programmes audiovisuels

1. a) Quel est le genre du texte ? Définissez la situation d'énonciation.
b) Quel est le thème du texte ? Aidez-vous du titre.

2. a) Quelle est la prise de position de Zonca par rapport à la publicité ?
b) À quels différents arguments recourt-il ? Quelles critiques émet-il concernant certaines publicités ? Citez le texte.
c) Quel sens donnez-vous au passage : *« Au cinéma, c'est pas pareil […] m'avait dit de dire… »* (l. 38 à 41) ?

3. Quel est l'enjeu de l'argumentation du cinéaste ?

4. Quelle est la visée de l'article ?

Sujet d'écriture

5. Vous répondez à un adversaire de la publicité (au cours d'un débat, dans un courrier des lecteurs, dans un article d'opinion). Vous choisirez une stratégie argumentative et construirez votre argumentation en vous appuyant sur des exemples précis.

2. Analyser un tableau contemporain

Observez le tableau ci-contre, puis répondez aux questions.

1. Dans quelle figure géométrique s'inscrit cette œuvre ? Quels éléments se superposent ?

2. Observez ligne à ligne la répartition des couleurs :
– la croissance et la décroissance des tons (l'intensité),
– les couleurs chaudes, les couleurs froides.
Quelles couleurs semblent se rapprocher de l'œil

EXERCICES

Julio Le Parc (né en 1928), *Série 25 D* (collage, 75 x 75 cm ; Paris, galerie Denise René). J. Le Parc est un membre du Groupe de Recherche d'Art Visuel, créé en 1960. Ce mouvement se propose de mettre l'art à la portée de tous en plaçant les œuvres dans des lieux publics. L'art n'est plus destiné à être enfermé dans les musées, il vit dans la ville.

du spectateur ? Quelles couleurs semblent s'en éloigner ?

3. Quelles formes paraissent émerger de cette œuvre ? Ces figures sont-elles stables ? Quel est l'effet produit ?

4. Ne voyez-vous dans cette œuvre que des figures géométriques ou y voyez-vous une représentation du réel ?

5. Avec l'aide de votre professeur d'Arts plastiques, documentez-vous sur l'Op' Art (Optical Art). Présentez à la classe des reproductions d'œuvres de ce mouvement. Cherchez des peintures intégrées à la ville.

6. Feuilletez les illustrations de votre manuel.

a) Quelle œuvre pourriez-vous rapprocher de cette composition ?

FICHE 1

La situation d'énonciation et les indices d'énonciation

1 La situation d'énonciation

– Rappel : un énoncé peut être **ancré** dans la situation d'énonciation (le temps de référence est le présent), il peut en être **coupé** (le temps de référence est le passé).

– Un cas particulier : **l'autobiographie**. L'énonciateur alterne les énoncés renvoyant au **moment de l'écriture** (énoncés ancrés dans la situation d'énonciation, le pronom *je* désignant l'énonciateur adulte) et les énoncés renvoyant au **moment du souvenir** (énoncés coupés de la situation d'énonciation, le pronom *je* désignant l'énonciateur enfant par exemple).

> Mon père avait trente ans, ma mère vingt et un, et j'étais leur premier enfant. Je tourne une page de l'album… ➤ *S. de Beauvoir, p. 106*

Le premier *je* ainsi que l'imparfait renvoient au moment du souvenir (temps coupé de l'énonciation), tandis que le second *je* et le présent renvoient au moment de l'écriture (temps ancré dans l'énonciation).

2 Les indices d'énonciation

Les indices d'énonciation sont des marques (explicites ou implicites) qui témoignent de la **présence** et d'un **jugement** de l'énonciateur.

Les indices de personne

Les indices de personne (les pronoms déictiques) sont ceux qui révèlent la **présence** de l'**énonciateur** (*je, nous*) et du **destinataire** (*tu, vous*). Notons que le pronom indéfini *on* peut exclure ou inclure l'énonciateur.

> Sur le Web, on ne communique pas.
> ➤ *R. Redeker, p. 80*

Le *on* inclut l'énonciateur et exclut les partisans de la thèse adverse.

> On n'a qu'à se reporter aux journaux de l'époque. ➤ *Zola, p. 73*

L'énonciateur ne s'inclut pas dans ce *on*.

Les indices de jugement : les modalisateurs

Ce sont les adverbes marquant un **doute**, une **certitude**, un **jugement** (*peut-être, certainement, malheureusement…*), certains verbes (*sembler, devoir…*), certains adjectifs (*possible, certain…*), ou modes verbaux (conditionnel), certaines marques typographiques (guillemets ou italiques) signifiant que l'énonciateur met en valeur une expression (pour appuyer sa thèse) ou qu'il s'en désolidarise.

> Les zoos spécialisés offrent probablement un des meilleurs espoirs pour l'avenir. ➤ *D. Morris, p. 72*

La présence de l'adverbe *probablement* atténue une certitude.

> La rencontre n'est pas possible, ni la « *solidarité* ». ➤ *Courrier des lecteurs du Monde, p. 75*

Les guillemets marquent la désolidarisation de l'énonciateur.

Les indices de jugement : le lexique valorisant ou dévalorisant

Le lexique valorisant ou dévalorisant traduit un **jugement de valeur** ou une **émotion** de l'énonciateur.

> L'inutile et monstrueuse tour Eiffel.
> ➤ *Le Temps, p. 77*

Un procédé particulier : l'ironie

L'énonciateur, avec la complicité du lecteur, prend une certaine **distance** par rapport à son énoncé : il peut, pour faire surgir une absurdité, exprimer le contraire de ce qu'il pense (antiphrase) ou bien utiliser d'autres procédés (périphrase, hyperboles…) visant à provoquer des effets de décalage.

> Tu as l'honneur d'être esclave de nos seigneurs les blancs. ➤ *Voltaire, p. 94*

Il s'agit d'une antiphrase.

> Il y a cent mille fous […] qui tuent cent mille autres […] [pour] quelque tas de boue.
> ➤ *Voltaire, p. 87*

L'expression *quelque tas de boue* est une périphrase créant un effet de disproportion.

FICHE 2

Les liens logiques explicites

1 Définition

Les relations logiques (entre les phrases ou les propositions) peuvent être exprimées par des **connecteurs** (mots de liaison invariables de coordination ou de subordination) ou par certaines **expressions verbales**. On dit que ces liens sont **explicites**.
Attention : les liens logiques peuvent être **implicites**, c'est-à-dire qu'ils ne sont pas exprimés (juxtaposition).

2 Ajouter un argument ou un exemple à un autre (addition)

– Connecteurs : *et, de plus, d'une part… d'autre part…, d'abord, ensuite, enfin, aussi, en outre, par ailleurs, outre que, sans compter que…* ;
– Expressions verbales : *s'ajoute à cela…* ;

Outre que le meurtrier n'aurait pas pu emprunter cet escalier sans être remarqué, répliqua M. Raymon, j'oubliais de vous dire que les combles ont été visités également. ➤ *P. Véry, p. 65*

3 Exprimer l'origine, la raison d'un fait, d'une idée (cause)

– Connecteurs : *car, en effet…, parce que, puisque, comme, étant donné que, vu que, sous prétexte que, dans la mesure où…* ;
– Expressions verbales : *il résulte de, il dépend de, il découle de, il faut savoir que, cela provient de…* ;

Vous n'existez pas, mon cher, parce que vous ne pensez pas ! ➤ *E. Ionesco, p. 83*

4 Exprimer le résultat, l'aboutissement d'un fait, d'une idée (conséquence)

– Connecteurs : *donc, c'est pourquoi, par suite, par conséquent, aussi, dès lors…, si bien que, de sorte que, si… que, de telle manière que, trop… pour que…* ;
– Expressions verbales : *cela implique, entraîne, provoque, cause, suscite, amène, explique que, c'est la raison pour laquelle…* ;

La mobilisation doit donc continuer dans toutes les régions côtières. ➤ *Science et nature, p. 82*

5 Opposer deux faits, deux arguments (opposition)

– Connecteurs : *mais, cependant, au contraire, or, pourtant, en revanche, néanmoins, toutefois…, tandis que, alors que…* ;
– Expressions verbales : *cela s'oppose à, cela contredit…* ;

Mais l'Esclavage n'est point uniquement une offense à l'humanité. ➤ *V. Schœlcher, p. 98*

6 Prendre en compte des arguments opposés à sa thèse (concession)

– Connecteurs : *sans doute, mais…, bien que, quoique, même si…* ;
– Expressions verbales : *il n'en est pas moins vrai que…* ;

Sans doute, l'homme d'aujourd'hui, en tant qu'individu, ne vaut pas mieux que l'homme d'autrefois, mais la masse de la société moderne est plus avancée en morale… ➤ *V. Schœlcher, p. 98*

7 Reformuler une idée, un fait (équivalence)

– Connecteurs : *c'est-à-dire, en d'autres termes, autrement dit…* ;
– Expressions verbales : *cela revient à dire que…*

Ce « wearable PC » : au sens propre, un PC portable, c'est-à-dire qui se porte sur soi !

➤ *O. Voizeux, p. 69*

8 Introduire un exemple à l'appui d'un fait ou d'un argument

– Connecteurs : *ainsi, notamment, par exemple…, comme…* ;
– Expressions verbales : *en vouloir pour preuve, se figurer, s'imaginer…*

Il suffit d'ailleurs, pour se rendre compte de ce que nous avançons, de se figurer un instant une tour vertigineusement ridicule. ➤ *Le Temps, p. 78*

Le lexique

1 Monosémie, polysémie

– Un mot peut être monosémique (un seul sens) ou, plus fréquemment, polysémique (plusieurs sens). C'est le **contexte** qui permet d'en comprendre le sens.

– Les mots polysémiques ont un **sens propre** (sens premier, lié le plus souvent à l'étymologie) et un ou plusieurs **sens figuré(s)** (sens imagé).

– La polysémie participe largement à l'élaboration du langage poétique en créant des **images** (métaphore, métonymie), en effectuant des rapprochements entre les mots. Elle peut être utilisée dans le cas de l'**ironie** (en créant un effet de décalage).

2 Dénotation, connotation

– On appelle **dénotation** chaque sens donné à un mot par le **dictionnaire**. Ce sens est indépendant de la subjectivité de l'énonciateur, des images ou des évocations que ce mot peut véhiculer.

– On appelle **connotation** les différents effets de sens que peut prendre un mot en fonction du **contexte**, de la **subjectivité** de l'énonciateur et du destinataire, des **données culturelles**. Les connotations évoquent des images, des sensations et contribuent à enrichir le sens. Elles sont largement utilisées dans le langage publicitaire.

La sève est du champagne et vous monte à la tête. ➤*A. Rimbaud, p. 186*

Le mot *champagne* connote l'ivresse et la joie.

3 Lexique valorisant, dévalorisant

– Certains termes peuvent traduire dans leur sens premier (dénotation) un **jugement**, une **opinion** de l'énonciateur, par opposition à d'autres termes qui sont **objectifs**.

– *Cet homme est sympathique* a une dénotation valorisante. D'autres termes, dont la dénotation est apparemment objective (*célibataire*, par exemple) peuvent prendre une **connotation valorisante ou dévalorisante** selon le contexte (*un vieux célibataire* peut avoir une connotation dévalorisante en prenant le sens de *maniaque*, ou une connotation valorisante en prenant le sens d'*homme libre*).

Les blouses des travailleurs étaient blanches.

➤*A. Huxley, p.146*

Le mot *blanches* connote a priori la propreté, mais dans le contexte il connote la froideur, la maladie, la mort...

4 Les champs lexicaux

On appelle champs lexicaux l'ensemble des termes (noms, adjectifs, verbes...) qui se rattachent au même **domaine** (selon le contexte). Il ne suffit pas de relever un champ lexical, il faut l'analyser, c'est-à-dire le mettre en **relation** (opposition ou association) avec d'autres champs lexicaux et en déduire les **effets produits** (thème dominant, état d'âme...)

Dans l'extrait d'*Une Vie* (p. 52), deux champs lexicaux s'opposent, associés à la nature au mois de mai et en automne.

FICHE 4

LES FIGURES DE STYLE OU DE RHÉTORIQUE

1 Définition

Les figures de style (ou de rhétorique) sont des **procédés** par lesquels l'émetteur vise à produire un effet sur le destinataire. On peut distinguer les **figures syntaxiques** qui reposent sur l'ordre des mots dans une phrase ou un vers et les **figures lexicales** qui reposent sur le sens des mots.

Les figures syntaxiques

2 L'anaphore

L'anaphore est l'emploi répété d'un **même mot** ou d'une **même construction** au **début** de vers, de phrases ou de membres de phrases. L'effet produit est un effet d'**insistance**, la **mise en valeur** d'une émotion...

La répétition, tout au long du poème d'Éluard (p.194), de l'expression *Je t'aime pour* crée un effet de litanie et contribue à faire de ce poème un hymne à la femme aimée.

Un homme est mort qui n'avait pour défense [...]
Un homme est mort qui continue la lutte

➤ P. Éluard, p. 206

Le poète met en valeur le courage d'un homme : Gabriel Péri.

3 Le parallélisme

Le parallélisme est l'emploi répété d'une **même structure de phrase**. L'effet produit est un effet d'insistance, de litanie...

4 L'énumération, la gradation

L'énumération **juxtapose** une série de termes. La gradation les **ordonne** selon une progression (taille, intensité...). L'effet produit est un effet d'intensité ascendante ou descendante.

Il parle, il s'anime, ses yeux brillent.

➤ J.-M. G. Le Clézio, p. 40

Une gradation ascendante est présente dans les actions et met en valeur la passion du personnage.

Les figures lexicales : les figures d'analogie

5 La comparaison

La comparaison met en relation deux éléments, le **comparé** (élément que l'on compare) et le **comparant** (élément auquel on compare), pour en souligner le **point commun**. La comparaison est introduite par un **outil de comparaison** (*comme, tel que, pareil à, ressembler à...*)

Les arbustes emmêlés, comme une dentelle de bois fin *➤ G. de Maupassant, p. 52*

L'élément commun aux deux termes mis en relation (les arbustes et la dentelle) est la finesse.

6 La métaphore

La métaphore met en relation deux éléments, le **comparé** et le **comparant**, sans outil de comparaison. Parfois l'élément comparé est absent.

Lance ta lettre obus de ton artillerie

➤ G. Apollinaire, p. 192

La lettre est comparée à une arme (contexte de la guerre et mouvement rapide de l'arme).

Une métaphore peut être **filée** quand elle se poursuit sur plusieurs lignes.

La maigreur grelottante des peupliers presque nus ;
[le] bosquet [...] lamentable comme la chambre d'un mourant ;
le murmure des feuilles [...] semblait un douloureux soupir d'agonie. *➤ G. de Maupassant, p. 52*

La nature est en correspondance avec l'état d'âme de Jeanne : désespérée.

7 La personnification

On appelle personnification le fait d'attribuer des sentiments ou des comportements humains à un **être non animé** ou à une **chose**.

Et le Voreux [...] respirait d'une haleine plus grosse et plus longue, l'air gêné par sa digestion pénible de chair humaine. ➤ *É. Zola, p. 149*

La mine est présentée comme un monstre avaleur de chair humaine.

Les figures lexicales : les figures de substitution

8 La métonymie

La métonymie est une figure qui consiste à **remplacer** un terme par un autre, lié au premier par un **rapport logique** (le contenu pour le contenant, la partie pour le tout...)

J'attendais [...]/ Que cette même bouche [...]/ M'ordonnât... ➤ *J. Racine, p. 254*

La *bouche* désigne Titus.

9 La périphrase

La périphrase est une figure qui consiste à **remplacer** un terme par une expression de même sens pour procéder à un effet de **mise en valeur** ou d'**ironie**.

Il s'agit [...] de quelque tas de boue grand comme votre talon. ➤ *Voltaire, p. 87*

La périphrase *quelque tas de boue* désigne le pays objet du conflit (périphrase ici au service de l'ironie).

Les figures lexicales : les figures d'opposition

10 L'antithèse

L'antithèse consiste à **opposer** deux mots, deux expressions ou deux notions tout à fait contraires.

Et mon cœur défunt
Renaît au parfum ➤ *L. Aragon, p. 196*

Les mots *défunt* et *renaît* sont en opposition : l'amour fait renaître la vie.

11 L'antiphrase

L'antiphrase consiste à **dire le contraire** de ce que l'on pense, mais en faisant comprendre qu'on pense le contraire de ce que l'on dit.

Tu as l'honneur d'être esclave de nos seigneurs les blancs. ➤ *Voltaire, p. 94*

Voltaire dénonce ici l'esclavage en faisant surgir une absurdité (rapprochement des mots *esclave* et *honneur* ainsi que *seigneurs* et *blancs*)

Les figures lexicales : une figure d'amplification

12 L'exagération ou hyperbole

C'est une figure qui consiste à **exagérer** la réalité dans le but de frapper l'imagination.

Du milieu de ses magnifiques promenades, surgissent les plus nobles monuments que le génie humain ait enfantés. ➤ *Le Temps, p. 74*

Paris est ici mis en valeur pour mieux dénoncer la construction de la tour Eiffel.

Les tonalités

1 Définition

La tonalité (ou ton) du texte est choisie par l'énonciateur selon les **émotions** qu'il veut produire sur le destinataire (faire rire, émouvoir...). En voici quelques exemples.

2 La tonalité comique : le comique

Le comique est fréquent au **théâtre**.
– Procédés : jeux de mots, répétitions, absence de logique, gestes, quiproquos...
– Visée : faire rire et souvent critiquer.

> Et ça fait quatre tiers. ➤ *M. Pagnol, p. 104*

3 La tonalité comique : l'ironie

Pour faire surgir une absurdité, l'énonciateur, avec la complicité du lecteur, peut exprimer **le contraire** de ce qu'il pense, ou bien utiliser des procédés (périphrases, hyperboles...) visant à produire des effets de décalage.
– Procédés : antiphrase, hyperbole, atténuations, périphrases, associations insolites.
– Visée : critiquer, dénoncer, faire surgir une absurdité.

> On nous coupe la jambe [...]. C'est à ce prix que vous mangez du sucre en Europe.
> ➤ *Voltaire, p. 94*

Il y a un décalage entre le ton supposé neutre de ces propos et la réalité exprimée.

4 La tonalité comique : la parodie

La parodie est une **imitation** déformée et moqueuse d'une œuvre ou d'une situation.
– Procédés : imitation et détournement des procédés d'écriture de l'œuvre originale ou de la situation.
– Visée : faire rire, critiquer en se moquant.

> – C'est Colin, dit Isis. Colin, je vous présente Chloé.
> Colin avala sa salive. Sa bouche lui faisait comme du gratouillis de beignets brûlés.
> ➤ *B. Vian, p. 162*

B. Vian parodie la rencontre amoureuse.

5 La tonalité lyrique

L'énonciateur fait part de son **état d'âme**, de ses émotions et sentiments.
– Procédés : présence du *je*, champ lexical des sensations et sentiments (joie, peine, colère, regrets...), ponctuation expressive (exclamation, interrogation), jeux sur le rythme...
– Visée : faire partager une émotion, un sentiment.

> Que me font ces vallons, ces palais, ces chaumières... ➤ *A. de Lamartine, p. 188*

6 La tonalité pathétique

L'énonciateur évoque une situation de **souffrance insupportable** (guerre, mort...).
– Procédés : champs lexicaux de l'affectivité, métaphores et comparaisons (connotations de violence, souffrance...), exclamations, interjections...
– Visée : provoquer une émotion forte (larmes, terreur, pitié...).

> Dire qu'ils m'ont tué ce pauvre petit être !
> ➤ *V. Hugo, p. 199*

7 La tonalité polémique

L'énonciateur provoque un **débat d'idées** par des propos souvent violents et agressifs.
– Procédés : indices d'énonciation nombreux (niveau de langage, interjections, signes typographiques...), lexique dévalorisant, exagérations, oppositions...
– Visée : disqualifier l'adversaire, imposer son opinion.

> Elle a bonne mine l'aventure ! ➤ *P. Georges, p. 290*

8 La tonalité tragique

L'énonciateur évoque un être humain victime d'un **destin** qui le conduira inéluctablement à la souffrance et à la mort.
– Procédés : champ lexical de la mort, de la fatalité, de la passion, exclamations, interjections.
– Visée : susciter terreur et pitié.

> Elle aurait bien aimé vivre. Mais il n'y a rien à faire. ➤ *J. Anouilh, p. 218*

Rythme et sonorités

1 Définition

Les jeux de rythme et de sonorités sont des éléments essentiels du langage poétique mais ils peuvent être mis en œuvre dans tous les genres (roman, presse...) pour produire un effet.

2 Les différents mètres (genre poétique)

Dans un poème, le mètre se définit par le **nombre de syllabes** du vers. On distingue les vers réguliers (pairs ou impairs) et les vers libres aux mètres variables et souvent sans rimes. Les vers libres exploitent plutôt les effets rythmiques et sonores.

3 Le rythme

Le rythme est le retour à intervalles réguliers d'un temps fort (**syllabes accentuées**).

Le rythme en poésie

En poésie, le rythme repose sur la **longueur** du vers, sur la disposition des **rimes**, sur la place des **coupes** ou de la **césure**, sur les **enjambements** (qui rompent la régularité du vers).

– La **césure** est une pause forte qui divise le vers en deux groupes rythmiques.

> Les tilleuls sentent bon// dans les bons soirs de juin !] ➤*A. Rimbaud, p.186.*

– Les **coupes** sont des pauses secondaires dans le vers. Elles se placent immédiatement après une syllabe accentuée.

> Un seul ê/tre vous man//qu (e), et tout/est dépeuplé.] ➤*A. de Lamartine, p. 188.*

Le codage du vers est : 3/3//2/4 ; la césure est à l'hémistiche (après la sixième syllabe).

– L'**enjambement** consiste à faire se terminer au début du vers suivant la proposition commencée au vers précédent. La partie rejetée au deuxième vers s'appelle rejet.

> Et le char vaporeux de la reine des ombres
> Monte... ➤*A. de Lamartine, p. 188.*

L'effet produit est un allongement du vers et une mise en valeur du verbe *monte* qui évoque l'arrivée du crépuscule.

Le rythme dans les autres genres

Les jeux de rythme contribuent à produire différents effets.

> Ces dernières feuilles [...] se détachaient, tournoyaient, voltigeaient et tombaient.
> ➤*G. de Maupassant, p. 52.*

Le rythme créé par l'énumération des verbes suggère le mouvement des feuilles qui tombent.

> Jeunes comme les primevères, tristes comme la feuille séchée, purs comme la neige nouvelle, il y avait toute une harmonie entre nos récréations et nous. ➤*F.-R. de Chateaubriand, p. 128*

Le rythme ternaire (à trois temps) souligne l'harmonie entre la nature et les personnages.

4 Les sonorités

Les **répétitions** de sonorités produisent des effets de sens en créant des associations entre le sens des mots et leur forme sonore.

Les sonorités en poésie

Les sonorités en fin de vers (**rimes**) établissent des réseaux de signification entre les mots (*pleurs/fleurs*, S. Mallarmé, p. 184).

Les sonorités en poésie et dans les autres genres

On analyse les effets produits par les **allitérations** (répétitions de sons consonnes) et les **assonances** (répétitions de sons voyelles). On peut distinguer des consonnes sonores, plutôt dures (g, c, q, k, p, t), et les consonnes sourdes (f, v, s) ou liquides (l, m, n, r), plutôt douces, des voyelles plutôt claires (i, é, è) ou plutôt graves (ou, o, on, en...). Attention, les sonorités sont toujours à mettre en rapport avec le sens des mots.

> S'enivrait savamment du parfum de tristesse
> ➤*S. Mallarmé, p. 184*

> Sous cette pluie de fer
> De feu d'acier de sang
> ➤*J. Prévert, p. 204*

Les allitérations en **s** et **f** suggèrent tantôt la douceur (Mallarmé), tantôt la violence (Prévert).

FICHE 7

Grammaire de l'image

1 La composition

Le champ désigne l'espace donné à voir dans un cadre (écran, photographie). Le **contre-champ** (spécifique au cinéma) est l'espace diamétralement opposé au champ. Par exemple, lors d'un dialogue, la caméra passe d'un personnage (champ) à l'autre (contre-champ). Le **hors-champ** est l'espace ne figurant pas dans le cadre (mais que le spectateur peut imaginer).

La profondeur de champ (les différents plans) : les différents plans (premier plan, second plan, arrière-plan) créent des effets de profondeur et de perspective.

Le cadrage.

On distingue le plan d'ensemble (décor large, p. 272), le plan moyen (personnage en entier), le plan américain (personnage coupé au bassin, p. 292 en bas), le plan rapproché (ou plan poitrine, p. 292 en haut), le gros plan.

Les lignes de force.

Les lignes de force, obliques, horizontales, verticales guident la direction du regard et créent des effets : dans l'autoportrait de Poussin (p. 278), les lignes de force verticales et horizontales figurent une croix.

L'axe de prise de vue désigne le point d'où est vue la scène :

– en plongée : la scène ou le personnage est vu d'en haut ;
– en contre-plongée : la scène est vue d'en bas.

2 Les couleurs, l'éclairage

Les couleurs et l'éclairage participent à la création d'une atmosphère, à des effets de mise en valeur...

On détermine les **couleurs dominantes** (chaudes, froides), on analyse la **répartition** des couleurs (harmonies, contrastes).

On observe l'intensité de la **lumière**, les sources d'éclairage, on analyse les effets de clair-obscur ou de contraste (p. 276, dans le tableau de Goya : la lumière contribue à mettre en valeur le personnage).

Au cinéma, les effets d'**éclairage** (clair-obscur, contrastes...) participent à la mise en scène (effets de peur, effet intimiste...).

3 L'image mobile : un lexique spécifique

Les mouvements de caméra.

– **Zoom** avant, arrière : effet optique de rapprochement, d'éloignement par changement de focale (et non par déplacement de la caméra).
– **Travelling** : la caméra se déplace, sur des rails, selon un axe donné.
– **Panoramique** (ou pano) : la caméra pivote sur son axe (mouvement horizontal ou vertical) mais ne se déplace pas.

Le **scénario** est un document écrit développant une histoire en vue de sa réalisation cinématographique et comportant toutes les indications techniques (cadrage, mouvement de caméra...).

Le **synopsis** est un bref résumé de l'histoire (deux à trois pages) destiné au producteur.

Les **séquences**, les **scènes**, les **plans**. La séquence équivaut à un chapitre de roman. Elle se compose de plusieurs scènes (durée de la projection égale à la durée de la fiction), elles-mêmes découpées en plusieurs plans (suite d'images enregistrées en une même prise de vue). Un film se compte en nombre de plans qui sont numérotés sur un story-board ou scénarimage (voir p. 293, par exemple).

Le **son off** est le son provenant d'une source sonore non représentée à l'écran (voix, bruits...).

Un **photogramme** est une image extraite du film, reproduite sur papier (à distinguer de la photo de plateau prise pendant le tournage).

FICHE 8

Brève histoire littéraire

1 Le Moyen Âge : l'éclosion de la langue

Histoire

De la chute de l'Empire romain (476) à Charles VIII (roi de 1483 à 1498). Siècles marqués par la féodalité, les Croisades, la guerre de Cent ans, la naissance de l'imprimerie.

Littérature

– Poésie épique : chansons de geste (*La Chanson de Roland*, XIe siècle).

– Roman : Chrétien de Troyes (1135?-1190?), Marie de France (XIIe siècle).

– Poésie satirique : *Le Roman de Renart* (fin du XIIe-XIIIe siècles).

– Poésie lyrique : Rutebeuf (XIIIe siècle), Charles d'Orléans (1394-1465), F. Villon (1431-?).

– Théâtre : *La Farce de Maître Pathelin* (milieu du XVe siècle).

– Caractéristiques : le francien, dialecte de l'Île de France s'impose. Les chansons de geste exaltent les valeurs féodales, les troubadours chantent l'amour courtois, les jongleurs récitent des contes à rire, les fabliaux.

2 Le XVIe siècle : la Renaissance

Histoire

De Louis XII (roi de 1498 à 1515) à Henri IV (roi de 1589 à 1610).

Littérature

– Poésie : J. du Bellay, P. de Ronsard, L. Labé.

– Roman : F. Rabelais.

– Essai : Montaigne.

– Caractéristiques : la Renaissance est marquée par un retour à l'étude des œuvres de l'Antiquité gréco-latine. Elle célèbre les valeurs humanistes (à la gloire de la personne humaine). En poésie, le sonnet, importé d'Italie, s'impose.

3 Le XVIIe siècle : l'épanouissement du classicisme

Histoire

De Louis XIII (roi de 1610 à 1630) à Louis XIV (roi de 1643 à 1715).

Littérature

– Poésie : J. de La Fontaine (fabuliste).

– Roman : Madame de La Fayette.

– Théâtre : Corneille, J. Racine (tragédie), Molière (comédie).

– Genre épistolaire : Madame de Sévigné.

– Moraliste : La Bruyère.

– Caractéristiques : l'idéal classique est un idéal d'équilibre, d'ordre et de mesure. Le classicisme obéit à des règles strictes fondées sur la raison et le bon goût.

4 Le XVIIIe siècle : le siècle des Lumières

Histoire

De Louis XV (roi de 1715 à 1774) aux années révolutionnaires (1789-1800).

Littérature

- Littérature d'idées (s'exprimant sous forme de contes, de lettres, d'essais...) : Montesquieu, Voltaire, J.-J. Rousseau.

- Roman : L'Abbé Prévost, Bernardin de Saint Pierre.

- Théâtre : Marivaux, Beaumarchais (comédie)

- Caractéristiques : les écrivains, pour la plupart des philosophes, développent l'esprit critique. Ils luttent pour la liberté, la tolérance, la justice et la raison et dénoncent l'esclavage, le racisme, le fanatisme religieux...

5 Le XIXe siècle : Romantisme et Réalisme

Histoire

De Napoléon Bonaparte (empereur de 1804 à 1814) au milieu de la IIIe République, à la veille de la Première Guerre mondiale (1870-1914).

Littérature

– Autobiographie : Chateaubriand.

– Roman et nouvelles : Stendhal, H. de Balzac, A. Dumas père et fils, V. Hugo, P. Mérimée, G. Flaubert, J. Verne, J. Vallès, E. Zola, G. de Maupassant…

– Poésie : poésie romantique (A. de Lamartine, A. de Musset, V. Hugo…), parnassienne (Leconte de Lisle, J.M. de Heredia), symboliste (C. Baudelaire, S. Mallarmé, P. Verlaine, A. Rimbaud).

– Théâtre : V. Hugo, A. de Musset…

– Caractéristiques : le siècle est traversé par plusieurs courants : le Romantisme, qui se dégage des contraintes classiques et se tourne vers l'expression du « moi » ; le Parnasse, mouvement poétique en réaction contre les épanchements romantiques, qui prône une poésie descriptive extrêmement travaillée ; le Symbolisme, en réaction contre le Parnasse, qui suggère le réel au moyen de symboles ; enfin le Réalisme (Balzac, Flaubert, Maupassant) et le naturalisme (Zola) qui se fondent sur une représentation minutieuse de la réalité.

6 Le XXe siècle : nouveauté et tradition

Histoire

Du milieu de la IIIe République (depuis 1914) à la Ve République (depuis 1958). Deux guerres mondiales (1914-1918 et 1939-1945), décolonisation.

Littérature

– Roman : Alain-Fournier, A. Gide, M. Proust, L.-F. Céline, A. Malraux, J.-P. Sartre, S. de Beauvoir, A. Camus, M. Duras, A. Robbe-Grillet…

– Poésie : G. Apollinaire, P. Éluard, L. Aragon, R. Desnos, J. Prévert, R. Char…

– Théâtre : J. Giraudoux, J. Cocteau, J. Anouilh, E. Ionesco, J.-P. Sartre, A. Camus, M. Pagnol…

– Caractéristiques : siècle de contradictions où l'homme ressent avec angoisse le malaise de sa condition (sentiment que l'existence est absurde). Le siècle est marqué par le Surréalisme (l'art et l'écriture se libèrent de toutes les contraintes imposées par le goût et la raison), et l'engagement des artistes et écrivains (prise de position politique ou idéologique).

Lire et analyser un extrait de roman

Je me pose les questions suivantes	J'utilise les outils d'analyse suivants
1. Le narrateur	
– Qui raconte (personnage de l'histoire ou non ?) ?	– Pronoms personnels.
– Quel est le point de vue adopté par le narrateur ? – Y a-t-il variation de point de vue ?	– Indications spatio-temporelles, verbes de perception et leur sujet.
2. L'ordre et le rythme de la narration	
– Quels sont les événements racontés (l'histoire) ?	– Schéma narratif.
– Selon quel ordre et quel rythme ?	– Indications temporelles, présence de scènes, sommaires, ellipses, retours en arrière.
– Quelle est la progression ?	– Comparaison du début et de la fin.
– Y a-t-il une pause descriptive ? Si oui : Qui voit ? Qu'est-ce qui est vu ? Quelle est la fonction de cette description ?	– Verbes de perception, champs lexicaux, figures de style.
– Y a-t-il des paroles rapportées ? Si oui : Sous quelle forme ? Quelle est leur fonction ?	– Caractéristiques des discours direct, indirect, indirect libre, narrativisé ➤ leçon, p. 54.
3. Les personnages	
– Sont-ils désignés ? Caractérisés ?	– Substituts nominaux, grammaticaux, expansions du nom, comparaisons, métaphores…
– Quelles sont leurs relations ?	– Champs lexicaux, dialogues.
– Qui est en quête de quelque chose ? – Qui fait obstacle, qui aide ?	– Schéma actantiel ➤ leçon, p. 249.
4 Pour l'ensemble de l'extrait	
– Quelle est la fonction de cet extrait ?	
– Quelle en est la tonalité ?	– ➤ fiche 5, p. 303.
– Quelles hypothèses peut-on émettre pour la suite ?	

Lire et analyser un extrait de théâtre

Je me pose les questions suivantes	J'utilise les outils d'analyse suivants
1. La situation du texte	
– Quelle est la part des répliques, des tirades, des didascalies, en vers ou en prose ?	– Mise en espace, nom des personnages en scène.
– À qui s'adressent les personnages ?	– Échange ou monologue…
– À quel moment de la pièce l'extrait se situe-t-il ?	– Indication d'acte, de scène.
2. Les personnages	
S'il s'agit d'un dialogue :	
– Quelle est la situation d'énonciation ? Qui parle le plus ?	– Pronoms personnels, longueur et enchaînement des répliques.
– Quel est leur rang social ou leur lien familial ? Quelles relations entretiennent-ils ?	– Lexique affectif, types de phrases.

– De quoi sont-ils en quête ? S'il s'agit d'un monologue : – S'agit-il d'un récit pour informer ou de l'expression d'un état d'âme (conflit intérieur) ?	– Schéma actantiel ➤ leçon p. 249. – Indications spatio-temporelles, champ lexical affectif, figures de style, rythme et sonorités, types de phrases.
3. La progression de la scène – Le personnage dominant reste-t-il maître de la situation ? – Un des personnages a-t-il été convaincu par un autre ?	– Évolution de la longueur des répliques, lexique, didascalies. – Arguments, types de phrases, lexique liés à l'émotion, au conflit.
4. Pour l'ensemble de la scène – Quelle est la tonalité de la scène ? Sa visée ? – Quelles hypothèses peut-on émettre pour la suite ?	– ➤ fiche 5, p. 303.

Lire et analyser un poème

Je me pose les questions suivantes	J'utilise les outils d'analyse suivants
1. La mise en page	– Nombre de strophes, mètres utilisés, rimes.
2. L'énonciation – Le poète est-il un personnage ? – À qui le poème est-il adressé ? Quand ? Où ? – Y a-t-il adresse au destinataire ? – Quel en est le sujet ? – Y a-t-il un titre ? Qu'évoque-t-il ? – Le poème comporte-t-il une ponctuation ?	 – Pronoms personnels. – Dédicace, paratexte, niveau de langage. – Pronoms personnels, apostrophes. – Thème.
3. La structure du poème – Y a-t-il une figure de style qui structure le poème ? – Le poème raconte-t-il ? décrit-il ?	 – Anaphore, parallélisme, antithèse… – Caractéristiques des formes de discours narratif ou descriptif.
4. Le langage poétique – Quels sont les champs lexicaux en présence ? Sont-ils en opposition ? en association ? – Y a-t-il des images ? Quel est l'effet produit ? – Y a-t-il des effets de rythme ? – Y a-t-il des effets de sonorités ? – Y a-t-il des effets de syntaxe ?	 – Lexique (sens propre, figuré, connotations…). – Métaphores, comparaisons, personnifications… – Étude du rythme (régulier ou enjambements, rejets…). – Étude du rapport entre sens des mots et sons : assonances et allitérations, rimes. – Construction des phrases, types de phrases.
5. Lecture finale – Quelle est la visée du poème ?	

Pour vous exercer, faites une lecture méthodique des extraits suivants : un extrait au choix des débuts de romans proposés pages 140 à 143 ; un extrait du groupement de textes de théâtre proposés pages 252 à 261 ; le poème de Ronsard proposé page 68.

Rédiger une réponse

1 Donner le sens d'un mot

Le sens d'un mot doit toujours être donné dans son contexte (de nombreux mots étant polysémiques), soit à l'aide d'un synonyme, soit à l'aide d'une phrase.

Consigne : Quel est le sens du mot *gorge* dans : *Cette gorge profonde aux nonchalants détours* (Musset, p. 190) ?

Réponse : Si on dispose d'un dictionnaire (*Robert des collèges*, par exemple), on saura que ce mot doit être compris dans le sens de : vallée étroite et encaissée. Le contexte (description de la nature) ne permet pas d'autre sens possible. Si on ne dispose pas d'un dictionnaire (pendant un examen par exemple), il faut s'aider du contexte : le champ lexical dominant (la nature) et la caractérisation du mot (*profonde*).

2 Relever et analyser un champ lexical

Quand on vous demande de relever et d'analyser un champ lexical, vous devez :

– faire le relevé,

– le présenter en une phrase,

– mettre les mots entre guillemets.

Pour analyser le relevé, il faut dire en quoi le lexique contribue à construire le sens du texte (mise en valeur d'un thème essentiel ou d'une idée dominante).

Consigne : Relevez et analysez le champ lexical dominant dans le texte d'É. Zola, *Le Rêve* (p. 142).

Réponse : Dans le texte d'É. Zola, *Le Rêve*, le champ lexical dominant est celui du froid. Il est constitué des mots et expressions suivants : *rude hiver, gela, de grandes neiges, une bourrasque, ensevelit, la neige, la chute lente et entêtée des flocons, grelotter, le froid, une rafale, la neige* [relevé]. Il permet de mettre en valeur l'hostilité des éléments naturels et doit être mis en relation avec la présentation du personnage : la fillette de neuf ans [analyse et effet produit].

3 Justifier une réponse

Toute affirmation ou hypothèse de votre part, à propos d'un texte, doit être validée par le relevé d'indices textuels précis (termes, champ lexical, figures de style...). Ce relevé sert de preuve à votre affirmation.

Consigne : Quel est le statut du narrateur dans le texte de Boris Vian (p. 162-163) ? Justifiez votre réponse.

Réponse : Le narrateur n'est pas un personnage de l'histoire [affirmation]. En effet, la narration n'est pas effectuée à la première, mais à la troisième personne : *Il tira de sa poche...* (l. 10) [justification].

4 Analyser une figure de style et déterminer l'effet produit

– Tout relevé, toute analyse d'une figure de style ne sont jamais gratuits.

– Analyser une figure de style, c'est comprendre comment les mots sont associés ou opposés ou mis en valeur (effet produit) et indiquer en quoi cette figure de style éclaire le sens.

– Déterminer l'effet produit, c'est préciser les effets de sens qui construisent la signification du texte.

Consigne : Analysez la figure de style dans : *Le sang lui monta au visage, et ses yeux brillèrent comme ceux d'un chat sauvage* (Balzac, p. 166). Quel est l'effet produit ?

Réponse : La figure de style utilisée est une comparaison. Les yeux de Vautrin (élément comparé) sont mis en relation avec ceux d'un chat sauvage (élément comparant), à l'aide de l'outil de comparaison *comme*. L'élément commun est la sauvagerie [analyse]. Vautrin apparaît comme une bête sauvage effrayante, comme le confirme le champ lexical utilisé dans les phrases qui suivent : *Il bondit ; Il rugit ; À ce geste de lion...* (l. 50 à 53) [effet produit].

– N'oubliez pas : lorsque vous citez le texte, la citation doit être retranscrite exactement, elle doit être mise entre guillemets et introduite par une phrase. Il ne faut jamais répondre à une question par une citation seule, non accompagnée de commentaire. Lorsque vous citez une œuvre, vous devez souligner son titre.

Index des notions

86 mots à connaître

A

Abstrait (vocabulaire) : qui fait référence à une réalité non matérielle. **Ex :** la peur, la liberté.

Accumulation : longue série de termes de même nature grammaticale qui contribue à créer un effet. **Ex :** *Les amaryllis, le nénuphar, les lys d'eau, les joncs, les phlox décorent les rives* (Balzac). Cette accumulation crée un effet de profusion.

Allitération : répétition de plusieurs consonnes identiques contribuant à produire un effet.
Ex : *Tout en faisant trotter ses petites bottines* (Rimbaud).

Allégorie : figure consistant à personnifier une idée ou une abstraction.
Ex : la Justice représentée par une balance.

Anachronisme : décalage chronologique qui consiste à situer à une époque ce qui appartient à une autre.
Ex : dans *Antigone* d'Anouilh, l'évocation des voitures et des bars (voir p. 233), relève de l'anachronisme.

Anaphore : répétition d'un même mot ou d'une même construction au début de vers, de phrases ou de membres de phrases.
Ex : *Je t'aime pour.../ Je t'aime pour...* (Éluard).

Analogie : relation de ressemblance établie entre des réalités de nature différente. Le raisonnement par analogie consiste à tirer une conclusion de deux situations mises en parallèles.
Ex : La Bruyère transposant dans le monde animal la folie guerrière des hommes.

Antithèse : figure consistant à opposer deux mots, deux expressions ou deux notions tout à fait contraires : la vie et la mort, l'ombre et la lumière...

Aparté : dans une pièce de théâtre, énoncé qu'un personnage s'adresse à lui-même à l'insu des autres personnages, et que seul le public est censé entendre (double énonciation propre au théâtre ➤ **Énonciation**).

Argument : fait, idée, preuve que l'on utilise pour défendre une thèse ou pour réfuter une thèse adverse.

Assonance : répétition d'un son voyelle dans une suite de mots rapprochés.
Ex : *Épanouie ravie ruisselante/Sous la pluie* (Prévert)

Auteur : celui qui produit un texte ou une image.

Autobiographie : récit qu'un auteur fait de sa propre vie.

C

Cadrage : détermine dans une image la place qu'occupent respectivement les personnages et le décor. On distingue le plan d'ensemble, le plan moyen, le gros plan...

Caricature : exagération de certains détails visant à souligner le ridicule d'un être, d'une situation.... La caricature s'exprime aussi par le dessin.

Césure : coupe marquée qui sépare les syllabes d'un vers en deux blocs appelés hémistiches. Dans l'alexandrin, la césure est après la sixième syllabe.
Ex : *Au nom de votre fils//, cessons de nous haïr* (Racine, *Andromaque*, v. 956).

Champ/hors-champ/contre-champ : Le champ est l'espace délimité par l'objectif lors de la prise de vue et donné à voir sur l'écran ou la photographie. Le hors-champ comprend tout ce qui est en dehors du cadre. Le contre-champ est l'espace opposé au champ.

Champ lexical : ensemble de mots ou expressions se rapportant à un même thème ou à une même notion.
Ex : le champ lexical de la guerre : canon, arme, cruel, tuerie, massacre...

Comédie, comique : pièce de théâtre dont le dénouement est heureux et qui cherche à faire rire. On distingue le comique de gestes (grimaces, poursuites...), le comique de mots (jeux de mots, injures, répétitions), le comique de situation (quiproquos...), le comique de caractère (manies, comportement comique d'un personnage).

Comparaison : la comparaison met en relation deux éléments, le comparé (élément que l'on compare) et le comparant (élément auquel on compare), pour en souligner le point commun. La comparaison est introduite par un outil de comparaison (*comme, tel que, pareil à, ressembler à...*).
Ex : *Elle a passé la jeune fille/*
Vive et preste comme un oiseau (Nerval).

Concession : stratégie argumentative par laquelle l'argumentateur accepte certains points de la thèse de l'adversaire pour mieux la contredire sur l'essentiel. La concession est marquée par les connecteurs *il est vrai* (*sans doute, bien sûr...*), *mais* ou par les expressions *je te concède que..., mais il n'en reste pas moins que...*

Concret (mot) : qui désigne un être ou une chose.

Connecteur : mot ou locution de liaison qui organise le texte. Il existe des connecteurs logiques marquant une étape dans le raisonnement (*car, donc*...), des connecteurs chronologiques (*d'abord, puis*...), des connecteurs spatiaux (*ici, là*...).

Connotation : différents effets de sens que peut prendre un mot en fonction du contexte, de la subjectivité de l'énonciateur et du destinataire, des données culturelles : l'hiver peut connoter le froid, la mort, mais tout aussi bien la joie de la neige.

Contexte : ensemble du texte qui entoure un mot et dont dépend sa signification.

Coupe (du vers) : dans un vers, pause secondaire marquée par un léger silence après une syllabe accentuée.

D

Déictiques : mots qui ne se comprennent que si l'on connaît la situation dans laquelle ils ont été prononcés (certains pronoms personnels : *je, nous, tu, vous* ; certains adverbes de temps et de lieu : *ici, maintenant, hier*...)

Dénotation : sens d'un mot, tel qu'il apparaît dans le dictionnaire, sans prise en compte des images ou des symboles qu'il peut évoquer. S'oppose à connotation ➤ **Connotation.**

Didascalies : au théâtre, indications scéniques destinées à éclairer le jeu des acteurs et la mise en scène.

Diérèse : prononciation de deux voyelles en deux syllabes.
Ex : li/on.

Discours : 1) Mise en pratique du langage, dans une situation donnée, à l'écrit comme à l'oral (analyser les discours, c'est prendre en compte le fait que tout énoncé est produit par un énonciateur pour un destinataire avec une intention particulière). Le discours narratif rapporte des événements et les situe dans le temps ; le discours descriptif caractérise un être, une chose, un lieu..., le discours explicatif fait comprendre un processus ou un phénomène physique, psychologique, le discours argumentatif cherche à convaincre.
2) Allocution tenue en public. **Ex :** le discours d'Étienne dans *Germinal.*
3) Le discours (ou style) direct, indirect, indirect libre : paroles rapportées.

E

Ellipse : dans un récit ou un film, omission volontaire d'un fragment de l'histoire.
Ex : Trois ans après...

Enjambement : procédé qui consiste à faire se terminer au début du vers suivant la proposition commencée au vers précédent. La partie rejetée au deuxième vers s'appelle rejet.
Ex : *La nuit était lugubre ; on entendait des coups*
De fusil dans la rue où on en tuait d'autres
(Hugo ; *de fusil* est mis en rejet).

Énoncé, énonciateur : message, écrit ou oral, qu'un énonciateur (ou émetteur) adresse à un destinataire.

Énonciation : production d'un énoncé. La situation d'énonciation est la situation dans laquelle est produit un énoncé (qui parle ? à qui ? où ? quand ?).
Double énonciation : désigne le mode de communication spécifique au théâtre : chaque personnage, en même temps qu'il s'adresse à un ou à d'autres personnages, s'adresse aussi au public.
Indices d'énonciation : marques de la présence de l'énonciateur inscrites dans un texte (pronoms personnels, interventions de l'énonciateur, expression d'un jugement, d'une certitude).

Essai : ouvrage de réflexion en prose qui propose sur un sujet donné une étude et une analyse débouchant sur une thèse.

F

Fantastique : intrusion brutale d'éléments surnaturels dans la cadre de la vie réelle.

Fiction : domaine de l'imaginaire (roman, théâtre, conte...). Les textes ou films de fiction s'opposent aux textes qui rapportent des faits réels (article de presse, textes scientifiques...) ou aux films documentaires. Le mot *fiction* s'emploie aussi comme équivalent du mot *histoire* (par opposition à *récit*).

Figuratif (art) : art qui s'attache à la représentation de l'objet, par opposition à l'art abstrait.

Figure de style ou de rhétorique : procédé d'expression particulier visant à produire un certain effet.

G

Genre littéraire : Chaque genre est régi par des codes spécifiques : le roman, le théâtre, la poésie, l'autobiographie, la lettre, la fable...

Gradation : figure de style qui consiste à juxtaposer une série de termes ordonnés selon une progression (taille, intensité...).
Ex : *Va, cours, vole et nous venge !* (Corneille, *Le Cid*).

H

Hémistiche : moitié d'un vers marquée par la césure.

Histoire (ou fiction) : contenu du récit. Les principaux éléments qui constituent l'histoire sont les événements, les personnages, le temps, les lieux.

Hors-texte (ou paratexte) : désigne tout texte qui accompagne le texte principal (introduction, notes...).

Hyperbole : figure qui consiste à exagérer la réalité pour frapper l'imagination.
Ex : *Du milieu de ses magnifiques promenades, surgissent les plus nobles monuments que le génie humain ait enfantés* (évocation de Paris dans un manifeste contre la tour Eiffel).

I

Implicite : est implicite tout ce qui n'est pas clairement exprimé mais qui est sous-entendu (c'est le contraire d'explicite).
Ex : Il fait froid (sous-entendu : Fermez la fenêtre).

Incipit : premières lignes ou première page d'un roman.

Ironie : consiste à dire quelque chose en montrant bien qu'on pense le contraire (*Vous avez fait un beau travail !*) ou bien à utiliser des procédés qui créent un effet de décalage.

L

Lyrisme, lyrique : expression d'émotions et de sentiments personnels. Le lyrisme s'épanouit avec le mouvement romantique au XIXe siècle. Les grands thèmes lyriques sont l'amour, la mort, la fuite du temps…

M

Mélioratif : qui donne, par divers procédés, une vision valorisante de quelqu'un ou de quelque chose.

Mémoires (au pluriel) **:** récit d'événements historiques dont l'auteur a été témoin ou auxquels il a participé. Les Mémoires se confondent souvent avec l'histoire d'un destin (les *Mémoires d'outre-tombe* de Chateaubriand).

Métaphore : la métaphore met en relation deux éléments, le comparé et le comparant, sans outil de comparaison.
Ex : des flocons (comparé) d'écume (comparant).
Une métaphore est filée quand elle se prolonge sur plusieurs lignes.
Ex : *La maigreur grelottante des peupliers presque nus ; [le] bosquet* […] *lamentable comme la chambre d'un mourant ; le murmure des feuilles* […] *semblait un douloureux soupir d'agonie* (Maupassant).

Métonymie : figure qui consiste à remplacer un terme par un autre, lié au premier par un rapport logique (le contenu pour le contenant, la partie pour le tout…).
Ex : *Paris a froid Paris a faim* (Éluard ; *Paris* mis pour ses habitants).

Mètre : mesure d'un vers déterminée par son nombre de syllabes (alexandrins, décasyllabes…).

Modalisation : ensemble de procédés par lesquels un énonciateur nuance, atténue, affirme sa position. La modalisation peut s'effectuer par l'emploi de modalisateurs (adverbes : *bien sûr, peut-être…* ; modes verbaux : conditionnel ; verbes : *sembler, paraître…* ; adjectifs : *certain, probable…*) ou par l'emploi d'un lexique valorisant ou dévalorisant.
Ex : Bien sûr, elle n'est pas venue (*bien sûr*, modalisateur de certitude)./Cette personne est sympathique (lexique valorisant).

Mythe : récit légendaire transmis d'âge en âge qui peut traduire des croyances, des aspirations, des angoisses.
Ex : le mythe d'Œdipe.

N

Narrateur : celui qui prend en charge la narration, qui raconte l'histoire.

Nouvelle : récit bref mettant en scène un petit nombre de personnages et dont l'action se concentre autour d'un événement.

P

Parallélisme : répétition d'une même structure de phrase.
Ex : *Je t'aime pour toutes les femmes que je n'ai pas connues]*
Je t'aime pour tous les temps où je n'ai pas vécu (Éluard).

Parodie : imitation bouffonne d'une œuvre sérieuse.
Ex : *Un seul être vous manque et tout est repeuplé*, de Giraudoux, est une parodie du vers de Lamartine : *Un seul être vous manque et tout est dépeuplé.*

Pathétique (tonalité) : évocation d'une situation de souffrance insupportable (la guerre et ses massacres, par exemple).

Péjoratif : qui donne, par différents procédés, une vision dévalorisante de quelqu'un ou quelque chose.

Péripéties : suite d'actions qui s'enchaînent.

Périphrase : figure qui consiste à remplacer un terme par une expression de même sens.
Ex : *Il s'agit* […] *de quelque tas de boue grand comme votre talon* (Voltaire). La périphrase *quelque tas de boue* désigne le pays objet du conflit (périphrase ici au service de l'ironie).

Personnage : être de fiction (personnage de roman, de théâtre, de bande dessinée…).

Personnification : figure de style qui consiste à attribuer des sentiments ou des comportements humains à un être non animé ou à une chose : les animaux des fables sont personnifiés.

Plan : unité minimale du film.

Plan moyen/américain/rapproché : cadre les personnages en pied/jusqu'à mi-cuisses/en buste.

Point de vue : dans le discours descriptif, angle de vue (qui voit et d'où ?). Dans le discours narratif, angle selon lequel les événements sont racontés (on distingue le point de vue omniscient, interne, externe).

Polémique (du grec *polémos*, la guerre) **:** violent débat d'idées.
Ex : Ce film a provoqué une véritable polémique.

Progression thématique : ordre dans lequel s'enchaînent les phrases ou les propositions (les thèmes et les propos).

Propos : ce qui est dit du thème.

R

Rejet ➤ **Enjambement.**

Rythme : retour à intervalles réguliers de syllabes accentuées.
Ex : *J'irai par la forêt, j'irai par la montagne* (Hugo).

S

Satire : critique moqueuse de certains défauts, de certaines mœurs.

Scène : 1) Au théâtre : division d'un acte ou espace de la représentation scénique.
2) Dans une narration : se dit quand la durée de la narration (en lignes) tend à se rapprocher de la durée de la fiction (par exemple les dialogues).

Sensation : impression perçue par les sens (sensations visuelles, auditives, olfactives, gustatives, tactiles).

Sentiment : état affectif, ce que l'on éprouve en soi.

Sommaire : dans une narration, on parle de sommaire quand des événements qui se sont déroulés sur une période assez longue sont résumés en quelques lignes.

Sonnet : poème à forme fixe en alexandrins, composé de deux quatrains (strophe de quatre vers) et de deux tercets (strophe de trois vers). Les rimes sont disposées selon le schéma *abba*, *abba*, *ccd*, *ede* ou *eed*. Le dernier vers ou vers de chute se veut particulièrement frappant.

Syllogisme : raisonnement logique en trois parties : une règle générale, un cas particulier et une conclusion.
Ex : Tous les hommes sont mortels/Or, Socrate est un homme/Donc, Socrate est mortel.

Symbole : figure qui utilise un objet concret pour désigner une idée abstraite.
Ex : la neige, symbole de pureté.

T

Thème : ce dont on parle.

Tragédie : pièce de théâtre qui met en scène des personnages en proie à des conflits violents. La tragédie suscite chez le spectateur la terreur et la pitié. Elle s'achève par la mort d'un ou de plusieurs personnages. *Andromaque* (Racine), *Antigone* (Anouilh) sont des tragédies.

V

Vers libres : vers aux mètres variables et souvent sans rimes ; ils jouent sur les effets de rythme et de sonorités.

Visée : intention particulière de l'énonciateur (faire rire, émouvoir, convaincre…).

Index des auteurs

Les numéros entre parenthèses renvoient aux pages du manuel.

M

N

P

R

S

T

V

W

Y

Z

Pour le plaisir de lire…
Quelques suggestions de lectures

Il y a des livres […] qui ne valent pas quatre sous,
D'autres qui valent des prix considérables,

Il y en a qui parlent de rois et de reines
Et d'autres, de très pauvres gens.

Il y en a dont les paroles sont plus douces
Que le bruit des feuilles à midi.

A. Gide, *Les Nourritures terrestres*, Éd. Gallimard.

Les classiques français des XIXe et XXe siècles

– Alain-Fournier, *Le Grand Meaulnes* (1913)
– Honoré de Balzac, *Le Colonel Chabert* (1835)
– Hervé Bazin, *Vipère au poing* (1948)
– Alexandre Dumas, *Le Comte de Monte-Cristo* (1844)
– Gustave Flaubert, *Trois contes* (1877)
– Victor Hugo, *Le Dernier jour d'un condamné* (1829), *Claude Gueux* (1834)
– Roger Martin du Gard, *Les Thibault* (1922-1940)
– Guy de Maupassant, *Une Vie* (1883), *Bel-Ami* (1885), *Contes de la Bécasse* (1883), *Pierre et Jean* (1888)
– Raymond Radiguet, *Le Diable au corps* (1923)
– Nathalie Sarraute, *Enfance* (1983)
– Stendhal, *Vanina Vanini* (1829)
– Jules Vallès, *L'Enfant* (1879)
– Vercors, *Le Silence de la mer* (1942)
– Boris Vian, *L'Écume des jours* (1947)
– Émile Zola, *Germinal* (1885), *Au Bonheur des Dames* (1883), *L'Assommoir* (1877).

Les classiques étrangers

– Emily Brontë, *Les Hauts de Hurlevent* (1847, traduit de l'anglais)
– Charlotte Brontë, *Jane Eyre* (1847, traduit de l'anglais)
– Italo Calvino, *Le Baron perché* (1957, traduit de l'italien)
– Fédor Dostoïevski, *Le Joueur* (1866, traduit du russe)
– Aldous Huxley, *Le Meilleur des mondes* (1932, traduit de l'anglais)
– George Orwell, *1984* (1949, traduit de l'anglais)
– Erich Maria Remarque, *À l'Ouest, rien de nouveau* (1929, traduit de l'allemand)
– John Steinbeck, *Les Raisins de la colère* (1939, traduit de l'américain), *Des souris et des hommes* (1937, traduit de l'américain)
– Ivan Tourgueniev, *Premier amour* (1860, traduit du russe)
– Richard Wright, *Black Boy* (1945, traduit de l'américain)

La littérature de jeunesse

■ *Les intimistes (amour, passion…)*

– Agnès Desarthe, *Je ne t'aime pas, Paulus* (Julie se trouve laide, elle ne peut pas croire que Paulus soit amoureux d'elle)
Bette Green, *L'Été de mon soldat allemand* (une jeune fille juive tombe amoureuse d'un soldat allemand)
– Susie Morgenstein, *La Première fois que j'ai eu seize ans* (pourquoi la beauté n'est-elle pas donnée à tout le monde?)
– Francine Pascal, *Mon premier amour et autres désastres* (Victoria fait tout pour que Jim s'intéresse à elle)

■ *Les problèmes de société*

– Azouz Begag, *Quand on est mort, c'est pour toute la vie* (un adolescent retourne en Algérie après le meurtre de son frère)
– André Brink, *Une saison blanche et sèche* (l'apartheid en Afrique du Sud)
– Robert Cormier, *La Guerre des chocolats* (dans une école américaine, un élève face à une bande organisée)
– Claude Gutman, *La Maison vide* (l'histoire d'un jeune juif de quinze ans pendant la Seconde Guerre mondiale)
– Christophe Honoré, *Tout contre Léo* (un petit garçon découvre que son frère a le sida)
– Henri Troyat, *Aliocha* (fils d'émigrés russes, Aliocha, élève de troisième, rêve d'être français)

■ ***Romans et récits historiques***

– Sébastien Japrisot, *Un long dimanche de fiançailles* (en 1918, Mathilde, une jeune française, cherche à découvrir ce qui est arrivé à son fiancé disparu au front)
– Joseph Kessel, *Une balle perdue* (en 1934, en Espagne, un jeune garçon meurt d'une balle perdue lors de la révolte des Catalans)
– Michaël Morpurgo, *Cheval de guerre* (été 1914 ; le cheval du jeune Albert est vendu aux soldats anglais et vivra avec eux dans l'enfer des champs de bataille)
– Anne-Marie Pol, *Promenade par temps de guerre* (octobre 1918; Victor, 14 ans, s'échappe de l'orphelinat lors d'un bombardement et part à la recherche de son père, certain qu'il n'est pas mort)

■ ***Policiers***

– Marie-Aude Murail, *L'Assassin est au collège*; *Tête à rap*
– Gaston Leroux, *Le Mystère de la chambre jaune*
– Pierre Véry, *Les Disparus de Saint-Agil* (voir p. 65)

■ ***Science-fiction***

– René Barjavel, *Ravage* (dans un monde futur, une gigantesque panne d'électricité paralyse Paris)
– John Buchan, *Les 39 marches*
– Christian Lehmann, *No pasaran, le jeu* (trois adolescents se retrouvent acteurs d'un jeu vidéo dans lequel ils sont malgré eux entraînés)
– Stefan Wul, *Niourk* (après une guerre atomique, un enfant noir rejeté par sa tribu gagne la ville de Niourk, autrefois New-York)

■ ***Autobiographies***

– Jeanne Bénameur, *Ça t'apprendra à vivre* (voir p. 115)
– Susie Morgenstein, *Premier Amour dernier amour* (le coup de foudre de l'auteur pour le jeune homme qui est devenu son mari).
– Jean-Claude Moscovici, *Voyage à Pitchipoï* (la survie d'un petit garçon et de sa sœur au camp de Drancy)
– Daniel Picouly, *Le Champ de personne* (en banlieue parisienne, le quotidien du « Mohican », onzième enfant d'une famille de treize)

Tableau chronologique

Recopiez le modèle suivant pour chaque siècle et complétez-le en plaçant les auteurs découverts au fil des textes et des exercices du manuel.

XIXe siècle

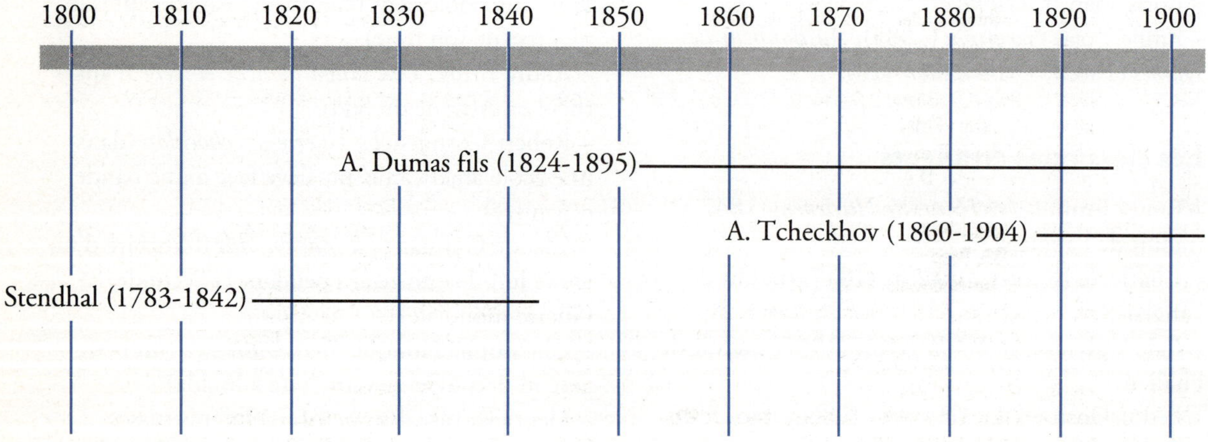

TABLE D'ILLUSTRATIONS

15	ph ©	RMN © Adagp , Paris 1999
19	ph ©	P. Bernard /RMN © Adagp, Paris 1999
20	ph ©	Hans Hinz /Artothek © Adagp, Paris, 1999
22	ph ©	Giraudon
25	ph ©	Tullio Pericoli , Milan
27	ph ©	Kobal / PPCM
29	ph ©	H. Lewandowski / RMN
30	ph ©	Morain / Galerie Claude Bernard © Adagp, Paris, 1999
33	ph ©	Jean Schormans / RMN
35	ph ©	Cliché photothèque des collections du MNAM /CCI , Centre Georges Pompidou, Paris © Adagp, Paris, 1999
37	ph ©	ADAGP, Paris 1999
41	ph ©	J. Blauel / Artothek © Adagp, Paris, 1999
42	ph ©	H. Lewandowski/ RMN
47	ph ©	Giraudon © Adagp, Paris, 1999
50	ph ©	Photothèque des Musées de la ville de Paris
52	ph ©	RMN
59	ph ©	Hervé Lewandowski / RMN
61	ph ©	Archives Hatier
63	ph ©	Daniel Arnaudet /RMN
68	ph ©	BNF, Paris
69	ph ©	IBM
71	ph ©	Pierrain /Photothèque des Musées de la Ville de Paris
74	ph ©	Arnaudet / RMN
76	ph ©	Eric Soder / Jacana
78	ph ©	Gérard Blot / RMN © Adagp, Paris, 1999
81	ph ©	Scala
83	©	Siné
85	ph ©	Giraudon
88	ph ©	Arnaudet / Blot / RMN
95	ph ©	J.-L. Charmet
96	ph ©	J. Schormans / RMN
98	ph ©	Gérard Blot / RMN
100	©	Truong
103	ph ©	R.G. Ojeda /RMN
107	ph ©	AKG, Paris © Adagp, Paris, 1999
108	ph ©	Edimedia © Adagp, Paris, 1999
111	ph ©	R.G. Ojeda /RMN
113	ph ©	Giraudon D.R.
115, 118	ph ©	Archives Hatier © Adagp, Paris, 1999
122	ph ©	Collection Nathalie Sarraute
125	ph ©	Michèle Bellot /RMN
126	ph ©	Robert Doisneau / Rapho
129	ph ©	C. Jean /RMN
131	ph ©	Gilberte Brassaï
133	ph ©	Edimédia. D.R.
141	ph ©	Hervé Lewandowski/RMN
142	ph ©	Michèle Bellot /RMN
143	ph ©	AKG, Paris
145	ph ©	H. Lewandowski/RMN
146	ph ©	Cordon Art B.V. Baarn. Holland 1999 All rights reserved
149	ph ©	H. Lewandowski/ RMN
150	ph ©	C. Jean /RMN
153	ph ©	Gérard Blot /RMN © Adagp, Paris, 1999
157	ph ©	RMN © Adagp, Paris, 1999
159	ph ©	R.G. Ojeda/RMN
161	ph ©	J. Schormans /RMN © Adagp, Paris, 1999
162	ph ©	Giraudon © Adagp, Paris, 1999
164	ph ©	Paul Almasy / AKG, Paris
166	ph ©	Collection Viollet
167	ph ©	J.-L. Charmet
169	ph ©	Gérard Blot /RMN
170	ph ©	BNF, Paris
172	©	Gallimard , fonds Futuropolis
175	ph ©	Lauros Giraudon © Adagp, Paris 1999
181	ph ©	Giraudon © Adagp, Paris, 1999
182	ph ©	C. Jean /RMN
184	ph ©	H. Lewandowski/RMN © DR
186	ph ©	Collection Kröller-Muller Museum, Otterlo
189	ph ©	Gérard Blot / RMN
191	ph ©	RMN © Succession Picasso
192	ph ©	Adagp, Paris, 1999
195	ph ©	Archives Hatier © Adagp, Paris, 1999
196	ph ©	G. Bellot /RMN © Succession Picasso
199	ph ©	Roger-Viollet © Adagp, Paris 1999
200	ph ©	Bulloz
202	ph ©	Mme Hélion © Adagp, Paris, 1999
205	ph ©	Collection Musée Boijmans- Van Beuningen © Adagp, Paris, 1999
206	ph ©	R.G. Ojeda / RMN © Succession Picasso
209	ph ©	The Museum of Modern Art, New York. D.R.
210	ph ©	Labat /CFAO/RMN
217	ph ©	Archives Hatier © D.R.
219, 220	ph ©	Agence de presse Bernand
223	ph ©	C.E. Bidard /Specto
224, 226	ph ©	Agence de Presse Bernand
228	ph ©	Philippe Coqueux /Specto
231	ph ©	Agence de presse Bernand
235	ph ©	Nicolas Treatt
236	ph ©	C.E. Bidard / Specto
238, 241	ph ©	Philippe Coqueux / Specto
244	ph ©	Agence de Presse Bernand
247	ph ©	Nicolas Treatt
248	ph ©	BNF, Paris
253, 254,	ph ©	Agence de presse Bernand
257, 259, 261	ph ©	Agence de presse Bernand
263	ph ©	Dagli Orti
265	ph	Selva Archives Hatier © Adagp, Paris, 1999
266	ph ©	Collection Viollet
267	ph ©	Fabrice Gibert /Galerie Lelong © Adagp, Paris, 1999
268	ph ©	Dagli Orti
269	ph ©	AKG Paris © Adagp, Paris, 1999
270	ph ©	J.-L. Charmet
271	ph ©	Dagli Orti
272, 274	ph ©	Collection particulière
276	ph ©	Dagli Orti
277	ph ©	ADAGP , Paris, 1999
278	ph ©	Dagli Orti
280	ph ©	Gérard Blot / RMN
283, 284, 285	ph ©	Van Gogh Museum
286	ph ©	Willy Ronis / Rapho
287	©	TF1
290	©	Plantu
291	©	Olivier Verdon /DDB
291	©	*La Discrète*, film de C. Vincent, photogrammes A. Camacho pour l'*Avant-Scène Cinéma* (N°401)
297	ph ©	Galerie Denise René © Adagp, Paris, 1999

Conception graphique : Graphismes

Réalisation PAO : Graphismes

Iconographie : Edith Garraud/Hatier Iconographie

Achevé d'imprimer par Rotolito lombarda - Italie

Dépôt légal n° 14968 - Mai 2003